김수현 드라마 전집

김수현 드라마 전집 10

내 남자의 여자 1

솔

1. 대사 문장에는 띄어쓰기 원칙을 적용하지 않았다.

가장 먼저, 김수현 극본의 대사에는 마치 악보처럼 리듬이 존재한다는 것을 알면 이해가 한층 쉬워진다. 대사의 리듬과 더불어 대사의 타이밍, 대사의 전환점, 호흡의 완급, 감정선의 절제 또는 연장 등이 대본 자체에서 표현되고 있다. 따라서 문법적 원칙보다 대사의 리듬, 장단이 우선하는 이유로 띄어쓰기 원칙은 간혹 무시되고 있으며 이러한 작가의 의도를 손상시키지 않기 위해 띄어쓰기 문법을 적용시키지 않고 원본 그대로 실었다.

2. 대사에는 맞춤법을 적용하지 않은 경우가 적지 않다.

김수현 극작품의 대사는 구어체에 가까운 것으로 한글, 곧 '소리 나는 대로 읽기-쓰기'에 충실하다. 사투리가 대사에 적용될 때, 캐릭터의 어투나 억양을 강조하기 위한 수단으로 쓰일 때에도 그러하다. 곧 모든 대사의 바탕은 실제 생활 속 일상 언어의 발성이며, 때문에 공식적인 맞춤법이 적용되지 않은 경우가 많다. 외래어 또한 대부분 표기법을 적용해 사용하지 않았고, 문장부호의 사용 또한 일부 맞춤법을 적용하지 않았다.

> 예) "가께 오빠"("갈게 오빠") "늘구지 마세요 선생님"("늘리지 마세요 선생님") "택시 타구 갈게요"("택시 타고 갈게요") "어뜩해. 들으셨어요?"("어떡해. 들으셨어요?") "잔소리 피할려 그러지."("잔소리 피하려 그러지.") "친구 잘못 사겨 착한 내 아들 버렸다는 거랑 같아"("친구 잘못 사귀어 착한 내 아들…") "납쁜 자식"("나쁜 자식") "이제 여덜시야"("이제 여덟 시야") "키이"("키key")

마침표(.)를 넣지 않은 대사 문장에 대해
마침표의 유무에 따라 호흡과 말투, 대사와 대사와의 연결, 뉘앙스에서 차이가 있음을 지시하는 것으로 원본 그대로 실었다.

3. 의성어 및 의태어의 사용은 김수현 작가만의 언어를 반영하여 최대한 수정하지 않은 원문을 싣거나, 부분 삭제하였다.

> 예) '식닥식닥'(화나거나 흥분해 가만히 있지 못 하고 숨을 헐떡거리
> 는 상태), '채뜰 듯'(낚아채서 빠르게 들어 올리는 모양)

4. 작품에 쓰인 용어의 설명은 다음과 같다.

S#: S: Scene의 약자. / #: Number를 의미하는 기호.

E: Effect의 약자.
E는 여러 쓰임새가 있다. 이번 전집에서는 대체로 다음 두 가지로 쓰인다.
　① 화면상에서 A의 얼굴 위로 B의 목소리를 나오게 할 때
　② 특별한 음향효과를 지시할 때
　이번 전집에서는 ①에서처럼 화면 연출상의 기법을 위한 경우로 쓰일 경우에는 전후 문맥상 반드시 필요한 경우를 제외하고 부분 생략하였다. 그러나 ②에서처럼 전화벨이나 음향효과를 위한 장면에서는 원문 그대로 E라고 표기하였다.

> 예) E 전화벨 울리고 있고 / E 볼륨 줄여놓은 피아노 연주곡.

F: Filter의 약자.
이것은 예를 들면 A와 B가 통화를 할 때, A가 화면에 나와 있는 상태에서 B의 전화 목소리를 들려줘야 하는 경우, 상대방의 목소리를 전화 저편에서 말하는 것처럼 들리게 하는 음향적 효과를 지시하는 부호이다.

오버랩: Overlap.
앞의 장면과 뒤에 연결되는 장면이 겹쳐지며 다음 화면으로 넘어가게 할 때 쓰는 부호이다. 대본에서의 오버랩은 앞 사람의 대사가 끝나기 전에 다음 사람의 대사를 겹쳐서 말하게 할 때 주로 쓰이고 있다.

인서트: Insert.
일련의 화면에 글자나 필름을 삽입하는 것을 뜻한다. 이 대본에서는 대부분의 경우 이 지시 사항은 생략되었고, 건물의 외경이나 풍경 등의 씬을 삽입할 때 주로 쓰였다.

디졸브: Dissolve.
한 화면의 밀도가 점점 감소되어 사라짐과 동시에 점차 다른 화면의 밀도가 높아져 나타나는 장면 전환 기법 중 하나. 대본에서의 디졸브는 시간이나 장소의 변화를 보여주기 위해 사용되었다.

페이드 인: Fade in.
영상이 검정색 상태에서 다음 이미지가 점차 선명하게 나타나는 장면 전환 효과를 말하는 것으로 대본에서는 'F.I'로 표기했다.

페이드 아웃: Fade out.
화면이 어두워져 완전히 꺼지는 상태. 장면의 전환, 또는 시간을 건너뛸 때 주로 쓰인다. 대본에서는 'F.O'로 표기했다.

스니크 인: Sneak in.
해설이나 대사 등이 진행되고 있는 사이에 음악이나 효과음을 서서히 삽입시키면서 점점 확대해가는 오디오 연출 용어이다.

6

5. 기호와 지시문에 대한 설명은 다음과 같다.

/ : 대사 속의 / 부호와 지문 속의 / 부호가 있다.

① 대사 속의 / 부호

대사 도중에 나오는 / 부호는 말투, 억양을 바꿀 때, 텀term 혹은 호흡을 지시 할 때 쓰인다. 그 길이는 길 수도, 짧을 수도 있으며 바로 전 대사의 호흡을 끊고 바로 다음 대사로 빠르게 연결해야 할 때도 쓰인다.

예) **수정** (일어나 아들 앞으로 가 서며)너 어떻게/어디 아파? 돌았어?

② 지문 속의 / 부호

연출할 화면을 나열, 혹은 순서대로 지시하는 부호이다.

예) **서연** ???(허둥지둥 다른 손으로 무릎에 놓은 가방 휘저으며 전화 찾는/도저히 전화가 손에 안 잡힌다/브러시질 멈추고 아예 가방 내용물을 무릎에 몽땅 쏟아버린다/지갑 수첩 필통 손수건 콤팩트 립스틱 선글라스 두통약병 등등/그러나 전화는 없다/설마 하는 얼굴로 내용물들 다시 손으로 움직이며 체크/역시 없다)

③ 지문과 대사 속의 //

/ 부호를 겹쳐 사용한 것은 대사와 지문 모두 호흡을 위해 그대로 표기하였다. 행동이나 대사를 완전히 끊고 마무리할 때 사용되었다.

예) 지문: (대화 시작되고 유창하게 응답하는 이모//매일 전화로 학습시키는 영어 회화)
대사: ……그럼 // 충격받을 준비해.

( ): 배우의 연기에 대한 지시 사항.

[ ]: 작중 정황을 지시하는 지문.
설정, 행동, 환경, 동선 등을 지시하는 부호이다.

…: 말줄임표
  ① 대사의 말줄임표: 배우의 대사에서의 감정선에 따른 호흡의 길이를 지시하는 부호.
  ② S#의 말줄임표: 도입되는 장면에 대한 연출의 길이를 조절하라는 뜻이다.
  ③ [ ]의 말줄임표: 해당 장면에 대한 추가 연출이 필요하다는 뜻으로 쓰인다.

(오버랩의 기분): 오버랩처럼 대사가 완전히 겹치지 않고 앞 대사가 마무리될 때쯤 대사를 시작하는 것을 말한다.

　예) **이여사**　글쎄 기분 나쁜 이유가
　　영주　(오버랩의 기분)엄마 내가 말하구 싶지 않은 거 그래서 알아
　내본 적 있수?

(에서): 장면의 마지막 대사 뒤에 붙여 대사 후 화면이 바로 전환됨을 나타낸다. 간혹 대사 후 바로 화면 전환을 하지 않고 그대로 두어 여운을 줄 때도 사용한다.

　예) **채린**　어머니 꿈꾸셨어요?(에서)
　　S# 준모의 침실

6. 배우의 연기나 대사, 작중 정황 등 대본의 서술과 실제 방영된 드라마 방송분이 다를 경우 대본을 우선으로 한다.

주요 인물

이화영 40세. 친구 지수의 남편인 준표와 연인 관계.

홍준표 지수의 남편. 대학교수이자 자산가의 아들.

김지수 40세. 주부이자 아들 경민의 엄마.

지수네 가족

김은수 지수의 친언니. 주부.

허달삼 은수의 남편. 사업가.

허진주 은수의 딸. 백수.

허준구 은수의 아들이자 진주의 동생. 재수생.

아정 달삼 친구 창수의 딸.

김경수 은수와 지수의 남동생.

선화 경수의 아내.

김용덕 은수와 지수, 경수의 아버지.

홍경민 지수와 준표의 아들. 중학교 1학년.

준표네 가족

홍회장 준표의 아버지. 퇴직한 사업가.

황여사 준표의 어머니.

화영네 가족

이동하   화영의 남동생.

화모   화영과 동화의 어머니.

그 외

박석준   지수의 대학 후배.

차례

편집자 일러두기 · 4

등장인물 · 9

———

제1회 · 13

제2회 · 64

제3회 · 113

제4회 · 162

제5회 · 210

제6회 · 252

제7회 · 297

제8회 · 339

제9회 · 384

제10회 · 427

제11회 · 471

제12회 · 514

제1회

S# **지수 은수의 동네 골목과 지수 마당**

　[봄이 오기 직전 지수 마당의 나무들.]

S# **지수 주방**

　[지수 외출복 입고 스피커폰 켜놓고 통화 중이다. 꺼내 놓은 믹서 뚜껑 열면서]

지수　까르르르르 언니 심심하구나?

은수　F 너무 완벽한 게 더 수상해. 이 인간도 이제 닳고 닳아서 (지수/들으며 냉장고로 움직이며)내가 헬기 타면 이 인간은 제트기 타잖어.

지수　(고개는 스피커폰 쪽으로 틀어 빼고 조금 크게) 왜 그런 식으로 생각해애. 냄새날 게 없으니까 안나는 거겠지이.(냉장고에 씻어둔 작은 수박 반 개 자른 것만 한 그물 그릇의 토막 야채 꺼내 움직여오며)진짜 다시 또 그럼 다섯 손가락 다 내 놓겠다 그러구 설마아.(야채 토막들 믹서에 집어넣으며)

S# **은수의 침실**

은수　(컴퓨터 고스톱 치면서/스피커폰)너 그 인간이 자른 손가락이 가

마니하나 채우고도 들통 하나는 너끈한데 무슨 소릴 하는 거야.

지수 　F 그렇지만 한꺼번에 다섯 개 내놓은 건 지난 번에 처음이었

잖어.

은수 　내가 부엌칼 들구 날치니까 엉겁결에 다섯 개 내 논 거야. 죽어

도 한갠데 얘는 한 개씩 내논 게 합이 한가마니가 넘는다니까??

　　　F 드르르륵 믹서 가는 소리.

은수 　? 이게 무슨 소리니.

지수 　F 응 언니 미안해. 쥬스 가는 소리야.

은수 　둘 중에 하나만 해라. 태도 불량하잖아.

지수 　F 뭐 언니는 고스톱 치면서.

은수 　싫증난다 나는 왜 이러고 살아야 하는 거니 지수야.

지수 　F 형부 사랑하니까‥

은수 　사랑 좋아한다. 그 인긴 알기지 만들어 내쫓을라구 산다니까.

지수 　F 언니 잠깐.

　　　E 드르르르르륵

지수 　F (멈추고) 뭐할 거야?

은수 　집중적으로 삼십분 간격으로 위치추적이나 하고 있을란다.

　　　[고스톱 치는 중간중간 상황에 따른 군소리 짧게 넣어도 무방. 에이/라

든지/왜 이렇게 싸기만 하니이/라든지]

S# 지수의 주방

지수 　아이구 참 피곤해 언니.

은수 　F 그래애 나는 이렇게 피곤하게 산다. 끝내고 전화 해.

지수 　엉.

　　　E 끊기는 스피커폰. 지수 전화 끊고 드르르르륵 드르르르륵 믹서 간다‥

S# 유성 아파트 공사 현장

E 달삼의 핸드폰 울린다. 웃기는 컬러링

S# 현장 내부

[보일러 파이프 깔고 있는 중.]

달삼 (도면 깔아놓고 뭔가 지시 중이다가 전화 꺼내보고 받는다)어 네 안녕하세요. 사모님

은수 F 어떻게 아직도 유성이야 당시인? (콧소리)

달삼 하하 저 지금 작업중이라 바쁜데요 사모님··

은수 F 지금 열한 신데 어떻게 아직까지 거기 있어어? 혹시 온천호텔에서 빙수 들고 계신 거 아닌가 의심스럽네에에?

달삼 야 김기사 어딨어 김기사!

기사 김기사 (일부러 큰 소리로)현장 사무실에서 공사일정 조정하고 있는 중인데요 사장님.

달삼 (손짓으로 소리 내라는 시늉)

E 공사장 소리 마구 내주는 인부들.

달삼 이게 빙숩니까 사모님? 빙순가요?

S# 지수의 주방

지수 (큰 냄비만 한 밀폐 용기 보자기에 싸는 중. 옆에는 쿠키 상자 예쁜 끈으로 묶여 놓여 있고 /보자기 싸서 놓고 따라놓은 야채 주스 쟁반 집어든다)

S# 준표의 서재

E 클래식 조용히 틀어놓고 창 쪽에 옆으로 서서 핸드폰 통화 중··조용히 하는 통화.

준표 ·········어····그래····그렇지···

지수   E (문소리와 함께)여보.

준표   ??(놀라 돌아본다)

지수   (주스 쟁반 들고)???

준표   왜 노크도 안해.

지수   했는데…

준표   못 들었어.

지수   (주스 잔 놓으며)중요한 전화? 노크소리도 못듣고

준표   아냐.(전화에)나중에 다시 통화해요….내가 걸께요.

지수   누구?

준표   조교.

지수   뭐 문제 있대?

준표   그런 게 어딨어‥

지수   선풍기 갖다주까?

준표   웬

지수   날씨가 정말 이상해졌나봐 벌써 좀 덥네.

준표   안 더워‥(주스 잔 든다)어디 가.

지수   얘기했잖어. 아버님 국.

준표   (오버랩의 기분)아‥(마시는데)

지수   냄새 싫다구 투덜거렸으면서

준표   (주스 잔 내려놓는다)

지수   다 마셔어. 내려노면 그대로 남기더라. 마셔 얼른.

준표   나중에

지수   네시 근처면 들어올 거야. 뭐 먹고싶은 거 없어? 그 쥐포 또 사
올까?

준표 됐어.

지수 잘 먹드만 그럼 쿠키 줘?

준표 됐다니까‥ 나가 볼 일 봐.

지수 경민이 간식 냉장고에 있고 오거든 씻고 숙제하라 그래.

준표 냉장고에 써붙여놨을 거면서 뭘‥

지수 그래두 혹시

준표 강의 준비 만만찮다 그래.

지수 어엉.(문 열다 돌아보며)정말 놀랬어?

준표 ??(했다가)어 놀랬어.

지수 심장 약해진 거 아냐? 체크 좀 해 보지. 깜짝깜짝 놀래는 거 심장
      약하면 그런다든데.

준표 벼얼 아냐아.

지수 그럴 일 아냐 여보‥ 언니네 옆 집 남자 너무 건강했는데 자다 죽
      었다잖어. 그냥 괜히 심장이 멈춰서.

준표 (오버랩의 기분)쓸데없는 소리 말구 얼른 나가‥ 귀찮아.

지수 (웃어 보이고 나간다)

준표 (나가는 아내 보며)…(있다가 의자에 앉으며)……

S# 마당

      [핸드백 어깨에 걸고 양손에 들고 현관에서 나오는 지수‥ 곧장 마당의
      벚나무 아래로 움직여 위 올려다보면서]

지수 ……

      [나무 아래서 올려다보는 지수 시각으로 봉오리 부풀고 있는 벚꽃]

지수 이쁘게 꽃 많이 펴줘야 해 응?

S# 화영 빌라 지하 주차장으로 들어오는 지수의 소형 자동차

S# 화영의 빌라 거실

[한편에 놓은 러닝머신에서 땀 흘리며 뛰고 있는 화영. 열어놓은 거실 창의 망사 커튼이 바람을 타고 있다.]

E 현관 벨.

화영   ??(뛰면서 현관으로 고개 잠깐 돌아갔다가 머신 멈추며 수건으로 땀 닦으며 내려서 현관으로)누구세요.

지수   E 나야..

S# 현관 밖

지수   (장난스레)또 보면 안되는 손님있어 못 열어줘? 그럼 이거 그냥 여기 놓구 갈게.

화영   (문 열고)전화하고 오랬잖아.(웃으며)

지수   들어갈 거 아니라서..이거..아침에 군 거라..(상자 내밀며)

화영   뭐얼 이따 갈 건데.

지수   우리 집에서 뭐 얻어들고 나가는 거 싫다면서.

화영   (좀 물러서며)들어와.

지수   아냐 나 시댁 가는 길이야.그런데 웬 땀이야?

화영   런닝머신

지수   ?들여놨어?(현관으로)

S# 거실

지수   (들어오며)어디 놨어?(하다가 보고)어 우리 집 꺼랑 똑같은 거네?

화영   (쿠키 상자 주방에 놓으며)그러니?

지수   응 (모니터까지 달린)큰 돈 썼네?

화영   (생수 두 잔 따르면서)……

지수   어머 소파가 왜 이렇게 커?(소파 쪽으로) 침대야?(요즘 앉는 자리가 아주 넓은 소파가 있습니다. 쿠션 몇 개)언제 들어왔어?

화영 그저껜가? 침대로 써도 돼.

지수 그러고도 남겠다. 이런 게 있어?

화영 있어..

지수 (화영 쪽으로)그런데 아래층에서 뭐라 안 그래? 울릴 텐데

화영 이 시간에는 집이 빈대.

지수 조사했어?

화영 그럼.

지수 머리 좋아 암튼.(내미는 물 잔 받으며)나가서 뛰지 왜.

화영 (마신다)햇빛 싫어서

지수 어 그래 피부의 웬수.(물 마시다가)어 운동하다 멈추면 도로아
　미타불이라든데.미안해 빨리 계속해.

화영 괜찮아 끝나가던 참이었어.

지수 (서둘러 현관으로 움직이며)우리 그 사람은 운동할 때 말 거는 것
　도 싫어해. 정리 다 돼서 너무 좋으네.

화영 고양이 세수야.

지수 ??

화영 거실만 빠꼼한 거라구..아직도 멀었어.

지수 도와주는 거 싫다니까 뭐. 성격 이상해.

화영 잘 가라.

지수 얼마나 좋은 일이야.(신 신으며)형님 없는 형수한테 시동생이 집
　장만하라구

화영 (오버랩의 기분)지수야

지수 ?

화영   쥐정신이니? 내가 그 집안에 꼬라박은 게 몇백만불이랬지.

지수   어 그래 미안해.

화영   그리구 이거 전세야. 내 집 아니라구.

지수   알어. 미안하다구··

화영   과거 떠오르게 하지 마. 유치하지만 수영장 달린 저택에서 살던 사람이야.

지수   그래 잘못했어. 내가 좀 멍청해.

화영   (픽 웃으며) 가.

지수   이따 봐.

화영   (손 하나 들어 보이고)

지수   (나가고)

화영   (물컵 있는 데로 움직여 물컵 비우면서)·····

S# 홍회장네 골목과 대문 앞

[지수의 차 골목 들어와 멎고 지수 내려서 운전 좌석 옆문 열고 보따리 들어내고 대문으로 가 벨 누른다.]

F 인터폰/

가정부   F 네에에 (하고 고개 틀며 하는 소리) 경민 엄마 왔어요 사모님.

지수   ·····

E 문 열리고

S# 정원

[빠른 걸음으로 들어오는 지수··정원사 저만큼에서 물 주고 있는데]

지수   안녕하셨어요. (스스로 아는 척 거리 좀 두고)

정원사   (돌아보고 꿈벅하며) 아이구 오셨어요.

지수   (움직이면서) 날씨 너어무 좋죠 아저씨··

정원   예 바람도 없네요.

지수   네에…

S# 홍회장 거실

지수   (들어오며)어머니임 저 왔어요오오…(하다 보면)

가정   (현관문 열어준 직후 손가락으로 입 가리는 것과 동시에)

홍   E 이발 경력이 몇 년이야.(나직이)

　　　[테라스 쪽 한편에 긴 거울 기대어 놓고 의자 놓고 이발 에이프런 두르

　　　고 앉아 있는 홍회장과 50대 후반 이발사.]

홍   귀 먹었어?(여전히 나직이)

이발   삼십칠년입니다 회장님.

홍   삼십칠년에 면도 하나 제대로 못하고 남에 얼굴에서 포를 떠?

이발   죄송합니다.

홍   자네 황회장이 보낸 자객이냐?(면도하다가 벤 상처에서 배어나

　　　는 실피 닦고 밴드 붙이려 준비하다가)

황여사   ??(멈추고 본다)

홍   전기 먹었어? 입 다물어.. 당신 오빠가 나 오래 살기 바라는 위인

　　　인줄 알어?

황   말씀을 하셔두 참 나..

홍   저걸로(전기면도기 아닌 접이식 면도기/이발사가 펴 들고 섰는)확

　　　그어버리면 단칼이야..아는 거 암것두 읍는 여편네

황   아 면도하는데 자꾸 움직이시니까

홍   (오버랩의 기분)거울.

황   (옆에 준비해놓은 거울 집어 주면)

홍   (거울로 상처난 데 보고)아직 피 나잖아.

황	아 그걸로 안 돌아가세요.(하며 닦으려 하면)
홍	(거울 냅다 바닥에 팽개치면서)안 죽어 유감이야?
황	?? 에미 너 좀 오너라..(좀 물러나며)
지수	(대답 대신 얼른 그쪽으로)아버님 저 왔어요오..
홍	(오버랩의 기분)자네 파면이야.(안 보는 채)
이발	네 회장님.
홍	이발료 주지 마. (황에게서 밴드 받아드는 지수/황은 지수에게 넘기고 주방으로 가정부도 같이 지수가 들고 온 보따리 들고 퇴장)
이발	네 안 받겠습니다.
홍	꼴두 보기싫어 빨리 가.
이발	네 회장님.(움직여 나가는)
홍	이봐.
이발	예
홍	밥벌이 연장 안갖구 가?
이발	회장님 들어가신 연후에 챙기겠습니다.
홍	돈 안 줘.
이발	예 알겠습니다..(현관으로)
홍	너 그거 뭐야.
지수	이거 붙여드리려구요.
홍	(얼굴 들어 붙이기 좋게 해주면서)요즘 고기를 못 먹어 허기졌나봐.
지수	(거즈로 상처 찍어내면서)?
홍	그래두 그렇지 감히 어디 누구 고기를 먹으려구.
지수	(좀 웃으며 붙여준다)….
홍	저 친구두 늙었어..생전 이런 법 없었는데..

지수　네에.

홍　(고개 현관으로 돌아가며)저렇게 용해빠져서는 쯔쯔쯔쯔…(얇은 가디건 주머니에서 십만 원짜리 수표 한 장 접은 것 꺼내주며)줘 보내라.

지수　(받아들고)거슬러 받을까요?

홍　욕 먹었으니 다 줘.

지수　네에..

S#　홍회장 식탁

홍　(꼬리 토막 하나 건져 식탁 아무 데나 틱 던지면서)이게 뭐야. 똥 덩어리 먹으라는 게야?

황　??(지수도 ?? 가정부도 ?? 돌아보고)에미가 끓여온 꼬리 곰탕이에요. 지난 번에 잘 드시더니 왜 그러세요.

홍　(한 토막 또 건져서 틱)(지수는 토막 처리)

황　싫으면 건져달라면 되잖아요.

홍　(숟가락으로 그릇 두드리며)냄새나.

황　무슨 냄새요

홍　똥.

황　(그릇 치우면서)그럼 들지 마세요..

홍　성게알국 줘.

황　아줌마.

여자　네에..(냉동실에서 성게알 꺼내는)

홍　(일어난다)

황　왜요.

홍　씻을 거야

황   씻으셨어요.

홍   ……(아내 보는)

황   이발하기 전에 씻었어요.

홍   치/(나간다)

황   (따르고)

[아줌마는 국 안치는 데 전념하면서]

여자   출근하셨다 들어오셨어요.

지수   (식탁 치우면서 돌아본다)

여자   회의실에까지 들어가셨대요.

지수   (입 삐끔)….

여자   한 며칠 조용하시더니 새벽 세시에 일어나서 그때부터 출근한
        다 그러셨대요.

지수   …(그냥 닦는)

황   E 에미야..

지수   네에..(달려 나간다)

S# 거실
        [소파에 뿌우 앉아 있는 홍/황여사 앉아 있고]

황   찾으신다.

지수   네….(다가와서)네 아버님.

홍   (뿌우 아무도 안 보면서)…..

황   에미 왔어요. 찾으셨잖아요..

홍   (뿌우우)…….

지수   …..(시부 보면서)아버님.

홍   (멍하니 지수 올려다보고)

24

지수 저 찾으셨다면서요.

홍 ……(보며)

황 경민에미에요

홍 누가 몰라?

황 하실 말 있어 찾으신 거 아니에요?

홍 그래.

황 하세요.

홍 ……(지수 보는 채 멍 잠깐)……(헤식게 웃으며)잊어버렸어.

지수 (웃으며)저도 잘 그래요 아버님. 저 주방에 있을테니까 생각나
시면 다시 부르세요 네?

홍 졸려.(일어나 안방으로)

지수 (따르려)

황 내가 하마.(따르는데)

홍 (벌써 돌아서서)준표 놈 왜 안와.

지수 강의준비가 많아요 아버님.

홍 치/ (들어가는)들어오지 마.

황 (따라 들어가려다 말고)……(지수 쪽으로 돌아서며)애비는 약 제대
로 먹니?

지수 어제 다 끝냈어요 어머니. 그거 다 먹이느라 제 입이 닳았어요.

황 (소파로 움직이며)그런 거까지 닳아서는…(준비해놓았던 봉투 챙
거서 내밀며)애껴써라.

지수 네 어머니.

S# 운전 중인 지수

　　[통화 중]

[신호 가는 소리]

선화 F 네 형님.

지수 …(이어폰)바쁜데 귀찮게 하는 거 아냐?

선화 F 아니에요 바쁠 거 하나도 없어요. 네시까지 가면 되죠?

지수 더 천천히 와도 돼. 준비 다 해 놨는데 뭐.

S# 선화의 작업실(자매 아버지의 한옥)

[홈패션 일을 하는 여자. 구석에 완성된 쿠션들도 여남은 개 있고 커튼
재료들도 쌓여 있고 솜뭉치도 있고.]

지수 F (연결)그냥 혹시 잊어먹었나 해서

선화 (미싱 앞에 앉아서/여름 원피스 세 벌/마지막 손질하던 참이다)잊
어먹기는요.

지수 F 서방님 오신대?

선화 (옷 살펴보면서)좀 늦을 거래요 다섯시에 회의 잡혀 있대요.그
런데 어쩌면 못올지도 몰라요 형님. 그 회사 전부다 머리나쁜 사람
들만 있어서

지수 F (웃으며)그래 밤낮 회의 다서여섯시간 하고도 결론 못내고
개미 쳇바퀴 도는 사람들?

선화 깔깔깔깔 네에··

지수 아버진 뭐라시고 나가셨어?

S# 지수의 자동차 안

선화 F 방배농 마누리가 어떨지 모르시겠다구요··

지수 그래 알었어. 이따봐 그럼.

선화 F 네에.

지수 (전화 끊는데)

E 메시지 신호음.

지수 (메시지 불러내는)

[메시지 내용. 시장 같이 보자. 집으로 와. 따분해 미치겠다.]

지수 (픽 웃는다)

S# 화영 집 대문 앞

[지수의 차 멎는‥]

S# 은수의 거실 주방

지수 (들어오다 현관에 아버지 신발 보며)….

은수 아버지

지수 (보며)글쎄 우리 아버지 신발 같아서.

은수 준구 녀석 방 도배 내일 해주신대‥ (계단으로 움직이며)마름질 해 갖구 오셨어. 아버지 뭐하세요오오……지수 왔어요오오…

지수 저 왔어요 아버지(계단 쪽으로 움직이며)

은수 진지 드세요오오(주방으로 움직이며)여태 점심두 못 드셨대.

[가스에 찌개 올려놓고 있고 상은 간단하게 봐져 있고]

지수 지금이 몇신데에에

용덕 (계단 내려온다)

지수 (멈추고)아버지

용덕 (내려오며)웅 왔어?‥

지수 (내려오는 아버지 손잡으며)지금까지 점심두 안 드시구 뭐하셨 어요.

용덕 그렇게 됐어.

은수 (찌개 옮겨놓으며)얼른 오세요. 아침에 먹다 남은 거에요.새로 끓 일 시간은 없구

용덕 (움직이며)괜찮어.

　　E 작동 중이던 레인지 끝나는 신호음

은수 (레인지 뚜껑 열며)후라이 해 드려요?

용덕 (지수가 빼주는 의자에)필요없어.

은수 (밥그릇 행주로 싸서 옮겨 놓아주며)배 고픈줄 모르세요?

용덕 (지수가 집어주는 숟가락 받으며)아니까 달랬지.(먹기 시작)

지수 (의자에 앉으며)방배동 마무리는요.

용덕 기어이 도배지를 바꾸겠대‥ 내일 해야 해.

지수 그럼 오실 수 있네에?

은수 (포트에서 끓는 물 대접에 따르며)견적 뽑으러 가셔야 한단다. 백
　　삼십평짜리 빌라 두 채 맡으셨대.

지수 와아아

용덕 (잠깐 보고 싱긋 웃는다)

은수 (물 대접 갖다놓아주며)사서 고생이셔 정말. 허서방이 차려준다
　　는 대리점에 앉아 사장님 소리 들으며 사시라니까

용덕 ‥‥

은수 (의자에 앉으며)그럼 딸네 집에서 고기 잡수러 오세요오하면 오
　　셔서 고기두 잡숫구 딸들이 동해바다 해뜨는 거 보러가요오 하면

용덕 (오버랩의 기분)아버지는 송충이라니까아‥

은수 언젠가는 쇳덩이보다 더 무거운 벽지 샘플에 깔려 아버지 오징
　　어 포 된 거 떼어내러 날려가얄 서 같아 그래요.

용덕 (피식)

은수 오징어 포가 아니라 사람포겠네 참.

지수 어니이

용덕 …(그냥 먹는)

은수 왜 사서 고생이냐구요오

용덕 고생 아냐..평생 한 일이구 내가 제일 잘 하는 일인데 뭐가 고생이야.

은수 연세가 있잖아요오 대리점 하면

용덕 (오버랩)왜 같은 말 자꾸 시켜어어..

은수 ….(보며)

용덕 아버지는 이대루 좋아…

은수 아버지 강냉이 반토막만 하잖아요.

용덕 그래서

은수 의자 놓고 올라가 작업하시다 떨어져 뼈라도 다치는 날엔 곧장 돌아가신단 말이에요.

용덕 그게 명이면 어쩔 수 없는 거야아..

은수 남 반밖에 안되는 키루 하필 왜 도배기술은 배웠나 몰라

지수 언니.

은수 (일어나며)옷 입구 나오께.

지수 엉.(은수 아웃)……(아버지 보다가)….그냥…일을 그만두시던지요.

용덕 사지 멀쩡하구 찾는 데가 있는데 왜 그만둬. 괜찮어. 힘 안 들어.. 기술자들 감독만 하면 되는데 뭘….

지수 ….(보며)

S# 근처 큰길

[삼 부녀 서서 아버지 태우러 오게 돼 있는 차 기다리는 참이다..]

[아버지 가운데 /셋이 팔짱 끼고 같이 두리번거리고 있다가]

은수 (문득 아버지 내려다보고)아우 쪼끄매.

용덕 ??(흘겨보고)

은수 (풋 웃음 터뜨리며)얼마나 다행인지 몰라 우리 애들 아버지 키 닮을까봐 얼마나 쫄았는지 몰라 진짜. 아슬아슬하게 우리 애들은 피했는데 경민이가 걸려서 걱정거리지.

용덕 못된 것.

지수 꼬리곰탕 끓여놨어요. 애들 편에 보낼께요

용덕 너 그걸 선화가 잘 먹어.

은수 ??아버지 잡숫지 걔 다 먹여요?

용덕 아냐 같이 먹어같이. 잘 먹드라구.

은수 내 그랬지. 곰탕 육개장 삼계탕 죽자구 만들어 보내야 애들 존 일만 시키는 거라구.

용덕 이 녀석이 왜 이렇게 꾸물‥어 온다.

　　[아버지 타고 다니는 작은 용달 와서 멎고 청년 뛰어내려 꿉벅/적당히 인사하고 아버지 운전석 옆자리로 오르는]

용덕 간다.

지수 네에.

은수 (지수와 함께)내일 몇시에 오실 건데요.

용덕 오후 (차 안에서)서너시쯤 될 거야.

은수 네에‥(차 꽁무니 쪽 보며)어우 참 속 상해.

지수 ‥‥(같은 심정)

은수 하기는 편찮으셔 누워 계신 거보다 백번 낫지‥아 몰라.(제 자동차 쪽으로)

지수 (따르면서)형부는?

은수 어 서울로 오는 길이야..사무실 들어가 일 보고 현장 한군데 들려서 시간 맞춰본다 그랬어.

지수 진주랑 준구는

은수 (제 차 문 열며)준구는 과외해야지이.. 진주는 올 걸?

S# 차 안

지수 (타면서/운전석 옆)무슨 언제부터 비워노란 건데에.

은수 (벨트 매며)아 고기랑 과월 바꾸니이? 일년에 한번 먹는 고기도 아닌데..내년에 또 떨어져 삼수하기 바래?

지수 알았어. 됐어.(벨트 뺀다)

은수 (출발시키면서)화영이는

지수 오지이.. 아까 쿠키 갖다주러 잠깐 들렀었어.

은수 이따 줘보내지 뭘 갖다주기까지 해. 정리 다됐대?

지수 거실은..아직 멀었대.. 언니네 원룸에서 그리 옮겨노니까 대궐 같아.

은수 네밴데 그럼.

S# 마트나 백화점 슈퍼

   [자매 야채 과일 장 보면서/오이 아스파라거스/샐러리/당근/감자 양상추 피망 토마토 등등.]

지수 하기는 그 집안에 꼬라박은 게 몇백만 불이라는데 시동생 그 정도 뭐 별로 고맙단 생각 안 들 수도 있어..

은수 내가 알게 뭐냐 그랬음 어떡할 거야. 시동생한테 꼬라박은 거 아닌데 무슨 상관이라구. 고마운 건 고마운 거지 사람이 그럼 못써.

지수 나는 그냥 좁은 데서 넓은 데로 간 게 너무 좋아서 좋다 그랬는데 상했나부더라구.수영장 달린 저택에서 살던 사람 과거 떠오르게 하지 말라구 한 마디 하대?

은수   옛날에 금송아지 수천 마리가 무슨 상관이야.

S# 화영의 거실

화영   (테라스 쪽 창 안에서 창밖 보면서 전화받고 있다/샤워 막 마치고 나
온/찍찍이 말아놓은 머리 수건으로 감고 몸은 타월로 싸고)……(한동안 듣
고 있으면서 표정으로 싫증이 나는)엄만 내가 거기 안가고 싶은 맘 정
말 몰라 알면서도 그래… …안다면서 왜 자꾸(상대 말 때문에 끊어졌다
가)시집 사업 망하는데 맞춰 바람 피다가 남편 자살시킨 여편네잖
아…. 나 하늘에 맹세코 바람 안폈어 피고 싶었지만 안 폈어·· 엄마두
안 믿지….거짓말 마 안 믿는 거 알어……안 들어가…아니 돈 안 벌어.
벌기 싫다니까?…돈 벌어 이 구멍 저 구멍 메꿔주며 사는 인생 진절
머리 나. 엄마아부지 연금이나 오빠들한테 뺏기지 말구 살어 내 걱
정은 말구…. 팔아먹을 거 있는 동안은 그냥 이렇게 살 거야. 아무 것
도 생각 안 해. 전화료 많이 나와 끊어요 그만.(일방적으로 끊어버리고
움직이며 핸드폰 소파에 던지고)

S# 욕실

화영   (수건 벗겨낸 머리에 드라이어 바람 쏘이면서)…….

S# 침실

화영   (찍찍이 풀어낸 아무렇게나 구불거리는 머리/슈미즈 차림에 향수
뿌리고 화장대 의자에 앉으며 머리 한꺼번에 걸어 올리고 거울 보는/머
리를 어떻게 할까. 아무 표징 없이)

S# 지수의 마당

지수   (경민과 함께 바비큐 화덕 마주 들고 뒤꼍에서 나오는)

경민   우리 아빠는 진짜 아무리 생각해도 얌체예요. 이런 건 아빠가 해

야하는 거 아니에요?

지수 또오. 종일 꼼짝도 안하고 공부하시는 아빠 불러내는 거 보단 우리가 하는 게 아빠를 돕는 거잖아.

경민 아빠는 엄마를 전혀 안 돕잖아요.

지수 돈 벌어 오는 걸로 우리가 먹고 사는데?

경민 돈만 벌면 제일이에요?

지수 돈 버는 게 얼마나 어려운 일인데 세상에서 제일 힘든 게 돈 버는 일이야. (행주 깨끗하게 닦아놓은 그릴 식탁에/식탁보 접혀서 놓여 있고)숯 가져 와.

경민 네에(뒤꼍으로)

지수 쏘시개두우

경민 (돌아보며)엄마는 그게 문제에요. 숯가지러 가면서 쏘시개 안갖고 와요? 바보에요?

지수 까르르르 그래 미안해. 엄마의 문제야….

S# 거실

지수 (현관으로 들어오다 서재로/노크)

　　[대꾸 없고]

S# 서재

　　[정신없이 컴퓨터 두드리고 있는]

지수 (문 열고 들여다보며)필요한 거 없어? 출출 안 해?….(대답 못 듣고) 감자 하나 궈주까?

준표 ⋯⋯(두드리다가 문득)응?

지수 감자하나 궈 주

준표 (오버랩)필요없어.

지수　그럼 뭐 쥬스라도

준표　됐어. 신경쓰지 마.

지수　바뻐?

준표　보면 모르니?

지수　아버진 못 오신대. 새 일꺼리 견적 내러 가신대.

준표　(두드리는)으응

지수　형부는 맞춰본다 그랬다구.

준표　응.

지수　경수는 늦게라도 온다 그랬대.

준표　....

지수　바쁜가부다(혼잣소리/문 닫는다)

준표　(문 닫히자 손 멈추고 기대면서 문짝 보는).....

S# 주방

[서재에서 주방으로 움직여 오는 지수.]

[주방에는 메인/샐러드 접시 /와인 글라스/바게트 빵 바구니/ 포크 나이프 기타 등등 모두 준비돼 있고/ 가스레인지 위에도 작은 냄비들 올라가 있다. 씻은 샐러드 망 그릇 있고/]

선화　(큼지막한 씻은 감자 예닐곱 개 굴려놓고 십자 칼집 넣는 중이다/ 마지막 두 개/나타나는 지수 돌아보며)당근 불 껐어요 형님.

지수　잘했어.

선화　아스파라거스도 다 됐구요.

지수　(감자 쌀 은박지/감자 수대로 자르기 시작하면서)스트레스 받지 마아?(얘기해도)

선화　??(했다가 픽 웃으며)벌써 받아요.

34

지수 어떡할려 그래애.

선화 협조를 안해요

지수 협줄 안하면 어떡해.

선화 직접 물어보세요.

지수 ……(보다가)어이구 참.

선화 쓰러져 자기가 바쁜데요 머. 너무 고단해해요.

지수 올케 나이가 있는데 빨리 가져야지

선화 형님들이 좀 해 주세요‥제가 뭐라면 이상한 여자 취급해요.

지수 저런‥

경민 (앞서 들어오며)이모 오셨어요 엄마.

지수 으응.

은수 (와인 박스 두 개 보자기에 싸들고 들어오며)네병이면 충분하겠지?

지수 으응 그러엄.

선화 어서오세요 형님.

은수 (가볍게 손 들어 보이고 와인 보자기 풀어 박스 안에서 병들 꺼내 놓으며)날은 암튼 기차게 받었다. 바람의 계절에 어떻게 바람 한점이 없니.

지수 하느님 감사합니다지 머.

경민 (현관께서)엄마 불 피워요?

지수 어 아냐 아직‥ 불 엄마가 피우께 들어가 손 씻어.

경민 아까 씻었는데요.

지수 또 씻어어.

경민 손이 닳는 거라면 내손은 다 닳아 없어졌을 거야.(제 방으로)

은수 녀석 <u>흐흐흐흐</u>(선화 문득 보며)스트레스 받지 마라. 늬들

지수 　하지 마. 경수가 도통 협조를 안한데··

은수 　아니 협조를 안하면 얼마나 안하길래 일년이 넘는데 그러구
　　　있어어··

지수 　그러게 말야.

은수 　걔 혹시 게이 아니니?

지수 　아우 언니.

은수 　그거야 모르는 일이지 얘는. 올케야 너 솔직히 말해봐 그런 의
　　　심 안들어?

선화 　그건 아닌데 여자를 별로 안 좋아하는 거 같기는 해요.

은수 　그게 게이지 별게 게이야?

지수 　아우 숭해 그만 해 언니.

은수 　아니면 불능이던지··그럼 병원엘 끌구 가야하는 거 아냐?

선화 　(오버랩)제가 뭐랬다 그러지 마세요. 골내요.

은수 　할 일두 못하구 있는 게 골은.

선화 　형님 그거 보여 드리세요.(지수에게)

지수 　어 참. 언니 이리와 봐··(소파 있는 쪽으로)

은수 　뭐어.

지수 　와 봐아···(봉투 안에서 포장지에 싼 것 꺼내며)올케가 우리 여름 홈
　　　웨어 만들어 왔어.

은수 　아우우우 그러셨어? 고마워라.

지수 　풀어봐.

은수 　(서둘러 풀어서 여름 원피스 펼쳐들고)야아아아 이건 외출복해
　　　도 되겠다 지수야.

지수 　그렇지 내 껀 이거야.(옆에 풀어본 옷 집어 들어 펴 보이는)

36

은수   (지수 것 만져보며)프린트만 다르게 했구나.

선화   네..

은수   백화점 가판대에서도 팔만원은 줘야겠다. 얼마 주면 될까?

선화   아이 형님 선물이에요

은수   좋아 기분이다. 십만원 줬다. 나 빈손이니까 이십만원 올케 줘.

지수   내꺼까지 내 줘? 화영이 꺼도 있는데?

은수   아니이 니가 내라는 거지이..내가 돈이 어딨니이

지수   어머머?

선화   까르르르르

S# 마당

[썰은 빵 바구니 두 개. 선화는 샐러드 앞앞이 나누고//와인 따르는 은
수/메인 접시에 조리한 아스파라거스와 당근 조림 브로콜리 앞앞이 놓
으며/나이프 포크/냅킨과 물 잔 등 완벽하고 /다 같이 일하면서]

은수   (와인 글라스마다 따르면서/사람 수대로)홍서방 저러다 엉뎅이에
서 뿌리나와 방바닥 파고 들겠다.(소리 지른다)홍서바아아아앙!!!

경민   (두 손 입에 대고)홍서바아아아아앙!!

은수   저녀석 딱 장인이 장모더러 그년 어디로 가든 하니까 그년 저
리로 가든데요하는 사위놈이네.

선화   까르르르르

지수   (같이 웃고)

은수   배고파 죽겠어어어어!!!

준표   (웃으며 나오는)네에 나갑니다아아..

은수   어쩌면 그렇게 꼼짝두 안하고 앉아있어어 궁뎅이 안 아퍼?

준표   밀려서요..그런데 아직 형님두 안오시구

지수　화영이 오고 있고

화영　(들어온다)나 왔어 지수야.

지수　어서와.

화영　안녕하세요 언니.

은수　여왕마마 행차냐?

화영　후후후후 좀 늦었죠.

선화　안녕하세요

화영　안녕?

경민　안녕하세요

화영　안녕안녕?(경민 만져주며)안녕하세요?

준표　어서 오세요. 고기 줘.

은수　잠깐. 우선 (와인 잔 하나 집어 들며)이 뜻깊은 날을 맞이하야 모
　　　두 들어. 난 목말라 죽겠다. 선채로 한잔 목 좀 축이자.(모두 웃으며
　　　와인 잔 들고)너 그렇게 입구 안 춥겠니?(화영에게)

화영　숄 갖고 왔잖아요.

은수　멋부리다 얼어죽을까 무섭다. 어디까지 했지?

경민　뜻깊은 날을 맞이하야

은수　엉 그래

경민　(오버랩의 기분)그런데 오늘이 무슨 날인데 뜻이 깊어요?

은수　금년 봄에 처음 하는 비비큐 파티잖아 인석아.

경민　하하 난 또.

은수　금년 한 해도 모두모두 건강하고 행복하게/화영이는 좋은 남
　　　자 만나 시집가구? 선화는 아들 딸 섞어 네쌍둥이 한꺼번에 낳구?

선화　형니임.(질색)

은수 김서방은 컴퓨터 앞에만 앉으면 손 안대도 자판이 저혼자 마
구 두드려 훌륭한 논문 열두편 써내고?

준표 하하하

은수 경민이는 금년에 키가 이십센티만 크고?

경민 (싫어서)이모오!!

은수 누가 못크구 있으래? 자아 다같이 파이팅!

　　　[화이팅 한꺼번에 외치고 짱짱짱 각각 부딪치고 마신다.]

　　　[자리 권하고 앉고 하다가]

은수 아이고 우리 바람돌이 영감이랑 내새끼들을 뺐네.(제 잔 치켜
들고)달삼아 몸조심해라아아? 죽는다아아아?

지수 아유 언니.

은수 심한가?(하는데 어디선가 핸드폰 벨)

　　　E 핸드폰 벨

은수 내꺼야.

지수 (가까운데 있는/ 식탁의 전화 집어준다)

은수 (받아서)네에에에?..어딘데에에에? 네 알았어요..고마워요오오
오? 응 아일러브유. 그러엄 훠레버 아일러브유지. 네 끊어요.(끊으며
이 갈 듯 작게)몸조심해라아아아?

지수 (경민이 듣는데/눈총 주고)

은수 (딴전 피는/벌써 고기 얹고 있는 준표에게)나는 바싹 궈줘 김서방.

준표 알고 있어요.(어른 손바닥만 한 스테이큽니다.)

경수 (들어오며)저 왔습니다아.

경민 삼추운..(내달아 부딪으며)

경수 하하 그래 잘 있었어?

경민 네하하(경수 식탁 쪽으로)

경수 저 왔어요 매형.

준표 어서와..

경수 (화영)안녕하세요

화영 안녕하세요.

선화 늦는다더니.

경수 미팅 미뤄졌어..큰누나(의자 빼며)별일 없죠?

은수 너 혹시 게이 아니니?

모두 ?

화영 푹 우후후후후후

은수 괜찮아. 그럼 그렇다구 털어놔아.

경수 (앉으며)또 뭐란 거야.(선화)

선화 암말 안했어어.

화영 (웃음 참느라 고역)

경수 어으 나 참.

은수 왜 애를 안 낳느냐말야아.

경수 생겨야 낳지 안 생기는 애를 어떻게 낳아요.

은수 너 협조 안한다며. 올케가 성모 마리아야?

화영 (참아도 웃음이 킬킬거리며 새고)

지수 그만 웃어어어

화영 미안해미안해.

경수 (은수에 연결)마리아는 무슨 마리아에요.

은수 그럼 불능이야?

화영 (머금었던 와인 품고)…(지수 얼른 냅킨 집어주고)

경수 어으으 정말

은수 그럼 딴 데서 볼일보구 다녀?

경수 누나아.

지수 (동시에)청소년 입장 불가야 언니이.

은수 경민이 손 씻구 와라.

경민 맨날 손 씻으래.

지수 괜찮아 안 씻어도 돼.

준표 자아 고기 받으러 오세요오. 반만 익힌 거 나갑니다아··

경수 (제 접시 들면서)집에가 보자.

선화 암말 안했는데에에··

화영 (제 접시 들고 일어나며)부부 같이 병원에 가봐아. 요즘 불임부부
도 많은 대신 유능한 불임 클리닉도 많다는데 들을 소리 못들을 소
리 듣지 말구··

경수 즈이는 둘다 이상 무에요.

은수 내가 보기에는 니가 이상유야 이것아.

경수 (좀 올라서)아 좀 내버려 둬요. 난 애같은 거 별로에요. 생기면 낳
고 안 생기면 그만인 거지 뭘.(투덜거리느라 화영보다 화덕에 가는 게 한
걸음 처지고)

은수 E 목빼고 기다리는 아버지 생각은 안해?

경수 E 아버진 아무 말씀도 안하세요

은수 아버진 맹장이 터져 복막염이 돼도 아야 소리 한번 안하시는 분
이야아. 저 미련퉁이 우리랑 한 엄만 거 맞는지 몰라.

경수 더해요? 더 할래요? 나 밥 안 먹구 그냥 가요오··

은수 (지수 돌아보며)그만 하까?

지수　더해 더더..

준표　(고기 하나 화영 접시에)

화영　감사합니다.

준표　(안 보는 채 피식 웃고)

경수　(접시 내밀고)

준표　(고개 얹어주며)어때.

경수　아 되는 일이 없어요..되는듯하다 꼬이구 되는듯하다 꼬이구.

준표　월급은 나와?

경수　조금씩 밀려도 나오기는 해요…

준표　그나마 다행이군.

지수　(접시 두 개 들고 와 서고)

준표　이건 경민이(하나 놓고)이건 당신…선화씨는 왜 안 와요..

선화　네에..(접시 은수 것까지 들고 일어나고)

준표　감자는 안했어?

지수　어머 감자 시간 다 됐겠다.

선화　제가 들어갈께요.

준표　아니 내가 갖고 나오죠 다른 볼일도 있고..여보 이거..거의 다
　　　됐어.

지수　응..(준표와 바꾸고 들어가는 남편에게)장갑끼고 꺼내 여보.

준표　알아아..

화영　으으음 고기 맛있다. 지수야.

지수　그래?

화영　피렌체에서 먹었던 스테이크만큼 맛있어.

지수　오호호 좋아라.

은수   어디 강남에 있어?

화영   ??아니 이태리에 있어요 언니.

은수   어 그럼 안되겠구나 며칠 있다 먹으러 갈까했는데.

선화   형님.(접시 놓아주며)

은수   경수야.

경수   아 몰라요.

은수   나 좀 봐.

경수   안봐요.

은수   좀 보라구.

경수   필요없어요.

은수   체하겠어 천천히 먹어.

경수   ....(포크 나이프 놓고 와인 잔 들며)점심을 못 먹었어요.

은수   뭐 먹구 살일 났다구 부자가 다 점심을 굶구 다녀어어..아버지
          도 점심 거르셨다드라.

경수   일하다보면 깜박 넘어가요.

은수   노력해애.

경수   (인상 부욱 짓는)누나 또오!!

은수   뜸북뜸부욱 뜸북새..

화영   까르르르르르르르 (선화/지수/경민도 웃고..일어나며)언니때문
          에 미치겠어 진짜..

지수   (자리로 오다가)왜 뭐 필요해.

화영   아냐..개인적인 볼일..(집으로)

S# 아래층 손님 화장실

준표   (씻은 손 타월에 닦고/타월 세팅이나 그런 것 마치 신혼처럼 예쁘고

완벽하게) (나가려다 되돌아서 변기 물 내리고 나간다)

S# 화장실 앞

준표 (나와서 주방으로 움직이려는데 화영 들어오고) 왜 들어와요.

화영 얼음이 필요해요··답답해 죽겠어··(먼저 주방으로)

준표 (주방으로)··

S# 주방

화영 (들어와 컵 하나 꺼내 얼음 빼는 데 눌러 얼음 뺀다)

준표 (들어와 오븐 앞으로 가 타이머 보고 혼잣말처럼) 아직 안됐네··(하
는데)

　　　E 얼음 씹는 소리

준표 (돌아본다)

화영 (기대듯 서서 아무데도 안 보며 얼음 깨물어 먹는)

준표 (오븐으로 고개 돌리며) 이 망가져요.

화영 몇분 남았어요.

준표 삼분.

화영 너무 짧다···(혼자 웃으며)

준표 ??

화영 (얼음 그릇 놓고 준표 앞으로 다가든다)······(보며)

준표 ····(보며)

화영 키스해··

순표 집이야.

화영 하고 싶어.

준표 (잡으며) 진정해.

화영 (가만히 입술 붙인다)

준표　....(잠시 있다가 화영이 입 떼자 조용히)물러나..

화영　(그 소리에 촉발되듯 얼굴 두 손으로 쥐고 달라붙는다)

준표　(피하며)그만둬..하지 마..안된다니까..안돼..비켜 서..안된다니까..안돼 안돼..(하다가 어느 순간 와락 당겨 안아 잡아 먹을 듯한 입맞춤으로 정신없이 빠져드는).....

　　E　쨍그랑.

　　[샐러드 유리 볼이 바닥에 떨어져 깨지는 소리.]

둘　(놀라서 떨어져 돌아보면)

화영　(하얗게 질려서 보고 있다).....

준표　...(스톱 걸린 것처럼)...

화영　(스톱 걸린 것처럼).....

화영　(와들와들 떨리기 시작)....

화영　(준표 돌아보고)

준표　(외면하고)

은수　(와들와들와들)

화영　......(준표 보다가 다소 흐느적거리듯 화영 앞으로 가)언니(하는데)

은수　(두 주먹으로 냅다 가슴을 밀어버린다)

화영　(그 힘에 저만큼 뒤로 밀려나 부딪고 가슴 움켜잡고 구부리고)

준표　(놀라서 잡으려다 말고 그냥 화영 보는)

은수　늬들 뭐야......지금 내가 본 게 뭐야..

둘　....

은수　나 꿈꿨어? .....나 영화 봤어? 이게 무슨 짓꺼리야..

둘　...

은수　잤니?... 잤어? 늬들 자는 관계야? (하다가) 등신같이 나 뭐하는 거야. 뭘 물어. 내가 지금 뭘 묻구 있는 거야 엉?

지수 E 언니이..(부엌 창문 두드리며)

둘 ??

은수 ?? 어엉. 왜..

지수 E 쥬스 병도 들고 나와 경민이 쥬스 먹는데.

은수 엉 그래 알었어..

지수 E 이이 뭐해.. 감자 아직 안됐어?

　E 동시에 오븐 타이머 종료 신호 운다

은수 얘 이제 타이머 울어. 기다리는 중이야.....

지수 E 알았어.(멀어지는)

은수 감자 꺼내 빨리.

준표 (오븐 열고 맨손 집어넣었다가 데어서 펄쩍)...

은수 (보고 이 갈 듯)하느님 가암사합니다.(냉장고로 움직이며)지수 알면 그 등신 목 매달어. 지금 당장은 그냥 넘어가. 나가서 (캔 맥주 두 개와 주스 병 꺼내 껴안으며)아무 일 없는 거처럼 여전히 굴어. 일단 그러고 넘어가 안 그럼 내가 둘다 죽여서 암매장하고 말 거야. 감자 꺼내 빨리.

준표 (오븐으로 손 넣으려)

화영 장갑껴요

은수 주둥이 닥쳐 납뿐년.

화영 (태연하게 상갑 누 짝 집어 순표 순다)

은수 이리와 이거 받어 이 기집애야..

화영 (와서 은수 것 받아들고)

은수 은혜를 웬수로 갚는 년. 납뿐년.(그물망 그릇 꺼내 놓고 준표 가슴

46

한 손으로 밀며 한손으로는 장갑 한 짝 뺏어 끼고 은박지에 머리꼭지만 남기고 몽땅 싸여진 감자 준표가 꺼내 놓은 오븐 팬에서 하나씩 집어 옮기며)너 먼저 나가…명심해. 아무 일 없었어. 알어?(돌아보며)

화영 바라는 바에요.

은수 ??

화영 알어 좋을 거 없어요

은수 ???

화영 (태연하게 돌아서 나가고)

은수 ???(한 채 준표 획 돌아보는)

준표 …(부엌 바닥 보며)…·

은수 ……(노려보다가 감자 한 알 던져버린다)

준표 (고개 숙이고 무방비로 있다가 정통으로 이마에 얻어맞고)……(이마에 손 올리고)

은수 …· 앞서.

준표 ……

은수 앞 서라구.

S# 마당

화영 (자리에 앉으며 경수에게 따라 받는 와인)…(멈추자)더…

경수 (조금 더 따르고)

화영 (벌컥벌컥 마신다)

지수 (선화도?)??얘. 무슨 술을 냉수마시듯 그래.

화영 우후후후 그랬니?

지수 그렇게 마시면 금방 취해. 와인 뒤끝 안 좋다고 많이 안 마시면서 왜 그래

화영 내가 왜 그럴까? 으ㅎㅎㅎㅎ

  [준표 앞세우고 은수 감자 바구니 들고 나온다.]

경민 감자 나온다아‥

지수 잘 익었지?

은수 엉 잘 익은 거 같더라‥하나씩들 가져가 드셔. 화영아?

화영 ??네.

은수 하나 집어 가.

화영 그럼요 내가 이걸 얼마나 좋아하는데‥(하나 집다가)어 뜨거.

은수 기집애 짓 하지 마라 응?(얼굴은 화창하게 웃으며 하나 집으며)이
  게 뭐가 뜨겁다구/(얼른 누군가의 접시에 놓으며)뜨겁긴 뜨겁구나.

선화 오ㅎㅎㅎㅎ‥(일어나 각자 뜨거워하며 나누기 시작)

경민 버터요‥

화영 여깄어‥

지수 (일어나며)당신 꺼 귀 주께 앉어.

은수 애야? 자기가 귀 먹으라 그래.

지수 아무 것도 못먹었어. 앉어. 감자 먼저 먹어. 샐러드도 맛있어 빵
  도 맛있고.

준표 엉.(애매하게 화덕에서 테이블로)⋯

경민 (감자에 버터 집어 이겨 넣으며)엄마 저는 들어가 먹을래요.(접시
  까지 같이 배에 붙여 안고)

지수 엉 그래.

경민 (뛰어 들어가고)

지수 게임 너무 오래하지 마아.

경민 E 네에‥

48

달삼 (벌써 들어오며)야야아 고기 굽는 냄새가 왼동네에 진동을 하
    는구먼. 응? 불러줘 고마워 처제

지수 어서오세요

달삼 (잇달아)화영씨 안녕하세요

화영 안녕하세요?

달삼 처남 오랜만이야(경수 툭 치며)

경수 예에.

달삼 어디 우리 사랑하는 마누라 잘 지냈어?(뒤에서 양 어깨 잡고 볼에
    뽀뽀하며)

은수 (그러는 달삼 얼굴을 주먹으로 갈겨버린다)

달삼 (한 손으로 얼굴 싸쥐며)????

모두 ???

지수 언니이/

경수 (지수와 동시)누나아..

은수 (벌떡 일어나 빠르게 나간다)

지수 언니 언니이..(따를 듯 하다가)무슨 일이에요 형부. 뭐 또....

달삼 (손수건으로 코 닦아내며)아냐..부모님 걸고 그런 거 없어어.

경수 그런데 누나 왜 저래요.

달삼 하하..(혜식게 웃는)아마 그 증셀 거야. 일년에 한두번 쯤 하는
    발작..내가 보기에는 뇌세포 이상같아. 하하하하. 아 나 참 그 여편
    네......고기 포기하고 가봐야겠는데? 심하면 막 부시기두 하거는. 미
    안해 처제. 동서 미안..(허둥지둥 나가는)

모두 ....(각각. 지수 뿌우..화영 상관없고 준표 고기만 뒤집고. 선화 괜히
    눈치 보고)

경수 (들고 있던 포크 놓으며)암튼 못 말린다니까아.

지수 (구워진 고기 접시 갖다놓으며)얼른 먹어‥

준표 ‥‥

지수 여보

준표 ??엉. 그만 파장하지 뭐…

지수 그럴래? 그럼 따로 차려주께. 화영이 데려다 주구 와서 먹어.

경수 내가 가께요.

지수 아냐 너 올케랑 이거 치워. 나 언니네 좀 가보고.키 갖고 나올께.

　　(준표에게/ 현관으로)

경수 아 가보긴 뭘 가봐요.(불만)

선화 (벌써 상 거두면서)이거나 도와요.

준표 (화영 쪽 보면)

화영 (앉은 채 와인 잔 비우고 또 따른다)

선화 E 취했겠어요. 그만 마셔요오오

화영 (잔 들어 보이며)이게 마지막 잔이야‥병 비웠어 후후 (벌컥벌컥
　　마시는)

S# 대문 앞(어두워지려 하고 있다)

준표 (앞서 나와 자동차로)…

지수 (약간 비틀거리는 화영 잡고 따라 나오며)괜찮아?

화영 괜찮아.

지수 뭐 언짢은 일있어?

화영 (멈추고)아니? 왜/

지수 그런데 왜 그렇게 넘치게 마셨어. 심난하면 그러잖어.

화영 (자동차로 움직이며)핑계지 뭐. 그런 거 없어‥

지수 (얼른 움직여 뒷좌석 문 열어주며)타.(화영 집어넣고 문 닫아주고 운전석 옆 조수석 문 열고 들여다보며)문 열고 태워주지 매너 꽝이야.

준표 타.

지수 뭐얼 엎어지면 코 닿는데. 내려만 놓고 오지 말고 현관까지 데 려다 줘 취했어.

준표 그래 알었어.(지수 문 닫고)

　[차 부웅 뜨고]

지수 (종종걸음으로 언니 집 방향으로)

S# 은수의 거실

달삼 (벗은 상의로 의자 갈기듯 하면서)아무리 잡놈 중에 잡놈이라쳐 두 너 어떻게 사람 꼴을 이렇게 만드냐 엉? 처제 부부한테는 이꼴저 꼴 다 들켜 더 망신일 것도 없지만 옘병할 어떻게 처남 부부에 처제 친구까지 있는데서 사람 꼴 개꼴을 만들 수가 있냐 말야!!

은수 소리 지르지 마.(긴 소파에 널부러져 누워서)

달삼 아니 눈꼽만큼도 잘못한 게 없는데! 하루 왼종일 마누라가 좋 아 환장하는 돈 벌자구 발바닥에 불나게 이리 뛰구저리뛰구 엉? 중 요한 약속이 있는데두 마누라가 들어오라니까 예 알겠습니다 허겁 지겁 들어왔는데/

은수 (벌떡 일어나며)소리지르지 말라니까‥/(나직이)

달삼 ‥‥??

은수 뭐 잘났다구 소린 질러 지르긴‥ 똥걸레가.

달삼 (기 좀 죽어서)아니이‥뭣 때문에 얻어터지는 건지 이유를 모르 니까

은수 새삼스레 이유는 무슨 이유야 열아홉부터 이날까지 하고 다닌

짓이면 열두 가지 방법으로 열 두 번 죽였어도 시원찮은데.(약간 올라서) 발작이야 뇌세포 이상이야.

달삼   ······(멀거니 보다가)차라리 일찌감치 그손에 죽고 말았던 게 낫지 이거야 원.(벗은 옷 집어 들면서)

은수   들어왔으면 그냥 앉아서 고기나 먹지 왜 뽀뽀는 해.

달삼   그렇게 살자는 사람 누군데에.(침실로 움직이다 돌아보며)

은수   (두 손 이마로 올라가며)여자로 사는 거 정말 치사하다··

달삼   남자로 살기도 만만치 않어어

은수   ·····

달삼   (새삼스레)잠자다 물어뜯는 건 얼마든지 당해줄 수 있어··내가 나쁜 놈이니까·· 그런데 아까같은 일은 아무리 뇌세포 이상이래도 다시는 하지 마라.엉? 똥 걸레 락스풀어 삶어서 눈같이 새하얀 행주된지 이미 백일이 넘었고 _1_후로는 길에서 꼬부랑 할머니가 마주와도 눈 질끈감고 지나치는 나야·· 벼락이 곱빼기로 떨어져도 결백하다고··나 골났으니까 앞으로 일주일 동안 아는 척 마.(들어가려하는데)

   E 현관 벨.

은수   (일어나며)지술 거야. 나 괜찮으니까 신경쓰지 말고 가라 그래.

달삼   직접 해애.

은수   (주방으로 움직이며)밥해주께.

달삼   냐뒤 생각 없이.

지수   E 언니이 나야아아.

은수   얼르은.

달삼   (현관으로 나가면서)괜찮으니까 신경쓰지 말고 가래 처제.

52

지수   E 언니 뭐해요

달삼   (아내 돌아보는데)

은수   E 당신 밥한다 그래.

달삼   당신 밥 아니 나 먹을 밥한다 그러라네. 밥 해 지금.

지수   E 왜 그랬대요?

은수   (밥 할 준비하며)그걸 뭘 묻냐구.

S# 현관 밖

달삼   E 그걸 뭘 묻냐구.

지수   (현관 앞에 서서)정말 괜찮아요 형부?

달삼   E 괜찮아 괜찮아 괜찮아. 끝났어 처제.

지수   그럼 저 가요··

달삼   E 어 그래 가. 잘가.

지수   (돌아서 움직이려 하는데)

달삼   (나온다)

지수   (돌아보고)

달삼   (다가들어서)무슨 소리 들은 거 있어?

지수   ?? 형부(또에요?)

달삼   아냐 아냐아냐/ 나 깻끗해애.

지수   들은 소리 없어요. 아····(빤히 보며)

달삼   ???····(괜히 찔려)아··

지수   너무 아무· 냄새 안나는 게 오히려 수상하다는 말은 했어요 아까.

달삼   ····(잠시 뻔히 보다가)허··뇌세포 이상이 틀림없다니까··

지수   (조금 웃어 보이고)가요.

달삼   엉··

지수   (나가고)

달삼   ·····(보고 있다가)후·우·우·우 내 팔자야··(돌아서는)

S# 화영 빌라 주차장 입구

[들어와 지하 주차장으로 들어가는 준표의 자동차··]

S# 주차장 안

[대어지는 자동차]

S# 차 안

준표   (잠깐 돌아보면)

화영   (손톱 물고 시선 내리고)······

준표   (앞으로 고개)내려·····다 왔어··

화영   (그대로인 채)현관까지 바래다 주랬잖어.

준표   ·····

화영   싫은가?(손 내리고 뒤통수 보며 키득거리는)추운 날 어린애 고추
       쪼그라든 거처럼 바싹 얼었나?

준표   조심했어야지이.(앞 보며)

화영   (준표 목덜미에 손 대면서)올라가요.

준표   (그 손 잡아 내리면서)이러지 마··

화영   올라가자구··

준표   그냥 가게 해 줘.

화영   현관까지만

준표   ·····

화영   응?···응?

**S# 아파트 승강기 문이 열리면 엉겨 붙어 있는 두 사람······기다렸다 닫히려
       하는 문 준표 한 손으로 막으면서 화영 밀어내려는/반대로 준표를 끌어**

내려는 화영/

준표   안돼.

화영   준표씨

준표   (오버랩의 기분)그만해‥겁도 안나? 앞으로 우리가 무슨 일을 겪
어야 하는데 겁 안나?

화영   (오버랩의 기분)난 괜찮아. 나한테는 오늘만 있어. 지금 이 순간
만 있어.괜찮아 상관없어. (승강기는 놓치고/마구 얼굴 붙이려 하면서)
사랑해 사랑해 후회없이 사랑할 거야. 그러다 죽으면 돼‥(준표 무반
응으로)그렇게 살다 죽을테야. 상관없어 아무 상관없어. 상관없어‥
(그러다 준표 무반응 느끼고 서늘해지며 보는)……

준표   ………(보다가 한 손 어깨에 올리며)들어가 쉬어

화영   ……(보다가 그 손 탁 쳐내고 현관으로/전자 키 누르고 뒤도 안 돌아
보고 들어가버리는)

준표   ………(보고 서 있는)……(고개 떨궈 바닥 보며 한동안 서 있다가 승강
기 버튼 누른다)

S# 화영의 거실‥

화영   (거실 가운데서 흔들흔들 매미 허물 벗듯 하나씩 벗어 바닥에 놓아
둔 채 움직여 음악 넣고 소파에 큰대자로 누워 한 손으로 눈 덮고)……

S# 운전하고 있는 준표

S# 지수 주방

[식기세척기에 잔뜩 들어가 있는 그릇들/선화 대충 헹궈 경수 주면 경
수 세척기에 집어넣고 있는 중이다/지수는 곰탕이랑 재워놓았던 스테
이크 고기 서너 쪽과 야채들 목목이 챙기고 있는 중]

[주방 담당 소품 및 식자재 선생님들께.]

[이번에는 이 집 냄비 이 집 컵이 저 집에도 날아가 있지 말고 콩나물 삼 인분을 이십 인분 만들지 마시고 그릇 사이즈 철저하고 완벽하게 맞춰 주시면 이 사람이 아주 행복하겠습니다.]

[씬 시작과 동시에]

경수 (싫증 나서)매형이나 하니까 큰누나랑 살아내요. 누구도 못 살 아요. 감당이 돼야 살지 거세지 극성맞지 시끄럽지 남자 알기를 개 애떡으로 알지 감당 안돼요.한 가지 그 약점이 있으니까 그리구 매 형이 워낙 대책없이 사람이 좋으니까 사는 거지 나같으면 사흘도 못 사네.

지수 왜 그렇게 심하게 말해?

경수 하나도 안 심해요.

지수 쾌활하고 적극적이고 솔직하고 그런 장점이 너한테는 다 단점 이네?

경수 매형 개떡으로 아는 건.

지수 한눈 파는 남편 존경하는 여자 있으면 나와 보라 그래‥늬들은 그런 짓 하면서도 아내한테 존경받아야 해?

선화 말도 안돼.

경수 당신은 가만 있어.

지수 왜 가만 있으래?

선화 가만 있으라 소리 잘 해요‥그럼 가만 있죠 뭐.

경수 누나랑 얘기하는데 왜 끼어들어요.

지수 끼어든다는 말 자체가 어폐 있어 너. 왜 그렇게 구닥다리야.

선화 여자 좀 무시해요.

경수 (눈총 주고)

선화   호호호홋

지수   언니 그렇게 생각하는 거 나 언짢아 경수야.. 우리가 얼마나 신세 입었는데.

경수   신세진 건 신세진 거고

지수   ???(돌아보는)

경수   암튼 그래요. 그만둡시다..그만해요. (수도 틀어 손 씻으며)가자.. 빨리.

선화   (빈 싱크대 안 닦으면서)아버님께 전화 넣어요. 저녁 어떡하셨는지 모르겠네.

경수   가면서 하지 뭐.

지수   (벌써 핸드폰 들고 단축).....저에요 아버지. 들어 가셨어요?..저녁 어떡하셨어요....네 얘들 지금 가요..네.경수도 왔어요....네..네 잘 했어요.. 네 쉬세요..(끊으며)저녁 드시고 들어가셨대..(보자기에 싸며)그릇은 비워와야 해.

선화   (에이프런 벗으며)네에..

지수   경민아아아 외삼촌 가시는데에에?(이 층으로)

경민   E 네에에

S# 대문 앞(완전히 어두워졌다)

    [나오는 네 사람..경민과 경수 자유롭게 떠드세요.]

지수   야채 버리지 말고 다 먹어.

선화   버리긴 왜 버려요.

경수   화영이 누나 집 멀어요?

지수   응? 안 멀어..왕복 삼십분쯤?

경수   (제 차 문 열고 보따리 넣으며)안 오시네.

지수 거의 다 왔을 걸? 경민아 저어기 들어오는 차 아빠 차 아닐까?

경민 (두 손 겹쳐 망원경처럼 만들어보고) 모르겠는데요?

선화 호호호호(이뻐서 만지는)

경수 타.

선화 가요 형님.

지수 으웅

[둘 타고 뜨는 차….나가다가 잠깐 멈추고 준표와 인사 나누는 것 보이고]

지수 봐 아빠 차 맞지?

경민 네…

[준표 차 와서 멎고 준표 내리는데]

지수 현관까지 데려다 줬어?

준표 움··(경민 잡고 앞서 들어가는)

S# 마당

지수 (따라 들어오며)밤공기가 너어무 좋아··

준표 처형은

지수 괜찮대··형부 밥하구 있던데 뭐··

준표 ·····

지수 좀 쌀쌀하다. 아니면 차 만들어 나와 마시면 좋은데

준표 감기 들어··

지수 어머나 당신 저녁 먹어야지 참. 내 정신 좀 봐.(급히 현관으로 가 문 열고 돌아보며)뭐야아아 오늘 파티는 완전 실패네…언니때문에··

S# 은수 거실

은수 온다 그랬으면 와야지 왜 안와.

진주 (막 들어온 참이다)봐서/ 봐서랬지 엄마 나 약속 안했어.

은수 올줄 알았단 말야.

진주 엄마 혼자 생각이지이. 봐서/라는 건 참석할 수도 안할 수도 반
반이란 뜻이잖어.

은수 그래 뭘 봐서 못 왔는데

진주 수다가 재밌어서 그냥 눌러 앉어 놀았어.

은수 (째지게 흘기는)

진주 왜애애

은수 이제 곰방 시집가 버리고 말면 너 엄마랑 보낼 시간 그렇게 안
많아. 시집가기 전에 엄마한테 시간 좀 쓰면 안돼?

진주 엄마랑 나랑 둘이 뭐 하자는데 안한 거 아니잖어어어 암튼 (엄
마 팔 끼며)오바마마야.

은수 (흘기며)저녁은

진주 먹었지

은수 (손가락으로 이마 탁 튀기고)

진주 아야/

은수 설거지 하고 올라가.

진주 엄마아

은수 벌이야..(안방으로)

달삼 엄마 심기 불편하니까 군소리 말구 기어라아..

진주 룸살롱 전화 왔어요?

달삼 여자로 태어난 게 싫단다아아

진주 나두 그런데..(하며 주방으로)

달삼 ??

준구 (책가방 끼고 들어오며)다녀왔습니다아아아..

달삼 왜 벌써 와.

준구 과외 선생님이 배가 너무 아퍼서 제꼈어요. 생리통인가봐요··

S# 침실

은수 (화장대 앞에 앉아서 거울 속의 제 얼굴 노려보듯 하며)······

S# 지수의 주방

지수 (앉아 있는 준표/ 상 차려놓고 밥공기 놓아주며)한번씩 자기도 모르게 울컥 치밀 때가 있나봐.

준표 ·····(수저 든다)

지수 (반찬 만져주면서 마주 앉는)어떤 땐 소름이 짝 끼치기두 하구 어떤 순간에는 그냥 ·····심한 말이지만 죽여버리고 싶기도 하대···

준표 ····

지수 고기 먹어(썰은 스테이크)

준표 ·····

지수 피곤해?

준표 응? 아니/

지수 말하기 싫어?

준표 밥 먹잖아··

지수 요새 좀 이상하더라··딴 생각하면서 사는 사람 같어.

준표 그런 게 어딨어.

지수 화영이는 친정엄마 전화 받았는지····엄마랑 전화하면 속상한가 부던데···술 마시는 폼이 그렇드라구··

준표 ····

지수 걔 불편해 해·· 아는 체 좀 제대로 해줘··오셨어요 하고 나면 묻는 말에나 겨우 대답해주고

준표　뭐 ··할 얘기가 뭐 있어.

지수　왜 한가지만 먹어어 골고루 좀 먹어·····(나무라듯/에서)

S#　지수 집 전경(밤)

S#　침실

지수　(화장대에 스탠드 켜놓고 시장 본 영수증 꺼내보며 가계부 정리하고 있다)······(가계부 덮고 영수증 챙겨 헝겊 만두형 백에 넣으며 시계 보면/ 열두 시가 다 돼 있다)··

S#　준표의 서재

준표　(테이블 의자에 앉아 소리 죽여 핸드폰 중)뭐하고 있나 신경이 쓰여서····나는 아직 서재에 있어···아니 강의 준비는 끝났어·· 그냥 우두커니 있는 거야··

S#　화영의 거실

화영　으흐흐흐 어떻게 넘겨야하나 머리가 터지면서?(소파에서 일어나 앉으면서)나는 아직 방에도 안 들어갔어.씻지도 않았어. 당신 좋아하는 소파에 널부러져 숨 멈추고 얼마나 견딜수 있나 가슴이 찢어질 때까지 시체놀이 하다가 깜박 졸다 깨면 다시 죽은 사람 흉내내기····· 하다말다····머릿 속에 아무 생각도 안 들어있어. ··아니 겁나는 건 당신 다시 못 보게 될까봐 그거 밖에 없어. 다른 건 겁 안나··

S#　준표의 서재

준표　(한 손 이마로 올라가며)처형이 끝까지 입다물고 있어줄까? 어떻게 생각해.

화영　F 그걸 원해?

준표　골 아프잖아.

화영　F 그걸 바라는구나··

준표   모르고 넘어가는 게 모두에게 좋은 일이니까…

화영   F 나는 어떻게 되구…

준표   그냥 거기··그 자리에 있구··

S# 화영의 거실

화영   나는…그냥 이 자리에 있구····좋으네··그럼 그렇게 하자··그렇
       게 하지 뭐····

S# 준표의 서재

준표   어쩌면 섯불리 문제 만들지는 못할 거야. 애 엄마 성격 누구보
       다 잘 알면서 그러기는 힘들 거야··

       E 노크

준표   ??

지수   E 안자?

준표   어 자야지·· 그만 잘 시간이다·· 끊자.(끊는다)

지수   (문 열고)??(늦은 시간에)

준표   상처한 친구 신재환이.(핸드폰 바지 주머니에)

지수   어어·· 이리 줘. 내 갖구 들어갈게

준표   아냐 놔둬.

지수   씻으러 들어갈 거 아냐.

준표   어 밧데리 바꿔야 한다··(충전기 쪽으로 가 서서 통화 목록 지워내
       고 건전지 바꿔서 지수에게)켜놓지 마.

시수   언젠 잘 내 켜놓고 잤나아··

S# 화영의 거실

화영   (앉아서 핸드폰 내려다보며)·······

S# 달삼의 침실

[어둡다. 달삼 잠들어 있다]

S# 주방

[거실 불은 꺼져 있고]

은수   (양주 반 컵을 단숨에 비우고 잔 내리며)캑캑캑 나한테 이렇게 독
한 술을 먹이구...이 납뿐년........(한동안 있다가 컵 탁 놓으며)기름에
튀겨 죽일년(의자에 걸쳐놓았던 숄 집어 어깨에 걸치는 데서)

제2회

S# 은수의 집 앞

은수 (대문에서 나와 제 자동차 시동 리모컨으로 걸며 자동차로 가 타고)

S# 차 안

은수 (입 꾸욱 물고 부웅 출발)

S# 골목 빠지는 차

S# 화영 빌라로 들어오는 은수 차

S# 지하 주차장

은수 (세워진 차에서 내리는 은수/ 승강기 있는 쪽으로/ 쳐들어가는)

S# 화영의 어두운 거실

　　　E 현관 벨이 울리고 있다. 울리다 끊어지면 다시 울리는

S# 침실

화영 (엎드려 잠들어 있는데 상체가 완전히 드러나 발가벗고 자는 느낌이
　　다)……

　　　E 현관 벨 울리고 있다……

화영 (엎드린 채 눈 뜨고)……

E 벨 다시 시작해서 울리는

화영 (몸 뒤집으며 머리로 손이 올라간다)

S# 거실

E 아예 쾅쾅 두드리는 소리까지 벨과 함께

화영 (침실에서 로브 걸치며 나와 거실 불 켜고 현관으로)·····누구에요.

은수 E 문 열어 이 나쁜 기집애

화영 지금 몇신데 이래요 언니

은수 E 야아!! 친구 남편 후리는 주제에 몇시는 상관있냐?

화영 ·····

은수 E 열어 안 열어?

화영 그냥 가래도 안갈 거죠.

은수 E 이게 누구 약을 올리나아·· 빨리 못 열어?

화영 (문 열고)

은수 (썩 들어서며)····(노려본다)

화영 오려거든 좀 더 일찍 오던지 아니면 날 밝으면

은수 (오버랩의 기분)너 저엉말 빤빤하구나 뭐 이런 망종이 있어. 너
진짜 그렇게 잘났냐? 그렇게 대단해? 너 미국 물 오래 먹어 미국년
됐냐? 미국년도 야 친구 남편 뺏고 쏘오리는 하더라 (하고 성큼성큼
안으로 움직여 돌아보며)엉? 쏘리는 해.

화영 언니가 지수 아니잖아요··

은수 뭐?(돌아서며)

화영 지수한테 미안은 해요

은수 미안은 해요?

화영 미안은 하죠··(하며 주방으로)

은수   ???·····(입 벌리고 보다가 숄 훌렁 벗어 던지면서)이게 미안하다는 태도냐?

화영   (소주 두 병 꺼내면서)언니는 지수가 아니잖아요··

은수   그래서 나한테 꼬랑지 내릴 일은 없다고?

화영   소주 밖에 없네요.

은수   (쥐어박듯)아무 거나 가져와.

화영   (안주 준비하며)먹다보니까 소주 맛있어요.

은수   그렇댔잖아.(하며 앉다가)이게 무슨 소파가 이래··

[높이가 아주 낮으면서 사각으로 큰 것이 있습니다.]

화영   소파에요··(준비하는)

은수   여기서 뭐하라구 이렇게 수퉁맞게 크냐.

화영   잠도 자고 의자로도 쓰고요··

은수   ·······(화영 보고 있다가)내가아·· 당장 쫓아와 다 쥐어뜯어놀까도 했는데 참았어. 참고 진정 좀 하고 생각 좀 해서 내일/ 차분하게/ 인간대 인간 여자대 여자로 품위있게 해결을 보자 했는데/(화영 쟁반 들고 움직여 오는)도오저히 잠이 안와. 잠만 안오는 게 아니라 미치고 팔짝 뛰겠어.

화영   (쟁반 위의 것 내놓으며)알아요.

은수   알아?

화영   잠이 오면 정상이겠어요? 더구나 어떤 자맨데···(바닥에 앉아 소주 탁자의 은수 잔에 따른다)

은수   ·······(보고 있다가 잔 집어 들며)당장 안 쫓아온 거 하늘에 감사해. 아까 왔으면 너죽고 나 죽고였어.(딱딱지만 심산은 잘해 볼 참이다)

화영   (웃는다/제 잔에 따르며)··

66

은수　??웃어?(어라?)

화영　(잔 들며 쭉 마시고 놓고 다시 따른다)

은수　너 웃음이 나와?

화영　(보며)감당이 안되면 나는 웃음이 나와요. 남편 죽어서 시체보 관실에 시동생과 신원확인하러 가서도….누워 있는 사람 보며 피식 피식 웃었어요‥왜 그런지 모르겠어요.

은수　정신병.(잔 집어 들며)

화영　그럴지도요.

은수　(잔 털어 넣고 탁 놓으며)언제부터야.

화영　…(보는)

은수　언제부터냐구.(따르며)

화영　중요한가요?

은수　(이것이)대답이나 해.

화영　신정때요.

은수　???…..강릉에서?

화영　네.

은수　(기막혀)새해맞이 가족여행에 끼어줬더니 거기서 야합을 했니?

화영　(쓴웃음)그렇게 됐어요‥

은수　(술잔 홱 뿌려버린다)

화영　(맞고 손으로 닦아내며)으흐흐흐 제 말투가 워낙 이렇잖아요.

은수　너 밝히니? 남자 없으면 못사는 체질야? 아무리 사내가 궁하대 도 친구 가족여행 따라가 친구 남편한테 손을 대? 너 사람이야?

화영　언니

은수　(연결)누가 먼저 신호보냈어.

화영 (보며 턱 좀 치켜든 것처럼)동시에요. ··둘이/ 둘이 아니라 하나였어요.

은수 ·····????? (노려보다가 순간 달려들어 마구 두들겨 패기 시작한다)

화영 (맞아주면서 꺼들려 주면서)이건 내 운명이고 그 사람 운명이에요. 지수한테 미안하지만 멈춰지지도 않았고 멈출 생각도 없어요··

은수 그래서 뭐야. 계속한다는 거야? 계속하겠다는 거야? 엉? 계속한다구? 뭐? 운명? 뭐가 어쩌고 어째? 멈출 생각이 없어? 그래서 계속한다구? 할 거라구?(마구 패면서/에서)

　　[시간 경과]

S# 화영의 거실

화영 (형편없이 흐트러진 모양으로 두 손바닥에 짚고 안 보는 채)·····

은수 (식식거리면서)·····(두 주먹 불끈 쥐고 서서)

화영 더할 거면 마저 하세요.

은수 다했다.

화영 (손바닥 떼고 상체 세워 흐트러진 머리 간추리면서/핀 처리한 머리/ 머리칼이 좀 빠지고 도로 핀 집어 들고 머리 만지는)·······

은수 ·····(보다가 고개 돌리며)세상에 깃통이 막혀서·····(돌아보며) 너는 어떻게 나한테 이렇게 무식한 짓까지 하게 만들어. 친구 남편 훔친 주제에 고분고분하기나 하던지 이꼴이 이게 뭐야·· 너나 나나.

화영 괜찮아요 이런 일 당하는 상상 충분히 여러 번 했어요. 여기는 한국이니까, 한국식 아니까요.

은수 더 터지고 싶어?(불끈)

화영 (핀 찌르다 본다)···

은수 엉?

화영   고소 안 당할려면 그만하세요.

은수   ??? 너는 간통으로 들어가고?

화영   (시선 피하며)겁 안나요.

은수   …..(입만 뻐끔뻐끔뻐끔)……

화영   (소주잔 두 개에 차례로 따라놓고 제 것 마신다)……

은수   ….(그저 보며)

화영   (다시 따라 마시고 놓고 안주 집어 씹는다)…..

은수   (안 되겠다)화영아(바닥에 풀썩 앉으며)

화영   (보는)

은수   너 그 김치 지수가 담아다 준 거지.

화영   네..

은수   때린 거 미안하다 그래 미안해 그런데 너 역지사지 바꿔놓고 생
      각해 봐. 너 미국서 들어와있을 집 구해줘야 한대서 내가 우리 원룸
      한 칸 비워 반년을 그냥 쓰게 하면서 지수 개 밑반찬 만들어 넣어줘
      과자 구면 갖다줘 김치 담아다 줘 별식하면 불러서 먹여/ 그런 애 남
      편을 훔쳐먹는 게 그게 사람이 할 짓이니?

화영   ……(술 또 따른다)

은수   너 미국 시동생이 이 빌라 얻어 줬다구 그 맹꽁이가 얼마나 좋아
      했는데. 우리랑 틀리게 어려운 거 모르고 살다 손바닥만한 원룸에 살
      림 차려 놓고 사는 게 그으렇게 짠하다 소리/ 거짓말 보태면 열두번
      두 디했어.

은수   E (가만히 보고 있는 화영)그런 아이한테 너 어떻게 /아니 이런
      얘기 필요없다 그말이그말인 거 생략하자 /암튼 어쨌든 너 이건 도
      오저히 있을 수 없는 일이니까 지수 알기 전에 여기서 끝내. 이거 당

장 내놓고

은수　다른 데로 멀찌기 어디 저어기 분당이나 수지나 그런데로 옮겨 앉든. 아니아니 이거 틀렸어. 너 살던 데로 돌아가. 꺼져. 이 집 전세금 당장 내일 내가 만들어 줄 테니까 그거 들고 사라져. 알았어?

화영　(술잔 집어 든다)

은수　화영아.

화영　……(술잔 내려다보며)

은수　그렇게 정리 끝내자 우리. 지수 알면 걔 인생 완전히 망가지는 거야아..걔 너 몰라? 고털 뽑아 고 자리에 박는 고답답이 몰라? 걔 죽어. 걔는 죽는다 너. 지수 죽일래?

화영　틀림없이 죽어요?

은수　안 죽을 거 같아? 걘 죽어.

화영　내기할래요?

은수　???

화영　안 죽으면 준표씨 내가 가져도 돼요?

은수　………(보다가)너 정말….뭐 이런 게 다 있어.

화영　까르르르르르르

은수　(벙쪄서 보는)

　[시간 경과]

S#　화영의 거실

은수　(쭉 마시고 놓고)떠나.

화영　(털어 넣고 놓으며)아니요.

은수　……(노려보는)

화영　(두 개의 잔에 술 채우면서)……

70

은수   ….(보다가 술병 놓여지자)떠나.

화영   (술잔 들며)대한민국은 주거의 자유가 있어요

은수   너는 미국 시민권자잖아. 주거의 자유는 대한민국국민한테만
        있는 거야.

화영   언니 나한테 가라마라할 권리 없어요. 그런 권리 누구도 없어요

은수   그래서 여기 눌러앉아 계속 친구 남편 도적질한다구?

화영   나는 끝 안내요 언니..내 쪽에서는 안 끝내요..

은수   ……너 원래 이런 애였니?

화영   나도 몰랐는데 그랬나봐요.

은수   ……(기막혀 보다가 술잔 채워 털어 넣고 따른다)

화영   (들고 있던 잔 비우고 다시 따르고)

은수   (홀쩍 마시고)

화영   (홀쩍 마시고)

은수   (술병 갖다 또 따르면서)말문이 막힌다는 게 뭔지 알겠다. 생전
        처음이다. 할말이 없다. (그러다 보며)너 아주 눈하나 깜작 않고 사람
        잡을 기집애구나.

화영   …..(보며)

은수   허 허허허허허허…야아아아 돈다돌아..(두 손바닥 짚으며)취해
        서 돌고 기막혀 돌고 빙글빙글빙글 돈다돌아..(피시시 옆으로 누워
        버린다)

화영   (보며)……

은수   ㅇㅇㅇㅇㅇㅇㅇ (한 손 이마에 올리고)오분만 졸고 일어나 다시 얘
        기하자.

화영   …….(그냥 보며)

은수 　……………(잠드는 듯 하다가 불끈 일어나며)내가 지금 뭘 하는 거야 ··잘 데가 없어 동생 서방 훔친 년 집에 머리를 대고 자?··홍··어림없 지이이···(탁자 짚고 일어나려 하면서 손에 걸린 쟁반 집어 원반 던지기 처럼 휙 아무 데나 날려버리고 숄은 둔 채 좀 비틀거리며 현관으로)나쁜 년.(혼잣소리처럼)

화영 　(고개만 그쪽으로 돌아가서 보며)언니 취했어요. 그냥 여기서 자 요……

은수 　수작부리지 마 이 드러운 년아.(나가고)

화영 　(앉은 채 다시 마시는)……

S# 지하 주차장 승강기

　　[문 열리면 얼빠진 것 같은 은수 내려 주차장으로]

S# 주차장

은수 　(주머니에서 리모컨 키 찾아 내 제 자동차 찌그러지는 눈으로 찾으 면서 시동 걸고 라이트 켜지는 쪽으로 흔들흔들/ 운전대로 오른다)

S# 자동차 안

은수 　(타면서 차 문 닫고 핸들 두 팔로 안고 한동안 있다가 일어나 출발 한다··)

S# 꽁무니를 흔들어 비틀거리며 나가는 은수의 자동차. 어딘가 가볍게 쿵 받으면 어떨까··

S# 은수의 거실(어둠)

　　E 울리는 전화벨

S# 침실

　　E 울리는 전화벨 거듭거듭거듭.

달삼 　(전화 쪽으로 보며 옆으로 누워 자고 있다가 손 뻗혀 받는다)……(잔

뜩 잠에 취해서)여보세요.(좀 퉁명)

소리 F 허달삼씨 댁 맞습니까?

달삼 맞는데 누구십니까

소리 F 부인이 김은수씨 맞습니까?

달삼 (정신이 좀 들면서)당신 누구쇼 뭐요 대체. 지금 몇시오 에?

소리 F 여기 ***동 지구댑니다 부인께서 음주운전 단속에 걸리셨
습니다. 와서 모셔가십시오.

달삼 (이 사람이 무슨 소릴 하구 있는 거야.(스탠드 켜면서/스탠드에 놓인
시계 새벽 네 시 근처)우리 집사람 지금 내 옆에서(하며 돌아보면 자리
비어 있고)???(정신이 번쩍 든다)

S# 큰길

달삼 (손 휘저으며)택시 택시이이

S# ***동 지구대 앞

달삼 (택시 와서 멎고 내려서 뛰어 들어간다)

S# 지구대 안

달삼 (들어오며 눈으로 두리번두리번)…저기/ 저기 집사람이 음주운전
에 걸렸다고 연락받고 왔는데요

순경 김은수씨 모시러 오셨습니까?

달삼 아 예 김은수

순경 (음주 운전자 조서 꾸미고 있다가 오버랩)그 아줌마 화장실에 토
하러 갔어요. 저리로 가 보세요.

달삼 아 예..(가리키는 방향으로)

S# 화장실이 있는 곳

달삼 (나타나서 보면)……

은수   (벽을 앞으로 하고 쭈그리고 앉아 웅크리고 있다)……

달삼   ……(이게 무슨 일인가……다가가서 건드리며)여보 토했어? 다 토
       했어?

은수   (끄덕이고 안 보는 채 한 팔 남편 목에 걸며 일어나려/거들어 일으키
       고)아아 진짜 싫다아아아.

달삼   대체 이게 무슨 일이야.

은수   (오버랩)나 백일동안 면허 정지래 (남편한테 실려서)

달삼   그깐 건 문제 아니구 자다가 왜 나가 술은 어디서 먹고 음주운
       전은 왜해. 그런 위험한 짓을 왜 하냐구.

은수   (오버랩)교육도 받아야한대애애

달삼   아 글쎄 그딴 건 문제가 아니라니까아.

은수   벌금도 내야한대(오버랩)

달삼   괜찮아 괜찮아 당신 안 다쳤으면 됐어 됐어됐어‥

S# 은수의 골목 들어와 대문 앞으로 와서 멎는 은수의 자동차(밤)

S# 차 안

달삼   (사이드 채우고 옆 보면서)……말 안 할 거야?

은수   ……(기대어서 눈 감고)……

달삼   ‥‥엉?

은수   그냥 아무 것도 묻지 말고 들어가 자게 해주면 안되겠니?

달삼   마누라가 야밤에 자다 빠져나가 술 퍼마시고 운전하다 걸려 파
       출소 가 있는 거 데리고 나와서 /남편이라는 사람이 어떻게 아무 것
       도 모르는 채

은수   (오버랩/남편 쪽으로 고개 틀며)모르고 넘어가는 게 좋을텐데 그
       래도 듣고 싶어?

달삼 마누라 일을 어떻게 남편이 모르고 넘어가. 죽어도 같이 죽고 살아도 같이 사는 우리는 부부일심동첸데.

은수 (몸 떼며)알었어 얘기할께..하지 뭐(벨트 풀려)

달삼 (얼른 거들어주고)

은수 답답하니까 내려서 하께. 가슴이 너어무 답답해. 숨이 막혀.

달삼 어 그래그래. 가만있어. 문 열어주께 가만있어(허둥지둥 내려서)

S# 차 밖

달삼 (아내 쪽 문 열고 아내 잡아 내리게 해주고 문 닫는다)

은수 (내려 땅바닥으로 고개)·····

달삼 ····(지켜보며)

은수 (고개 반짝 들면서)자다가 깼어.

달삼 응.

은수 당신은 세상모르고 곯아떨어져 코골고 자는데······

달삼 응

은수 당신하고 한 침대에 누워있는 나 자신이 너무 한심하고 역겨워 못 참겠더라.

달삼 ??

은수 한번도 아니고 두 번도 아니고 세 번도 아니고

달삼 여보

은수 (상관없다) 봄여름가을겨울 철도 없이 빙수먹기에 바쁜

달삼 (오버랩)여보여보

은수 (상관없이)이 절망스러운 남자를 남편이라고 한 침대에 누워 자는 나라는 여자는 이게 뭔가.

달삼 (품어 꽉 안으며)여보 진주 엄마.

은수 참을 수가/ 견딜 수가 없어서 어응응응응응응응(울음이 터진다)

달삼 (품어 안고)여보 미안해. 내가 죽일 놈이야. 잘못했어잘못했어.
     다시는 안 그런다고 약속했잖아.. 잊어잊어잊어 응? 잊어 여보.

은수 엉엉엉엉엉

달삼 여보 여보오.(같이 울기라도 할 듯)

은수 우리가 고일 때 만나 이십육년인데에에 엉엉엉엉엉엉엉.

달삼 (껴안아 붙이고)은수야..여보 진주야..

은수 엉엉엉엉엉엉

달삼 ….(꽉 안고)

S# 거실

     [거실 불은 꺼져 있고 주방만 환한데]

달삼 (주방에서 작은 타월 적셔 짠 것 서너 장 들고 나와 침실로)

S# 침실

달삼 (들어와 침대 옆에 걸터앉아 기대어 앉아 훌쩍거리고 있는 아내 얼
     굴 닦아주기 시작한다)

은수 (어린애처럼 간간이 딸꾹질 비슷한 흐느낌 넣어서)

달삼 어디서 먹었어.

은수 포장마차…(안 보며)

달삼 기왕 먹는 거 좋은 술 먹지 ….술 취하면 운전대 잡으면 안되는 거
     몰라?

은수 (잠깐 보고)사실은 죽어버릴 작정이었는데

달삼 ??

은수 (연결)그놈으 경찰한테 붙잡힌 거야.

달삼 여보

은수 안 잡혔으면 아무 거나 확 받아버리고 죽었을 텐데 당신한테 복수하는 길은 그것밖에 없는데…

달삼 그런 무서운 소리 하지 마 머리칼 곤두서. 내가 당신을 얼마나 사랑하는데 까짓 빙수가 뭐라구 그거 때문에 죽어..빙수는 빙수일 뿐이고 당신은 내 목숨 그 자체야아..당신이 없으면 나도 없고 당신 죽는 날 나도 죽어. 손가락 걸고 맹세했잖아. 파파 할머니할아버지 돼 한 침대에 누워 손 꼭 잡고 한날한시에 죽자고오오오

은수 여보 얼음 냉수 좀.

달삼 어 어 그래..(부리나케 나가고)

은수 죽긴 내가 왜 죽니

S# 주방

달삼 (들어오며)죽기가 그리 쉬우냐?(컵 들이대고 얼음 뽑아 물 채우면서)그래애 내가 죽일 눔이지 주둥이 닥쳐라. 뭐 잘한 게 있다고 군소리냐. 에에에 (속상해서 내는 소리/부리나케 나가는)

S# 침실

달삼 (들어와 입에 대주면서)먹어 먹어먹어..

은수 (물 마시고)....(고개 돌린다)

달삼 다 마셨어?

은수 거기 놔.

달삼 어.(컵 사이드에 놓고 수건 집어 들며)손. 손 닦아주께.(은수 손 닦아주기 시작/손가락 사이까지)

은수 ....(물끄러미 보는)

달삼 발도 닦아주께.

은수 여보 뽀뽀..

달삼   (쪽 뽀뽀하고)

S# 지수의 마당(밝아지면서 아침)

S# 거실 주방

　　[식탁 간단한 아침 먹고 난 자리]

지수   (경민 도시락 챙겨들고 주방에서 나오며)경민아아 준비 다 됐어 어어?

경민   E 네에에

지수   (도시락 현관 쪽에 적당히 놓고 침실로)

S# 침실

준표   (타이 매고 있다)

지수   (들어오며 자연스레 달려들어 마무리해 주고 침대에 놓인 상의 집어 입힌다)늦어?

준표   나가봐야지‥당신은 뭐해.

지수   부지런히 도시락 싸서 혜정이 병원 잠깐 들렀다가 오후에 ＊＊원 가.

준표   밥나르기 언제까지 할 거야.

지수   병원 밥 보다 낫잖아.

준표   별로 친하지도 않았다면서

지수   안됐잖어‥나이 마흔에 가슴 한쪽을 들어냈는데…

준표   그 집 식구들은 뭐하구‥

지수   애들은 어리구 시집하군 그렇구 병원 밥보다 내 도시락이 으뜸이거든.

준표   성격이 팔짜다.

지수   (가방 집어주고)흐훗 맞어.(등 밀 듯 하다가) 어 잠깐.(화장대에서 빗 집어 들고 남편 머리 잠깐 빗어주고)됐어.

준표   (좀 웃어 보이고 나간다)

S# 거실

지수   (남편 따라 나오며)안 내려와아?

경민   (우당탕 내려오며)내려 가요오오

지수   (도시락 챙겨 가방에 넣어주며)반찬 넉넉히 쌌어..친구들하고 나
       눠 먹어…

경민   네에..

S# 마당으로 나오는 세 식구

지수   빨리 꽃폈으면..

준표   비오기나 빌어. 온통 건조해 난리라는데

경민   산불 또 났다는데요?

준표   봄에 원래 산불 많이 나잖아.

S# 은수의 주방 거실

       [달삼과 준구는 주방에서 빵식 준비하고 있고]

진주   (침실 문 열고 들여다보고 있다)

S# 침실

진주   어디가 아픈데에에

은수   (누워서)아 그냥 두통이야아

진주   약 먹었어? 약 줘?

은수   먹었어

진주   나 나가야되는데..아줌마 오늘 안오시는 날이잖어.

은수   나가아 무슨 걱정이야.

진주   커피도 안 마셔?

은수   귀찮아 말시키지 말고 문 닫아.

진주 (잠깐 뒤돌아보고 소리 죽여)아빠한테 또 무슨 문제 생겼어?

은수 늬 아빠는 뭐 문제만 만드는 사람이야?

진주 문제 자체잖아.

은수 시끄럽다니까? 아우 골 흔들려.

진주 그럼 우리 아침 먹어

은수 말 시키지 말라니까아아.

진주 알었어어(문 닫는다)

은수 ………(생각이 다른 데로)

S# 주방

진주 (들어오면서)머리 아프시대요.

달삼 커피

진주 으응 생각없대.

준구 혈압 생기셨나?

달삼 늬 엄마 혈압 없어.

진주 갱년기 증상에 두통도 있나?

달삼 ?? …얌마 늬엄마 아직 아니야.

진주 일찍 시작하는 사람도 있어요 아빠.

달삼 아냐 늬 엄마가 얼마나 젊은데··이십대하고 전혀 차이없어. 아
    직 펄펄 뛰게 싱싱해.

준구 나이는 정직해요오

달삼 아니라니까··내가 알어.

준구 (씨익 웃으며 아빠 보며 빵 물어 뜯는다)

달삼 너 왜 웃어.

S# 지수의 주방

[설거지 하는 지수.]

　E　전화벨 울린다

지수　(전화기에 나온 번호 보고 스피커폰 스위치 누른다)응 언니 괜찮아?

은수　F　홍서방은.

지수　출근했어. 강의 시작 전에 학과장하고 차 마시기로 했대.

은수　F　오늘도 머리 빗겨서 출근시켰어?

지수　흐흣 그러엄.

은수　F　……

지수　언니.

은수　F　왜

지수　응 끊은 줄 알었어. 이차전 안하고 잘 잤어?

S#　은수 침실

은수　(무선전화)늙어 기운 없어 이차전도 못해 야.

지수　F　그게 뭐야. 망쳤잖어. 형부보기 민망해 죽는 줄 알었어.

은수　괜찮어 저 인간은 가끔 그렇게 한번 씩 침을 놔야 해. 너 뭐해.

지수　F　설거지 하고 반찬해서 혜정이 도시락 만들어다 주고 할머니
　들 목욕시켜드리러. 왜애?

은수　됐다··끊어.

지수　F　왜애애

은수　아버지 오셔 별일 없으면 들려.

S#　지수 주방

지수　알었어··

　F　끊어지는 전화

은수　(버튼 누르며)아직 그런가부네·· (설거지는 계속하면서)

S# 은수의 침실

달삼 (들어오며)황기사 들여보내께··

은수 아 귀찮어. 수퉁맞게 기사는.

달삼 그럼 허달삼이가 마누라 택시 타고 다니게 해?

은수 나갈 일 없어.

달삼 그러고 있지 말고 쇼핑나가 쇼핑.나가서 마음대로 긁어. 얼마나 좋으냐아··긁기만 하고 사는 인새앵.

은수 오후에 준구 방 도배하러 아버지 오셔.

달삼 어 그래? 그럼 일찍 들어와야겠네··처제 안 온대?

은수 천사 천사짓 하러 다녀야 한대.

달삼 으응…그런데 면허 정지 처제한테 말할 거야?

은수 ??하지 마아? (하면 안 돼)걘 나 이해 못해.

달삼 어이그 당신 이해하는 사람 천지에 나 말고 누가 있냐. 알었어. 나 역시 바라는 바야·· 당신이 죽을려고 튀어나갔다는 거 알면/그거 장인어른이랑 처남까지 알게 되면 내 입장 그러니까 모르게 넘어가자.

은수 (미끄러져 이불로 파고들며)돈 많이 벌어 와.

달삼 어 그래. 나 돈벌러 나간다 그럼…(침대 옆으로 가 은수 옆 뺨에 입 쭉 맞추고)아일러브유

은수 미투우…

달삼 (나가고)

은수 ……(잠시 있다가 불끈 일어나 앉으며)납뿐 자식.

S# 화영의 거실··

화영 (창문 열어놓고 바람 맞으면서 머그잔의 커피 천천히 마시고 있다)

[틀어놓은 음악]

S# 근처 중학교 근처

  [준표의 차가 와서 경민 내려놓고 부자 적당히 인사 나누고 출발.]

S# 차 안

준표 (운전하면서 전화기 꺼내 전원 넣고 체크/ 문자 메시지 와 있는/확

  인하면)

  [문자 메시지 화면]

화영 E 은수언니 왔다갔어. 머리 끄들리고 매맞았답니다. 후후후후

준표 ……(난감했다가 문자 삭제하고 유턴 차선으로 바꿔 빠르게 방향 바

  꾼다)

S# 빌라 승강기에서 내려 현관에 번호 찍고 들어가는 준표

S# 화영의 거실

준표 (들어선다)…..

화영 (창 쪽에서 돌아본다)….

준표 이리 와.

화영 볼일 있는 사람이 와.(창으로 돌아선다)

준표 ……..(보다가 올라서서 화영 등 뒤로)…..

화영 ……

준표 (화영의 등 뒤 보다가 두 팔로 가만히 안고 머리 붙인다)

화영 (조금 뒤로 기대듯 하고 웃으며)당장 왔던 데로 돌아가래‥

준표 …..(눈 감고)

화영 (웃으며 돌아선다)그럴 권리 없다고 했지.

준표 …..(보며)

화영 나는 안 끝낸다고‥그럴 생각 없다고…..

준표   ….(보며)

화영   당신은?

준표   끝낸다고 할 수 밖에 없어…

화영   …..(보며)

준표   가정을 깰 수는 없어.

화영   깰 수 없는 가정을 깨라고 한 적 없어. 나랑은 사랑만 하면 된댔잖아.

준표   ……

화영   끝낸다고 할 수밖에 없다는 말은….그걸로 이 상황을 넘기겠다는 뜻이야 아니면 정말 끝내겠다는 거야··

준표   끝낼 수 있을까?

화영   나?…아니면 당신?

준표   나··

화영   결정해서 알려줘요…피곤해 좀 자야겠어··(침실로 미련 없이 들어가 버린다)

준표   ……(서서 보며)……

S# 운전하고 있는 준표·····

S# 지수의 주방

지수   (불고기 눈곱만큼 주무르고 있는데)

      E 핸드폰 벨··

지수   (비닐장갑 안 낀 손으로 받는다)네에.

용덕   F 아부지.

지수   네 아버지.

S# 움직이는 작업 차 안

용덕　이따 언니네 가는 길에 너 좋아하는 순대 사다줄까 싶어서….어 그래..그럼 그만두구…어 아직 안 먹었어. 오늘 저녁에 귀 달라 그랬어..아침에 곰탕에 밥 말어 먹었어.구수우한 게 냄새 하나도 안나게 잘 끓였더라..움 음(벌쭉 웃으며)그래 아버지 작은 딸 못하는 거 없지..

S#　지수의 주방

지수　후후후 이따　잠깐　들를께요 …네… 네 이따봬요..네 끊어요..

(끊고 다시 일 시작하다가 아 참 핸드폰 단축 누른다)

　　F 벨 가는 소리

　　E 전원이 꺼져 있어 소리샘 퀵보이스로 연결됩니다.

지수　??………(말씀하시고 별표나 우물 정자/이하 삐이)어 화영아 나야..아직 자니? 어제 좀 그랬지? 우리 언니가 워낙 예측불허 아줌마잖니..미안해……(좀 있다가)나 혜정이 병원에 들를 건데 너 별일없으면 같이 가주면 반가와할텐데. 내키지 않으면 그만두구 전화 켜거든 연락해애? (별표 누르려다)어 너 어제 입은 옷 좋더라..이뻤어..(별표 누르고 퀵보이스 보내고 끊고 하던 일로)……

S#　은수의 주방

은수　(그라인더에 넣어진 원두/)납뿐년(하고 드르르륵 갈고 멈췄다가 다시)납뿐 자식(꾹 눌러 드르르르륵 멈추었다가 다시)나쁜년나쁜자식 나쁜년 나쁜 자식(그때마다 눌렀다 뗐다 하면서)…

S#　어느 종합병원 로비

[도시락 보온 밥통과 찬합 싸들고 총총히 들어오고 있는 지수.]

S#　입원실 복도

지수　(빠른 걸음으로 들어온다/간호사 보고)안녕하세요.

간호   네에 오실 줄 알았어요.

지수   (멈추고)? 어떻게요?

간호   사흘을 안 넘기시잖아요.

지수   경과는 어때요.

간호   아주 좋으세요..회복이 빠르신 편이에요.

지수   다행이네요..(보따리 들어 보이며)점심 시간 전에 댈려고 서둘
렀어요

간호   네 들어가세요.

지수   (웃어 보이고)(병실 노크한다)

혜정   E 네에(환자처럼)

S# 병실

지수   (들어오며)나 왔어..

혜정   응.

지수   어머니는?

혜정   어제 그이랑 교대해서 들어가셨어.. 엄마도 할 짓 아니지 뭐.

지수   힘드실 거야..

혜정   엄마보다 내가 더 죽겠어..시시때때로 훌쩍거려.... 엄마는 내
가 곧 죽는 줄 알아..

지수   수술 잘됐는데 왜애.

혜정   재발 안한다는 보장 없으니까.

지수   니가 그런 맘이니까 엄마가 그러시지. 재빌을 왜 해. 재발같온
거 절대로 없다고 너 자신부터 믿어야 그게 엄마한테도 전달이 돼
안심하시지.

혜정   몸속에서 생기는 일을 어떻게 알어..까맣게 몰랐는데..

지수 ….(보며)

혜정 이제는 아무 것도 믿을 수가 없어.. 나는 이제 기도도 안해..하기 싫어.

지수 그러지 말고 힘내 혜정아..너 혼자가 아니잖아..씩씩해야지이..

혜정 화영이는 오기 싫대?

지수 아니이 같이 올려고…응 같이 온다고 했는데 어제 밤에 잠을 못잤는지 전화를 꺼놔서…걔 불면증있는 거 같어…

혜정 안보고 싶은 애들은 구경하러 오는데 보고 싶은 애는 보기가 어렵구나..

지수 담에 올 때 같이 오께..

혜정 안 그래도 돼.. 너랑 워낙 친했던 애고 너무 오랜만이라 한번 봤으면 했던 거지 꼭 볼 이유는 없어.

지수 그래/(보따리 옮기며) 밥 먹자…아침은 제대로 먹었어?(보따리 풀며)

혜정 좀 먹었어..

지수 (보온병 하나 꺼내 머리맡 옆 탁자에 놓으며)이거 홍삼물이야..꿀 좀 넣었어..마시기 괜찮을 거야..

혜정 이 신세를 다 어떻게 갚니이..

지수 (찬합들 늘어놓으며/갖가지 찬에 샐러드까지..국은 따로)기운 내서 빨리 건강해지는 걸로 갚아..

혜정 …(고개 꺾고)……

지수 ??(문득 보고)혜정아아아…..괜찮아….괜찮을 거야…

S# 학교 준표 연구실 복도

준표 (빠른 걸음으로 와서 연구실로)

S# 연구실 안

조교 (뭔가 프린트 아웃하고 있다가 돌아보며) 원고독촉 왔는데요 교수님‥

준표 어‥ (자기 책상으로)

조교 그리고 밖에 주차장에 손님 기다리세요‥

준표 ??누구‥

조교 김은수씨라고

준표 ……

조교 모르는 분이세요?

준표 아냐 됐어‥

S# 사회과학관 밖

 [나오는 준표 주차장 쪽으로 빠른 걸음으로 움직인다. 땅 보면서…‥]

S# 주차장‥

은수 (운전기사 대동. 운전기사는 나와 서 있고/유리 창으로 오고 있는 준표 보고 차에서 내린다)…‥

준표 ……(다가오고)……

은수 ….(보며)

S# 교정 안 근처 큰 나무 아래‥

 [마주 서 있는 두 사람.]

은수 ……(보며)

준표 (시선 아래로 하고)……

은수 내 집 남자도 제대로 간수 못하고 살면서 무슨 참견인가 싶어?

준표 (안 보는 채) 아닙니다……지수 일인데요. 처형으로서는 당연합니다.

은수 못 믿겠어도 할 수 없지만 기절 안한 게 이상할 지경이야. 진주
      아빠 습관적인 고질병에 단련받아 나 이제는 그 사람 문제로 별
      로 놀랄 일도 절망스럴 일도 없어….. 그런데 홍서방 문제는 달라.
      지수가 세상 남자 다 그래도 지 남편만은 그럴 수 없다 믿고 있는
      것처럼 나 역시 홍서방은 철썩같이 믿었어..

준표 …..

은수 우리 집 남자 붙잡고 난리칠 때마다 내가 끌어낸 사람이 누
      군데..홍서방을 봐라. 홍서방은 남자가 아니라 지 여편네만 알고
      사냐.

준표 (오버랩)죄송합니다..할말이 없습니다.

은수 기억이 흐려져 그런 건지 왜 그런지 홍서방한테 받은 충격이
      그 옛날 우리 집 남자 처음 덜미 잡았을 때 받았던 충격에 스무 배
      는 되는 거 같아..

준표 …..

은수 화영이 연락 받았지…

준표 …들었어요.

은수 이거……..말 안되는 거 알지 홍서방….

준표 정리….하겠습니다.

은수 ……..(보며)

준표 정리합니다.

은수 자신 있어?

준표 맡겨주세요..(보며)

은수 안 떨어지겠다면. 쉽이 안 떨어질 거 같던데..

준표 제가 하겠습니다…시간을 좀 주십시오..

은수   …얼마나.

준표   한달만

은수   무슨 정리에 한달이나 필요해.

준표   그럼 보름만

은수   안 돼 일주일 안에 끝내··

준표   ·····(보는)

은수   내 입은 고무줄 끊어진 팬티야. 언제 흘러내릴지 몰라.

준표   ······(시선 내리는)

은수   미쳤어? 도대체 지수같은 여편네가 뭐가 부족해서 딴짓이야. 것도 생판 딴 여자도 아니고 마누라 친구랑····바람질 중에서도 제에일 하찔이야. 돌팔매질 당할 바람질이야. 허달삼도 그짓은 안했다. 깃통이 막혀서 정말··

준표   ····

은수   성질같아서는 그냥 확 다 불어버려 지수 목 매달아 죽고 홍서방 매장시키고 끝내버리겠는데 / 착한 내 동생 나이가 아깝고 남자 한번 실수에 목매 죽은 등신 안 만들려고 참는 거니까 그런 줄이나 알아.(하고 획 돌아서 빠르게 차 있는 쪽으로)

준표   ·········(가는 은수 보는)

S# 어느 양로원 욕실

지수   (노인네 비누질하며) 식사 잘하셨나봐요··지난 번 보다 몸이 좀 좋아지신 거 같아요.

노인   ??(귀가 멀다)

지수   지난 번 보다 몸이 많이 나지신 거 같다구요. 살도 찌시구요!!!

노인   내가 해마다 생월 달 넘기기가 아주 힘든 사람이야.(노인도 소리

90

지르듯)

지수　?? 그러세요?

노인　이저 오줌도 잘나오고 입맛도 도니까 살만해…지난 달에는 그
　　　만 우리 어머니 아버지한테 가나보다아 그랬어!!

지수　아유우 아직 하안창이신데 그런 말씀 마세요오 물끼얹었어요 할
　　　머니…(샤워기 틀어 몸에 비누 씻어내는)

S#　**동네 은행에서 나오는 은수**

　　　[기사가 열어주는 문으로 차에 오른다]

S#　**움직이기 시작하는 자동차 안**

은수　(뒷좌석에서 핸드폰 버튼 누른다)…·

　　　E 신호 가는 소리 하안참 동안.

은수　(혼잣말)이 기집애가.

황　(잠깐 돌아본다)

은수　뭘 봐요. 귀 막아요.

황　예 사모님.

은수　(끊으려는데)

화영　F 여보세요

은수　전활 왜 그렇게 늦게 받니.

화영　F 왜 그러세요.

은수　나올래. 집에서 볼래.

S#　**화영의 침실**

화영　·····

은수　F 나올래 집으로 갈까.

화영　집은 나한테 불리해요. 나갈께요.

은수   F 그래 똑똑하다…

S# 어느 카페‥

화영   (문 밀고 들어온다)…(시선으로 보면)

은수   (저만큼 창가에서 냉수 벌컥벌컥 마시고 있다)……

화영   (은수 쪽으로 가 선다)

은수   ??(올려다보고)

화영   (앉으며)속타요?(좀 웃으며)

은수   너 웃지 마.

화영   리조리우스머슬 고장이라 생각하세요.

은수   ?? 재랄 쌈싸먹네. 혀꼬부리지 말고 우리 말로 해.

화영   웃는 근육이요.

은수   한번만 더 웃어. 장소 가릴 줄 알어? 이빨 너댓개 자빠트리는 거 일
       도 아냐.

화영   (와서 서는 종업원)맥주 주세요(낮에 맥주 파나?)

은수   논다‥ 홍차‥

종업   예 알겠습니다.(아웃)

은수   냉수먹고 속차려 나 지금 홍서방 보고 오는 길이야. 버얼써부터
       정리할 생각이었다드라. 어쩌다 그렇게 됐는지 발등을 짓찧고 후회
       해. 개애개 빌어서 정리하고 덮어 두기로 했으니까 그렇게 알고 (핸
       드백 열어 봉투 꺼내 밀어낸다)이거 갖고 꺼져‥ 짐 정리하는데 며칠은
       걸리겠지.

화영   ……(봉투 내려다보면서)

은수   너 남자가 딴 여자랑 바람필 때 제 가정 깨져도 상관없다 그러면
       서 피는 줄 아니?남자 몰라도 하안참 모르는 게 우리 불쌍한 여자들

92

이야..완전 미친 놈 아니면 조강지처에 자식 버리고 다른 여자 갈아
타기 안해..

화영 (그저 보는)

은수 F 남자가 얼마나 이기적이고 저만 아는 동물인데. 만지고 쭉쭉
거리고 히히덕거리는 거 따로 지 몸보신 따로야 이것아. 집안에 문
제아 되고 친구들한테 미친 놈 되고 직장에서 찍히고 그래도 상관
없다할 놈 별로 없어어 ..그걸 알아야지이이.

은수 너 유부녀 유부남 눈맞아 인사불성 불륜에 빠지지? 즈들은 사랑
이라지만 불륜 맞어. 그럼 끝이 대애개 어떻게 나는지 알어? 여자 천
하 죽일 여편네 돼 먼저 이혼하고 남자 이혼 기다리지? 백년이 가도
남자 이혼 안하고 결국 여자 닭쫓던 개 꼴 만들어 너. 그게 남자야..
남잘 뭘 믿고 어이구우우 정신 차려. 정신차리고

은수 E 깨끗이 털고 너 있던 데로 가 새출발 해. 아 너 솜씨 좋기로 날
리던 성형외과의잖어어어.. 뭐하러 여긴 와서 별 것도 아닌 홍서방
한테 침은 발러? 홍서방 뭐 볼게 있다구. 안목두 참(맥주와 홍차 와서
놓여지는 사이 두었다가)

은수 가서 돈 벌어. 니 말대로 피보면서 여자들 얼굴 째고 꼬매는 거
지긋지긋하면 그냥 놀아 놀면서 제대로 된 남자 찾아 정식으로 재혼
해. 그게 니가 갈길이야.

화영 (벌써 맥주 한 모금 마시고 내리며)내 갈 길은 내가 알아서 가요..

은수 ?? 니가 생각하는 니 갈 길이 뭔데.

화영 (봉투 밀어내며)이거 넣으세요.

은수 ?....그냥 버틴다구?

화영 전세금 내 돈 아니에요.

은수 그게 무슨 소리야. 니 시동생이

화영 (오버랩)준표 씨가 냈어요.

은수 ????

화영 (봉투에 손대면서)갖다가 준표씨 줄까요? 그럼 언니 돈은 어떡

하죠? 나는 여기 뜰 생각 없는데‥

은수 (후딱 봉투 빼내면서)이것들이 정말?

화영 우후후후후

은수 (불끈 일어나며)너어 웃지 말랬잖아. 너 진짜 한번 제대로 날려줘??

(폼 잡으며)일어나 일어나.

    E 은수 핸드폰 벨‥

화영 전화 왔어요…

은수 (전화 꺼내면서)꼼짝말고 있어. 꼼짝했다봐라. (전화 보고)어머

‥네 아버지‥

용덕 F 아 집이 비었으면 어떡해.

은수 네 아버지 벌써 오셨어요?

S# 은수의 집 앞

    [작업 차와 용덕과 청년]

용덕 엉 좀 일찍 오기는 했는데 이맘때 쯤 온다구 내가 안했어?‥‥집

빈다 소리 너 안했잖어‥‥‥어딘데 얼마나 걸리는데‥

S# 카페

은수 십분이요 아버지‥(화영 쪽에 등 돌리고 서서)아니 오분 오륙분

이면 돼요.금방갈께요‥예 곰방요.(끊고 돌아보면 화영 없다)이게에?

(후닥닥 뛰어나가는)

S# 카페 앞

은수   (나와서 찾아보지만 화영의 모습 없고)……(식닥거리는)

S# 움직이는 자동차 안

은수   (전화 들고 있다)……안 받어어? 그래 받지 마라 살모사같은 기집
        애..(문자로 전환)

황   (또 돌아보고)

은수   귀 막으랬지.

황   네 사모님.

은수   (문자 보내는)

        [찍히는 문자]

        [비겁하게 고동안에 튀냐? 왜 겁났냐? 내가 특공무술 유단자라는 거
        생각났냐? 정신 차려 목숨 보존해라.(보내고 전화 닫고)……(보통 심
        각한 게 아니다/ 집까지라니)]

S# 은수 대문 앞

        [은수 차 와서 멎고]

은수   (튀어 내리며)아부지이이이이..(달려들어 안으며)죄송해요오오오.

용덕   문이나 열어.

은수   (문 열면서 청년에게)미안해요 오래 기다렸어요?

청년   아닙니다.

S# 마당

용덕   (들어오며)정신이 어느새 그래애애..

은수   글쎄 말이에요 저두 벌써 늙나봐요오오

용덕   ??(힐끗 보고)

은수   으흐흐흐흐(팔 낀다)

S# 지수의 거실

지수   (열심히 청소기 돌리고 있는 중)

경민   (뛰어 들어오며)다녀왔습니다아아

지수   으응..잘 지냈어?

경민   네에..(주방 쪽으로 움직여 도시락 통 내놓는)

지수   책가방 놓고 이모네 가서 할아버지께 인사드리고 와..

경민   할아버지 오셨어요?

지수   엉 준구 형 방 도배해주신대. 엄마 청소해 놓고 간다구.

경민   네에.. (하고 제 방으로)

지수   (청소기 돌리려다)숙제 많아?

경민   간단해요.

지수   그럼 이모네서 할아버지랑 저녁 같이 하고 와도 되겠다. 할아버
       지 뵌지 한참되니까

경민   엄마는요

지수   아빠 들어오시면 안되지이.. 아빠랑 통화해 보고

경민   네에(아웃)

지수   (청소기 돌리기 시작하는)‥‥‥

경민   (알맞은 시간 두었다 총알같이 나와 현관으로)

지수   (돌아보고 웃고 청소 계속하는데)

       [잠시 후]

경민   E 엄마아..할아버지 오셨어요오오‥

지수   ??(청소기 끄고 현관 돌아보는)

경민   (현관문 열고)엄마.

지수   할아버지가 여길 왜 오셔?(현관으로)

경민   외할아버지 말고 친할아버지요

지수   ??(화닥닥 튀어 나간다)

S# 마당

지수   (나오면서 보면)

　　　[홍회장 나무들 살펴보며 움직이고 있다]

황   (지켜보고 있고)

지수   (총총 움직이며)아버님어머님 오셨어요.

홍   ……..

지수   (황 돌아본다/웬일이세요)

황   (모르겠다)드라이브 하자셔 나왔는데 임진각 가자시더니 급작

　　　스레 차 돌려 왔다‥

지수   네에‥들어가세요 어머님

황   여쭤봐.

지수   아버님 들어가세요.

홍   나무키우고 살 자격 없어.(안 보는 채)

지수   ….(무슨 말)

홍   거름이 모자라‥

지수   네 아버님 가을에 거름했어요.

홍   즈들 배고픈 건 못 참으면서 나무 배고픈 건 왜 몰라.

지수   …..(잘못했습니다)

홍   차 한잔 마시고 가자고‥(앞서며)

지수   (황여사 돌아보며)저녁해드릴게요 아버님.

홍   (들어가며)필요없어.

S# 거실

지수   (차 준비하고 있는데)

홍   (소파에 앉아서/옆에 세워놓은 경민)몇 학년이야.(웃지 마시고)

경민   중학교 일학년이에요.

홍   누구 아들이야.

경민   ??아버지 아들입니다

홍   인석아 세상에 아버지 아들 아닌 사람이 어덨어.

황   준표 아들이지 누구아들이에요.

홍   내가 바보야? 별걸 다 가르쳐.

황   예에..

홍   몇살이야

경민   열세살입니다.

홍   뭐가 될 게야.

경민   ??

황   장래 뭐가 되겠냐는 말씀이야.

경민   아직 모르겠는데요.

홍   (여기가 어딘가 둘러보는)

황   준표네 집이에요

홍   치.....

지수   (차 쟁반 들고 와 내면서)차 드세요 아버님.

홍   뭐야..

지수   홍삼이에요..아무 것도 안 넣었어요.

홍   심심해..

지수   .....

홍   잠만 쏟아지고..

황   얼른 드시고 일어나세요..집에가 주무세요.

98

홍　　잠은 밤에 자는 게야.

황　　이제 곧 밤 돼요.

홍　　치/(찻잔 드는데 손놀림이 어설픈)

지수　…..(보며)

　　　[주방 식탁에 놓은 지수 핸드폰 메시지 온 신호음.]

지수　(돌아보고)

경민　(재빨리 그쪽으로 움직여 메시지 확인하고 닫는다)아빠 저녁 약속
　　　있다고 우리끼리 먹으래요.

지수　그래 알았어(조심스레)(하는데)

홍　　(일어난다)

황　　가요?

홍　　(현관으로)

지수　(얼른 현관으로 가 구두 바로 놓아주고 구둣주걱)

홍　　어이구우우(일어나며)

S# 대문 밖

　　　[기사가 열어주는 문으로 홍회장 타고/반대쪽 문은 경민이 열어준다
　　　황여사 타고]

경민　안녕히 가세요 할머니.

지수　안녕히 계셔요 아버님.

　　　[차 뜨고 보면서]

경민　할아버지는 나만 보기만 하시면 몇 살이냐고 물으셔..보실 때마다

지수　말시키시느라 그러신 거야.

경민　(엄마 보며)그게 아니고 기억을 못하시는 거 같아요.

지수　설마아..니가 이쁘니까 데리고 말씀이 하고 싶으신데 무슨 말

을 해야할지 잘 모르시니까아.

경민 아빠 늦으시면 엄마도 이모네서 저녁 먹어도 되겠네요?

지수 어 그래. 엄마 좀 치우고 금방 간다 그래‥

경민 네에(하고 골목으로 냅다 뛴다)

지수 (웃으며 보고 있는)‥‥

S# 은수 집 전경(밤)

S# 거실과 주방

　　[/손 씻고 있는 지수]

은수 (상 차리면서)누구랑 약속이래?

지수 안 물어봤어.

은수 그런 걸 왜 안 물어봐

지수 문자받고 새삼스레 전화해서 누구랑 약속이냐 좀 그렇잖어

은수 아내의 당연한 권리야‥

지수 (피 웃고)

은수 그러고 살다가 어느 날 쇠뭉치로 뒤통수 맞고 뻗을라구.

지수 뒤통수를 왜 맞아아

은수 뒤통수 맞는 여자 뭐 정해놨어?

지수 몰라 그런 생각 해 본 적 없으니까.

은수 부부생활은 괜찮어?

지수 ??

은수 아 잠자리 말야

지수 아이구 참 언니는

은수 아이구 참 할 일 아냐‥ 여자들이 뭔가 낌새 이상하다 그렇게 시
　　작하는 게 그거라드라.종종 피곤하다 그러구 등 돌리고 자고 먼저

잠든 척 하고

지수 원래 등 돌리고 자는 버릇인데 뭐‥

은수 언제부턴가 좀 뜸해졌다거나 그런 거‥‥아 무신경하게 태평치지 말고 체크 좀 하고 살어어.

지수 강의 준비 말고도 논문 만드느라 스트레스 많어어‥지난 번 발표한 논문 반응이 그저 그래서 자존심 상했나봐.

은수 (등 돌려대며 지수 못 보게 입으로 풀풀풀 거리는)

지수 그래서 나도 요즘 눈치 살피며 사는데 머. 내가 써줄 수 있는 거 같으면 좌악 써줬으면 좋겠는데 그이 일은 어떻게 도울 수가 없잖어‥

은수 어이구 오지랖은 암튼. 너를 보면 나는 항상(하는데)

달삼 E 여보오 당신 남편 들어왔어어어

은수 어어…(일손 놓고 달려나가며)하니 왔어? 이렇게 일찌익 웬일이야아?(지수 웃고)

S# 거실

은수 해가 동해 바다에서 뜨다가 놀래서 풍덩 빠지겠네?

달삼 머리 아픈 거

은수 아까 오전 중에 말끔히 나았어.(상의 벗기며)

달삼 됐다‥장인어른 아직 안 끝나셨어?

경민 (이 층에서 내려오며)끝나셨어요 지금 씻으세요

달삼 경민이 왔구나.

경민 네에‥엄마아 할아버지 상차리래요

지수 얼른 내려 오시라 그래 다 됐어.

용덕 (수건에 손 닦으며 내려온다)

달삼 어우 오셨어요.

용덕 이르구면.

달삼 예 오신다구 해서요.

은수 (남편 등 밀며 오버랩)빨리빨리 손 씻어 손만 씻고 나와.

달삼 알았어알았어.

은수 미스타 리이이··

용덕 (주방으로 움직이다)금방 내려 와 재촉하지 말어.

은수 네에…

S# 주방··

　　[다 앉아 있고/지수 국그릇 돌리고 은수/장어 접시 옮겨놓는]

은수 많이 드세요. 그저께 일본서 직송된 거 누가 보냈어요.

지수 그런 걸 혼자 먹어?

달삼 안 나눴어?

은수 미처 못챙겼다. 갈 때 주께. 아버지도요··

용덕 먹자··(수저 들고)수고했어 많이 먹어.

이 예··

달삼 어 많이 들어 많이 그저 먹는 게 힘이야. ··처제 앉어.

지수 (물컵 놓으며)네에··

달삼 동서는 늦나부지?

지수 약속 있대요.

S# 어느 일식집 방

준표 (젓가락으로 집으려다 멈춘 상태)·····(보는)

화영 (그냥 씹는/안 보는 채)

준표 (낭패해서 젓가락 놓고 식탁 보며)

화영 ····(씹으며 보는)·····

준표   (보며)그 얘기를 하면 어떡해.

화영   ……(그냥 그대로)

준표   아니 그 얘기를 하면….

화영   당신은 어떻게 당했는지 모르지만 나는 완전히/….머리칼이 얼마나 뽑혔는지 알아? 머리를 빗을 수가 없게 아퍼. 그렇게까지 막 취급 당해야할 이유가 뭔데‥ 친구 남편이라서? 아내 친구라서? 일부러 그런 거야? 그러고 싶어 그런 거야? 계획하고 그런 거야?

준표   워낙 막무가내야.

화영   지수 언니라 그냥 당해줬어

준표   (보며)어쨌든 더 악화시킬 필요는 없잖아. 좋을 게 뭐야.

화영   돈자랑하는 게 뒤틀려 나도 모르게 튀어나갔어.(엽차 잔 들며)

준표   ……(보며)

화영   흐훗/ (보며)그냥 받아들고 있다가 부동산에 전세 반값만 받아 합쳐들고 튈 걸 그랬나?

준표   ……(보며)

화영   까르르르 그럴 걸 잘못했다‥그게 재미있었을텐데‥

준표   괜한 소리 하지 말아.

화영   정리한댔다면서.(보며)

준표   그럴 수 밖에 없댔잖아.

화영   (끗덕)그럼 정리 해 봅시다. 어떻게 정리할까요.

준표   ……(보며)

화영   ??(표정으로 응?)

준표   (시선 내리는)

화영   태도를 분명히 해요.

준표   상황 수습은 해야해..

화영   ·····(보며)하자구.

준표   (보며)지수 못 버려..가정 못깨…

화영   버리랬어? 깨랬어?

준표   수습하지 않으면 결국 그렇게 돼

화영   ·······발 빼는군요.

준표   미안해요.

화영   (냅킨 들어 착착 접으며)········

준표   화영이

화영   은수 언니가 그러드군 냉수 먹고 속차리라고..남자는 비겁하다고.

준표   (시선 내리는)

화영   맞는 말이군요…

준표   화영이

화영   (접은 냅킨 놓고/발딱 일어나 문으로)

준표   (황급히 잡는다/ 앉은 채)

화영   ········(내려다보며)누구세요?

준표   (잡아 앉히면서 껴안는다)

화영   (껴안겨서)·······날 아는 분인가요?

S#   화영의 거실

    [소파 팔걸이에 준표 머리 대고 누워 있고 화영 안고 누워서······(준표 러닝/화영 상체 벗기든지 끈 슈미즈든지 /아니면 헐렁한 와이셔츠든지..얇은 실크 덮개 덮고 있는)]

준표   (눈 감고 화영 머리칼 만지면서)

화영   ……(시선 한곳에 멍하니 던지고)…………

[충분한 시간 두었다가]

화영   (눈물이 돌아 나오면서 부스럭거리고 일어나 주방으로/속치마 바람)

준표   (보는)…. 뭐 할려구…

화영   ….(대꾸 없이 포트에 물 붓고 스위치 넣고 찻잔과 녹차 팩 꺼내 찻잔
에 담가놓는)……(고개 숙이고)

S# 거실

준표   (벌써 일어나 바지는 입었고 와이셔츠 집어 든다)………

화영   ……(가만히)…….(싱크대로 시선 내리고)…..

준표   ……(와이셔츠 단추 채우면서)……

        E 포트 끓기 직전 소리 내고 있고…..

준표   (와이셔츠 단추 채우다 말고 돌아서 화영 보는)

화영   ….(고개 떨구고 있는)….

준표   (천천히 화영에게 움직여 가서 어깨에 한 손 올린다)

화영   ……(그대로)

준표   (어깨에 올렸던 손 화영의 얼굴로)…..

화영   (울고 있는 중/고개 돌린다)

준표   (뒤에서 당겨 안는다)….

화영   (기대듯 하며 눈 위로 하고 눈물만 철철)……

준표   (돌려세우고 손으로 눈물 닦아주는)….

화영   (잠시 그대로 두었다가)

        E 물 끓는 소리에

화영   (빠져나가 포트 뚜껑 열어놓고 김 잠시 빼주고 찻잔에 물 붓는다)

준표   …….(보며)

화영 　(물 붓고 포트 놓고)….(찻잔 하나 옮겨놓아주며)이집 빼서 다른 데
　　　로 옮겨가게 해 줄래?··나는 갈 데가 없으니까·····(돌아보며)그렇게
　　　해줄 수 있어?

준표 　그래…

화영 　약속했으니까 믿어…

준표 　믿어.

화영 　어디 멀찍기….지수가 오라가라 왔다갔다 못할만큼 거리만큼
　　　가야겠죠··그래야 정리가 되겠지.

준표 　……(보며)

화영 　미안해할 거 없어요. 당신한테. 속은 것도 없고·· 덕분에 ·····지
　　　난 몇 달 잘 지냈으니까 밑진 거 없지 뭐(조금 웃으며 돌아서 한 모금
　　　마시는)·····

준표 　·····(보며)

화영 　그래 끝내…끝내자구……

S# 빌라 주차장

준표 　(입구에서 나와 자기 차로 움직이는)

S# 거실 밖 발코니…

화영 　(찻잔 들고 서서 내려다보고 있는)·····

S# 안 보이는 지하 주차장 쪽에서 나와 사라지는 준표의 자동차

S# 발코니의 화영

화영 　(찻잔 비우며 돌아서 거실로 들어가는)····

S# 은수의 거실

달삼 　(기대어 앉아서 티브이 보고 있다/진주가 찍어주는 과일 받아먹으
　　　며)····늬 엄마 뭐해.

106

진주   화장실.

달삼   또 변비냐?

진주   몰라.

달삼   당신 변비야?

진주   (질색)나오다가 들어가아아.

달삼   아아...(씹는)

진주   아빠 이제 혼난다.

달삼   으흐흐흐흐

S# 욕실

은수   (변기 뚜껑 위에 앉아서 인상 쓰며 문자 치고 있는)....

S# 움직이고 있는 준표 차

        E 메시지 신호음.

S# 자동차 안··

준표   (핸드폰 열고 화면 보면 와 있는 문자)

은수   E 나는 홍서방이 한 일을 알고 있다·· 아주 두집 살림을 차렸드군··

준표   (숨 푸욱 내쉬고 답장 쓰는)

S# 은수 욕실

        [메시지 신호]

은수   (열면)

준표   E 맡겨주십시오

은수   이 이중성격.

달삼   (문 벌컥 열고)

은수   아우 아우 깜작이야아아

달삼   뭐야 볼일 보는 거 아니었어?

은수　나가려던 참이야아아

달삼　전화 들고 들어와 당신 뭐하는 거야.

은수　하긴 뭘해. 친구랑 문자질했어.

달삼　어디 봐.

은수　?? 뭘봐?

달삼　수상해 당신.

은수　??

달삼　놀래기는 왜 그렇게 놀래구 못 보여줄 건 뭐야.

은수　모욕 할 거야?

달삼　…(멍하니 보는)

은수　내가 자긴 줄 알어? 보여줘?

달삼　아니이 꼭 보자는 건 아니고오

은수　<u>으ㅎㅎㅎ</u> 이럴 때 당신은 정말 귀여워. 뽀뽀

달삼　(쪽)

S# 대문 안으로 들어서고 있는 준표

준표　(느리게 집 쪽으로)

S# 거실

지수　(준표와 아이 속옷/팬티 같은 것 다리미질하고 있다)

　　　[전자키 버튼 누르는 소리‥]

지수　?? (다리미 놓고 현관으로)

준표　(들어온다)

지수　생각보다 이르네?

준표　움‥

지수　(가방 받으며)당신 요즘 들어온다는 전화 생략하드라?

108

준표 많이 안 늦는데 뭐.

지수 늦는 날도.(가방 들고 서재로)

준표 ·······(상의 벗어 의자에 걸치는데)

지수 (나오고)

준표 소면 좀 만들어주면 좋겠는데

지수 ??중국집 갔었어?

준표 응.

지수 (벌써 물 올리러 움직이며)왜 중국집엘 가.

준표 다른 사람들 다 좋다는데 어떻게 혼자 싫대.(소파에 앉으며 신문 든다)

지수 (물 올리면서)중국음식하군 왜 그렇게 못 사겼는지 모르겠더라. 맛있는데··

준표 ·····

지수 (다른 작은 냄비에 멸치 국물 병 냉장고에서 꺼내 적당히 따르면서) 경민이랑 나는 언니네 가서 저녁 벌고 왔어.

준표 잘했네.

지수 아버지 준구방 도배하러 오셨었거든.

준표 ·····

지수 아버지 오신다고 형부도 일찍 들어오고

준표 ····

지수 신문 별거 없어어어··

준표 옷 바꿔 입고 나올게.

지수 응 그래··

S# 침실

준표   (상의 들고 들어와 침대에 놓고 옷 팔목 단추 풀고 넥타이 풀다가 멈추고)……

S# 식탁

　　[소면 먹는 준표.]

지수   ….(보다가)언제 끝나?

준표   ?? 뭐가.

지수   지금 쓰는 거.

준표   이제 서론 만들고 있는데 뭘‥

지수   아직도 멀었네.

준표   이제 시작이야

지수   ……(보며)

준표   왜.

지수   아니 당신 좀 서먹하게 굴어서…논문 만들 땐 원래 좀 그렇긴 하지만 더 한 거 같애‥우리 요즘…. 안 친하잖어‥

준표   별 소릴 다‥

지수   약 좀 더 먹어?

준표   아 쓸데없는 소리 마.

지수   왜 성은 내애.

준표   혜정씨는 어때‥

지수   자꾸 비관이 드나봐. 재발할까 겁도 나고….오늘은 안 울래나 했더니 오늘도 울더라구. 시집 식구들 아무도 안 들여다보고 당뇨 있는 친정엄마 혼자 고생하시지 머‥동생 둘 다 평택 천안 떨어져 살구‥

준표   ….

지수   남편이 별로 살갑질 않나봐‥어쩌다 교대해서 하루 자주면서도 편하게 안 구나봐.

준표 간병인 쓰지 왜 그래.

지수 간병인 쓸 형편이 아니니까 그러지이‥

준표 ‥‥

지수 화영이는 아침에 꺼논 전화 종일 안 켰는지 여직 죽어 있네‥‥‥ 잠깐 가봐야 하는 건지이‥

준표 ?(보며)내버려 둬. 애도 아니고 뭘 그렇까지 신경을 써.

지수 ??친구가 연결이 안되는데 신경 쓰이는 게 당연하지 당신 이상하게 화영이한테 인색하더라‥

준표 (중얼거리듯)전화받기 싫으면 잘 꺼놓는다면서. 그런날인가 보지‥

지수 글쎄 그런 날은 하루 종일 굶고 드러눠 있고 그런 단 말야.

준표 자기 몸 자기가 알아서 보살피고 살게 내버려 둬‥부모님 살아 계시고 형제도 있는 사람이야. 당신 좀 지나쳐.

지수 ‥‥‥(보며)

준표 지나친 관심은 간섭이 될 수도 있어‥피곤하게 생각할 수도 있단 말야.

지수 ‥‥알았어‥‥그런데 좀 화날라 그런다.

준표 (잠깐 보는)

지수 야단 맞는 거 같아서‥

준표 그런 거 아냐‥

지수 (일어서며)김치 더 주께‥

S# 지수 집 거실(불 다 끄고)

S# 침실‥

준표 (기대앉아 책 보고 있다)‥‥‥

지수   (누워 천장 보고 있다가)………안 자?

준표   먼저 자..

지수   그래 그럼…(하고 등 돌리고 눕는다)……

준표   ……(보던 책 놓고 생각이 딴 데로)…….

지수   (눈 감고 있다가 남편 쪽으로 돌아누우며 남편 가슴에 한 손 올린
        다)……

준표   ……

지수   (눈 감고 잠시 기다리다가 일어나 앉으며 보는)신호 안 받어?

준표   피곤해··(책 놓고 하나만 켜져 있던 제 쪽 사이드 불 끄고 지수 쪽에
        등 돌리고 눕는다)

지수   ……(서운해서 보다가 그래도)잘자··

준표   잘자··

지수   (천장 보고 눕는다)………(잠시 있다가 남편 등 보고 돌아누우며 한 팔
        올린다)··

준표   자아··

지수   누가 뭐래?

준표   ……

지수   괜히 그래··(바로 누우며)

준표   ……(등 돌린 채 눈 뜨고)……

지수   자자아아아아(눈 감고)

        [잠시 사이 누었다가]

제3회

S# **화영의 거실**

E 티 테이블에서 울리는 핸드폰 벨

S# **주방**

[막 삶아낸 망 그릇에 담아놓은 스파게티 큰 접시에 적당히 놓는 화영 위에]

E 전화벨 연결

화영 (아무 상관없이 쿠커에서 김 내고 있는 스파게티 소스 작은 국자로 퍼서 접시에 얹는/)

E 계속되는 벨

화영 (상관없이 포크 들고 의자에 앉아 스파게티 섞는다)

S# **지수의 침실**

지수 (외출복으로 전화 들고 있다가 이내 소리샘으로 보내는 모드로 들어간다)……왜 전화 안 받아…궁금하고 걱정돼‥별일 없는 거지? 나 언니가 나오래…연락해애?(다음 조작으로/소리샘 처리한 전화기 핸드백에 넣으며 문으로)

S# 서재

준표 (컴퓨터는 켜놓고 주머니에 두 손 찌르고 창밖 내다보고 섰는)……
    (일이 손에 잡힐 수가 없다)

       E 노크 소리……

지수 (조심스럽게 문 열고 들여다본다)….? (들어오며) 또 못 들었어?

준표 ?? 어…어

지수 자는 줄 알았네.. 왜 곧잘 못 들어? 청력검사 해야 하는 거 아냐?

준표 걸핏하면..딴 생각하고 있음 그럴 수도 있지.

지수 전에 없던 증세니까 그렇지.

준표 (앉으며 책 집어 들며) 나갈 일 없댔잖아.

지수 언니가 잠깐 보재.

준표 왜.

지수 운전 좀 해 달래..운전하기 싫대.

준표 당신이 기사야?

지수 ?? 왜 말이 그래?

준표 회사 운전기사 있잖아. 왜 굳이 당신 불러대. 언니 따까리도 아니고

지수 대학교수가 따까리가 뭐야..

준표 …

지수 밤낮 그러는 것도 아니고 내가 언니 찰 얼마나 많이 얻어탔는데 지난날 신세진 거 잊어버리는 사람들 참 싫더라.

준표 됐어 나가 봐.

지수 언니 따까리면 뭐 또 어때…언닌데

준표 됐다니까?

지수   은근히 언니 싫어하더라

준표   그런 거 아냐..언제 들어와.

지수   안늦어. 들어와 저녁 해줄게.

준표   ....

지수   있을 거지?

준표   움…

지수   냉장고에 샌드위치 만들어논 거 있어 배고프면 한쪽 먹구

준표   알았어.

지수   녹차 꺼내 놨구 물만 끓여 담그면 돼.

준표   알았다구.

지수   과일도 깎아놨구

준표   알았어 그만해..

지수   (웃어 보이고 나가는데)

     E 메시지 오는 소리

지수   (멈추고 핸드백에서 꺼내 본다)

화영   E 책 보고 있어. 내가 전화할게.

지수   (닫으며)화영이.(남편 돌아보며)책 읽고 있대.(나간다)

준표   (들고 있던 책 놓으며 좀 기대어 앉으며)……..

S# 종합 무술 도장

    [입 꾹 다물고 열심히 운동 중인 은수··]

    [나타나는 지수.]

    [모르고 운동하는 은수에게 누군가가 알려주고]

은수   (힐끗 보고 손 흔들어주고 운동 계속)

지수   …..(웃으며 보는)

S# 근처 카페…

지수 ??(케이크 입에 넣으려다 띄우고)

은수 ??(왜애?)

지수 왜애?

은수 그냥.

지수 그냥 왜?

은수 기분.

지수 봐둔 거 있어?(먹으며)

은수 아니.

지수 운전시키기 미안해서?

은수 운전해줄 사람이 없어 옷까지 사 바치며 운전시켜?

지수 무슨 꿈 꿨는데‥

은수 뭐라 딱 말할 수 없이 뒤숭숭했어. 꿈자리도 나쁘고 나 요새 운전대 잡기 정말 싫증나. 한 백일 쯤 운전 쉴 작정이야. 형부도 하기 싫은 운전하다가 사고치지 말고 황기사 데리고 다니란다.

지수 좋으네 머‥ 하기 싫음 하지 마.

은수 홍서방은

지수 집에….있는 날이잖어.

은수 안나간대?

지수 응. 답답하면 잠깐 바람쐬러 나갔다 들어오거나 그러겠지 뭐.

은수 바람쐬러 나가는 척 나가 바람질하고 들어오는 건 아닐까?

지수 형분줄 아나봐.

은수 홍서방은 바람질을 해도 아주 지능적으로 할 거다. 니 형부는 나쁜 머리로 수써봤자 뽀록날 수만 쓰잖아. 늬 형부보다 더 무서운 사

116

람이 홍서방일 수 있어 너. 그 좋은 머리로 오죽 철저하고 완벽하
게 할 거야.

지수 (케이크나 먹어) 안 달고 맛있어.

은수 넌 엇쩌면 그렇게 의심이 없니.

지수 의심암귀라고 했어. 의심하는 마음이 있으면 있지도 않은 귀신
도 나온대.

은수 믿는 도끼에 발등찍힌다도 있다.

지수 안 먹어?

은수 화영이 기집애 뭐하고 있든.(그냥 지나가는 말처럼)

지수 엉 책보고 있대‥상태 별로 안 좋은가봐. 전화 잘 안 받어.

은수 너 만약 홍서방한테 다른 여자 생겼다 그럼 죽을 거지.

지수 죽기는 내가 왜 죽어 홍서방을 죽이고 말지.

은수 ???잘도 그러겠다.

지수 난 언니처럼 싸우고 화해하고 신경쓰며 감시하고 또 싸우고 또
화해하고 그러면서 못 살어.

은수 그딴 잘난 소리는 누구나 할 수 있어.

지수 잘난 건 언니지이. 난 언니처럼 잘나지도 못했고 기운도 없고
그래서 그냥 간단하게 끝내고 말 거야.

은수 죽일 것도 죽을 것도 없어어‥뭐 대단한 일이라고 죽이고 죽냐.
평생 곁눈질 한 번 안하고 사는 남자는 어디가 고장난 거야. 늬 형
부 그러잖아 남자는 벌이다 그거야. 꿀이 맛있어 보이는 꽃이 있
으면 일단 주둥이 박고 먹고싶대. 그럴래서 그런 게 아니라 자기도
모르게 그렇게 된대.

지수 사람이 벌이야?

은수　벌이래.

지수　형부 말대로라면 온전한 남자 세상에 하나도 없겠다.

은수　너 그렇게 내 남자는 절대 아니다 그러다 뒤통수 맞으면 그땐 어떡할려고 그러니

지수　죽이고 끝낸다니까?

은수　아버지랑 우리 식구는 어떡하고 살인자가 되냐.

지수　그러네 아버지께 못할 짓이네.

은수　쯔쯔쯔쯔

S# 카페 앞

　　[카페에서 자매 나오면서]

은수　진짜 단 한번도 생각해본 적 없어?

지수　없어.

은수　맹추같으니라구.

지수　(멈추고)멀쩡한 사람 놓고 그런 상상을 왜 해. 그건 홍서방을 모욕하는 일이면서 나 자신도 모욕하는 거야. 아는 건 공부랑 가족 밖에 없는 성실한 사람이야.

은수　이렇게 세뇌교육이 안 먹히는 애도 없을 거다 아마.

지수　그럴 사람 같으면 자기 부모랑 칠년 씩이나 싸우면서 기어이 나랑 결혼 안해.

은수　넌 그거 하나로 모든 게 다 완벽한 걸로 아는데

지수　(오버랩의 기분)아니 형부 수상하다더니 갑자기 왜 홍서방이 목표야? 우리 홍서방이 수상해?

은수　아/아 그게 아니라 너무 태평치고 있다가 무슨 일 당할까봐

지수　(오버랩의 기분)언니 예방접종 효과없어 글쎄. 언니가 이럼 혹시

우리 홍서방도?? 그런 의심이 눈꼽만큼이라도 들어야할텐데 안

그렇다니까?

은수 진짜 눈꼽만큼도?

지수 응.

은수 넌 여자가 아니다.

지수 뭐라구?

은수 어떻게 그럴 수가 있니. 남자 대문 밖으로 두 다리 나가는 순간

부터 그때부터 어디 가 무슨 짓을 할지 어떻게 알고

지수 (오버랩의 기분)글쎄 난 언니처럼은 못산다니까? 그렇게 살게

되면 안 살고 말아‥ 믿을 수 없는 사람하고 어떻게 살어.

은수 (좀 올라서)누군 살고 싶어 사니? 사는 게 안 사는 거 보단 이득이

니까 살지.

지수 ??왜 화는 내?

은수 너 잘났다 소리잖아. 기집애.(먼저 움직이고)

지수 그거 아닌데‥‥

S# 자동차 안

은수 (벨트 빼면서)홍서방은 잠꼬대 안해?

지수 (벨트 끼면서)웬 잠꼬대는

은수 너 안쓰는 화장품 냄새 풍기는 일 없어?

지수 아 그만해애‥

은수 알았다 그래.

지수 괜히 그래.(출발하며)형부한테나 신경써‥우리 그이 언니 이런

말 하는 줄 알면 언니랑 놀지 말라 그럴 거야.

은수 어이그 (등신)

지수 (조금 소리 내어 웃고)

S# 준표의 서재

준표 (서재를 서성거리고 있는 중이다)··········(머리가 터질 것 같다··· 창
      문으로 가 창문 활짝 열어놓고 멍하니 창밖 내다보며)········

S# 지수의 대문 앞

준표 (자전거 끌고 나와 대문 밖에서 잠그고 자전거 타고 골목 나가는)
      ······

S# 화영의 집으로 가는 길을 달리고 있는 준표····

S# 화영의 거실

화영 (두 무릎 모아 껴안고 뚫어지게 한 곳을 응시하고 있는)

      E 현관 버튼키 누르는 소리

화영 ??

준표 (현관문 열고 자전거 끌어들인다)······

화영 (눈 질끈 감는다)·····

준표 (다가와서 등 뒤에 앉아 가만히 껴안는다)

화영 (눈 감은 채 무릎 싸고 있던 손 준표 팔에)········

준표 ·····(머리 붙이고)

화영 (눈 감은 채) 나 뭐하고 있었는지 알아? 깨어있는 시간은 몽땅··
      ···그 사람 나한테 오고 싶다····오고 싶어 미칠 것 같다. 그 사람은 참
      을 수가 없다·· 나한테 오고 싶어 미칠 지경이다··그 사람 집나와 나
      한테 오고 있다··오고 있다 오고 있다 거의 다 왔다··주차장으로 들
      어서고 있다 엘레베이터를 탄다

준표 (뒤에서 한 손으로 입 막는다)

화영 (눈 뜨면서 고개 좀 돌려 손 비키면서)정말 할 짓이 아니다······이

렇게 살고 싶지는 않은데…준비도 안됐으면서 왜 그만두자 그랬을
까..정말 그만둬야하는 거라면 어떡하나..

준표 아무 것도 할 수가 없어..(포옥 더 당겨 안으며) 글짜가 눈에 안들
어 와 책 한 줄을 읽을 수가 없어. 머리가 터질 거 같아.. 차라리 누군
가 총이라도 쏴서 머리를 날려버려 줬으면 좋겠다..

화영 (돌아앉는다)…….(보며)

준표 ……(보며)

화영 (한 손 준표 이마로 뺨으로)……

준표 ……

화영 어디로 숨으면 지금처럼 당신 보고 살 수 있을까..

준표 ……(보며)

화영 어디로 숨을까.. 어디 숨으면 안전할까.

준표 …..(보며)

화영 지수 버리라고 안해. 당신 그거 못할 사람이니까. 지금처럼 일
주일에 한 두 번 내 남자로 나하고 있어만 주면 돼. 나는 그럼 불만
없어.

준표 그렇게 언제까지.

화영 우리가 서로한테 싫증날 때까지..

준표 (쓴웃음)나는 싫증나는데 오래 걸려.

화영 그럼 내가 당신한테 싫증날 때까지..

준표 여기 내놨어?

화영 아니 아직

준표 내놓고 보러 오는 사람 있으면 보여줘..이 집에서는 그냥 짐만
실어내. 내가 따로 준비할께…

화영 (목 껴안으며)당신없인 못살겠어………

준표 ……(마주 안으며)그래………어디까지 갈 건지 가보자 한 번….

화영 ……

S# 백화점 매장(명품 옷)

지수 싫어 언니 이렇게 비싼 걸 어떻게 입어어(은수가 권하는 옷 밀어
내며)

은수 궁상 좀 떨지 마라. 궁상 안 떨어도 되는 애가 궁상떨면 가난
해져.

지수 그이 월급 얼마라는 거 까먹었어? 생활비 따로 받아다 보태 쓰는
거 뻔히 알면서

은수 어이구 그래 해마다 꼬박꼬박 나오는 배당금은 남편주머니로
몽땅 들어가게 해놓구 너 그거 종종 체크하랬는데 안하지?

지수 자기가 알어서 관리 잘하고 있어.

은수 야 딴주머닐 찼는지 어디로 줄줄 새고 있는지 알게 뭐야.

지수 샐데가 어딨어.. 나오자마자 바로바로 집어넣는데.

은수 얼른 들어가 입어 봐.

지수 아 싫어어.

은수 (아) 맘 변하기 전에 입어봐아..

지수 ….(보는)

은수 얼르은?

지수 언니껀 하나도 안 사면서

은수 (오버랩의 기분)내꺼도 긁을 거야. 별 걱정을 다해. 빨리..

지수 (점원 돌아보고 뿌우)

점원 (웃으며)들어오세요.

122

S# 화영의 거실

[소파에 나란히 기대 누워서]

화영 (준표의 손가락 만지면서)……

준표 ……

화영 (준표 손바닥에 제 손 마주 대듯이 하고)…

준표 그래 내 손 못생겼어.

화영 후후후후 (준표 손 제 가슴 가운데 덮게 하면서)나는 당신 손이
　　　좋아..

준표 그래?

화영 스치기만 해도 아찔하게 전기가 오는 손이거든..

준표 흠흠.. 전기인간인가?

화영 아이스크림 먹을까? (몸 조금 일으키며)

준표 좋아.

화영 (주방으로 움직이면서)아이스크림 먹고 샤워 해.

준표 음..

화영 (냉동고에서 큰 아이스크림 통 꺼내면서)따로 떠줘?

준표 그럴 거 없어. 설거지 꺼리 만들지 마.

화영 (스푼 두 개 꺼내 아이스크림 통 뚜껑 열고 스푼 넣으며)지옥과 천당
　　　이 한 순간이야.

준표 (내려앉으며)무슨 얘기야

화영 (탁자로 오면서)어제 헤어지고 아까 당신 나타날 때까지가 지옥
　　　이었거든.

준표 (웃으며)그래…알아..

화영 (아이스크림 떠서 내밀고)

준표 (먹고 자기 스푼으로 떠서 내밀고)

화영 (화영 먹고)⋯⋯(아이스크림 떠서 내미는데)

준표 ⋯⋯(보며)우리 어떡할려고 이러는지 모르겠다⋯

화영 겁나?

준표 겁나⋯

화영 우후후후후후 그럴 거야. 그렇겠지. 그런데 나는 안 겁나⋯나는 겁날 게 없거든.

준표 왜 하필 지수랑 친구야. 재수없게

화영 까르르르 왜 하필 지수 남편이야. 재수없게.

S# 은수의 집 앞

　[와서 멎는 지수 자동차.]

은수 (내리고 쇼핑백 뒷자리에서 꺼내들고 문 닫으며)가라⋯

지수 어엉⋯(출발)

은수 ⋯⋯(보고 있다가 돌아서며)맹꽁이⋯(집 대문 여는데)

　　E 전화벨

은수 (쇼핑백들 적당히 다리 사이에 끼우고 주머니의 전화 꺼내 받는다) 엉 하니⋯

달삼 F 전화 왜 안 받어.

은수 언제?

S# 움직이는 차 안에서

달삼 한 한시간 되나? 스파 가 있어?

은수 F 아니 쇼핑⋯못 들었어. 당신 어딘데에?

달삼 이동 중이야⋯나 오늘 술먹어야겠어 그런 줄 알라구.

은수 F 알았어. 술만 먹고 들어오는 거야아? 군것질하면 안된다아아?

달삼　어으/어으어으어으

S# 대문 앞

은수　발가벗겨 놓고 검사할테니까 그런 줄 알어.

달삼　F 기다리지 말고 자.

은수　알았어 아일러브유

달삼　F 미투우우우

은수　(끊고 쇼핑백들 챙겨들고 집으로)

S# 은수 거실

은수　(들어오며) 별일없죠?

아줌　(일하다가) 네 들어오셨어요.

은수　냉수 좀 주세요‥

아줌　네

은수　(쇼핑백들 놓고 겉옷 벗는데)

　　　E 핸드폰 벨

은수　(꺼내서 보고) 안 그래도 내가 전화하려던 참이다.

화영　F 왜요?

은수　왜요라니 이 기집애가?

S# 지수의 주방

지수　(쇼핑백들 적당히 놓고 냉수 마시고 놓고 서재 문 열어본다)

S# 비어 있는 서재

지수　??(서재 문 도로 닫고) 당신 화장실 있어?(대답 없고/기다렸다가 외출했다 생각 하고 대수롭지 않게 쇼핑백들 들고 안방으로 움직이며) 경민아아 엄마 들어왔는데 아는 척 안해?

　　　[대답 없고]

지수   아 늦는 날이다..(혼잣소리하고 안방으로)

S# 안방

지수   (쇼핑백 장 안에 집어넣고 옷 벗기 시작하다가 문득)??(나간다)

S# 서재

지수   (들어와서 벽에 걸린 그림 떼어내면 붙박이로 집어넣은 금고가 나
        오고)……(금고 보면서 잠시 망설이다가 다이얼 번호 맞춰서 금고 문 열
        고 통장 주머니 꺼내서 대여섯 개의 통장 중에 하나 골라 펴고 체크하는)
        …..(웃으며)괜히 야단야..(도로 통장 원래 주머니에 넣고 금고 닫고 그
        림 걸려고 집어 드는데)

준표   (들어오다 보는)

지수   어..

준표   뭐해.

지수   당신 우리 돈 관리 잘하고 있나 체크.

준표   그걸 왜 체크해.

지수   어디 딴주머니 찼는지 아니면 어디로 새고 있는 거 아닌지 좀
        그래서.

준표   처형이 체크해보래?

지수   아니 내가.. …갑자기 좀 궁금해져서

준표   (얇은 봄 점퍼 벗으며)왜 안하던 짓이야..체크해보니 어때.

지수   이상 없네..

준표   바보같기는

지수   어디갔었어?

준표   자전거 타고 한 바퀴 돌았어. 머리가 너무 무거워서.

지수   그래 잘했어.. 얼마나 지겹겠어..워낙 공부 좋아하는 사람이니

까 그렇지 나같으면 일주일도 못 앉아 있어.. 좀 가벼워졌어?

준표 움.

지수 뭐 주까? 샌드위치 안 먹었대?

준표 나가.. 계속해야 해.

지수 알었어..(나가다)뭐해 줘. 먹고 싶은 거 없어?

준표 아무 거나.

지수 그러지 말고 생각나는 거 말해.

준표 생각나는 거 없어 아무 거나 해.

지수 또 짜증낸다..

준표 머리 흐트러진단 말야. 말 시키면.

지수 ....(좀 무색하고)

준표 알면서...참새지능이야?

지수 맞어. 미안해.(하고 나가려)

준표 기분 상했어?

지수 괜찮어..(나간다)

준표 (아내 나간 문 보며 약간의 후회)

S# 카페

　　　[물 잔만 놓여 있고]

화영 (지수가 놓고 간 스카프 작은 봉투에 넣은 것 내놓으며)이거요.

은수 ??뭐 입막음 뇌물이니?

화영 후후후후

은수 이런 거 필요없어. 너만 꺼지면 돼.

화영 언니 스카프에요.

은수 ??

화영 놓고 갔더라구요.

은수 (봉투 아가리 열어보고 옆자리에 놓으며)내 장끼다.

화영 우후후

은수 그래서

화영 끝냈어요··

은수 ??

화영 그러자고 했어요.

은수 그렇게 간단히?

화영 실망이에요?

은수 그게 아니라 이기집애야 집까지 얻어놓고 아주 살림을 차린 것들이 그렇게 간단히 끝내지냐 말야 내말은.

화영 그이가 끝내길 원하니까요.

은수 ······(보며)

화영 끝내자는데 발목잡고 늘어지는 건 ···치사해요.

은수 봐라 내가 뭐랬어. 그럴 거라고 했잖아.그래서

화영 빌라 내 놨어요··짐은··중고 가게에 처분할 거고 처분 되는대로 홍콩으로 가요·· 거기 미국서 같이 공부한 친구가 있어요.

은수 여자 남자

화영 깔깔 여자요.

은수 그 담엔 어떡할 건데

화영 ···· 나도 모르겠어요.

은수 애 방황하지 마. 방황해봤자 니꼴만 흉해져··홍콩은 왜 가아. 홍콩가지 말고 그냥 직접 니 식구들 있는데로 가. 가서 과거지사 훌훌 털고 병원에 다시 나가 일하면서 씩씩하고 당당하게 살아.

왜 뭐/ 뭐가 어때서. 너 남의 얘기 단물 빠지면 뱉어버리는 껌이나 마찬가지야 그리고 즈들이 뭐라 떠들던 그게 니 인생이랑 무슨 상관야.

화영 (그냥 쓸쓸한 미소로 보는)

은수 너 지수 전화 왜 안 받아.

화영 거북해서요

은수 나한테 들키기 전에는 거북 안하든?

화영 …(그냥 가만히 보며)말했죠 그렇게 될려고 된 거 아니라구.

은수 (자르듯)지수 전화 받아. 여태 했던 것처럼 천연스럽게 대해. 그리고 니 계획도 얘기하고.

화영 그럴께요

은수 그럼 이렇게 정리되는 걸로 안다··

화영 네.

은수 그래도 일말의 양심은 있구나. 어쨌든 다행이야늬 둘 다 위해서.

화영 네··

은수 연락은 하고 떠나겠지.

화영 그럼요 신세진 게 얼만데요.

S# 은수의 골목 대문 앞(밤)

은수 (들어와 멎는 모범택시에서 인사하며 내리고 대문으로 움직이다가)
……(멈춰 서서)··(끝났다는 게 정말일까)

[모범택시는 은수 내려놓자 금방 움직이고]

S# 지수의 주방 거실

지수 (순두부 뚝배기 상에 받침 위에 옮겨놓으려)경민아.

경민 (한 턱 고이고 비스듬히 식탁 침범하고 앉아 있다가 얼른 바로 잡는다)

지수 보기 안 좋다니까?

경민 나도 모르게 자꾸만 그렇게 돼요.

지수 여보.

준표 엉. (보던 책 치우고)

지수 뭐라고 좀 해. 요새 이상한 버릇 생겼어. 식탁에서 턱 고이고 있는 거.

준표 (수저 들며)하지 말라는데 왜 말 안들어.

경민 (수저 들며)제가 아무래도 사춘긴가 봐요 아빠

지수 ??

준표 그렇게 생각되는 이유가 뭐 있어?

경민 여자애들한테 ....자꾸만 관심이 써져요.. 안 그럴려고 그래도 자꾸만 쳐다보게 되고 공부에 집중이 안돼요 집중이.

준표 그거 큰일이다.(지수는 그냥 웃고)누구 한 사람 정해서 그런 거야?

경민 네..

준표 걔는 널 어떻게 생각하는데

경민 저한테 관심없어요..

준표 말은 해봤어?

경민 아아뇨? 그런 말을 어떻게 해요오오

준표 이뻐?

경민 이영애 아줌마 닮았어요.

준표 어 그럼 디게 이쁘겠다.

경민 그런데 문제는 키가 엄청 커요.여자 애들 중에서 제일 커요.

준표 야 그럼 지금으로서는 게임이 안되겠다..말 부쳐도 안 받아줄 거야.

경민   그러니까 고민이죠.

지수   이거 먹어.(시금치)

경민   (싫어서 엄마 보는)

지수   왜 키가 안자라는지 알아? 엄마가 먹으라는 거 죽자고 안 먹어서 그래. 너 우유도 싫어하지 멸치도 비린내 난다고 싫다지

경민   (오버랩의 기분)아니에요 외할아버지 닮아 그래요. 이모 말씀이 맞아요.

　　　　E 전화벨/지수 핸드폰

지수   (일어나 받는다/보고)어 화영아.

준표   (지수 쪽 보고)

화영   F 뭐하니

지수   E 저녁 먹는 중이야..저녁 먹었어?…

화영   F 준표씨두?

지수   (남편 돌아보며)그럼 오늘 안 나갔어..

S# 카페

화영   그럼 곤란하겠구나…아니이 우리 집에 와서 잠깐 차 한잔 마시고 가라고. 늬집 반찬 통들도 챙겨놨고…그럴 수 있겠어?

S# 주방

지수   그러엄. 설거지 후딱하고 금방 갈게. 어 화영아 우리 순두부 재료 남았는데 내가 갖고 가 끓여줄테니까 밥 먹지 말고 기다려 금방이면 돼….기다려 금방 된다니까아? 응 그래.(끊고 식탁으로)차 마시자고. 반찬통 챙겨놨대.

준표   만들어 갖다 바치고 그릇 가서 찾아오고

지수   뭐어 개는 차가 없잖아.

준표   .....

지수   숙제 많아?

경민   두 시간 짜리에요.

지수   가쁜하구나.

경민   하이고 엄마는 두 시간이 가쁜 해요?

지수   (웃으며 아들 머리 흐트러트리다가)당신 아버님께 전화드려.

준표   ....

지수   엉? 전화드릴 때 됐어.

준표   알었어..

S# 홍회장의 주방

황   (과일 깎고 있는데)

아줌   E (질색을 하는)아이고 회장님 왜 이러세요오.

황   ??

홍   E 아 이리 좀 와 봐아..

황   (거실로)

S# 거실

아줌   (질색을 해서 물러나 있는 /차 내던 중이다)....(울상으로 보는)

홍   이리 와 보라니까..(비죽비죽 웃으며)

황   E 왜 그래..

아줌   (차 한 잔 남은 쟁반 들고 뽀르르르 황에게/쟁반 주면서 소리 죽여)회

    장님이 이상하세요 사모님.

홍   ??뭐가.

아줌   갑자기 여기를(가슴 한쪽)

홍   ??

아줌 움켜쥐실려구

황 (오버랩의 기분)호들갑 떨지 말아..설마 그러셨을라구.

아줌 아유 사모님 지가 없는 말 지어내겠어요?

황 안 봤으니 알 도리 없지.

아줌 사모니임

황 평생 그거 하나는 깨끗하셨던 양반이야. 과일 내 와..(쟁반 들고 남편 있는 곳으로)

아줌 (더 말 못하고 입 불룩거리면서 주방으로)

황 (하나 남은 찻잔 쟁반에서 내놓으며)왜 차 안 드세요.

홍 (멍하니)왜 이렇게 지겨워.

황 (잠깐 보고)신문 다 보셨어요?

홍 구찮어....볼거두 없어.

황 그럼 물 받어요?

홍 지겨워.

황 텔레비 틀어요?

홍 (벌떡 일어나며)드라이브 가자.

황 어두웠어요. 밤길 위험해요

홍 안 기사 빨리 차 대라 그래.

황 안 기사 지금 저녁 먹어요 좀 기다려 줘요.

홍 저녁이 왜 이리 늦어

황 약 타러 보냈었잖어요. 길이 막혀 늦었어요.

홍 누구 약 당신 아퍼?

황 ??(홍회장 약이지만)네에..아퍼요

홍 (앉으며)아프면 빨리 죽어..죽는 게 제일 뱃속 편해..아프면서 꾸역꾸역 뭐하러 살어.

황   죽고 사는 게 어디 마음대로 되나요(찻잔 들어 입으로)

홍   목욕물 받었어?

황   ?? 지금 받을께요.

홍   아까아까 받으랬는데 여태 뭐했어. 식충이같으니라구. 밥만 축 내구 앉어 뭐하는 게 있어.

황   (찻잔 놓고 일어나며)····

홍   너무 뜨겁게 받지 마.

황   네에

홍   과일 안줘 과일?

아줌   (과일 들고 종종 나오며)네에 과일 나와요 회장님.

　　　[황은 안방으로 목욕물 받으러 들어가고 아줌마 과일 쟁반 들고 옆에 와 접시 내놓는데]

홍   (한 손이 아줌마 가슴 움켜쥘려고)

아줌   아으 아으으으으 회장니이임.

홍   치/이쁘지도 않은 게 이쁜 척은··(하며 과일 손으로 한쪽 집어 들고)

아줌   (거의 울상으로 홍회장 보는)·····

S# 준표의 서재

준표   (컴퓨터 켜놓고 앉아 화면 보며 딴생각에 빠져 있다가 핸드폰으로 시선이)······

S# 빌라 주차장에 주차되는 지수의 차

지수   (순두부 재료 봉지 조그만 것 들고 내려서 승강기 쪽으로)

S# 화영의 거실

화영   (접시에 밖에서 사갖고 들어온 김밥 비닐봉투에서 꺼내며 한 손으로

전화받고 있다)실수 안해. 걱정 마….어 소리 들려? 김밥 사갖고 왔
어‥간단히 먹을려고……필요없댔는데 걔는 진짜 너무 과잉이야…
마누라로는 딱이지? 입에 혀처럼 구니까….어 저는 몸바쳐 헌신하
는데‥남편이 성가셔하는 줄 알면 걔 기절한다….응…응…

   E 현관 벨.

화영   왔어 끊어. (끊고)지수니?

지수   E 으응

화영   (문 열고)빠르다?

지수   (들어오며)엉. 후다다닥 해 치우구 차 안에서도 마악 뛰었어. 나
는 왜 너한테 이런지 모르겠드라. 너 보러 올 때는 꼭 애인 만나러 오
는 거 같은 거 있지. 급해 막. 마음이 급해. 뭐야 김밥 먹을려구?

화영   나간 길에 사왔어.

지수   순두부 끓여준다니까.

화영   (김밥으로)순두부 만들어질 때까지 기다릴 새 없어 배 무지하게
고파.

지수   책 읽느라고 거의 굶고 있었구나.

화영   거의.(김밥 접시에 꺼내며)

지수   몸 상한다니까‥(걸쳤던 것 내리면서)콩나물 있어?

화영   없어 왜.

지수   뭐 국물 있어얄 거 아냐.(주방으로)

화영   놔둬. 인스탄트 된장국 있어. 물이나 끓여.

지수   (포트에 물 부으며)맘에 안 든다.

화영   (김밥 하나 집으며)안 먹을래?

지수   금방 저녁 먹었는데 뭐. (냉장고 열고 김치 꺼내면서)왜 손으로 그

래‥젓가락 꺼내주께.

화영 손으로 먹는 게 더 맛있어‥

지수 (김치와 젓가락 꺼내 놓으며)사 먹는 게 뭐 맛있다구‥(김밥 들여 다보며)얘 이거 밥 질게 됐어. 이럼 김밥 꽝이야.

화영 여전히 행복하니?

지수 ??

화영 내 질문 느닷없지.

지수 뭐 너 원래 그렇잖아. 앉아서 편하게 먹어. 아니 물 끓을 때까 지 좀 기다렸다 먹어. 목맥혀.

화영 행복해?

지수 응 편안해…

화영 행복하냐니까(썹으며 보는)

지수 편안하다구‥행복이라는 감성은 순간 지나가는 감정이잖아? 편안한 건 알맞은 온도의 목욕물에 들어앉아 있는 것처럼 느긋하고 기분 좋은 거고. 그래서 나는 행복보다는 편안한 감정이 더 좋아‥ 행복이라는 단어는 뭔가 불안해‥금방 사라질 수 있고 금방 불행으 로 바뀔 수도 있을 거 같고‥

화영 썰이 길다.

지수 오호호호 그랬어?

　　 E 물 끓는소리

지수 어딨어?

화영 거기 찬장에

지수 (인스턴트 된장국 꺼내 뚜껑 열고 끓는 물 부으면서)아직도 불 행해?

화영 때때로 불행하고 때때로 행복해..

지수 ??행복하기도 해? 어떤 때 그래?(돌아보며 반가와서)

화영 으으음 비밀.

지수 별게 다 비밀이다..(된장국 쟁반에 /김밥도 쟁반에)저리가 가 앉아서 먹어..

화영 (지수 따르면서)너 현모양처가 꿈이었지.

지수 엉...초지일관. 꿈은 이루어진다잖아.

화영 내 꿈이 뭐였는지 기억하니?

지수 (쟁반 탁자에 놓으며 앉으며)기억해.

화영 내 꿈은 안 이루어졌어.돈 마않은 남자 하나 잡아서 평생 여왕처럼 살겠다는 허황한 꿈 와장창/지금 나는 거지야..

지수 미국 가 일하면 돈 잘 벌텐데 뭐 (보며)

화영 아니면 평생 결혼같은 거 안하고 남자들하고 뜨겁고 짧은 사랑이나 하며 짚시처럼 전 세계 돌아다니다가 세느 강에 빠져 죽는 거/

지수 (소리 내어 웃으며)고등학교 입학하고 우리 사귄지 얼마 안돼서 분식집에서 만두 먹으며 한 얘기야. 나는 그때 니가 굉장히 신선했는데 우리 언니 너 해괴한 애라구‥너랑 놀지 말라 그러드라.

화영 그래서 너밖에 친구가 없었잖아. 모두 날 싫어했어.

지수 니가 애들을 옆에 안 붙였지. 너 나도 안 붙여 줬었잖아‥ 내가 워낙 열성으로 쫓아다니니까 어느 날 나더러 너 바보니?후후 그랬었는데

화영 (오버랩의 기분)니가 아무렇지도 않게 그랬었지. 응 나 바보야.

지수 그때부터 같이 다니기 시작했어.

화영   (일어나며)차 마시자.(쟁반 들며)

지수   (따라 일어나며)그만 먹어?

화영   맛없다. 먹기 싫어.

지수   글쎄 내가 밥 해 준다니까(따르며)

화영   얘 짜증나 그만해.

지수   ??

화영   착한 척도 대충 좀 해. 지겨워 얘.

지수   성질도 암튼. 알았어.

화영   밥맛없어 진짜…(쟁반 놓고 포트 스위치 누른다)

지수   알았어 안 그럴게.

        [시간 경과]

S# 같은 거실

        [소파에 둘 다 올라앉아 둘 다 양반다리/실크 덮개 덮고 앉아.]

지수   ??왜애?(놀라서)

화영   집시가 되고 싶어서

지수   ….(보며)

화영   답답해.…같이 공부한 친구들 여럿이야 홍콩에도 하나 있고 일
        본에도 있고 필란드에도 하나 있고 호주에도 있어. 내키는대로 돌
        아다니다가 결국엔 엄마 있는 데로 가게 되지 않겠니?

지수   엄마한테 가는 건 찬성인데…경비는

화영   이집 전세 빼면 충분해.

지수   (끄덕끄덕)답답하다는 거 이해할 거 같아. 내가 아무리 챙겨준
        다 그래도 한계가 있고 또 너 아무도 안 만나니까 더 그럴 거야…

화영   그래..(보며)

138

지수   듣기에는 멋있는데 그렇지만 어쩐지 그렇다..혼자 그러고 돌아다니는 거. 마음이 그럴 거 아냐.

화영   뭐…괜찮아. 가볍게 생각할려 그래. 어떻게 보면 사치스럽지 뭐..돈 들고 내키는대로 돌아다니는 거.

지수   자알…..극복해 화영아. 괜찮아..아직 마흔 밖에 안됐는데 뭐… 지난 일은 잊어버려..잊어야 상처가 아물어..

화영   ….(보며)

지수   너는 아직 너무 이뻐 얘. 너에 비하면 나는 할머니야.. 넌 공부도 많이 했고 뛰어난 의사고 매력있고

화영   지수야(오버랩의 기분)

지수   엉?

화영   너 정말 밥맛 없는 천사 짓 좀 그만해.

지수   그런 게 아니라

화영   나 좋은 사람 아니야. 너한테 좋은 친구 아니야. 너한테 이득될 거 하나도 없는 사람이야

지수   정말 어디 쓸만한 남자 하나 없을까? 나는 왜 이렇게 무능하지?

화영   …..(보며)

S# 지수의 집 침실

지수   …..(잠옷/기대어 앉아서 뿌우우)…(있다가 전화 집어 버튼 찍는다/ 벨 서너 번 가고)

은수   F 네에..

지수   형부.

은수   F 늦는댄다.

S# 은수의 거실

은수 (진주와 군것질하며 디브이디 보는 중이다)진주가 디비디 빌려와
　　　서 보는 중이야·· 아냐 얘기해. 별 재미도 없다 뭐.(전화 들고 일어나
　　　며)스톱해.

진주 재미없다면서.

은수 스톱해애.

진주 나중에 봐. 보다 스톱하면 무슨 재미야

은수 나 엄마야? 스톱해. 금방 끝내고 나올께··(침실로 움직이며)

진주 어으 서태후.

S# 안방

은수 (들어오며)얘기 해····그래?···········멋있다 친구가 그렇게 전 세
　　　계에 널려 있고··그래 언제 간대?·· 그럼 곧 가겠네··전세 귀하다니
　　　까 금방 빠질 거야. 잘가라 그래····아니이 너는 늬 형부가 무슨 재혼
　　　전문상담소 소장도 아니고 걔 재혼 상댈 어디서 찾아 끌어대애·· ··
　　　없대. 자기 알만한 사람은 홀애비 없대. 마누라들 눈 다 시퍼렇게 살
　　　어 있대····아 신경쓰지 마. 별걸 다 신경써 얘가 늙어늙어··니가 구세
　　　주야 뭐야

S# 지수 침실

은수 F 별걸 다 지가 해결하러들어.나 영화보던 거 계속 봐야 해 끊
　　　어.(끊기는 전화)

지수 (뿌우 끊고)······(전화 놓으며)·······(있다가 훌쩍 침대 내려선다)

S# 준표의 서재

준표 (컴퓨터 정신없이 두드리고 있다)·····

　　　　E 노크··

준표 ??어어··

지수 (들어오며)잠깐 방해할게··

준표 ??(멈추고 좀 기대어 앉는)

지수 (다가와 의자 팔걸이에 앉으며 목 팔로 감고)당신 지금 학교나 먼 저 학교에 화영이 소개해줄 만한 싱글 진짜/진짜로 없을까?

준표 없다고 했잖아.

지수 찾아보지도 않았지.

준표 찾아보고 자시고 할 게 어딨어. 빤한데··

지수 화영이 간대 여보.

준표 어 그래? 미국?

지수 그게 아니라 그냥 무작정 친구 만나러 돌아다니는 여행 시작 하겠대.

준표 으음··(컴퓨터 화면 보는)

지수 그러다가 결국 엄마한테 가지 않겠냐구.

준표 (몇 자 두드려 넣는다)

지수 내내 언짢아 죽겠어. 얼마나 쓸쓸하겠어.

준표 오바 좀 하지 마.(화면 보며)

지수 …(남편 보며)

준표 당신이 그 사람 인생 대신 살아줄 수 없어. 누구 인생도 대신 못 살아 줘. 모두다 각자 사는 거야 각자··

지수 누가 그거 몰라? 모두 다 너무 차갑다··

준표 필요이상 신경 쓸 거 없다 소리야. 아무 보탬도 안돼.

지수 유태인 학살 영화보면서 가슴 찢어지는 것도 아무 보탬 안되 니까 할 거 없겠네.

준표 아 그 여자가 지금 누구한테 학살 당한대? 말을 어떻게 그렇게

받어

지수 좋겠네 보탬되는 거 안되는 거 따져가면서 살 수 있어서.

준표 이죽거리지 말고 나가. 바뻐.

지수 (팔걸이에서 내려 움직이는)

준표 그렇게 살지 말어. 그렇게 살면 다른 사람 열 배 스무 배 피곤해. 왜 그러고 살어어

지수 알았어.(나가고)

준표 .....(아내 나간 문 보다가 핸드폰 집어 드는데)

지수 (도로 문 연다)

준표 (집던 핸드폰 얼른 도로 놓고)왜 뭐.

지수 아버님게 전화 드렸어?

준표 아니

지수 못됐어. 왜 안해.

준표 잊어먹었어.. 지금 늦었어

지수 쯔쯔(나간다)

준표 (기대앉으며).......

F.O

S# 어느 대로변(낮)

　　[비교적 흐름이 좋은 도로.]

준표 (자기 차 세워놓고 깜박이 켜놓고 차에서 내려 기다리는 중이다)....
....(시계 보고 핸드폰 꺼내 찍으면서 고개 잠깐 들면)

　　[와서 멎는 택시.]

준표 (기웃이 보고 좀 웃으며 핸드폰 접어 주머니에 넣고 차 문 열어주려다가서는)

화영 (내리면서)잘 오다가 사고난 차 때문에 좀 걸렸어.

준표 글쎄 충분한데 안 오더라구.(화영 손잡아 운전석 옆자리 문 열어 태우고 운전대로)

S# 차 안

준표 (타면서)벨트.

화영 (벨트 한 손으로 더듬으며)보고 싶었어.

준표 (웃고)벨트나 채워.

화영 출발해애.

준표 구멍 보고 채워야 하는 사람이잖아.

화영 <u>으흐흐흐</u>(채우고)됐어.

준표 서른 평 짜리야 먼저보다 약간 작은데 구조는 거의 똑같아. 그 소파 들여 놓을려면 거실이 아마 다 찰 거야.

화영 소파 놓고 옆으로 이러고 다녀야 해?

준표 아마 그럴 걸?

화영 우후후후 재밌지 뭐. 아무래도 상관없어. 당신하고라면

준표 (그냥 웃고 출발)

화영 하안참 전에 본 건데…한국 영화/ 여자는 노처녀고 남자는 유부남인데 우리처럼 불륜/ 멀쩡한 남자 여자가 해변가에 바람 술술 들어오는 판자 집에서 잠깐 살림차리고 사는데/시골 장터 나가 밥그릇 두 개 국그릇 두 개 숟가락 젓가락 두 개 뭐 그런 식으로‥석유곤로에 밥해 먹으며 빨래 너줄너줄 부엌에다 널어 말리고 팬티랑 여자 스타킹이랑 그런 것들. 서로 미칠 듯이 사랑하고 잡아먹을 듯이 싸우고 그러면서 사는데 그거 보면서 나도 저런 사랑한번 해 보고 죽었으면 했었어. 잡아먹을 듯이 싸우는 그 자체도 미칠 듯한

사랑으로 느껴지더라구.

준표   해변에 바람 술술 들어오는 판잣집으로 알아볼까?

화영   우후후후 당신 너무 고생해서 싫고 거리 때문에 자주 못봐서 싫어. 당신 학교 오며가며 들를 수 있는 데라면서

준표   웅

화영   됐어 명당이야. 어쩌다 한번 씩은 세미나다 그러면서 우리 집에서 자고 사진 찍는다 그러면서 자고 가고 생각만 해도 가슴이 뜨거워.

준표   일단 어디 가 밥 먼저 먹자.

화영   (아)냉면 먹고 싶어.

준표   카레 잘하는 집 있어 데려갈라 그랬는데

화영   아 카레 좋아. 카레도 먹고 싶었어.

준표   냉면 집 찾아 보자.

화영   아냐 카레 먹어. 카레 먹고 싶어.

준표   그건 애엄마 버전이야..

화영   맞다. 재미없겠다. 좋아 난 카레 싫어. 냉면 먹고 싶어 죽어도 냉면 먹을 거야. 냉면 먹지 말라 그럼 울 거야.

준표   (소리 내어 크게 웃는다)

S# 신나게 빠지는 준표 자동차

S# 백화점 식품부 생선가게

은수   (생선전 부칠 살 뜨려고 생선 만지는 남자)우리 엄마 세사에 올릴 거에요. 그런 줄 아시고 경건한 마음으로 다루세요

남자   (웃으며)네 사모님.

은수   (무슨 그런 말까지 하는 얼굴의 지수 돌아보며)뭐

지수 아냐.

은수 고기랑 과일만 사면 되지?

지수 아 간장하고 기름 사오랬는데··잠깐 있어 언니.

은수 야 같이 가아 금방 끝나는데··

지수 술도 사야해.

은수 같이 가자구.

지수 알았어 그래.

S# 백화점 주차장

　　[자매 짐 들고 지수 차 쪽으로 오면서]

은수 날씨 좋다··착한 우리 엄마 돌아가시는 날도 착하게 잡으셨어

　　그치?

지수 (그냥 웃고 트렁크 연다)

은수 엄마 아침부터 분단장 하시고 기다리시겠지? (짐 넣으며)

지수 (같이 짐 넣으며)나도 엄마 생각하는 중이었는데··

은수 이심전심이지 뭐.

지수 그러게(트렁크 닫고 운전대로)

은수 (같이 움직이고)

S# 자동차 안

　　[자매 동시에 양쪽에서 타면서/벨트 매면서]

지수 우리 삼남매 놓고 내 나이도 안 돼 돌아가시면서 엄마는 어떻

　　게 눈을 감으셨을까··

은수 주무시는 것처럼 돌아가셨다니까 눈감고 계시다 돌아가셨다.

지수 서른 일곱이면 한창아냐?

은수 한창이지.

지수 　내 나이도 안됐는데‥아버지 한을 알 거같어.

은수 　안갈 거야?

지수 　응.(출발)

은수 　내가 아예 땡겨서 중삼 때 쯤 사고쳐서 배부를 걸 그랬어‥ 그랬
　　　으면 허서방 즈 집 돈 훔쳐 들고 나오라 꼬셔서라도 신장이식 받게
　　　해드렸을텐데‥

지수 　(픽 웃는)

S# 어느 냉면집

　　　[냉면 먹고 있는 준표와 화영. 준표는 물냉면 화영은 비빔냉면‥ 화영
　　　매워서 입 호호 불고 준표 물컵 집어주면 화영 아예 준표 냉면 그릇 들
　　　고 가 그릇째 들고 육수 마신다. 벌쭉벌쭉 웃는 준표…]

　　　E 준표 핸드폰 벨

준표 　(꺼내 본다)

화영 　??(누구?)

준표 　애엄마‥

화영 　받어.

준표 　(일어나려)

화영 　그냥 받어.

준표 　(도로 앉으며)여보세요

지수 　F 어 여보‥ 개스 밸브 좀 한 번 봐줘. 잠그긴 잠겄을텐데 어쩐
　　　지 좀 의심돼. 미안하지만 잠깐 나가서 한번 체크해 줘.

준표 　그래 알았어.

S# 움직이는 지수 차 안

지수 　방해해서 미안해.(시장 다 봤어?)응 지금 집으로 가는 중이야.

늦어도 여덟시까진 와야 해. 시간가는 줄 모르고 있다가 늦지 말고 핸드폰 알람해 놓고 있어 당신.(은수 곁눈으로 보고 있고)

S# 냉면집

준표 그래 알았어..어..어 안늦어..그래..그래 금방 나가서 볼께..응 (끊는다)

화영 뭘 봐야 해?

준표 개스 밸브 잠긴 거 확인하라구

화영 어떡해?

준표 가끔 하는 짓이야. 그런 거 놓치는 사람 아니야. 괜히 사람 귀찮게 하는 거지. 완전 오토매틱인데 뭐. 오토매틱으로 해 놓고 기억이 안나는 거야.

화영 그런 거 있어.

준표 다 매웠어?

화영 응 쫌 낫네..

S# 시내 어느 벽지 대리점 앞에 서 있는 용덕··

　　[지수 자동차 와서 멎고]

용덕 (기웃이 보고 웃어 보이고 다가드는데)

은수 (냉큼 내리면서)오래 기다리셨어요?

용덕 뭐하러 내려··(뒷문 열며)

은수 볼일 다 보셨어요?

용덕 (타며)나봤어.

S# 차 안

지수 (뒤돌아보며)어서 오세요

용덕 안녕하세요.(둘 웃고)

은수 (아버지 옆자리로 타면서)아버지 내가 사준 잠바 입으셨네.

용덕 (자리 비켜 내주면서)웅. 모두 좋다구 해. 살 거 다 샀어?

은수 네에‥그럼요.

용덕 (자동차 출발)허서방하구 홍서방 올 거지?

은수 (아버지 팔 끼고 붙으며)아버지 사위들 엄마 제사 빠진 일 있어요?

용덕 괜히 해본 말이야.

지수 더우면 창문 열구요 아버지

용덕 먼지 들어와. 안 더워.

S# 차들 속으로 들어가는 지수의 자동차

S# 용덕의 동네로 올라오고 있는 지수 자동차/ 집 대문 앞에 선다

S# 용덕의 마당

용덕 (먼저 들어오며)아가아

선화 E (안에서)네에에/(하고 쪼르르르 나온다 신 신으며)아버님 들
어오셨어요?

용덕 나가봐.

선화 네에‥(나가려는데 둘 짐 들고 들어온다)오셨어요. 주세요 저 주
세요.(일하면서 입을 옷들도 챙겨오세요)

지수 (은수는 짐 넘기고)괜찮아 안 무거워.

은수 (지수와 함께)나물 준비는 다 해 놨어?

선화 네 형님. 송편 떡쌀도 빻아다 놨구요.

은수 (마루로)고기 핏물 먼저 빼야지?

선화 네 형님.

은수 (마루에서 겉옷 벗으며)아우 덥다. 벌써부터 이렇게 더우면 어
떡해.

선화   남극에 꽃이 폈다잖아요 형님.

지수   옷바꿔 입고 나올께요.

용덕   응‥나두 갈어 입어야지 (지수는 은수와 자기 옷 봉투/핸드백 들고 선화 방으로 용덕은 자기 방으로)

용덕   오월부터 무지하게 덥대.

은수   (선화 방으로 들어가며)더운 거 질색인데 글쎄 큰일났어요.

용덕   E 나두 니 걱정 했어어어

S# 선화의 방

은수   (들어오며)온난화온난화 수십년 떠들더니 그게 맞나봐

지수   기상학자들이 괜한 걱정했겠어. 밥 먹고 연구하는 게 그건데.

은수   시베리아로 이민을 가 살수도 없고‥(옷 벗다가)홍서방 왜 전화 안해?

지수   ?

은수   체크했으면 전활 해줘야 할 거 아냐.

지수   잠겼으니까 안하는 거지‥ 안 잠그고 나왔으면 했겠지.

은수   가부간에 암튼 해얄 거 아냐.

지수   집중해서 하는 일이 있는 사람이잖어. 잠깐 나가 보고 도로 컴퓨터에 들러붙었을 텐데 뭐. 내가 괜히 귀찮게 한 거야‥

은수   (등 돌려대면서 풀풀풀)

지수   늙나봐‥전엔 안 그랬는데 왜 그런지 모르겠어. 해놓고 안한 거 같은 생각이 들 때가 종종 있어.

은수   안 해놓고 해 논 걸로 믿는 거 보다야 낫다. 최소한 집을 폭발 시키지는 않을테니까.

지수   그렇지?

은수 전화해봐아..

지수 왜애애.

은수 무심하잖어어 와이프가 뭘 부탁했으면 결과는 알려줘얄 거
아냐.

지수 아 놔둬어.

은수 해봐 빨리. 핸드폰으로 하지 말고 집 전화로 해. 핸드폰 믿을
거 못돼. 들고 나가 딴 짓하면서 집인 척 해도 모르잖아.

지수 암튼 병이야..어이구..(핸드폰 꺼낸다)

은수 집 전화로 하라니까?

지수 거실까지 나가서 받어야 해. (단축 버튼 누른다)

은수 (말 안 듣네)…

　　 E 벨 가는 소리

준표 F 어 왜 또 뭐.

지수 (은수 잠깐 보면서)체클 했으면 알려줘 얄 거 아냐..왜 소식이
없어.

준표 F 어..그랬어야 했나?

S# 어느 전망 좋은 호텔 테라스/

준표 (맥주 따르다 멈추고)이상없길래 그냥 말었지. ..응 이상없어..
당신 종종 하는 짓이잖아…알았어.. 그래 알았어 여덟시까지 댈께..
아냐 아직 안했어..알았어알았어 지금 알람 세팅할께..응(끊고 보면)

화영 (저만큼 먼 데 보고 있다)………

준표 ….(맥주 마저 따라놓고/화영의 잔은 채워져 있고)마셔

화영 ……(그대로)

준표 무슨 생각해.

150

화영 (맥주잔 들며)아프로디테 여신 알아?

준표 화영이가 아프로디테야?

화영 그리스 신화에 스뮈르나는 자기 친아버지한테 미친 연정을 느껴 잠자리를 했고 파이드라는 남편의 아들을 사랑했고 헬렌은 처음 본 외국 남자 파리스 때문에 트로이 전쟁을 일으켰고 크레타 섬 왕비 파시파에는 황소한테 반했고⋯⋯미친 사랑은 다 아프로디테 장난이었대. 나도 아프로디테 장난에 걸려든 거 아닌가 그냥 싱거운 생각이 들어서‥ 자신도 추물 남편 헤파이스토스 신을 두고 아레스신하고 불륜에 빠져 모든 신한테 현장목격 당하는 망신살이 뻗고 그랬잖아.

준표 나는 신화 잘 몰라.

화영 남편 계략에 빠져 아레스 신과 함께 발가벗고 청동 그물망에 갇힌 아프로디테가 얼마나 아름다웠는지 현장목격으로 불려온 신들 중에 아폴로 신이 헤르메스 신 옆구리를 찌르면서 그물망에 걸려도 나도 아레스 신 처지가 돼보고 싶다고 했대.

준표 흠흠흠.

화영 남편 헤파이스토스가 장인 제우스한테 요구한 석방료를 아프로디테한테 반한 포세이돈이 대신 내겠다고 했는데 아레스 신이 그럴 수는 없다 내가 낸다 해서 내주고 아프로디테는 석방돼 키프로스 섬 파포스로 가서 바닷물에 목욕하고 다시 숫처녀가 됐고⋯ (웃으며)근사하잖아?

준표 그걸 어떻게 다 기억해

화영 신들 얘기가 재미있어서 신화에 빠졌던 적이 있었어. 아프로디테 여신을 무지 동경했거든. 얼마나 아름다우면 모든 신들이

다같이 반했을까 (마신다)

준표   .....(보며)

화영   (잔 내리면서)자꾸만 그리워. 너무 그리워. 같이 있어도 그리워 만지면서도 그리워.(안 보는 채)이런 거 처음이야 아무래도 아프로디테 마수에 걸린 거 같아. 난 색정녀가 돼버린 느낌이야..(하며 보는)

준표   색정녀...흠흠..아직 그말이 살아 있었네...

화영   이 세상에 다른 사람 아무도 없이 우리 둘만 있는 것처럼...그렇게 석달 열흘만 살아보고 싶어. 나가지도 말고 누구도 안 보고 우리 둘만/ 같이 먹고 같이 자고 같이 깨고 서로 만지면서

준표   (시선 내려 술잔 보며)고등학교 동창 소설가가..강사 시절에 제자와 사랑에 빠져서 어느 날 와이프 앞으로 메모 한 장 써놓고 빠리로 사라졌었어....미쳤다고 생각했었지...무책임한 처신이라고도 생각했었고......지금은...알 거 같아...(안 보는 채 비운다)

화영   ....(한동안 보다가)그래서 어떻게 됐어 그 사람들

준표   반년 채 못돼서 돌아왔어.(술 따르며)그쯤 되니까 돈도 떨어지고 사랑과 열정도 바래져가고 그렇드래..(화영 보는)

화영   지금은 어떻게 살아

준표   뭐..와이프랑 둘째 셋째까지 낳고 잘 살아..

화영   그 제자는 어떻게 되고

준표   글쎄...들었던 거 같은데 기억이 안 나네..결혼했겠지..

화영   허무한 사랑이네..하긴 사랑 자체가 허무한 거지만..(컵 들어 마시는)

S# 용덕의 주방 마루(구조가 어떤지)···

용덕   (고기전 전기 프라이팬에 지져내고 있고/털퍼덕 앉아서)

선화   (송편 반죽 하고 있고)

은수   (산적 고기 두드리고 있고)

지수   (과일 물에 씻어내고 있으면서/동시 진행입니다)

용덕   (화면 시작과 동시에)장마 오기 전에 해치울 거야..방수도 새로 해야구 칠 한지도 오래됐고 아주 큰 수리가 될 거야.

은수   돈 많이 들겠네요 아버지

용덕   우웅..큰 거 한 장 하고 반은 들겠어....

은수   돈은 준비됐구요?

용덕   별 걱정을 다해

은수   보태 드리려구요

용덕   허서방한테 보일러나 봐달라고 해.

은수   올케. 솔잎 얼쿼논거 씻어서 물 기빼야지

선화   아이고 참(일어나고)

은수   (산적 고기 다 두드렸다/지수에게) 재워.

지수   응

은수   (마루 아버지 옆으로 나오며)이 계절에 송편 만들어 제사 지내는 집 또 있을까?

용덕   내맘이지 뭐..생전에 고인이 좋아하던 음식에 계절이 어딨어

은수   근데 엄마가 좋아해서 만드는 건지 아버지가 잡숫구 싶어 만드는 건지 잘 모르겠더라.송편 만들어 노면 아버지가 다 드시잖 어요.

용덕   (벌쭉 웃으며)내가 먹는 게 늬 엄마 멕이는 거야. 알지도 못하구선.

은수 그렇죠 아버지가 좋아하는 거 핑계김에 만들어라아 해서 드시는 거죠?

용덕 아냐아 떡 별로 안 즐겼는데 송편은 좋아했어/다른 떡은 밀어 놔도 송편은 앉은자리에서 대여섯 개는 먹었어.

은수 엄마 꿈 또 꾸셨어요?

용덕 어 참 어젯밤에 꿨어……용케두 자기 제삿날은 안 잊어버리구 꼭 대엿새전에 한번 나타나곤 하더니 웬일인지 이번에는 소식이 없더라.. 내심 죽은지 오래돼 이젠 혼백까지 다 흐터져 꿈길을 잊어먹었나아 했더니 어제 보였어. 어찌나 반가운지..

은수 어떻게 보여요?

용덕 먼저 살던 집 마루에서 빨래에 물 뿌리고 있더라 입으루 푸우 우우

은수 말 거셨어요?

용덕 뭐라고 하긴 한 거 같은데 잘 생각 안나.. 꿈에 나와도 말 안해 늬 엄마(하는데)

경민 (뛰어 들어오며)엄마아아..

은수 어 경민이 오는구나아.

경민 우리 엄마는요? 할아버지 안녕하셨어요?

용덕 오냐 어서 와.

지수 (내다보며)가방 놓고 손 씻어.

경민 하아 또 손. (가방 놓으며)먹을 거 없어요? 배고파요.

은수 얼른 손 씻고 와. 먹을 거 주께.

경민 네에.(손 씻으러 주방으로)

S# 주방

지수 점심 안 먹었어?

경민 네 시가 넘었어요 배고플 때 됐어요.

지수 (웃으며)그렇겠다

은수 먹기는 잘 먹는데 왜 키가 안 클까

경민 어으 이모오오!!

은수 까르르르르

S# 동네 화영 빌라 앞(밤)

[준표 차가 와서 멎는다.]

S# 차 안

준표 (멈추고 화영 돌아보는)

화영 (앞 보며)내리라구.

준표 제사 모시러 가야지.

화영 ……

준표 응?

화영 (기대면서)오분만 이대로 있어……오분만……

준표 …….(보며)…(있다가)여덟시 십분 전이야‥늦게 생겼어‥

화영 좀 늦으면 어때‥

준표 ……

화영 내가 알게 뭐야‥(벨트 푼다)

준표 (얼른 내리는)

S# 차 밖

준표 (화영 내리는 문 열어주고 손잡아 도와주려)

화영 (그 손 밀어내고 빌라로 걸어가는)……

준표 ……(보면서)

S# 용덕의 집 마당

S# 안방

　　[제사 지내는 중‥]

　　[경민/준구/진주 나란히 섰고/어른들 지켜보고 있고/]

경민　(술 따라 돌리고 놓고 송편 접시에 놓였던 젓가락 집어 향 타는 작은

　　상에 두드려 어디다 놓을까 엄마 아빠 쪽 돌아보는)

준표　니 마음대로 할머니 드세요 하고 싶은 음식에 놔.

경민　(젓가락 탕국그릇에 나란히 올려놓으며)할머니 준구 형이 송편

　　드렸으니까 목 맥히실 거에요‥국 드세요‥(하고 일어나고)

경수　(뒤에서 경민 머리 건드리고)

　　[세 아이 같이 절하는 데서.]

S# 지수 은수네 골목

　　[달삼 자동차 들어와 멎고 진주 준구 달삼 부부 내리고 지수와 준표 자

　　동차 들어와 잠깐 멈추고]

경민　(아빠 차에서 열린 문으로 내다보며)혀엉 누나아 안녀엉.(대답하

　　고)이모 이모부 안녕히 주무세요오오(대답 돌아오고)

　　[지수 부부 각각 제 차 운전대에서 밖의 달삼 부부와 간단히 인사하고

　　자동차 두 대 움직인다]

S# 거실

준표　(경민 데리고 들어와 상의 벗으면서)너 우유 한잔 마시고 들어가.

경민　‥‥

준표　인상쓰지 말고오‥(지수 들어온다)경민이 우유 줘. 나는 녹차 한

　　잔 마시자.

지수　알았어.(핸드백과 벗어들고 들어온 옷 적당히 놓고 냉장고에서 우

156

유병 꺼내 따르면서)알람 안해놨지.

준표 ? 어 어. 깜박했었어.

지수 사십분이나 늦구. (경민 주고)

경민 안녕히 주무세요. 엄마 굿나잇.

지수 어 굿나잇(포트에 물 부어 스위치 누르며) 그 간단한 걸 왜 못하고 모두 기다리게 만들까.

준표 깜박했다니까

지수 경수는 여섯시에 들어오고 형부도 일곱시부터 와서 아버지랑 얘기하고 준구는 과외까지 빼먹고 일찌감치 왔는데

준표 잔소리 좀 그만해. 미안하다 그랬으면 됐잖아.

지수 잔소릴 언제 했다 그래? 이제 말하는 건데.

준표 …

지수 거기서 내가 한 마디나 뭐랬어?

준표 아 그만해 됐어..(일어난다)

지수 차 마신다면서

준표 갖다 줘……(서재로)

지수 뭐 언짢은 일 있어?

준표 그런 거 없어.

지수 근데 왜 날카롭게 그래.

준표 (돌아보며)내가 언제 날카로웠어. 한 마디 하면 그것으로 끝내지 자꾸 반복하는 버릇 당신 그거 안 좋아.

지수 알았어 그만 할게.. 앉어어 마시고 들어가.(하고 싱크대 위의 찻잔 꺼내다 문득 가스 밸브로/열려 있다)??? 여보..(가스 밸브 보며/많이 놀랬다)

준표　?? 왜(앉다가)

지수　(얼른 밸브 잠그며)당신 개스 밸브 확인하랬는데 그것도 안했구나.

준표　왜 안해애.

지수　확인도 안하고 귀찮으니까 그냥 잠겨 있다 그랬잖어. 안 잠겼는데 어디가 잠겼다는 거야아.

준표　??(일어나며)안 잠겄어?

지수　지금 내가 잠겄어⋯⋯이상한 사람이야. 고것도 귀찮아 거짓말 해애?

준표　아 한창 열나게 쓰는데 성가스럽게 일 같지도 않은 일 시키니까‥아 그리고 그런 거 절대 틀림없는 사람이잖어‥ 괜히 그러는 걸로 생각하고 치웠지 뭐.

지수　큰일낼 사람이네에‥다른 것도 아니고 개슨데에‥

준표　늙냐? 어떻게 그걸 다 까먹어. 믿고 살겠어 어디?

지수　어머머? 이런 걸 적반하장이라 그러는 거지?

준표　물끓어‥

지수　(차 준비)아우 이상해‥ 멀쩡하게 거짓말을 왜 해애‥생전 거짓말 모르는 사람이/

준표　⋯⋯(반듯하게 접혀 놓여 있는 신문 집어 들고 펴며)한창 정신없이 잘 나갈 때 그런 일 시키니까 그렇지. 그럴 때 맥 끊어지면 안 된단 말야.

지수　알았어 내가 더 정신차리께. 내 잘못이지 뭐⋯(티백 넣고 찻물 부으며)아니 그런데 나 정말 늙나아아? (준표 대답 없이 신문 보고/찻잔 놓아주며)기분 나빠 죽겠네‥

준표　…….

지수　김지수가 아니잖아.

준표　(찻잔 들고 일어서며)신경쓸 거 없어. 자연스러운 거야. (서재로 들어가버린다)

지수　……(뿌우 있다가 벗어놓은 옷/ 백 들고 침실로 뿌우한 채 들어간다)

S# 침실

지수　(들어와 들고 들어온 것 가진 채로 침대 옆구리에 앉아 뿌우우우)……(있다가 백에서 핸드폰 꺼내 단축 누른다)

　　　E 신호 가는 소리

화영　F 네에.

지수　어 아직 안 자지?

화영　F 아니. 제사 잘 지내고 왔어?

지수　?? 어떻게 알아? 내가 얘기했니?

S# 화영의 거실

화영　?? (잠깐 당황했다가)저번에 얼핏 들은 거 같은데 은수 언니한테 들었나/아까 달력 보면서 오늘이구나 했거든.

지수　F 암튼 넌 천재야‥

화영　천재는(안도)

지수　F 근데 화영아 나 개스 밸브를 안 잠그고 나갔어. 늙나봐. 큰일 났어.

화영　누구나 나이만큼이야 그게 무슨 그렇게 큰일이라구.

지수　F 처음이야. 근데 우리 그이 글쎄 뭔가 미심쩍어 전화해서 확인하랬는데 확인도 안하고 이상 없다 그런 거 있지? 오늘 일이 잘됐나봐. 한창 잘 나가는데 구찮어 그러고 말았대. 절대 틀림없는 사람이 괜히 그러는 걸로 알았대.

화영　.....

지수　F 그리고는 되레 나한테 뒤집어 씌운다? 어떻게 믿고 사냐구 기막혀.

화영　기막혔겠다. 그래서 다퉜어?

지수　F 다투기는··내가 더 정신차린다 그러고 말았어.

화영　그런 땐 싸워어 왜 그렇게 봐줘어.

S# 지수의 침실

지수　내가 안 봐주면 누가 봐줘. 싸울 일도 아니고…으흐흐흐흐 그래 나 천사야…그런데 화영아 너 진짜 갈 거야?…안 가면 안돼?…. 너무 섭섭하잖어·· 너는 안 섭섭해? 기집애 쌀쌀맞기는…그래애 붙잡고 있어봤자 크게 도움도 안되는 주제에 괜한 욕심이지 뭐·· 엉·· 엉…진짜 어디 쓸만한 남자 없을까? 너 재혼해서 여기 징착하면 좋을텐데··아니아니 괜한 소리 아니라 나 진짜 그런 생각 많이 했어 화영아··(하고도 계속 얘기하는 데서)

　　　　　　　　　　　　　　　　　　　　　　F.O

S# 무료 급식소에서 밥 퍼주는 봉사하고 있는 지수

S# 화영과 준표 거리에서 같이 차 타기 직전 사진/냉면 먹는 둘/냉면집에서 나오는 둘/부동산으로 같이 들어가는 둘/ 부동산에서 나오는 둘/호텔로 들어가는 화영/호텔로 들어가는 준표/호텔에서 나오는 준표/호텔에서 나오는 화영/빌라 근처 길에서 준표 차에서 내리는 화영과 준표/사진 차례로 넘기는 은수 손/사진 하단에 날짜 시간 찍힌

S# 어느 카페

은수　(사진 한꺼번에 봉투에 넣으면서 이것들이 정말)…(핸드백에 넣으면

160

서)수고했어요.계속하세요..(일어나 나가고)

남자　(커피 잔 비운다/남자는 분명히 안 보여도 상관없습니다)

S# 카페 앞

은수　(나와 서서)……(어떻게 해야 할지 난감)……

제4회

S# 급식소에서 자원봉사자들과 화기애애하게 설거지하고 있는 지수(낮)

S# 은수의 집 골목/대문 앞

　　[들어와 멎는 달삼의 자동차.]

달삼　(급하게 내려 집으로)

S# 거실

달삼　(서둘러 들어오며)여보 나 들어/(하다가 아내 보고)아니 왜 옷도
　　안 입고 그러고 있어 아프다면서. 빨리 옷 입어 병원가게‥(달려들
　　며)옷도 못 입게 아퍼? 입혀주께 일어나일어나.

은수　나 안 아퍼.

달삼　??(위에)

은수　E 당신 앉어봐.

달삼　?(괜히 찔려서)아아아아파서 병원 가야 한다면서

은수　안 아프다니까.(물컵 집어 마신다)

달삼　……(좀 물러나면서)나 깨끗한데 여보.

은수　떨지 말고 앉어.

달삼 당신 그러고 있으면 떨려어.

은수 ?(보며)또 빙수 먹었어?

달삼 아 사람 잡지 마아 깨끗하다니까아아.

은수 죄진 거 없으면 떨거 없잖아.

달삼 (소파로)아 그래 죄진 거 없어. 결백해··(양복 상의를 도포 제치듯 하며 앉는)뭐야 무슨 일인데 거짓말까지 해 바쁜 사람 불러들여.

은수 (말없이 옆에 책들 위에 놓아뒀던 사진 봉투 집어 밀어낸다)

달삼 ??···이게 뭔데.

은수 보라구···

달삼 (괜히 좀 떨리는 손으로 집어 봉투 속에서 사진 한꺼번에 꺼내 첫 장 보는)???(아내 한번 보고 다음 사진으로/아내 또 보고 다음 사진으로/아내 다시 보고 다음 사진으로/아내 보며)이게 무슨 /아니 무슨 뜻이야.

은수 바보야?(날카롭다)

달삼 (다른 사진)히익 호텔이네··(다른 사진)따로따로 들어가네.(다른 사진)나올 때도 따로 나오는군/그렇지 그렇게 해야지.(하다 아차 아내 보면)

은수 (독 올라 쏘아보고 있다)

달삼 아니 그건 기본/(하다가)??이거 뭐야. 홍서방 무슨 짓 하는 거야 대체. 아니 이 여자는 아니 홍서방은 이 자식 이거/아니 이게 무슨 개같은 경우야 엉?!!이 자식 이거 미친 놈 아냐. 이 여자 이거 미친 년 아냐. 아니 미친 년놈들아냐 이거 엉? 당신 이거 어떻게 알았냐. 어떻게/아니 처제 어떡하구 있어 처제

은수 (오버랩)지수 아직 몰라. 바비큐하는 날 주방에서 키쓰하는 현

장 나한테 들켰어‥

달삼 ????? 미쳤군 미쳤어. 그것들 완전 또라이들 아냐? (사진 다시 넘겨가면서)세상에 이런 법이 어딨냐 엉? 어디 바람날 상대가 없어서 마누라 친구/ 친구 남편이랑 야아아아 이것들은 사람이 아니다 사람이 아냐. 허/ 하늘 아래 둘없이 깨끗한 놈인 것처럼 굴더니(새삼스레)그런데 이자식 진짜 나쁜 놈이네에? 아니 처제같은 와이프가 세상천지에 어딨다구 이 빌어먹을 눔이 죽을라구 환장을 했나. 이눔 자식 내가 그냥 목을 부러뜨려 버리구 말어야지(사진 넘기며)부동산은 왜 가나. 부동산은 왜 갔어.

은수 기집애 출국하고 끝낸다고 거짓말 해 놓고 딴 집 얻으러 다니는 거야.

달삼 허/누구 손에 걸렸는데 허튼 수작이야아./지 처형이 이런 방면에 달인을 넘어 지존인 거 모르나 들통났으면 바로 그 순간에 끝내는 거지 미련하기는/허/허허허허허허허

은수 ‥(보며)

달삼 (다소 침착해지는)보통 문제가 아니군.(아내 안 보며)

은수 (오버랩의 기분)지수 알면 죽어‥

달삼 (안 보는 채)죽지‥ 경민이 엄마없는 아이 되고 비극이지.

은수 대신 내가 두 것들 죽이고 사형당할까?

달삼 (안 보는 채)나 홀애비 만들고 우리 애들 엄마 잃고 그것도 비극이긴 마찬가지야.

은수 차례로 폭탄 우편물 보내?

달삼 ‥‥

은수 아니면 기집애 집 냉장고 소주병에 농약 바꿔너 죽이고 홍서방

164

인지 청서방인지는 자동차로 밀어버릴까?

달삼　가만 있어봐 나도 연구해 보께‥(안 보는 채)

은수　‥‥‥(보며)

S#　같은 거실/시간 경과/

은수　(울며불며)우리 지수 불쌍해 어떡해 여보. 그 등신은 지 남편
이 하늘인줄 알구 사는데 그 등신은 나하구는 근본적으로 다른데
에‥그 등신은 선천성 면역결핍인데에/ 그러니까 끊임없이 사고치
는 지 형부 옆에 살면서도 지 남편 믿기를 하나님 믿듯 하고 사는
데에에‥(달삼 옆으로 안아주고 섰는) 나랑 지수는 달라 여보. 당신
도 그거 알지?

달삼　알아 알지이.

은수　나는 똥물 들이키면서도 버텨낼 수 있지만 개는 그거 못 벼텨
어. 개는 완전히 망가지고 끝나는 거야 여보.

달삼　우리가 있어 여보 당신이랑 내가 있는데 처젤 그렇게 만들면
쓰나아‥

은수　어응응응응응 어응응응응

달삼　진정해진정해. 진정하고 우리 대책회의 하자 누군가가 죽어
야 한다면 누가 죽을 건지 이 난국을 어떻게 타개할 건지 회의/ 회
의합시다 여보.

은수　응응응응

S#　주방 식탁/

　　　[소주 나누어 마시면서]

달삼　그 물건이 경험이 없어서 순진해서 그래 그게. 완전 촛짜잖어.
그게 뭘 알어‥처제한테 안 들킨 게 천만다행이다 처형 눈만 가리

고 넘어가면 넘어가진다 이게 벌써 얼마나 밥통같이 순진해. 당신 이라는 사람이 예 끝냅니다 하면 그걸로 끝낼줄 알 사람으로 생각 했다는 자체가 벌써 완전초보지이.

은수   아냐 나 깜박 속을 뻔 했어. 화영이 년도 홍서방도 떠먹듯이 약 속을 했거든. 그런데 너무 간단하게 끝내는 게 어쩐지 좀 허전하고 걸리드라구.

달삼   흐흐 당신 그 소름끼치는 육감은 또 아무도 못 따라가지. (훌쩍 마시고)선수면 그러겠냐? 야 나두 아직 선수가 못돼 번번이 꼬리 잡 히는데 어림이나 있어? 아니 그런데 그 자식은 나 뒀다 뭐하구/ 뭐 묶었다 삶어먹을라구 했나아아‥나한테 미리 자문을 좀 받지이

은수   ??

달삼   아니이 인간은 누구나 실수할 수 있으니까 그런 실수를 해 놨으 면 저도 고민됐을 거 아냐. 그런 때 나한테 상담을 했으면 내가 도움 이 될 수도 있잖냐 그런 뜻이야

은수   (오버랩)나 가만 있으라구?

달삼   엉 가만 있어. 무조건 가만 있어‥ 당신은 이미 할만큼 했고 처형 제부보다는 남자남자 동서끼리가 훨씬 낫고

은수   기집애는

달삼   기집애도 놔둬놔둬. 당신 또 처들어가면 그 성격에 진짜 이번 에는 큰일내. 일 만들지 말고 우아하게 가만 있어. 내가 다 알어서 하께‥

은수   한번 더 죽게 때려주고 싶은데

달삼   아 가만있으라구 글쎄‥그 여자 상대로 격투기할라 그래? 하 지 마 큰 일 나 정말 큰일나. 내가 왜 말리는데‥ 다 소용없어. 상대

가 맞아 죽어 마땅한 짓을 했다쳐도 법은 맞은 놈 편이지 때린 놈 편 절대 아니야. 나 바빠 여보 새로 맡은 공사 뛰어다니기도 가랑이 찢어질 판에 당신 사고까지 수습하러 뛸 새 없어. 말 들어.

은수 …(뿌우우)

달삼 어 당신 처제 데리고 어디 한 이박삼일 갔다오는 게 어떨까. 그래 그게 좋겠다 처제데리고 당신 서울 좀 잠깐 비워. 그동안에 내가 그 여자 비행기 태우는 거까지 깔끔하게 정리해 노께.응?

은수 자신있어?

달삼 있어. 자신 있어.

은수 돈쥐 떼낼라구?

달삼 밑엣돈이 곰팡이 피냐? 돈은 왜 줘.

은수 여태 돈 쥐 뗏지 공짜로 뗀 거 있니?

달삼 아 이 사람 그게 본론이 아니잖아. 그리고 내가 데리고 놀았냐? 동서가 데리고 논 여자 내돈 줘 떼낼 미친 놈이 어딨어. 돈을 쓰면 홍서방이 써야지.

은수 술집 애 아냐 섯불리 돈 줘 뗄레다 긁어부스럼 만들지 마. 돈은 아니야.

달삼 알았어 내 생각이 당신 생각이야.

은수 가만 있으라구?

달삼 가만있어가만있어. 내가 다 해. 내가 다 알아서 처리할 테니까 당신은 걱정 말구 처제 꼬셔 서울이나 비워 줘··

은수 주중엔 자원봉사 다니고 주말엔 시집에 가야하구

달삼 (오버랩)자원 봉사 잠깐 순서 바꾸라 그럼 되잖아.

은수 당일치기는 몰라도 남편이랑 애 놔두구 집 비는 건 말 안 들을

거야.

달삼 그 수단도 없어? 당신 죽을 병 걸렸다 그래애··

은수 ?죽을 병 걸려 죽었음 좋겠어?

달삼 아니이 뭐든 구실을 만들라 그거지이

은수 알었어. 당신은 모르는데 당신이 죽을 병 들었다구 해볼게.

달삼 내가 죽을 병 들었는데 왜 니가 여행을 가.

은수 너무 좋아 웃음 나는데 웃다 들킬까봐 딴 데 가 웃고 오자 그럴
란다 왜.

달삼 (인상 쓰며 보는)

S# 달삼의 대문 앞

달삼 (부리나케 나와서 자동차로 오르면서 차 먼지 닦고 있는 기사에게)
야 키 나 주구 사모님 차 내 놔. 사모님 모셔.

기사 예 사장님.(키 달삼에게)

　　[부웅 뜨는 차.]

S# 주방 식탁

은수 (침울하게 식탁 내려다보며)········(앉아서)······(있다가 벌떡 일어나
거실로 빠르게 움직여 나와 전화 버튼 찍는다)··

　　E 전화벨 가는 소리/세 번.

지수 F 엉 언니 나야.

은수 너 어디니.

지수 F 까륵 언니 왜 그래 집으로 설어놓고는

은수 어 그래 참. 언제 들어왔어?

지수 F 지금 곰방··옷도 못 바꿔 입었어. 왜 심심해?

은수 내 가게 지금··

168

지수   F 응 와 빨리.

S# 지수의 거실

지수   (전화 끊고 갖다놓았던 냉수 컵 집어 들고 마시면서 침실로)

S# 침실

지수   (들어오는데)

  E 방에 전화 울린다

지수   (전화로)용케들 알어. 네 여보세요. 어머 혜정아..웬일야 전화
    를 다하구? ...아직 퇴원날 안됐잖어.....그랬구나..얘 미안해. ..나는
    아직 퇴원 안할 줄 알었어...그래 사정은 이해해....아냐 무슨 그런
    말을 내가 한 게 뭐 있다구..응..응 그래 어머니는 집이 더 편하실
    거야.....통원은.....차편은 있어?....그래 차편 필요하면 하루 전에
    전화해. 내 차 불편하지만 그래도 택시보다는 나니까 응?...응 그
    래...응 기도 열심히 하고. 나도 기도할께..응 잘 있어..(끊고)....(잠
    시 뿌우)

S# 화장실

지수   (실내복 차림으로 거울 보며 칫솔질하고 있다)......(물 머금어 헹귀
    내고 칫솔 씻어 두고 작은 타월로 입 닦으며 거울 보다가 얼굴이 늘어지
    고 있나 신경 쓰이는 짓 하는)

S# 움직이는 차 안에서

달삼   (전화 중)어 나 홍교수 동서되는 사람인데 강의가 언제 끝나
    지요?

조교   F 여섯시에 끝나시는데요.

달삼   어 그럼 에에..강의 중에는 통화 안되겠죠?

조교   F 급한 일이신가요? 메모는 전해 드릴 수 있는데요

달삼   아 그럼..

S# 거실

지수   (포트에 물 끓고 있고 찻잔 두 개에 티백 들어가 있고 접시 꺼내 쿠키
       대여섯 개 꺼내 쟁반 위에 함께 놓고 거실 통해서 발코니로 나간다)

S# 발코니

은수   (서서 동네 저쪽 보며 뿌우우 섰다가 돌아보며)걸레 갖고 나와아..

지수   (다가오며)알아아아.앉을 때마다 닦아야 해.. (쟁반 든 한쪽 손에
       늘어진 비닐봉지)

       [지수가 쟁반 놓으면서 은수 봉지 빼내 약간 축축한 흰 타월 꺼내 테이
       블이랑 의자 대충 닦으면서]

은수   곧장 들어왔어?

지수   그럼..

은수   봉사 열심히 하구?

지수   쪼꼼 덜 열심히 했어.

은수   ?

지수   이가 아파서 진통제 사먹으려고 설거지 하다가 중간에 양해
       구하고 나왔거든. 어지간하면 참겠는데 이상하게 쿡쿡 쑤시고 아
       프더라.

은수   치과 가야지 약 갖고 돼?

지수   예약하고 가야지..치과 정말 가기 싫어.

은수   늙으면 이하고 잇몸싸움이라너라..초장에 때려 잡어어 (다 닦
       았다 지수가 내미는 봉지에 걸레 집어넣으며)

지수   옛날에 해 박은 이 안에서 다시 탈이 나나봐. 언니 뭐했어?

은수   세에상 팔자 좋은 허달삼 마누라 아줌마도 안 왔는데 에라 모

170

르겠다 집도 안 치우고 종일 빈둥빈둥 놀았다.(티백 건졌다 담았다)

지수 ?오는 날인데?

은수 아들 군대 첫 면회 갔어.

지수 어어.

은수 왜 이렇게 싱숭생숭웅 하니. 봄이라 그런가아아‥ 어쩐지 어디 론가 마악 떠나야할 거 같고 그러네?

지수 으ㅎㅎㅎ

은수 너랑 나랑 이박삼일 정도 어디 안 갈래?

지수 집을 어떡하고?

은수 이박삼일에 너 없으면 집이 어디로 날아가니? 누구는 집 없어?

지수 그 집은 언니 없어도 진주가 형부 챙길 수 있으니까 그렇지‥

은수 덮어놓고 안된다 그러지 말고 한번 해봐아. 무슨 노예니 하녀니 종이니. 즈이끼리 부자가 적당히 해결하라 그래. 중국 집도 있고 피자 집도 있고 아니면 우리 집 가 얻어먹어도 되고/ 우리 아줌마 불러대 놓고 가면 되니까.

지수 방학이라면 모르겠다‥ 싱숭생숭한 언니랑 여행간다고 직무 유기해?

은수 경주 부산 제주도 특급 호텔 50프로 할인 쿠폰도 있단 말야. 가 자아아

지수 안돼‥

은수 지수야아.

지수 못 가.

은수 인정머리 없는 기집애‥(하고 마시는)

지수 (웃음 먹고 보는)

은수 (찻잔 내리며)나 금년 봄 못 넘기고 죽는다.

지수 ??

은수 그래도 안 갈 거지.

지수 (어이없어 하고)

은수 홍서방한테 내가 허락 받을게.

지수 아 안돼애..경민이는 어떡하구우우

은수 (버럭)젖먹니? 애 밥 주머니 갖고 가는 거라 안된대 왜 안된대.

지수 까르르르르. 하루 바람쐬고 들어오자. 화영이도 데리고

은수 ??화영이 기집애는 왜 붙여어 재수없게.

지수 ?? 언니 화영이 좋아하잖어. 화영이도 언니 재미있어하고

은수 너 나보다 그 기집애가 더 좋아?

지수 흐흣 언니 질투 해?

은수 어이그 증말 밥맛없어..

지수 들어오다 통화했는데 벌써 짐정리하나봐..

은수 ?

지수 우리 집에서 갖고 간 책들 따로 뽑아놨다고 갖고 가라 그러드
라구.

은수 집 나갔대?

지수 아니 아직. 보고는 갔대·· 곧 나가지 않겠냐고.

은수 짐 싼대?

지수 그런가봐.

은수 ...(찻잔 비우는데)

지수 더 만들어 줘?

은수 아냐 가 저녁 준비해야지.(일어나는)

지수 (같이 일어나며)송별회 싫다 그러네.

은수 ??

지수 마음이 안 좋은가봐.

은수 어으어으어으..

지수 왜애.

은수 아냐아.

지수 (웃는)잘가..

은수 (그냥 나가는)

지수 (쟁반 챙기고)

S# 지수 집 앞

은수 (부리나케 나와 자동차로)

경민 (뛰어오면서)이모오..

은수 엉 그래 어서 와라.

경민 가시는 거에요?

은수 보면 몰라? 쓸데없는 질문 왜해.(하며 차로 오르고)

황 (이미 황급히 운전대로 오른 상태 출발)

경민 ??(이모 이상해)

S# 거실

경민 (들어오며)다녀왔습니다아아

지수 (찻잔 씻으며)어엉..수고오.

경민 이모랑 싸우셨어요?

지수 아니? 왜애?

경민 화나신 거 같은데요?

지수 이모가 화가 왜 나셔어.. 빨리 씻어.

경민　쥬스 한잔 마시고요.(냉장고로)

지수　어 엄마가 주께..(냉장고로)

S#　움직이는 차 안

은수　……(시선 한곳에)….

S#　은수의 집 앞에 와서 멎는 은수의 차

은수　(내리면서)퇴근하세요.

황　　네 사모님.

은수　(집 안으로 부리나케 움직이며 핸드폰 꺼내 단축 누르며)이 인간은
　　　왜 연락이 없어..

　　　E 벨 가는 소리

은수　(걸음 멈추고 기다리는)

달삼　F 어 여보.

은수　아 왜 소식이 없어.

달삼　F 여섯시까지 강의래.. 지금 약속 장소로 가는 중이다.

은수　그럼 연락을 해얄 거 아냐.

달삼　F 아 저녁 약속 취소 하느라 바빴다 바빴어. 끊어..

은수　똑바로 해애애?

달삼　F 알았어알았어.

S#　은수 거실

　　　[들어오는 은수.]

준구　(주방에서 라면 끓는 물에 집어넣으며)왜 먹을 게 하나도 없어요
　　　엄마.

은수　너 지금 뭐하는데

준구　라면요

174

은수 라면은 먹을 게 아냐? 잠깐 기다려. 밥 금방 해주께.

준구 놔두세요. 찬밥 말아 먹으면 돼요.

은수 라면 도로 내려 놓고 기다려. 명령이야.(그냥 침실로)

S# 침실

은수 (들어와 침대 옆구리에 푹 주저앉아)……(잠깐 있다가 일어나며 가디건 벗어 침대에 아무렇게나)

S# 주방

[새로 한 밥 먹기 시작하는 준구. 식탁에 찌개 그릇 옮겨 놓아준다]

준구 (찌개 뜨면서)내가 좋아하는 햄찌개. 감사합니다아..

은수 감사한줄 알거든 정신 바싹 차리고 금년으로 끝내.

준구 설마 삼수까지야 가겠어요

은수 남의 얘기야?

준구 좀 날카로우신 거 같아요.

은수 그래 그렇다.

준구 이유를 좀 알면 안될까요 어마마마?

은수 한 두릅에 엮어 소각장에 처 넣을 것들.

준구 ??(밥 떠 넣으려다/아버지 또?)

은수 엄마 친구네 일이야.

준구 (먹으며)뭘 남의 일까지 신경 쓰세요.

은수 동병상련이다. 무슨 뜻인지는 알어?

준구 사전 찾아 볼께요.

은수 그것도 모르면 어떡해애!!

준구 그러니까 재수하고 있죠오

은수 어으어으어으

진주 E 다녀 왔습니다아아

은수 얼른 와 저녁 먹어.(밥 뜨려 움직이며)

진주 E 나중에에.

은수 나중에 밥 없어. 빨리 와.(쥐어박는)

진주 ??(나타나며 준구 보면)

준구 (제스처 암말 말고 와서 먹어)

진주 (책 적당히 놓고 물 틀어 손 씻으며)엄마는

은수 다이어트.

진주 할 게 뭐 있다구

은수 귀찮어 말시키지 마.(밥공기 갖다놓아주고 나가버린다)

진주 (마른행주에 손 닦으며 식탁으로/수저 없다/서랍 열어 수저 꺼내며)
무슨 일이야?

준구 몰라. 암튼 기분 별로셔.

진주 계속 그러네에?(앉으며) 태풍 만들어지고 있는 거 아냐?

준구 모르지이이..

S# 침실

은수 (침대 덮개 위에 옆으로 누워서)………(있다가 바로 뒤집으며)후우
우우우우(불 나 죽겠다)……(그대로 한동안 있다가 불끈 일어나 앉으며
손으로 얼굴에 부채질)……

    E 집 전화벨

은수 (얼른 엎어질 듯 사이드 전화받는다)네에에

달삼 F 만나기 이분 전이야. 나 다 왔어.

은수 (달라 붙듯)옴짝달싹 못하게 무섭게 다뤄 당신. 괜히 허술하게
굴지 말구.

S# 유흥가 골목으로 들어서고 있는 달삼의 자동차/직접 운전

달삼　걱정마걱정마 내가 누군데 그래애애

은수　F 누군지 알아서 하는 소리야. 가재는 게편이라구 한통속 돼 괜히 그것들한테 정보나 줘 더 깊게 숨게 만드는 거 아닌가 걱정돼 그래.

달삼　아 이게 그럴 문제야? 사람 뭘로 보고 그래 이 사람이.

S# 은수의 방

은수　약속했어어? 비행기 태우는 거까지 책임진다구우우?

달삼　F 그래그래 걱정 마. 걱정 말구 믿어. 꼭 믿구 있어.

은수　중간 보고 해.(오버랩)

S# 골목

　　　[어느 룸살롱에서 멎는 차/내리며]

달삼　(내리며)알아알아. 다 왔어. 끊어.(전화 끊으며 종업원들 죽은 삼 촌 맞듯 하는 인사 능란하게 받아넘기며 들어간다)

S# 룸살롱 안

달삼　(들어오고)

　　　[마담 벌써 보고받고 뛰어나오는]

마담　아우우우 어서오세요 사장니임.

달삼　출근부 갖다 놔라 아예 도장 찍으며 출근하게

마담　오호호호 그런데 어떡하죠 사장님. 세실이가 오늘 쉬는 날인 데에

달삼　(오버랩)세실이구 네실이구 다섯실이구 누구두 필요없으니까 애들 얼씬도 못하게 하고 저녁 겸 먹게 고기 좀 만들고 과일 안주나 하나 들여보내 술은 저번에 남긴 거 있지?

마담 제가 다 마셨는데 오빠.

달삼 떽/

마담 까르르르 알았어요 들어가세요 사장님. (방 노크하고)손님(오
셨습니다 하려는데)

달삼 (마담 치우듯 하며 오버랩)필요없어 됐어.(문 여는)

S# 룸 안

달삼 (들어오고 문 닫으며)많이 기다렸어?

준표 (서 있다가)아니에요. 저도 방금 왔습니다.

달삼 (상의 벗으며) 자네도 벗지 그래.

준표 좀 썰렁한데요?

달삼 그래? (벗던 것 도로 입으며)아직 이른 시간이라 그래.(벨 눌러놓
고)앉어‥ 앉자구.

준표 네‥(둘 앉는다)

마담 (문 열고)네 사장님.

달삼 에어컨 틀었어?

마담 초저녁이잖아요. 불 넣었어요. 이제 금방 훈훈해 져요.

달삼 손님 없구먼 기름 애끼는 거 보니.

마담 죽겠어요 사장님 많이 좀 도와 주세요.

달삼 인사해. 내 동서. 대학교수야.

마담 처음 뵙겠습니다.

준표 예에.

　　　[웨이터 마른 안주와 술/얼음 갖고 들어오고]

달삼 됐어 그냥 놔두구 나가고 자네도 그만 나가봐.

마담 네 그럼

달삼   방 빨리 뎁혀..

마담   네에 (웨이터 마담 퇴장하고)

달삼   (술잔 두 개에 따르고 얼음 각각 넣어. 한 잔 준표 앞으로 놓아주고 컵
       들며) 들지.

준표   예. (잔 든다)

달삼   (자기 컵 준표 잔에 가볍게 부딪히고 한 모금 마시고 내리며) 안 들어?

준표   (술잔 놓으며) 무슨 일로……

달삼   ……짐작되는 거 없어?

준표   (시선 내리며) 있습니다.

달삼   맞었어 그거야..

준표   ……

달삼   뭐 나 자신 도덕군자가 아니니 자넬 질책할 입장은 아니네만
       나는 와이프 친구랑 눈맞춘 일은 없어. 외도도 외도 나름이야. 와
       이프 친구와 혼외관계는 최악중에 최악이고 돌맞아 죽을 일이야.
       처제하고 얼크러진 거나 거의 같아.

준표   ……

달삼   타이틀이 교수고 학자인 사람이 도대체 어쩔려고 그런 사고를 쳐.

준표   할말이 없습니다.

달삼   물론 남자 여자 눈맞는 게 의도하고 계획해서가 아닌 거 알아.
       알지만 그러나 자네는 육체보다 정신/이성이 강한 사람 아냐. 나같
       은 노동자가 아니라 이 나라 최고 지성인아냐

준표   ……

달삼   그리고 왜 그렇게 미련해.. 자기 집 마당에서 고기 굽고 있는데
       주방에서 그게 할 짓이야? 무슨 똥배짱으로 그런 말도 안되는 짓

을 해. 하나님 빽이라도 쥐고 있다 착각한 거 아냐?

준표   ….(마신다)

달삼   실망이 이만저만이 아냐.. 집 사람이 자네 들먹이면서 들이댈 때 그 자식은 사내 아니냐 어디서 무슨 짓하고 다니는지 알게 뭐냐. 세상에 단 한번도 다른 여자 안 보고 산 놈 있으면 데려와 봐라.

달삼   E 머리 좋은 놈들이 알고보면 더 드럽다. 알고 보면 나보다 더 지저분한 놈일 거다 했지만/ 이거 봐 홍서방..사실은 밤낮 비교 당하게 만드는 거 김은 새지만 나도 자네는 꽉 믿었어. 의심 안했다구.

준표   (마신다)

달삼   어떡할 작정이야.

준표   (보며)정리한다고 했는데요.

달삼   ……(보며)

준표   정리…했습니다. 그 사람 곧 홍콩으로 떠날 거구요

달삼   정리했어?

준표   네.

달삼   언제.

준표   사오일 됐어요./

달삼   사오일 전에 정리하고 어제 같이 돌아다니며 냉면 먹고 부동산 가고

달삼   E 호텔 갔어?

준표   ……??

달삼   어리숙하기는/ 자네 처형을 아주 우습게 봤구먼. 그 사람 이 방면에 프로 중에 프로야. 꼼짝마라야. 사진 수십장 쥐고 앉았어.

준표 …(황당해서 보다가)미행을 붙였단 말이에요?…

달삼 전문이야 전문. 내가 그런 여자랑 살아아

준표 너무하는 거 아닙니까?

달삼 ??

준표 사생활이에요. 가족관계로 처형이기는 하지만 그렇더래도 사생활 침해할 권리는 없습니다.

달삼 지금 무슨 잠꼬대야.

준표 내가 형님도 아니고 처형 자식도 아니에요. 동생의 남편이면 한치 건너 두치고 처형한테 제 사생활 감시 당할 이유가 없습니다. 불쾌합니다

달삼 (좀 흥분)지금 자네 유불쾌 사생활 침해가 문제가 아니야. 은수 붙잡고 그 얘기해봐 입 찢는다고 덤벼들어.

준표 형님

달삼 그 사람한테는 자기가 처제고 처제가 자기야. 형제가 뭐야 그게 형제야. 지금 뭐? 권리가 어쩌고 저째? 사생활?

준표 엄격하게 얘기하면 이일에 집 사람 말고는 누구도 끼어들 수 없는 겁니다. 지수랑 저/ 화영이 세사람 말고는 누구도 당사자가 아니에요. 일 당하면 당하는대로 세 사람이 해결할 문제지 처형이 그렇게까지 참견할 일이 아니란 말입니다

달삼 싸가지 하구는/ 싸가지 없는 줄 내 진작 알고 있었지만 /야! 엄격이고 나발이고 이 문제엔 논리가 필요없어. 너 지금 강의하냐? 논리를 개떡만드는 게 피끓는 가족애야. 내 동생 남편이 내동생 친구랑 그짓을 하는데 야!! 너 기분 나쁠까봐/사생활 침해 걸려서 그냥 팔짱끼고 강 건너 불구경하냐? 너는 그래? 늬 박사들은 그러냐?

준표　거기에 박사가 왜 나옵니까.

달삼　말이 안통해 그래. 박사들은 자네처럼 생각하고 그렇게 말하는가 싶어서. 박사 아닌 내가 잘못인가 싶어서.

준표　(냉수 글라스 집어 마신다)

달삼　잠깐 소피 좀 보고 와 다시 얘기하세. (일어나며)쉽게 안 끝나겠어 엉? 밤이 아홉이라도 결판 내자구. 결판 안내고는 못들어가는 줄 알어.(나간다)

준표　....(가만있다가 문득 핸드폰 꺼내 열고 문자 치는데)

　　　E 핸드폰 충전 알람 소리

준표　(김새서 핸드폰 접고 물 마신다)

S# 룸살롱 복도

달삼　(입구 쪽으로 움직이면서)이 자식 영 싸가지 없는데? 이게 아주 뻐덩뻐덩해. 잘못한 거 하나도 없어.

S# 은수의 방

은수　잘못한 게 없어? 잘했대?

달삼　F 아니 잘했다는 게 아니라 태도가 그렇다는 거야. 당신 사생활 침해다 그거야. 아무리 처형이래도 그럴 권리는 없답니다.

은수　(입이 딱딱 벌어지면서)그래서 안 끝내겠다는 거야? 못 끝낸대?

달삼　F 쉽게 안 끝날 거 같은데?··쉽게 끝낼 녀석이면 일단 꼬랑지부터 내리고 볼텐데 뺏뺏해 아주 뺏뺏해

은수　그 자식 끌고 나가 죽게 두들겨 패 여보.

달삼　F (오버랩)안 그래도 더 두고 보다가 정 말 안먹히면 그럴 참야.

은수　(벌컥)자신있다더니 뭐가 자신 있는 거야!!

달삼　F 끊어 들어가 봐야 해. (끊어지는 전화)

은수   ·····(전화 내리면서 기가 차다)

S# 은수 대문 앞(밤)

은수   (부리나케 나와서 골목 밖으로 내닫는다)

S# 조금 큰 골목

은수   (나오면서 빈 택시 쪽으로 손 흔들며)택시··택시이이··

S# 지수의 거실

　　[빨래 개키다가 통화 중이다.]

지수   뭐 하세요?

용덕   F 지금? 지금 선화랑 텔레비 보고 있어.

지수   경수 아직 안 들어왔어요?

용덕   F 안 들어왔어··근석 밤낮 늦어. 회사 일이 뭐가 많대··

지수   그 녀석 올케한테 좀 무심한 거 같아요. 아버지 뭐라 좀 그러
　　세요.

S# 용덕의 방

　　[선화 티브이 소리 죽여놓고 보고 있는]

용덕   뭐라 그래 일하느라 늦는다는 걸····응····응····생길 때 되면 생기
　　겠지 (하며 며느리 돌아보면)

선화   (시부 보고 있고)

용덕   (연결)급할 거 뭐 있어···응 그래 알어··아는데 자식은 하늘이
　　줘야 받는 거지 안달한다고 생기는 거 아니야·····그래그래 알었
　　어···알어 들있어····알어 들어어어··응···응 그래 끊어.(끊는다)경민
　　에미··

선화   네에.

용덕   소리 키워

선화 (티브이 소리 조금 키우고)

용덕 경수 밤낮 늦구 너한테 잘 못하는 거 같다구 니 걱정이 많어.

선화 네에.

용덕 걔가 원래 살가운 데가 읍는 녀석인 걸 내가 어떡하누.

선화 저도 알어요 아버님.

용덕 즈이 누이들하구는 달러..너무 어려서 즈 엄마가 죽어 즈 누이
     들이나 나나 불쌍하구 안됐어 그저어 으드드드드 키웠더니 저만
     알구 남에 사정 잘 모르는 그런 게 좀 있어.

선화 투덜이라 그렇지 꼭 그렇기만 한 건 아니에요..

용덕 그럼 다행이구.. 고단하면 그만 내려가 쉬어.

선화 네 저거 끝나면요..

용덕 우움…

선화 누우시게요?

용덕 아냐 아냐.. 아니야..

경수 E 아버지 들어오셨어?

선화 ??(발딱 일어나고)

용덕 들어왔어..

경수 안녕히 주무세요..

용덕 어엉..

선화 주무세요.

용덕 잘 자..

S# 마당

경수 (마루 끝에 가방 놓았고 상의 벗어놓고 시계 풀어내면서)물 줘어..

선화 쪼금만 기다려요오오…

경수 (대야 놓고 기다린다/안채 보며)……(어지간한 시간 주세요)

선화 (수박만 한 양푼에 더운물 들고 나와 내려오며)이제 찬물도 괜찮은데.

경수 그것도 귀찮어?

선화 아버님도 찬물 쓰셔.

경수 나갔다 왔어?

선화 커텐 주문 받아 왔어‥(물 섞어주며)

경수 그 집 망했다. (씻기 시작하며)커텐 만들 실력 안되잖아.

선화 어이구 말을 해두 꼭

경수 에에이 기분 나뻐‥

선화 왜애?

경수 재수 드럽게 없는 날야. 점심에 설렁탕에서 머리칼 나오더니 저녁에 칼국수에서 손톱 잘린 게 나오는 거야‥ 다른 사람 다 멀쩡한데 나만. 그게 무슨 재수야‥

선화 원래 까탈스런 사람 밥에 돌 들어간다잖어. 그래서 또 난리 쳤겠군.

경수 요새 머리칼 들어가는 음식점이 어디있냐구 뒤집어 엎었더니 돈 내지 말라더라.

선화 그래서

경수 안 냈지 미쳤냐? 기분 잡치구 먹다 만 밥값을 내게‥

선화 어이구 그 식당 다시는 가지 마요. 다음에 가면 당신 설렁탕에 침 뱉어 나온다.

경수 나두 그 생각 잠깐 했어‥ 다시는 안 갈 거야‥

선화 (웃으며 빨랫줄에서 마른 수건 챙기며)아버지 뭐라셔도 신경쓰

지 마요

경수 뭐.

선화 작은 형님 전화하셨었어‥

경수 뭐 때문에

선화 아마 애기 애기

경수 (오버랩)밥 먹구 할 일 없는 아줌마들 진짜 어으으/

선화 ‥(보며)

S# **지수의 거실**

　[빨래 개킨 것 옆에 놓고 가계부 적는데/탁자에 내놓은 카세트 라디오

　에서 왁스의 노래가 흘러나오고 있다/ 너무 시끄럽지 않은 것 중에서

　고르시고./이 친구 노래에 재미있는 가사가 있습니다. 듣다가 혼자 웃

　을 만한 구절 찾아주세요.]

지수 (가사 듣고 혼자 웃는)

S# **화영의 거실**

은수 (화영이 열어준 문으로 들어오며)짐 싸고 있다며?

화영 네.

은수 집은 안나갔다면서(움직여 안으로)

화영 (따라 움직이며)내 알바 아니죠. 내 집 아니니까.

　[작은 박스 몇 개 나와 있고/탁자에 늦은 저녁 먹으려던 참. 작은 프라

　이팬에 달걀 프라이 한 개. 물에 만 밥 김치 정도]

은수 가구는?

화영 흥정 중이에요‥

은수 (돌아보며)언제 쯤 예정인데?

화영 가구 팔리면 그날이라도요

은수 홍서방은 안만나구?

화영 아뇨.

은수 ....(보며)

화영 끝냈다니까요. 만날 일이 없죠.

은수 (다짜고짜 주먹으로 얼굴 반쪽 갈겨버린다)

화영 (비틀할 정도로 얻어맞고 얼굴 싸쥐며)왜 이래요.

은수 앙큼한 것/ 너 아주 거짓말이 십팔단이구나.

화영 (코피 쭈르륵 떨어지는 것 휴지 뽑아 대면서 쭈그리고 앉는)정말··
기가 막혀서···으흐흐흐흐··왜 이러는 거에요···뭐가 거짓말이라는
건데요(하는 동안 은수 사진 꺼내 한꺼번에 던지면서)

은수 이건 뭔데!!

　　[화영 위로 흩뿌려져 바닥에 아무렇게나 떨어지는 사진]

화영 ·······(보는)

은수 끝냈어? 만날 일 없어?

화영 ·····(사진 보며)

은수 너 누굴 등신 천치 팔푼이로 알아?너 십팔단이면 난 삼십육단
이야. 어디서 눈 가리고 아웅이야 이게. 늬들 개미야 거미야 그렇
게 숨어질 거 같아? 겨자씨만한 양심이라도 남아 있으면 그쯤으로
손 털어야지이이··말짱한 얼굴로 끝냈어요 해 놓고 두것들이 손잡
고 딴 집 알아보고 호텔 들어가 드러운 짓하구 다녀 이 바퀴벌레만
도 못한 것들.

화영 E 너어 독안에 든 쥐야·· 세상없어도 내 손안에서 못 빠져나가.
홍준표한테만 붙여놨었는데 이젠 너한테도 붙여.

은수 (화영 앞에 쭈그리고 앉아 얼굴 들여다보며)여기든 호텔이든 또

붙어. 경찰 데리고 지수 앞세워 덮쳐서 간통으로 집어 너 버리고
요절을 낼 테니까.

화영 (순간 탁자에 프라이팬 움켜잡아 날쌔게 은수 머리통 후려갈겨 버
린다)

　　　[띠잉하는 소리가 날 정도로 얻어맞고 엉덩방아 찧으며 주저앉는 은수.]

화영 마음대로 해요. 안 말려요. 오히려 바라는 바에요. 하고 싶은대
로 해요.

은수 (멍하게 어지러운 채 보는)

화영 (연결)나는 잃을 게 없는 사람이야 왜 이래. 너무 고맙지 뭐. 간
통으로 넣으면 지수는 자동 이혼이고 잠깐 살고 나오면 그때부턴
홍준표 완전한 내껀데 싫을 게 뭐야. 밑질 거 없잖아.

은수 야 너어

화영 손대지 말랬잖아. 다시 손대면 가만 안 있는댔잖아.

은수 (머리채 휘어잡으려 덤비는데)

화영 (그보다 빠르게 주먹으로 은수 얼굴 강타한다)

은수 ???(얻어맞고)‥‥

화영 (노려보며)

은수 (순간 두 손으로 화영 멱살 잡아 올려 일으켜서 저만큼에 메다꽂는다)

화영 ‥‥‥‥(메다꽂아져서)

은수 일어나 일어나 이 기집애야.

화영 (허리 움켜쥐고)‥‥

은수 이게 어디서 하룻강아지 범 무서운 줄 모르고 까불어. 일어나/
일어나아!!!

S# 룸살롱

달삼 (혼자 취했다/제 잔에 술 따르면서)야야 외도는 외도로 깨끗이 끝
내는 거야.. 덜미 잡히면 덜미 잡히는 순간 그건 평생 운 거야. 외도
와 가정을 맞바꿀 수 있는 문제냐? 그것도 와이프한테 결정적인 하
자가 있거나 진짜 죽어도 같이 못살겠다 진저리가 처지게 싫다거나
그런 거 아니면 미쳤냐? 왜 멀쩡한 가정 깨고 바람피다 이혼남 돼 직
장에서 수군거리게 만들고 집안에서 문제아되고 그런 등신 짓을 왜
하냐..

준표 단순한 외도가 아니라니까요. 술집에서 만난 여자도 아니고

달삼 (오버랩)그래 이 자식아. 술집 여자도 아니고 말짱한 여자에 짓
적 수준이 맞고 문화가 맞고 뭐? 영혼의 동반자? 웃기고 있네 암튼
그렇다니까 그렇다치고 그래서 심각한데 그런데 심각해서 어쩔 거
야..단순한 외도가 아니래도 이건 하루 빨리 처제 알기 전에 정리하
고 치워야 영리한 거지 다른 길이 없어.

준표 .....

달삼 왜 결정을 못해 이 사람이. 이혼 못한다 그럼 정리한다지 이혼
은 못한다면서 정리한다 소리는 왜 이렇게 듣기가 힘드냐 말야.

준표 .....

달삼 똥싼 바지 뭉개지 말고 얼른 벗어 내버려.그거 그렇게 뭉개고
있어 봤자 이로울 거 하나도 없어. 결국 자네 똥 싼 거 천지가 다 알
게 되고 망신은 망신대로 당해 사람 꼴 말 아니게 돼 처제 죽네사네
하는 거 겪어야 수습이 된다 해도 와이프한테 평생 주홍글씨 낙
인 찍혀 그게 할 짓야?

준표 .....

달삼 머리가 있으면 생각이라는 걸 좀 해봐 이 친구야. 뭐가 미련이

있어서 소죽은 귀신 모양 이러고 사람 진을 빼애애

준표 진심을 말하라면 그 여자를…잃고 싶지가 않아요.

달삼 (멍하니)………(보다가)하아‥그래서 양손에 떡 다 들고 있겠다고?

준표 ‥‥(물 한 모금 마시고 놓는다)그럴 수 없는 거 알아요

달삼 (탁자 두드리며)아는데/ 아는데 어쩌겠다는 거야 너어!!

준표 (보며)이럴 수도 저럴 수도 없는 제 심정은 어떻겠어요. 지수는 못 버려요. 가정 못깹니다. 그런데 그 여자도 잃고 싶지 않아요. 이성은 지순데 감정은 그 여자에요. 생각은 지수 껀데 마음은 그 여자 꺼에요 몸둥이는 생각이 아니라 마음 따라 움직여요. 지수한테 없는 게 그 여자한테는 있어요.

달삼 ……(보며)

준표 그 여자는 ‥‥나를 남자이게 해 줘요.

달삼 ………(뻔히 보는)이거 봐…그게 외도야‥그래서 하는 게 외도야‥이러나 저러나 외도야. 그거 별 거 아냐.

준표 ‥‥(안 보는 채)

달삼 남녀관계에 영원한 열정이라는 게 어딨어‥그런 거 없어‥화학작용이 시들해지면 끝이야. 자네 신혼 얼마 갔어. 일년? 이년? 그거 지나고도 아침저녁 새록새록 와이프가 이쁘고 섹시하고 시도 때도 없이 안고싶고 그렇든가?

달삼 E 아니잖아아아…결혼해서 자식 낳고 오년 십년 살다보면 여자 남자가 어딨어. 그저 의무로 살고 편한 걸로 살고 연민으로 살고 감사로 사는 거지‥그러다 외도로 빠지는 거야‥ 외도가 별건 줄 알어?(물 마시는 준표)

190

달삼   막말로 처제 내버리고 그 여자랑 본격적으로 새출발한다그럼
　　　 그 여자하고는 마르고 닳도록 영원할 줄 알아? 마찬가지야마찬가
　　　 지..특별한 여자도 특별한 남자도 특별한 관계도 없어. 다 똑같아
　　　 똑같아똑같어.(하고도 계에속 열심히 수다 떠는)

준표   ……(듣기만 하고 있고)

S# 화영의 거실

화영   (마구 당한 모습으로 서서 부들거리며 핸드폰 단축)

　　E 전원이 꺼져 있어

화영   (껐다가 다시 단축)

　　E 전원이 꺼져 있어

화영   (전화기 소파로 던져버리고 욕실로)

S# 욕실

화영   (들어오면서 세면기 물 틀어놓고 씻기 시작한다)….(독이 있는 대로
　　　 올라서)

S# 은수의 거실

은수   (씩씩거리며 들어오는데)

진주   (오렌지 하나 들고 주방에서 나오다가)어디 갔다 오는 거야?

은수   응.(웃어 보이며)마당에.

진주   마당에 없던데?

은수   잠깐 이모네 갔다 왔어. 말도 많다.(주방으로)

진주   이모 네 무슨 일 있어?

은수   심심해서 잠깐 놀러갔다 왔어. 일은 무슨 일..(냉수 따라 들고 침
　　　 실로 바람처럼)

진주   …(좀 이상하지만 / 그냥 이 층으로)

S# 침실

은수 (들어와 문 앞에 선 채 냉수 벌컥벌컥 마시고 화장대로 움직이며)발 칙한 년.어디서 반항을 해. 너 안죽은 게(하며 거울 보면/ 한쪽 광대뼈 근처가 벌겋다/멍은 좀 뒤에 듭니다)히익/……나쁜 년/ 그지 같은 년.. 파스 어딨어 파스/(화장대 서랍 약상자 급히 꺼내 튜브 파스 꺼내 짜서 부위에 바쁘게 펴 바르면서)아..으으..아으으으으 와아아아 기막혀 돌아가시겠다 진짜. 이게 죽을라고 빽쓰나.. 야아아아아

S# 화영의 거실

[엉망으로 흐트러진 채 싸고 있던 박스 짐들 도로 하나하나 꺼내 놓고 있다. 붙였던 테이프들 찌이익 소리 나게 떼가면서]

S# 은수네 골목(밤)

[대리운전으로 달삼의 차가 와서 멎고]

달삼 (내리면서)수고수고

기사 키 갖고 들어가십쇼 사장님.

달삼 아 키/ 그렇지 키이.(받아들고)잘가.

기사 안녕히 주무십쇼

달삼 어어(기사 태울 차 뒤따라 들어온 참이다/ 그 차로 기사 움직이는 한편 달삼 들어가고 기사 태운 소형차 출발하고)

S# 거실

달삼 (들어오며)여보오 은수야아아 여보 나 들어왔는데에에.

은수 E 방에 있어어어

S# 침실

은수 (기대앉아 눈께에 가제 수건에 싼 얼음 대고)

달삼 (들어오며)임무 마치고 돌아왔습니다/(경례 붙이며)

192

은수   어떻게 됐어..

달삼   (넥타이 잡아당기며)반 죽였어.

은수   ??말 안 들어?

달삼   내가 누구야. (타이 빼 아무렇게나 던지고 상의 벗으며)손이 발이
되게 빌고 끄은냈어.

은수   뻐덩뻐덩하더라면서

달삼   그래서 반 죽였다니까.(혁대 풀며)

은수   잘했어. 나도 그 기집애 반 죽여놓고 왔어.

달삼   ??(멈추고) 아 당신은 가만 있으라니까아.

은수   끝까지 거짓말하더라 마지막까지 잡아떼. 아이고오오오 인
간이 어떻게 그럴 수가 있어.. 내 성질에 그걸 어떻게 참아. 반 죽
였지.

달삼   (멍하니 보며)변호사 사봐야 하는 거야?

은수   (침대 내려서며)마저 벗어. 사게 되면 사는 거지 뭐. (남편 옷 집어
드는데)

달삼   (잡으며)잠깐..당신 얼굴 왜 그래.

은수   글쎄 이 기집애가 반항 하더라니까아? 한방 갈겨주는 걸로 끝
낼라 그랬는데 이게 프라이 팬으로 머리통을 후려갈기는 거야.

달삼   ???

은수   여기 지금 혹 이만하게 났어. 만져봐

달삼   ???

은수   왜 그래?

달삼   머리 맞았는데 왜 얼굴이

은수   머리채 잡으려는데 한방 또 날리더라구

달삼   죽여놓고 왔다더니 두둘겨 맞구 온 거야? 운동 뭐하러 다녀.
격투기는 왜 하는 거야.

은수   두방 맞고 넙치 만들어 놨어. 어쩌면 정말 변호사 사야할 거야.

달삼   …하나 사 둘 사.

S# 거리 공중전화에서 전화 걸고 있는 준표

S# 화영의 빈 거실/

[꺼낸 짐들 거실에 그대로/ 박스들은 치웠고/ 정리만 남았다]

E 소파에서 울리고 있는 전화

S# 화영 침실

화영   (머리 싹싹 빗어 넘겨 하나로 묶고 있다/ 샤워 뒤끝 슈미즈 바람. 입
앙다물고)……

E 울리는 핸드폰 벨

S# 공중전화

준표   ……(메시지 녹음 중이다)전화 왜 안 받어. 샤워 중이야?‥ .배터
리가 나가서 공중전화야……처형이 나한테 미행붙였어……다 들통
났어…처형 거기 갔을텐데 ‥아직 안갔으면 천만 다행이고…어쨌든
‥당장 거기 나가. 나가서 동생한테 가 있던지 어디 호텔잡아 들어
가 있어‥내일 연락할께…….이제 더 이상은‥.할 수가 없겠어‥.끊
어‥(전화 천천히 끊는다)

S# 화영의 거실

화영   (흔들흔들 나와서 전화 메시지 확인으로 들어가 선 채로 듣기 시작
해서 좀 서성거리며 마저 듣는….마지막에 쓴웃음 날리며 전화 끊어 탁자
에 놓고 흐트러진 짐들 정리하기 시작한다/책은 책대로 에어 캡에 싸놓
은 그릇들 하나하나 풀어놓고)……..(그런데 화영 눈퉁이도 점점 짙어지

194

고 있다)

S# 은수의 거실 주방

달삼 (잠옷 바람으로 아내 얼굴에 대고 있는 얼음찜질 치우고 보면서)이
거 점점 짙어지잖아 엉? 내일 아침에는 팬더되겠다팬더.

은수 (남편 손 치우고 얼음 도로 대며)신난다신나.

달삼 아니 여자들끼리 무슨 주먹질이야 주먹질이 조폭 마누라들도
아니고.

은수 그 기집애는 일어나지도 못할 거야.

달삼 암튼 말은 직살나게도 안 들어. 그냥 놔두라니까 왜 일을 만
들어.

은수 아 그 자식 뻐덩거린다는데 열이 확 치밀잖아. 이것들이 뻐덩
이 연놈인가 화영이 그 기집애두 보통 뻐둥대는 게 아니거든.

달삼 그 여자두 뭐 운동하는 사람이야?

은수 운동은 무슨.

달삼 그런데 어떻게 그렇게 날쌔. 당신 얼굴 이렇게 만들어논 거 보
면 보통 민첩성이 아닌데?

은수 별거에 다 감탄을 해애애? 왜 관심있어?

달삼 엉뚱하게 튄다 또 엉뚱하게 튀어.

은수 (미끄러져 눕다가 뒤통수 아파서)아아아아

달삼 아퍼? 아퍼?(아내 뒤통수에 손 넣으며)많이 아퍼?

은수 아 치워어!!

달삼 야 그래도 안 찢어진 게 다행이다. 찢어졌으면 선혈이 낭자했을
거고 일일구 불러 병원 가 꿰매야 했을 거 아냐.

은수 왜애. 뼈주저 않아 뇌 다치구 평생 식물인간 됐으면 좋았을 걸

싫냐?

달삼 말을 해도 재수대가리없이 어으으으 내가 어으어으(하고 눕다
가 벌떡 일어나며)이럴 게 아니다. 멍 빼는데는 생고기가 최고다 참.
내 고기 갖구 오께 고기.

은수 아 고기 냄새 싫어어

달삼 싫고좋고가 어딨어 이 판국에··당신 그러고 나가면 보는 사람
마다 다 내가 그렇게 만들었다 생각할텐데. 털끝하나 안 거드리고
사는 내가 억울하지이이.(하며 나가려)

은수 고기 다 꽝꽝 얼어 쓰지도 못해애··

달삼 해동 시키면 돼. 내 해갖고 오께.

은수 어떻게 시키는지나 알어?

달삼 야 국문은 깨쳤는데/ 해/동/ 안 써 있어?

은수 어이그으 귀찮아.(일어나는)

달삼 안 써 있어?

은수 불고깃감 찾을 수 있어? 아무 고기나 집어 넣고 돌리면 어떡해.

S# 준표의 대문 앞

준표 (들어와 차 멈추고 차에서 내리는……차 문 잠그고 집을 보며 돌아서
서)……(집 보며)…(한동안 서 있다가 대문으로 들어간다.)

S# 마당

준표 (느리게 집으로/느리게 계단 올라가는)

S# 거실

지수 (소파에 옆으로 꼬부리고 누워 옅은 잠 들어 있는데)

　　E 현관 전자 버튼 누르는 소리 삐삐삐삐

지수 ??(눈 뜨고 일어나며)당신?

준표   E ....(들어온다)

지수   깜박했어..(가방에 손 내밀며)늦었네?

준표   별일 없어?

지수   별일은..술 안 먹은 거 같은데?

준표   경민이는

지수   자지이..(남편 침실로/가방 들고 서재로)

S# 침실

준표   (들어와 상의 벗어 침대에 놓고 타이 풀다가 침대 옆구리에 앉아)....
....(고개 방바닥으로).....

지수   (알맞는 시간 두고 들어오는)뭐해?

준표   어 (일어나 마저 벗기 시작)

지수   피곤해? 벗겨줘?

준표   아냐..(옷 벗고)

지수   .....(벗어놓는 옷 처리. 와이셔츠는 세탁해야 하니까 따로/ 옷 걸고
있는데)

준표   (욕실로)

지수   속옷 갖고 들어가.(얼른 팬티와 러닝 개켜놓았던 것 집어주고)

준표   (받아들고 문 닫는데)

지수   그냥 잘 거야? 간식 준비 안 해도 돼?

준표   (문 닫으며)필요없어.

지수   (문에 대고)그래 너무 피곤해 뵌다. 그냥 자..

S# 샤워하고 있는 준표····

S# 마당

준표   (잠옷 차림으로 침대로 오르며 옆으로/스탠드 쪽으로 보고/ 자기 쪽

스탠드 끈다)

지수 (물병 컵 쟁반 들고 들어와 준표 쪽 사이드에 놓고 자기 자리로 돌아가며)언니가 잠깐 이박삼일 여행가재.

준표 ····(잠깐 긴장/감았던 눈 뜨는)····

지수 못 들었어?(침대로)

준표 여행은 갑자기 왜.

지수 (픽 웃으며)싱숭생숭하대. 봄이라 그런가봐

준표 처형은(처형이라는 사람은 참) 집은 어떡하고

지수 못간다 그랬어··정 어디 가고 싶으면 당일치기 하겠어. 다음 주에 하루 갔다올 수도 있어.당신 강의 있는 날··

준표 집 그렇게 판판 비워놓고 다녀도 돼? 안 그래도 봉사니 뭐니 집 비우는 시간 많은 사람이

지수 봉사날 잠깐 날짜 바꿔 다녀오면 돼.

준표 처형한테 너무 종속되어 있는 사람처럼 그러지 마.

지수 ??무슨 소리야?

준표 무슨 소린지 알잖어.

지수 이상해 진짜··더 심하면 언니랑 나 사이에서 이간질 하는 거 되겠어.

준표 말 안되는 소리.

지수 그런데 이쪽으로 좀 돌아누으면 안돼? 계속 등 뒤통수 보고 얘기하게 해 왜.

준표 잘려고 그래··피곤해. 자자··(눈 감는)

지수 ······(뿌우)

준표 자자구. 불 꺼.

지수 (불 끄고 바로 누우며)화영이는 진짜 떠날래나봐.

준표 ....

지수 짐싸기 시작했대··우리 책 빌려간 거 챙겨놨다고 가져가라는데 아버님 댁 다녀오면서 찾아올려고 놔뒀어.

준표 .....

지수 자?

준표 별로 대단한 일 아니잖아··자자구.

지수 거짓말로라도 섭섭하다는 말 한마디 쯤 해주라. 너무 쌀쌀맞어.

준표 ....

지수 아니면 섭섭하겠다 소리를 해주던지. 어쩌면 그렇게 다른 사람 일에는 도통 관심이 없어. 나쁜 사람 같아.

준표 그래 나 나쁜 사람이야.

지수 나쁜 사람 아닌데 그러니까 이상하지. 인격이 변했나아··(하며 남편 쪽으로 돌아누우며 팔 건다)

준표 .....

지수 (흔들며)응? 인격이 바뀌었어?

준표 자자는데 왜 자꾸 말 시켜어··자자구.

지수 .....(설렁해졌다가 그래도 다시 한번 시도)너어무 스트레스 받고 그러지 마·· 뭘 그래애···마감이 정해져 있는 것도 아니고 쉬엄쉬엄 하면 되잖아. 잘 나갈 때 몰아서 좀 쓰고 안될 때는 잠시 쉬고 그래가면서····당신 나 만진 게 인젠지 알어?······한달에 한번도 건너뛴 게 벌써 세 번이야·· 왜 그래?

준표 점점 별 소릴 다 해.

지수 돌맹이끼리 한 침대서 자는 거 아니잖어. 우리가 돌하르방 돌할망이냐?

준표   ....

지수   약 먹은 것도 효과도 하나도 없고.

준표   (벌떡 일어나며)아 나 참. 성가셔 죽겠네. 결혼 십 년 넘은 부부가 허고헌날 그러고 사는 사람들이 어딨냐.

지수   어머 (일어나 앉으며)허고헌날이래 내가 언제 허고헌날 안 만진다 뭐랬어? 사람 말을 어떻게 그렇게 만들어?

준표   지극히 정상이야. 안 믿기면 당신 친구들한테 좀 알아봐 어떡하고 사는지들. 요새 아줌마들 영양은 좋고 할 일은 없고 뻔뻔스러워진 세상 덕에 모이면 할말 안할 말 다하나부더라.

지수   우리 친구들은 그런 말 안해.

준표   누가 시작을 안하는 가보군.그럼 당신이 먼저 시작해 봐. 줄줄 줄줄 다 나올 테니까.

지수   그런 얘길 어디서 들어 아는 거야?

준표   (이불 획 젖히고 내려선다)

지수   ?

준표   잠 다 달아났어. (문으로)사람 잠도 못자게 어으으(나간다)

지수   아무리 그렇지만 석달을 건너 뛰는 건 좀 이상하다 머.

준표   .....

지수   (혼잣소리처럼)칠십 노인도 아니고………

S# 화영의 거실

　　　[정리가 끝난 집]

화영   (커피 마시면서 거실을 서성거리는)………(그러다가 탁자 앞에 앉아……커피 마시고…· 내리고…… 마시고)

S# 같은 거실

　[소파에 사지 아무렇게나 던지고 누워 있는]······

F.O

S# 은수의 거실/주방

은수　(김밥 싸고 있다)···(선글라스 쓰고)·····

달삼　(들어오며)벌써 일어났어? 잘 잤어?

은수　잘 잤어.

달삼　오늘 아침 김밥이야?

은수　진주 준구 데리고 산에 갔다 온대··

달삼　어떻게 그런 기특한 생각을 다 했어?(김밥 하나 입에 넣고)

은수　지가 했으면 기특하지. 내 입이 한 거지··학원에 과외에 애 기름 빠지는 거 번히 보면서 어떻게 누나라는 게 그렇게 무관심하냐고 접 때 붙잡고 연설 한 시간 했더니 이제 토요일 아침마다 산에 한번씩 끌고 올라갔다 와 준대. 얼마나 할지는 모르지만.

달삼　잘됐군. 그런데 동생 데리고 무슨 재미냐 남자 친구랑 가야 재밌지.그런데 쟨 참 연애 안 하니? 뭐 아는 거 없어?(또 하나)

은수　레즈비언 된다잖어

달삼　거 말 같지도 않은 소리./

은수　당신 공이네.

달삼　아 내가 무슨 내가 /(하다가)어디 보자. 안경 벗어 봐··(턱 잡아 돌리며)그게 효과가 있는 거야 없는 거야··(찡그리고)멍 들 거 다 들었잖아··

은수　(선글라스 도로 쓰며)아빠라는 사람한테 받은 교육이라는 게 세상에 바람 안피는 놈 있으면 나와봐라 그런 놈은 인류 역사상 단 한

제4회　201

놈도 없다 뿐인데 걔가 차라리 레즈가 되겠다 하고도 남지 뭘 그래.

달삼 그렇게 되면 그야말로 심각한 문젠데 어떻게 그걸 남의 집 얘기하듯 그래애.

은수 아 괜찮어. 나는 그런 편견은 없어.(하는데)

진주 (들어오며)준구 안간다는데 엄마.

은수 안간대?

진주 웬 선글라스?

은수 안 가면 어떡해 안 가며언.(튀어 나가고)

진주 (나가는 엄마에게) 차라리 잠을 재워달래애··운동 필요없대애애.

은수 E 시끄러!!

진주 (김밥 집으며)웬 선 글라스에요?

달삼 어엉 작년에 아빠가 미국 다녀오며 사다준 걸 여태 한번도 안 걸쳤던 게 아빠한테랑 안경한테 너무너무 미안해서 오늘부터 한 일주일 동안 죽어라아 써주기로 했단다.

진주 아빠아아(말 되는 소리 하세요)

달삼 하하 실은 늬 엄마 눈병 났어.아주 심각하게 추하고 더러워. 그거 가리느라구.

진주 그럼 우리 수건이랑 다 각각 써야는데··가만이 김밥 먹어도 되나?

달삼 하하하하

은수 E 얼른 씻어 빨리! 안 들어가?(욕실로)안 들어가??

준구 E 아우우우우우우우(죽겠네에)

S# 지수의 거실 주방

지수 (이 층에 대고)경민아아아아

경민 E 네에··

지수 얼른 내려 와아..

경민 E 네에./

지수 (침실에 대고)여보오..

준표 (나와서 식탁으로)…

경민 (퉁탕거리며 내려온다)

지수 숙제랑 안 빠트리고 다 챙겼어?

경민 엄마아(잔소리 좀)

지수 그래 알었어….(하고 식탁 접시에 달걀 프라이 접시 세 개에 나누다가)그래도 가끔 빼먹잖아 머.

경민 그렇긴 하지만요..(오렌지 주스 입에 넣다가)아으으 이빨 곰방 닦은 거 까먹었다.

준표 우유 주지.

경민 아 우유 싫어요.

준표 자라얄 거 아냐아.

지수 (벌써 우유 꺼내고)

경민 (아빠 말에 이어서)우유를 욕조에 담아 놓고 하루 한 시간 씩 들어가 있다 나오면/그러면 혹시 먹는 거 보다 효과가 더 있지 않을까요 아빠?

준표 그런 얘긴 이 나이 먹도록 들어본 적이 없다.

경민 으하하하하

지수 (우유 놓아주며)빵 잘 궈졌어.

준표 깔깔하게

지수 주말이잖어….그럼 밥 해 줘?

준표 아냐..(프라이 입에 넣고)…(우물거리다)데려다 주고 점심 먹고 나는 먼저 오께.

지수 ??

준표 할일이 많아.

지수 점심이랑 내일 아침 점심은

준표 적당히 때우지 뭐.

지수 일거리 갖고 가아. 괜히 사람 신경쓰이게 만들지 말고.

준표 신경쓰지 마.

지수 갖고 가 해도 되잖아.

준표 아버지 중간중간 부르시고 일을 어떻게 해.

지수 알았어 그럼 저녁 먹을 꺼 도시락 싸고 내일 아침에 나만 와서
아침 해주고

준표 그럴 거 없다니까!

지수 알았어알았어. 알아서 할게‥

   E 현관 벨 소리

둘 ?

경민 (발딱 일어나 현관으로)누구세요오

진주 E 어 경민아 누나아.

경민 진주 누나요(문 열고)누나.

진주 굿모닝.(김밥 그릇 들고 있다)

경민 뭐에요?

진주 김밥. (주방으로)어 벌써 드시네 이모부 안녕히세요?

준표 어서 와.

지수 웬 거야?

진주 (김밥 식탁에 놓으며)준구 데리고 산에 갈라고 싸달랬는데 엄마

가 싸는 김에 넉넉하게 했대요.

준표 (김밥 집어 먹는)

지수 (남편 보며)반가운 모양이네. 잠깐 있어 국 데워주께.

준표 됐어.

지수 (국 데울 준비하며)그래서 지금 가는 길이야? 그렇게 입구?

진주 웬걸요오 준구 죽어도 안 간다고 버텨서 엄마 열받게 만들고 김밥만 괜히 싼 거에요.

지수 왜 안간대애. 운동 좀 한번 씩 해주면 좋지이.(국 냄비 얹은 /불 켜며)

진주 잠도 모자라요 이모. 자는 게 운동보다 날 수도 있어요.

지수 앉어 너도 먹어.

진주 집에가 설거지 해야 해요. 경민아 잘 있어.

경민 안녕.

진주 이모부

준표 어 잘가라.

지수 (따라나가며)우리 오늘 할아버지 댁 가는 날이라구 말씀드려.

진주 네..(현관문 열다가)엄마 눈병 났어요. 그래서 썬글라스 쓰고 계세요..

지수 왜 눈병이이?

진주 흐훗 왜가 어딨어요 나면 나는 거죠. 위생상태가 나빴나보죠머.. 안녕히 계세요.

지수 (내다보며)잘가아아..(문 닫고)왜 눈병이 나아아? (국 냄비에서 대접에 냄비째 국 따라./딱 한 공기/남편과 아이 사이에 놓아주며)국 치워서 시원하다..

[아이와 아빠 동시에 숟가락 국 대접에 들어가고/]

지수 눈병 도나봐..경민아 손 깨끗이 씻어.

경민 너무씻어요 너무씻어.

지수 당신도

준표 (대꾸 없이 국 떠먹는)……

지수 (보며)……(이 남자가 이제 대답도 잘 안 해)

S# 마당

[먼저 나오는 지수/ 나무 둘러보다가 꽃 필 나무 밑으로 가서 올려다
보며]

지수 한 이틀 안 본 새에 많이 부풀었네?……착해라…아모도 안 봐줘
도 혼자서 열심히 뭔가를 하고 있어 응?(현관문 소리/돌아보며)여
보 꽃망울이 많아. 금년엔 꽃이 좋겠어..

준표 좀 기다려. 경민이 아침 볼일 본대..

지수 참 신기하지 여보..나무랑 풀들이 어떻게 봄인 걸 알까..

준표 무슨 바보같은..

지수 으흐흐흐흐 아아 시원해…심호흡 좀 해..

준표 나와..(대문으로)

지수 (심호흡하는)……

     E 지수 핸드폰 울리는

지수 (핸드백에서 찾아보고)어 화영아 나야….어 그래?….출발했어?
..아니 지금 시댁에 갈려고 나서는 길이거든…괜찮아. 그이랑 먼저
보내고 뒷차로 가면 되지 뭐.. 너 아침 먹었니? ..잘 됐다..언니가 보
낸 김밥 있어. 너 사먹는 거 보다 훨씬 맛있어. 그거 좀 주께..응..으으
응?(그래애애?/끊고 현관 쪽으로 가는데)

경민   (뛰어나온다)

지수   잘 봤어?

경민   네에 이따만하 게 기인 거

지수   에이 됐어 그만해··(경민 앞으로 좀 밀듯 하고 대문으로)

S# 대문 밖

지수   (나오며)당신 경민이 데리고 먼저 가. 화영이 온대.

준표   ??(차 먼지 닦다가)

지수   책갖다 주러 나섰대··얘기 했잖아.

준표   지금 꼭 안하면 안돼? 집 나서는 중이라 그러지··

지수   떠났다는데 어떻게. 택시 타잖아. 택시 값만 버리게? 경민아 아
        빠랑 먼저 가. 엄마 금방 뒤따라 가께··

경민   네에··

    [부자 준표 차에 오르고]

경민   엄마 가요오오

지수   어어엉···(손 흔들어주고 나가는 것 잠시 보고 서둘러 집 대문으로/)

S# 거실

지수   (부지런히 들어와 핸드백과 갈아입을 옷 가방 놓고/쿠킹 호일 꺼내
        적당한 크기로 잘라놓고 냉장고에 넣은 김밥 그릇 꺼내 열어놓고 얇은 비
        닐장갑 한 쪽 꺼내 끼고 김밥 밀폐 용기 도시락 사이즈 그릇에 채우기 시
        작한다·· 다 채우고 뚜껑 닫는데)

    E 거실 창문 두드리는 소리

지수   ??··(움직여 기웃이 보고)어엉 잠까안··(반갑게 그쪽으로 가 창문
        열다 보고)??너도 눈 병 났어?(선글라스)

화영   아니 좀 불편해서/(하며 책 묶은 것 내민다)

지수 (받으며)으응..재밌네 우리 언닌 눈병나서 선글라스 쓰고 있다
      는데…잠깐/김밥 싸 놨어..(돌아서는데)

화영 차 한잔 하자..

지수 ?? 그래. 뭐줄까 커피? 녹차?

화영 커피..

지수 금방 해주께..들어와…(움직이다가)밖에서 마실까?

화영 아니 눈부셔..(들어오고 있으면서)

지수 그래 그럼..(주방으로)

S# 거실

      [커피 내는 지수]

지수 너 좋아하는 아메리칸 스타일. 나는 자판기 커피.

화영 (조금 웃는 듯하며 커피 들어 한 모금…두 모금째 마시는데)

지수 안경 벗어..실낸데..

화영 벗을까?

지수 그래애. 이상해..

화영 (안경 벗으면 한쪽 눈이 너구리)

지수 ??? 화영아 너….

화영 ….(보며)

지수 왜 이래 이게 무슨 일이야.

화영 은수 언니한테 맞았다..

지수 ??? 왜애애애.

화영 지수야.

지수 엉

화영 지금부터 너 기절할 얘기를 할 건데 마음 단단히 먹고 들어.

지수   ……(보며)

화영   (보며)……

지수   (침 꼴깍 넘기고)화영아 너 혹시….우리 형부랑….우리 형부랑/ 무슨 일….그런 거야?

화영   (웃어버린다/ 실소)

지수   (달려 붙듯)화영아.

화영   니 남편.

지수   ??

화영   나 니 남편 사랑해‥

지수   ???

화영   니 남편은 나 사랑하고‥

지수   (하얗게 바래는)

화영   은수 언니한테 들켰어. 헤어진다고 약속해 놓고 우리 두 사람 다 도저히 헤어질 수가 없어서 다른 데로 숨으려다 언니한테 또 들켰어‥

지수   ……(보며)

화영   그 전에는 머리칼만 한 웅큼 뽑아 놓더니 어제는 본격적으로 실력 발휘를 하더구나.

지수   ……

화영   우리 둘 서로 사랑해……

지수   ……(멍한 채로 보며)……

제5회

S# **지수의 거실**

　　　[앉아 있는 두 여자……]

지수 ……(머엉한 채 보며)……

화영 …‥(보며)

지수 ………(보며)

화영 ……(보며)

지수 …‥(그대로)……

화영 (시선 내리며)………(있다가 지수 보면)

지수 ………(눈 감고 있다가 뜨며 보는)…‥(그 위에)‥

화영 **E** ……지수야(아주 느리게 테이프 돌아가는 소리/우와우와하는 소
　　　리로 변조)

지수 ……(눈 뜨고 보는)

화영 **E** 너한테만 일어난 일 아니야‥(우와우아/지수 눈 깍 감는)무
　　　수하게 많은 사람들한테(눈 번쩍 뜨면 이하 정상 소리)일어나는 일
　　　이야.

화영   이 세상에서 유일하게 너만 당한 일이라고 생각하지 마. (이

     하 우와우와/말하는 모습까지 슬로)끊임없이 일어나는 일이고

지수   (다시 눈 깍 감았다 뜨면/정상)

화영   E 지금도 계속 일어나고 있는 일이야.

화영   다른 사람들한테 일어나는 일이 너한테도 일어난 거야. 그저

     그렇게 받아들이면 충격완화 시키는데 도움이 될 거야.

지수   …(보며)

화영   평생 한 사람한테만 영원한 사랑…그걸 너는 믿니?

지수   ….(보는 위에)

화영   E 그런 건 없어. 불가능해…사랑에 불변은 없어. 사람의 감정은

     생물처럼 끊임없이 변하고 흔들리는 거니까.

지수   (눈 깍 감았다 뜨며)잤니?

화영   …….(보며)

지수   자는 거니?

화영   바본 척 하는 거니 정말 바본 거니.. 나이 사십인 사람들이 손잡

     고 놀이동산에나 다닐 거 같어?

지수   어디서

화영   빌라에서 호텔에서 니 남편 사진 찍으러 가는데 따라가면 모텔

     에서 자기도 하고 세미나도 따라가고

지수   (오버랩의 기분)몇 번이나

화영   중요해?

지수   몇 번이나….잤어.

화영   안 세어봤어…많이….일주일에 두세 번 정도..

지수   (호흡이 흐트러지기 시작하면서)언제부터…언제부터

화영 신정 여행..

지수 ……(휑하니 보며 점점점 호흡이 깊고 짧게 빨라지면서/)……

화영 ……?(보는)

지수 (점점 증세 심해지고)

화영 ???……(보는)지수야….숨 그렇게 쉬지마. 편안하게 쉬어··천천
히 보통 때 숨쉬는 거처럼 해….(일어나며)지수야…..지수야·· 숨쉬지
마. 멈춰. 숨을 멈춰봐··멈추라니까./

지수 (과호흡 증후군입니다/점점 심해지는)………

화영 …..(잠시 더 보다가 후다닥 주방으로 가며)숨 멈춰. 숨 쉬지 마 숨
쉬지 말고 가만 있어 봐 지수야··(지수 상관없고/서랍 뒤 개 열어보고
한 서랍에서 비닐봉지 꺼내들어/딱 한 장인 것보다는 급하니까 서너 장
한꺼번에 들고 오면서 한두 장 떨어뜨리는 게 좋습니다/지수 옆으로 가
입에 대어주려)

지수 (헐떡이며 밀어내고)

화영 가만있어 이거 해야 해.

지수 (또 밀어내고)

화영 가만 있어!!

지수 (헐떡이며 화영 밀어내며 고개 틀며)

화영 (그러거나 말거나 어깨 잡아 거칠게 돌리며 야단치듯)말 들어!! 그
대로 두면 위험할 수 있어/너 이거 해야 해!!! 가만 있어!!(지수 소파
등받이로 밀듯 해놓고 제가 입과 코에 봉지 씌워 붙여놓고)진정해 진정
하고 천천히 쉬어. 천천히 천천히··천천히

지수 (맡기고 숨 쉬면서 시선은 화영의 얼굴에 꽂혀서)……

화영 ……(보며)

지수 ……(보며)……(있다가 한 손으로 화영 밀어내고 제 두 손 봉지 아가
리에 붙이고 몸 일으키는)

화영 (좀 떨어지며) 천천히 내 뱉고 천천히 들이 쉬어…천천히 천천히..

지수 ……(숨 쉬는/ 조금씩 진정돼 가는)

화영 (일어나 냉장고 쪽으로) 너 이 힘든 상황을 피하기 위해서/니가
얼마나 충격인가 내 주목을 끌기 위해 일어난 심리적 과호흡증후군
같다..

지수 ??

화영 니가 쇼라는 건 아니고 니 무의식의 작용이라는 뜻이야…

지수 (호흡하면서 시선은 화영에게서 떼지 않는)….

화영 그냥 두면 어지럽고 팔다리 저리고 의식 잃는 데까지 갈 수 있
어.(냉장고 열어 물병 꺼내 컵에 따르면서)심장이나 폐 이상이라든지
기질적 원인은 아닐 거야..(벌컥벌컥 마시고 컵 내리면서)신경안정
제 없니? 잠을 좀 자면 좋겠는데..

지수 ……(숨이 안정되어 가고 있다)

화영 이제 그만해도 되겠다..

지수 ……(비닐봉지 떼어낸다/안 보면서)

화영 (컵 내려다보며)만약 다시 같은 증세 시작되면 지금처럼 해줘..
비닐 봉지 하나 주머니에 넣어두거나 가까운데 준비해 놔……(컵 싱
크대에 놓고 돌아보며)그것보다 더 중요한 건 니가 우리 문제를 절망
스럽게도 말고 흥분하지도 말고 침착하게 남의 일 바라보듯 ..사무
적으로 잘 받아들이는 거야. 그럼 비닐 봉지 필요 없을 거야…

지수 왜 그랬니..

화영 (보며)….

지수 왜 그랬어..

화영 그렇게 물으면 대답할 말이 없어 지수야. 계획한 거 아니야 그렇게 돼 버렸어.

지수 다른 사람 아닌

화영 (오버랩)니 남편이야. 니 남자야..그런데…처음부터 이상하게 니 남편이 자꾸만 의식이 되더라..은수 언니 말처럼 특별히 잘 생기지도 멋있지도 않은데…(싱크대 등 쪽으로 돌아서 기대듯 하며)그냥 자꾸 의식이 됐어..그리고

화영 E 니 남편도 내가 의식되는 걸 알았지. 그건 본능적으로 느끼는 거야.…이러면 안돼 안 되는 거야…그러면서 준표 씨도 그러고 있는 거 보였어.. 그러다가 그날…여행 첫날

화영 둘 다 동시에 그렇게 돼버렸어..(바닥 저쪽에 시선)

지수 ……(보며)

화영 그리고는 ..(몸 떼고 지수 돌아보며)그때부터…우리는 참지 않았어. 참을 수 없었어.

화영 E 멈출 수 없었어..

지수 그걸.…니가 니 입으로.… 직접 나한테 털어놓는 이유가 뭐야.

화영 은수 언니 완전히 무식하기 짝이 없는 아줌마야. 가만있으면 두들겨맞아 죽을 것 같아서. 그렇게 죽기는 싫거든 지수야..(지수 쪽으로 움직이며)너한테 알려지면 안되니까 정리하고 떠나라면서 두들겨 패고/ 떠난다고 해 놓고 안 떠난다고 두들겨 패고/ 은수 언니는 니가 아니야..(멈추고 보며) 한번은 이해하고 당해줬지만 두 번째까지 그럴 이유는 없어. 차라리 너한테 다 털어놓고 은수 언니 더 이상 개입 못하게 할려고.

214

지수 여기서는 화영아 친구도 아닌 아파트 부녀회장이 아파트 아줌마들 몰고가 남의 가정 망가뜨리는 여자 병원에 실려가 입원하게 만들기도 해.

화영 폭력은 야만의 시초면서 극치야. 내가 인간의 말 못 알아듣는 동물도 아니고 폭력은 어떤 이유로도 정당화될 수 없어.

지수 (보며)너는…우리 언니한테 맞은 것만 분하구나.. 니가 한 짓이 뭔지는 어떻게 그렇게 아무 상관이 없어….

화영 내가 한 짓 알아. 친구 남편을 사랑해서 친구한테서 그 남자를 나누어갖고 있어..사회구조가 지탄받아도 할말 없는 짓인 거 알아.그렇지만

지수 (오버랩)내 마음은… 사람의 도리는 …윤리는 어떤 건데…신의는 ……우리 우정은…

화영 ……(보며)

지수 (분노보다는 슬픔)내가 널 얼마나 좋아했는데…내가 널 얼마나 좋아하는데….어떻게 니가…어떻게 니가 나한테 그래.. 나한테 그런 짓을 해 놓고도 너 어떻게 이렇게 태연할 수가 있니.

화영 노력하는 거야.

지수 너는 대체 어떤 애니..너는 대체 나한테 뭐였는데..우리는 오래 전부터 친구잖아..내가 너한테 뭘 잘못했는데..내가 너한테 뭘 섭섭하게 했는데..

화영 ………(다소 흔들리는/보며)그런 거 없어 지수야.

지수 그런데 왜. 왜 그랬어

화영 (오버랩)내 부모 형제 누구도 나한테 너처럼 날 걱정해주며 좋아하고/… 살갑게 잘한 사람 없어. 천사이고 싶어 꾸민 위선이었든

뭐였든 너 나한테 최선을 다했어.

지수　??(위선?)……(했다가 그래 그렇다 치고)…(보며 대답 기다리는)

화영　……(보며)

지수　……그래 왜‥

화영　의도한 거 아니랬잖아. 그냥 거부할 수 없었어. 니 남편 갖고 싶었어. 니 남편 연인이 되고 싶었어.

지수　……(보며)

S# 은수의 침실

달삼　(아내가 입히는 상의에 팔 끼면서)그냥 이삼일 봐줘.

은수　?? 아니 그 바퀴벌레들을 이삼일이나 놔둔단 말야? 순식간에 사라지는 게 바퀴벌렌데 그동안 숨어버리면 어디서 찾아 낼려구우!

달삼　아 바퀴 약 있잖어. 그거 뿌리면 기어나와 숙는나면서

은수　(지금 농담할 때야? 남편 팔 잡아 돌리는데)

달삼　(오버랩)야 하루밤을 자도 만리성을 쌓는다는데 어떻게 단칼에 볏단 베어넘기듯 그러냐.

은수　여보

달삼　(오버랩의 기분)지금 어디로 또 숨어. 여자는 몰라도 홍서방 그럴 위인 못돼. 당신만 아는 게 아니라 이제 나까지 아는데 여기서 지가 또 허튼 짓 하겠냐? 그야말로 나한테 죽을라고?

은수　그걸 어떻게 믿어.

달삼　아 글쎄

은수　(오버랩의 기분)이번에 보니까 홍서방 그 인간은 당신하고 달라. 당신은 꼬리 밟혔다 싶으면 군소리없이 싹싹 빌고 돈으로 틀어

막든 뭘로 틀어막든 암튼 단칼에 정리해 치우고 마는데 홍서방 그
건 자리 옮겨 계속할려구 들었잖어어어

달삼　이제 알겠냐 당신 남편 깔끔한 거?

은수　깔끔/허 깔끔이 웃다 배터져 죽겠다. 뭐 깔끔?

달삼　뒤처리 깔끔 뒤처리. 뒤처리 얘기야

은수　불러내.다른 볼일처럼 홍서방만 잠깐 불러내서 통고하게 하고
당신이 당신 차에 그 기집애 실어 공항 데리고 나가 띄워보내면 될
거 아냐아.

달삼　야 그걸 해도 홍서방이 해야지 내가 어떻게 그거까지

은수　내가 해 그럼? 내가 해?

달삼　아 알았어알았어 나가면서 홍서방하고 통화하께. 야아 바빠죽
겠는데 이거(나가는)

은수　이거보다 더 바쁜 일 없어..(따르며)

S#　거실

달삼　(나오면서)당신 좋아하는 돈 버는 일이란 말야아아

은수　아 그 돈 안 벌어도 돼./ (하는데)

　　　E 전화벨

달삼　(뽀뽀하는)잘 지내. 전화할게.

은수　(남편 옷자락 잡으며)나가면서 홍서방한테 전화해애?

달삼　알았어알았어.

은수　이번에 숨으면 못찾는다구우우.

달삼　무슨 빨치산들이냐? 전화나 받어.(나가고)

은수　네에 여보세요.. 네 말씀하세요.....걔가 거길.....집 안 비었던가
요?......??? 얼마나 됐어요?....알았어요... (전화 놓으며)........(불안과

의혹).....

S# 은수의 대문 앞 골목

은수 (집에서 튀어나와 총총걸음으로 지수네 방향으로).....

S# 홍회장 거실

[홍회장 창 앞의 의자에 앉아서]

홍 ....(멍하니 아들 부자 올려다보는)

준표 (저는 인사 마쳤고/ 경민에게)인사드려.

경민 할아버지 안녕하셨어요?

홍 에미는

준표 막 나오는데 친구가 와서···곧 올 겁니다.

홍 어쩨 이렇게 보기가 어려워

준표 할일이 많아서요.

홍 치/ 뭐 우리나라 운명이 네 손에 달렸어?

준표 죄송합니다

홍 내말 안듣구 밤낮 해봤자 대학교수 그게 뭐 그리 대단한 거라 구 그래봤자 내 목줄 다른 사람손에 맡겨논 월급쟁이에 지나지 않는걸··

준표 ....

홍 (일어나며)차 마시자구··

준표 예.

홍 (경민 머리에 손 얹으면서)이놈은 쥬스 줘.

황 (차 벌써 내면서)어서 오세요.

[준표 핸드폰 벨 운다]

준표 (잠깐 멈추고 돌아서며 핸드폰 열고 보고)····(안 받고 그만둬버린다)

S# 움직이는 달삼의 자동차 안

    E 벨 가는 소리 계속되고

달삼 (혼잣소리)뭐 하느라 전활 안 받어어어 ....(끊었다가 다시 걸면)

메시지 전원이 꺼져 있어

달삼 (포기하며)뭐 받기 싫다 그거야? ....이 자식 이거 건방지기는 암튼..

S# 지수의 집 앞

은수 (와서 보면 지수의 차 나와 서 있다)......(대문으로 들어간다)

S# 마당

은수 (들어와 계단으로 /현관으로 가다가 말고 거실 쪽으로 마저 고개 올
    려 들여다보듯)

    [은수의 시각으로 거실]

화영 (앉아서 지수 보고 있고)

지수 (화영에게서 고개 틀고 앉아 있는).......

S# 거실 안

지수 (하염없이 줄줄줄 흐르고 있는 눈물).....

화영 ......지수야..

지수 .....

화영 지수야

지수 나는 왜 이렇게 바볼까... ..이렇게까지 바볼 필요는 없잖아..

화영 (몸 일으켜 휴지 뽑아서 지수 주는)

S# 은수의 시각/유리 밖에서 보이는

지수 (받아서 눈물 닦아내는)

은수 ??(거실 창 두드린다)..

화영 (돌아보는).....

은수 왜 그러는 거야·······이 문 열어···(선글라스 써야 합니다)

화영 (천천히 일어나 움직여서 거실 문 열어주고)

은수 뭐야·· 쟤 왜 울어.

화영 (조금 물러나듯)

은수 (들어서며)무슨 일이냐구.

화영 내가···말했어요.

은수 ?

화영 그 동안 있었던 일 다요.

은수 ???너 미쳤어? 미친년이야?

화영 안경 벗어요. 여기 감춰야할 사람 없어요.

은수 (두 주먹 불끈 쥐어지며)야아!!

화영 (휙 돌아서 지수 쪽으로 가려 하며)다시 한번만

은수 (하는데 뒤에서 두 주먹으로 퍽 밀어버리고)

화영 (엎어질 듯 하고)

지수 하지 마 언니!!!

은수 (지수 돌아본다)

지수 하지 마 하지마하지마··그럴 필요없어. 그러지 마···

은수 (화영 돌아보며)납뿐년 기어이 일 저질러? 내가 그렇게 신신당
부했는데 응?

화영 가만 있다가는 쥐도새도 모르게 맞아 죽을 거 같아서요.

은수 그래/그래서 작정했니? 니가 죽는 거 보다 지술 죽이는 게 날 거
같아서?

화영 네··이판사판이에요··

은수 이 기집애 너 정말 악질이구나 응? 머리 털나고 너같은 악질 내

보기를 첨 본다. 야 이 쌍시옷아!!!!

화영　까르르르르

은수　??저년이 저런다 지수야. 저게 저래··저러니 내가 안 패니? 저 지
랄을 하는데 내가 그냥 구경만해?

화영　(오버랩)안경이나 벗어요

은수　(안경 확 벗으며)안경이 너더러 뭐라는데 이 기집애야

화영　어차피 코메딘데 보기가 침침해서요.

은수　(안경 떨어뜨려 발로 아작 밟으며)그래 벗었다 벗었으니 어쩔래.

화영　훨씬 낫네요.(하며 소지품 집어 든다)

은수　야 너 어딜갈려구

지수　(오버랩)놔둬····

은수　(돌아보는)····

지수　가게 놔둬····(두 손목으로 머리 양옆 싸 누르고)어지러워···그냥
놔 둬····

은수　(지수 보고 움직이는 화영 보고 지수 보고 하며 어째야 좋을지 모르
겠다)······(나가는 화영)야아 너어어!!!

지수　언니이이!!!

은수　(멈추고)·····

지수　놔두라니까 왜 그래애··(울음 터뜨리며)그냥 놔둬. 조용히 해.
제에발 시끄럽게 굴지 마··머리 아퍼. 머리가 부서질 거 같아 언니
이이이···

은수　그래·····(진정하며)그래 알았어·····(냉장고로 가서 컵 대고 얼음 뽑
아 물 보충해서 지수 쪽으로 가는데)

화영　(열려 있는 거실 문으로 들여다보며)언니.

은수 ??(휙 돌아보는)뭐야 이 년아.

화영 욕 빼고는 말이 안돼요?

은수 그래 뭐냐구 이 기집애야.

화영 지수 숨 못 쉬면 비닐 봉지 입에 대 줘요..그냥 두면 안돼요.. 봉
지 아까 쓴 것 거기 있을 거에요..바로 조치해야 해요.

은수 ??(무슨 말인지 미처 몰라 지수 돌아보았다가 화영 돌아보면)

화영 (사라졌다)

은수 (컵 들고 서둘러 지수 옆으로 가 앉으며)숨 못 쉬었어?

지수 ……

은수 숨이 안 쉬어지대? 응?

지수 (대꾸 없이 컵 빼내 마신다/ 나누어서 두 번에)……

은수 ………(보며)

지수 후우우우우우 (내쉬면서 컵 내리는)

은수 (컵 받아들며)더 주까?

지수 (고개 흔들며)….(시선 내리고)

은수 (컵 놓으며)그래 숨이 막히고 기가 막히지…나도 그랬으니까..나
는 내가 지진나 흔들리는 것처럼 와들와들 떨려 죽을 뻔했으니까..

지수 (피시시 긴 소파에 옆으로 눕는)

은수 그래 누워./..누워 있어. 내가 약 찾아 나올께..두통약 있지?…어
디 화장대 서랍?…

지수 ……

은수 (서둘러 안방으로)….

지수 ……(눈 뜨며)………(가슴이 찢어진다)……(소리는 내지 말고)……

S# 시간 경과/같은 거실

은수   (양주 따라 얼음 넣은 것 흔들면서 컵 내려다보며)어떻게 해서든
      지 너 모르는 채 우리끼리 수습하고 끝낼려고 했는데.(하며 보면)…

지수   ….(우리끼리라니/보는)

은수   형부가 홍서방 만나 작살내고 홍서방 진짜 끝낸다고 했어..홍
      서방이 끝낸다니까 저 못된 게 너한테 쫓아온 거야. 다른 거 아냐.
      못 먹는 감 찔러나 보자 순전히 그거야..(술잔 주는)

지수   (받아서 한 모금 마시고 내린다).....

은수   끝낼 거야. 끝나는 일이야..홍서방이 여기서 더 뭘 하겠어. 끝
      났다고 생각해도 돼..니 형부가 오늘 홍서방 불러내서 저 기집애
      비행기 태워 보내는 거까지 마무리하고 들어온댔어. 믿어..

지수   .....

은수   (답답해서)그러니까 그렇게 하느님 믿듯 옴팡지게 믿기만 하
      고 살지 말랬지..내가 누우누히 얘기했잖아. 이런 일 안 겪고 사는
      여자 별로 없다고..

지수   ....

은수   (바꿔서)모두들 말을 안하고 가슴에 묻고 살아 그렇지 거의 다
      아 한두번은 겪고 살아. 그러고도 그냥 살아.. 자살도 안하고 이혼
      도 안하고 그냥 견뎌넘기고 살아.....왜 사냐

은수   E 자식 때문에 살고 생활력 없어 살고 이혼녀 되기 싫어 살고
      또…그게 그 남자의 전부는 아니니까 살고 나처럼 돈버는 기계로
      써먹기 위해 살고….이런저런 이유 끌어다 대고 그냥들 살아..

은수   그건 이유들이 결국 다 핑계고 따지고 보면 계산 속이지만..
      생활력있고 잘나고 강한 여자들은 그꼴까지 보면서는 못산다 박
      차버릴 수 있지..하지만 대부분의 여자들 그렇질 못하잖니. 친정이

짱짱 부자기나 하면서 친정부모가 뒤봐줄테니 이혼하라고 길길
이 뛰면 모를까..

지수　.....(마신다)

은수　끔찍하겠지만...(한숨 섞어)그 끔찍한 걸 어떻게 다 말해 나도
겪었던 사람이야....그런데....너무....그렇게까지...하늘 무너진 거
처럼 생각하지 마. 남편이 하늘은 아니야..하늘이 무너지면 지구가
끝나는 거지만 남자 한눈 판 걸로는 파리 한 마리 안 죽어..

지수　(오버랩의 기분)나는 왜 이렇게 바볼까...

은수　.....(보는)

지수　난 왜 이런 바볼까...

은수　....

지수　어떻게 그렇게 눈치가 없을까..어떻게 이렇게 눈뜬 장님이야..
어떻게 이런 맹탕이 있을 수 있어..

은수　얘

지수　나는정말 한심한 멍충이야.. 둘이 그런 짓을 하고 있는 줄도 모
르고 그애한테 불친절하게 굴지 말라는 소리나 하고 결혼생활...편
안해서 좋다는 소리하고....둘이서 ....내가 얼마나 우스웠을까..

은수　아 그거야

지수　(오버랩의 기분)언니는(보며)내가 얼마나 답답하고 한심했어...
홍서방 딴짓하니까. 정신 차리라고 쥐어패주지 왜. 왜 말 안하고
사람 길게 등신 만들어. 진작 얘기해 주지이이(울음 비어지면서)

은수　(같이 울음 나오면서)너 살릴려구우.. 너 상처 안 입힐려구우..

지수　(두손으로 얼굴 가리고)우우우우우 우우우우우우(소리 내어 우는)

은수　(안고 같이 우는)이 찢어죽일 놈들..그래애 허서방 홍서방 그 자

224

식들 죽여 파묻구 너랑나랑 같이 끝내버리자 우리. 더 이상 이렇게 드으럽게‥살지 말구 종치구 말자 말어어어(하는데)

[은수 핸드폰 벨 울린다.]

은수 (얼른 핸드폰 주머니에서 꺼내 보고)죽일 인간 제 일호다. 그래 어떻게 됐니 이 파렴치범아.

S# 회사 사무실

달삼 ?? 여보세요 여보세요?

은수 F 수작떨지 말고 말해 이 인간아.

달삼 은수 맞나?

은수 F 뭐? 비행기 태워 보내는 거 까지 깔끔하게 처리해? 야!! 그년 지수한테 와서 다 불고 지수 충격받아 숨 못쉬구 넘어가고 다 죽게 생겼단 말야아!!

달삼 ???

은수 F 깔끔? 깔끔 좋아하네.내손에 맞아죽었다구 신문에 나는 거 자존심 상하거든 밖에서 스스로 목숨 끊고 말어.

달삼 (아내와 겹쳐서)아니아니

은수 F (연결)죽기 전에 애들하고 내 앞으로 전 재산 남긴다는 유언장 써 변호사한테 맡겨놓는 거 잊지 말고 이 웬수야.

달삼 (버럭)나도 말 좀 하자 이 여편네야. 아니 그 여자가 처제한테 와서 뭐? 불었다구?

은수 F 그래 이 뚱통아.

달삼 히야아아아 (하는데 전화 끊어지고) 그 여자 거 왕꽃뱀 아니냐?(하다가)여보 여보여보/ 은수야.(전화 끊고)야아아아아아……야아아아아아 남자 이럼 환장하지이이이……(하다가 전화 단축 누른다)…

　　E 벨 가고

은수 　F 왜그래 귀찮게.

달삼 　여보 거 처제 병원 데려가야는 거 아냐?

은수 　F 내가 지키구 있어 끊어!(끊어지고)

달삼 　……(전화 끊으며 심각해진다)……

S# 홍회장 마당

　　[소나무 숲. 경민 괜히 펄쩍펄쩍 뛰어다니고 있고]

홍 　(아이 바라보고 섰는)

준표 　(아버지 옆에서 아이 보고 서 있는)

홍 　…….경민아..(보다가)

경민 　네에..

홍 　에미 왜 안 오나 전화해 봐..

준표 　오고 있는 중일 거에요.

홍 　해 봐..

경민 　네에..(아빠에게 뛰어와서)아빠 전화.

준표 　들어가 해. 아빠 전화 배터리 나갔어.

경민 　네에..(집으로 뛰고)

홍 　넘어져…조심해..

경민 　하하 안 넘어져요오오오

홍 　(손자 보고 있다가 돌아서며)꽃이 일찍 피게 생겼어.

준표 　네..

홍 　할일이 없으니 졸음만 쏟아지고 심심해 죽겠어.

준표 　왜 운동도 통 안하세요…

홍   치.

준표   날씨 좋아지는데 이제 좀 나가세요. 일주일에 한 번이라두 뜻
        맞는 친구분들하구

홍   (오버랩의 기분)모두 다 늙어 빠져서 공두 못 맞춰…다리에 힘
        이 빠져서는 골프채 들구 티샷 한번 할려면 다리 힘 모으느라 열나
        절 보름은 걸리구 흔들흔들 걷는 꼬락서니들은 꼭 무덤에서 기어
        나온 귀신들 같구…

준표   왜 그렇게 보세요…팔십대 골퍼들도 얼마나 많은데 아버진 아
        직 칠십대 중반이시면서

홍   몰러.(헤식게 픽 웃으며)작년 초여름에 우연히 그런 생각이 들
        구는 골프채 안잡구 싶어졌어‥ 거 타이루 노회장 말이야‥영락없이
        무덤에서 기어나온 꼴이더라구‥

준표   유난히 마르셨죠 그 어른이

홍   키이는 육척이 넘는데다 바싹 말라서는 게다가 한번 자빠졌었
        잖어. 걸음두 시원찮어‥

준표   예에‥

경민   (뛰어나오며)아빠 엄마 어쩌면 못 오실 거 같다는데요?

준표   ??왜.

경민   어지러우시대요‥이모가 와 계세요. 어지러워서 엄마 누워 계시
        대요‥

홍   왜 그래.

준표   원래 빈혈기 좀 있어요 아버지.

홍   못먹어? 생활비가 부족해?

준표   아니에요…

경민 (할아버지 옆에서 올려다보며)할아버지 금년에는 밭에 뭐뭐 심
    으실 거에요?

홍 그래…채마밭에 한 번 가보자…(조손이 채마밭 쪽으로)…

준표 ········(둘 멀리 떨어질 때까지 기다렸다가 전화 주머니에서 꺼내 전
    원 살린다/ 전원 살려지자 문자 들어와 있다는 신호/ 버튼 누르고 확인)

화영 E 지수한테 털어놨어. 기절도 안하고 걱정했던 것보다 침착하
    드군.

준표 ……(황당한데)???

    E 전화벨

준표 네에··

달삼 F 아 왜 전화는 꺼놓고 그래 무슨 일이 벌어졌는지 알아? 그 여
    자가 처제한테 가서 실토하고 처제 뒤로 넘어가고 난리가 아닌 모양
    이야. 이제 이 일을 어쩔 거야 엉?

준표 ……

달삼 F 어쩔 거냐구/

준표 알았습니다 끊습니다.(끊고)

S# 움직이는 차 안

달삼 아이구 이 자식 그냥. 어이구우우우우 지까짓 게 교수면 교수
    지 먹고 싸는 거 똑같은 주제에 잘난 척은 개똥같이…야 빨리 가아··
    나 달구지됬냐??

황 네 사장님.

달삼 아으으으으으 심난스러 원…

S# 홍회장 마당····

준표 ······(땅 보며 서 있다가 문득 빠르게 집 안으로)

S# 거실 주방

준표   (들어와 빠르게 주방으로)어머니 저 그만 나가야겠어요.

황   ??(뭔가 일하다가/약밥을 섞는다든지)아니 왜

준표   급한 일이 생겼어요 나가 봐야 해요.

황   무슨 일이 그리 급한데 그래애..아버지 늬들 먹인다구 안기사
        호텔 보냈어.시간 되면 초밥 만들어 갖고 올텐데 그거나 먹고 가지..

준표   아버지께 말씀드릴께요 경민이는 두고 가요.(돌아선다)

황   에미도 올지말지라면서..

준표   아 에미 못올 거 같아요.. 누워 있대요.

황   한 이태 아뭇소리 없더니 왜 또 그래.. 건강해진 줄 알았더니..

준표   봄을 좀 유난히 타는 편이에요..

황   걔가 너무(아들 따르면서)돌아다녀. 잠시도 가만 안 있으니 원.

준표   네에..

S# 대문 앞

        [집 안에서부터 나오고 있는 준표의 자동차..나오자마자 쏜살같이 달
        리기 시작한다]

S# 운전대 잡은 준표 굳은 모습

S# 욕조에 들어앉아 있는 화영·······

화영   (욕조 물 두 손으로 떠 올려 씻으면서 얼굴 우그러뜨리고 울고 있다)····

S# 지수의 침실

지수   (엉금엉금 기어 올라가면서)그만해 언니..이제 그쯤 해둬····더 이
        상 아무 소리도 안 듣고 싶어..

은수   지수야

지수   (오버랩의 기분)걱정마 안 죽어..죽기는 왜 죽어···누구 좋으라

고 내가 죽어..더 이상은 바보 안 돼..이제 똑똑해질 거야.. 걱정하
지 마..

은수   그래 똑똑해져 지수야. 아니 너 바보 아니야.. 착하고 순한 게
바보라면 그건 틀린 거야. 너는 바보가 아니라 착한 거야 응?

지수   (던지듯 기대면서 오버랩의 기분)나는 언니..(애달프게)사실은
아직도 실감이 잘 안나..꿈인가 싶다구..꿈꾸고 있는 거 아닌가....
그래. 지금 내가 나쁜 꿈을 꾸고 있는 거라면 /깨고나면 아무 것도
달라진 게 없는 거라면 얼마나 좋을까..

은수   (걸터앉으며 이마에 젖은 머리칼 올려주는)

지수   (물끄러미 보며)선글라스는 또 있지?

은수   그래 왜.

지수   숭하다...그건 왜 부셔버려..언니 꺼 중에 젤 멋있는 거였는데

은수   지수야

지수   (오버랩의 기분)잘 거야...언니 그만 가..(하고 누울 채비)

은수   (얼른 도와주면서)······

지수   (누워 눈 감는)·····

은수   ····(잠시 보다가 일어나 침실 옆의 화장실로 들어간다)

S# 화장실

은수   (들어와서 세면대 옆에 얌전히 놓여 있는 손 타월 집어 들고 돌아서
려다 문득 거울 속의 제 얼굴 보면서)········납뿐 년··

S# 침실

은수   (나와서 손타월로 지수 이마의 진땀 닦아주려)

지수   (제가 뺏어서 닦으며)혼자 있게 해 줘··

은수   그래 알았어··

지수　……(돌아누우며)……

은수　(보다가 일어나 나간다)

S#　거실 주방

은수　(천천히 나오면서)……(움직이다가 멈춰 서서)……(있다가 소파로
　　　가 앉으며)……

S#　침실

지수　(무릎 꿇고 엎어진 자세로 두 손으로 입 틀어막고 소리 죽여 울고 있
　　　다)……

S#　지수 거실

　　　E 문자 오는 소리

은수　(보면)

달삼　E 이 자식 연락됐어. 집으로 가고 있을 거야‥ 나도 서둘러 일보
　　　고 일찍 들어갈게.

은수　(전화 접는다)‥‥

S#　빌라 주차장으로 거칠게 들어가는 준표의 자동차

S#　주차장

준표　(내려서 부서져라 차 문 닫고 승강기 쪽으로)

S#　승강기에서 내려 현관 비밀번호 익숙하게 누르고 들어가는 준표

S#　빌라 거실

준표　(바람같이 들어와 보면)

　　　[비어 있다.]

준표　(곧장 침실로)

S#　침실

　　　[거칠게 열리는 문.]

화영   (머리 말리면서 거울 안의 준표 보는)

준표   무슨 짓이야.

화영   (드라이어 끄고 머리칼 손가락으로 빗으며 돌아앉는데)

준표   E 도대체 무슨 짓을 한 거야!

화영   이건 무슨 짓일까··(멍든 쪽 머리 들이대듯 보이며)

준표   ???

화영   ·····(보며)

준표   ??

화영   당신 처형.

준표   ??

화영   나도 애썼지만 게임이 안됐어··· 그 언니는 펄펄 날더라··

준표   그렇다고/··그렇다고 분풀일 그런 식으로 하는 게 어딨어 지수
          는 어떡하라고··

화영   그럼 나는/ 나는 언제까지 이 말도 안되는 짓을 당해야 하는데.
          지수만 중요해? 지수 몫은 지수가 감당하는 거야. 왜 깡패 언니가
          앞장서 사람을 이 지경 만들어. 매 맞는 게 얼마나 치욕인줄 몰라?
          당신은 지금까지 누구한테 단 한번도 안 맞아봤어?

준표   왜 안 맞아봐. 나도 그거 알아.

화영   알면 그렇게 말하는 거 아니지. (화장대로 돌아앉아 손가락으로 머
          리 만지면서)나는 생전 처음이야. 우리 부모/나한테서 돈은 빼내갔
          어도 나 키우면서 털끝하나 안 건드렸어. 죽은 사람도 손찌검 버릇
          은 없었어. 누가 날/ 왜 때려/

준표   (다소 아무렇게나)여기서는 남자 외도 상대 친정 식구들이 보통
          그런 식으로 다뤄.

232

화영　???(손 멈추고 보는)

준표　정당하다는 뜻이 아니야.. 굴욕감 알아. 그렇다고 그 반동으로 일을 이렇게 만들어버리면 어떡해 내 입장 같은 건 아무 상관없어?

화영　아 당신 부부 보호 안해줘서 화났구나.

준표　어차피 정리할 수밖에 없잖아. 더 이상은 어째볼 도리가 없어.

화영　그래서 나는 아무 일도 아무 짓도 하면 안되고 당신 부부는 아 아무 일 없이 다시 그 전 평화로운 날들로 돌아가야 하는데 그거 망가뜨려서 화내는 거야?

준표　지수 당신한테 더 할 나위 없이 잘해주는 친구야. 모르는 채로 끝나게 해 주고 떠날 정도의 우정은 있어야하잖아.

화영　당신과 잠자리하면서 개와의 우정을 논하는 거 웃기지 않아? 나한테 당신 위선까지 강요하지 마..

준표　그럼 지수 알기 원치 않는다/ 지수 버리는 거 바라지 않는다/ 당 신 입으로 말한 건 뭐야.

화영　은수 언니 끼어 들기 전이야.

준표　뭐가 다른데!

화영　(벌떡 일어나 돌아서며)강제추방 시키러 들잖아!! 옴짝달싹 못 하고 쫓겨가게 만들겠다잖아. 미행 붙여 사진 찍어들고 와 흩뿌리 면서 주먹질하고 난 이제 다른 데로 숨을 수도 없어. 중요한 건/그 래 중요한 건 당신과 상관 없이라도 난 아무 데로도 가고 싶지 않다 는 거야.. (침실 나가며)태어나 처음으로 사랑이라는 걸 하면서 도 둑고양이처럼 친구 남편

S# 거실 주방

화영　(주방으로 움직이며)훔쳐먹다가 들켜 동네북으로 두둘겨 맞

고/그리고는 강제로 가방 싸들고 쫓겨나야해? 그럴 권리가 어디 있어..

준표 ……(침실에서 나오는)

화영 E (연결)당신 부부 문제는 부부끼리 해결 봐. 나는 더 이상 건드리지 말라고 해.(준표 멈추고 보는)

화영 (냉장고에서 병맥주 꺼내 비틀면서)내 몸둥이를 어디에 놓고 사는지는 내 자유야. 가라마라 하지마..(벌컥벌컥 마시고 내리면서 돌아보는)끝내자고? 그래 끝내. 끝내시구려. 당신이 발걸음 끊으면 그것으로 끝이지 끝내자말자 소리까지도 필요 없는 거 아냐? 그렇지? 나는 여기서 한 발자국도 안 움직여.

준표 ……(보며)

화영 (천천히 맥주병 든 채 다가와 마주 서서 준표 보며) 내 이 꼴 보면서도 지수만 걱정되고 당신 치를 곤욕만 신경 쓰여? 나는 뭐지? 뭐였지? 이게 당신의 사랑이었어?

준표 (외면하며 잠시 눈 감았다 뜬다)

화영 (한 손으로 준표 얼굴 돌려 자신 보게 만들면서)나 봐.. 내 얼굴 만들어논 거 제대로 봐.. 내가 당신 사랑한 댓가야.. 죽는 날까지 기억해 줘….당신은….당신대로 댓가 치러.. 우리는 공범인데 나 혼자 당하고 당신만 변함없이 안전한 건 불공평하잖아..당신도 그 정도는 치러줘야 내가 덜 불쌍하지…

준표 ……(보며)

화영 안 그래?

준표 기다리지 마……미안해 혼자 정리해…어쩔 수 없어..더 이상 괴롭히지 못하게…그건 해 볼께…그렇지만 장담할 순 없으니까 일단 아무 데로나 옮겨 앉아..

화영　옮기고 연락해?

준표　……(보는)

화영　음?

준표　하지 마.. 더는 안돼…

화영　……(보며)

준표　십년 넘게 산 아내야. 자식을 낳은 여자야. 하자 없는 사람이야
　　　…더 이상은 안돼..

화영　……(가만히 보며)

준표　……

S# 지수 침실

지수　(앉아서 전화받고 있다)응 엄마 누워있어….아니 괜찮아..감기
　　　올라 그러나봐 소리가 좀 잠겼지?..아빠는?…..어 그래.. 무슨 볼일
　　　이란 말씀은 안하시구?

은수　(열린 침실 문 밖에 서서)우리 그이가 얘기했대..집으로 곧장 올
　　　줄 알았는데 안 오고 있는 거 보니까 그년한테 가 있나부다.

지수　(언니 보고 있다가)그래 그런데 아빠 아까 나갈 때부터 우리
　　　만 두고 와서 일한다 그랬지? 아마 일보고 집으로 들어오실 거 같
　　　다…응…엄마는 아무래도 좀 쉬어야겠어 경민아. 감기 홈빠들면 고
　　　생하잖아..할머니께 그렇게 말씀드리고….네 어머니..죄송해요 감
　　　긴 거 같아요. 네…네…경민이 그냥 재우고 내일 보내세요..죄송합니
　　　다…네 어머니..(하는데)

　　　E 현관 벨

은수　(침실 문 닫고)

S# 현관

은수 누구세요

달삼 E 나야나.

은수 (문 열고)

달삼 (들어서며)이 친구.

은수 그년한테 가 있나봐.

달삼 ??(했다가/그럴 수도/그렇지만)에에이 설마아‥ 오고 있는 중일
거야. 오고 있겠지.

은수 일 정리하고 들어온다더니

달삼 야 일이 손에 잡히냐?(소리 죽여) 처제는

은수 누워있어.(나직이)

달삼 괜찮아?

은수 괜찮을 일이야?(쥐어박는)

달삼 아 왜 나한테 그래애애

은수 생각보다는 잘 버텨. 아직 실감 안나 저래 저게‥ 처음에는 띠잉
하거든‥(소파로)

달삼 내가 몇마디 할까?(따르며)

은수 (돌아보며)뭘해애. 무슨 자격 있다구‥

달삼 그래두 바람 피는 남자가 지 가정에 대해서는 어떻게 생각하
나 그런 얘기 좀 해주면 도움될텐데‥

은수 들통났다니까 뭐래.

달삼 뭐라기는 하늘이 노오랗지 뭐‥말을 못하더라 말을‥너 다 들통
났다. 네 알았습니다.그러구 끊더라

은수 정말 그말만 하고 끊었단 말야?

236

달삼 아 그럼 거기서 더 무슨 말을 하니 무슨 말이 나와··(보다가 움직여 앉으면서)자알 넘어가얄텐데····

은수 ······

달삼 곱기만한 사람한테 어어어어이 나쁜 누움··

은수 ??(남편 보는)

달삼 (안 보는 채)당신같은 강철심장두 눈 허옇게 뒤집구 쓰러지구 삼주를 물만 먹어두 토하구 난리를 쳤는데 처제는 더구나 유리 심장일텐데··

은수 달삼아.

달삼 ??왜.

은수 딴 여자 보고 다니는 남자 마누라 심장은 강철아니라 뭘로 만들어졌어도 한순간에 산산조각이야아아·· 밖에 딴 남자 만들어 놓고 어떡하면 들통 안나고 위자료 챙겨 이혼하나아아 머리 썩히던 참인 여자 아니면? 남편 외도/ 차라리 죽는 게 날 정도로 끔직한 일인 건 마찬가지야. 똑같애··· 심장이 튼튼하냐 약하냐 아아무 상관없어어어··

달삼 처음이 제엘 충격이 컸지 그렇지.

은수 ····(보면)

달삼 좌우간 입원했다 퇴원했다 꼬박 삼주를 애먹이다가 정신 드니까 손에 잡히는 건 다 집어던져 박살내고 죽는다고 넥타이로 올가미 만들면서 한달/나 죽인다고 목 조르면서 한달··야아아 그때는 정말 완전 악몽이었어········호호····호호호호호 그래도 그때가 좋았어··(돌아보며)당신 기운 차암 좋았는데····뽀뽀.

은수 (한심해서 보다가 뽀뽀 소리에 한 다리 번쩍 들어 발바닥 얼굴 앞으

로 쑤욱)

달삼   에에이/쯧/

은수   그것도 추억이라구 진짜 어이그으으으 내가 내 눈 쑤셔야지 이런 사람을 뭐가 좋다구 고등학교 때 배불러 내 팔자를 이렇게 오그라뜨렸을까아아.

달삼   (벌떡 일어나며)목 말라..물 좀 먹자..(주방으로 움직이며 시계 보는)이거 안 들어오고 뭐해애애. 나 나가봐야 하는데…

은수   어딜 또 나가.(물 주러 움직이는)

달삼   또라니 할 일이 태산인데..내가 이렇게 개발에 땀나게 뛰니까 회사가 방방 돌아가지 게름피고 대충해봐라 망가지는 거 잠시잠깐이야아아

은수   (물 따르면서)저눔으 생색은 암튼..자..(물 주고)

달삼   (벌컥벌컥 마시고 놓으며)야아아 물 맛 조오타..(현관으로 움직이며)자알 달래..별일 아니라는 걸 자꾸 강조해 당신..

은수   ??(노려보는)

달삼   따지고 보면 별일 아니라니까 밥 싫증나면 당신두 피자 먹구 자장면 먹구

은수   (두 손 남편 머리칼 움켜잡아 당긴다)

달삼   아으으으으으/(떼어놓고 인상 쓰는)도대체 그 내력에 없는 폭력에 피는 어디서 받은 거야!!

은수   (씩씩거리며 보는)

달삼   무슨 말을 할 수가 없어 도대체가.. 에에이…

S# 마당에서 대문으로 나서는 중인 달삼··

S# 대문 밖

238

달삼 (나오다 보면)

　[준표 차 멈춰 있다/ 황기사 달삼 차 문 열고]

달삼 (황기사 보고 턱짓하며/준표)언제 왔냐..

황 한…십분 쯤 된 거 같은데요..

달삼 (얼굴이 벼어엉신)…..(해놓고 기사에게)집에 가 있어.

황 예..(제 차로)

달삼 (준표 운전대로 가서 창문 두드린다)…

준표 (운전대에 머엉하니 앉아 있다가 고개 돌려 보는)

달삼 (손짓으로 나오라는)…

S# 근처 학교 운동장이나 그런 곳?

달삼 들어가면서 우선 모가지 쑤욱 집어넣고 기어. 기어서 들어가..
　그리고 처제가 뭐라 입 떼기 전에 무릎부터 잽싸게 꿇어..

달삼 E 자네는 홍준표도 남편도 인간도 아니고 한 마리 파리에 지
　나지 않는다 생각하고 파리처럼 손이 발이 되게 빌어.무조건 빌어.

달삼 무슨 소리를 해도 그저 덮어놓고/ 여보 잘못했어. 죽을 죄를
　졌어..입이 천 개라도 할말이 없어.. 한번만 용서해 줘..다시 또 한
　번 그러면 내가 당신 아들이야해..

준표 그게…먹히겠어요?

달삼 아니 이 사람 그걸 질문이라고 하는 거야? 입장 바꿔 치제
　가 바람이 나 딴 놈이랑 뒹굴다 들어와 여보 잘못했어 하면 그래?
　잘못한 줄 알면 됐어 냉큼 먹어 주겠어? 안 먹혀. 절대로 안 먹히
　지이..

준표 (난감하다)

달삼 아무리 빌어도 진 뺄 거 다아 빼고 잡드리할 거 다 하고 지쳐야

지만 끝나. 그래도 빌어. 비는 걸로 시작해서 비는 걸로 끝나야지

만/ 마지막에 비는 데는 장사없다 효과가나타나지 안 빌고는 해결

안나‥내말 믿어. 나 인생 선배고 경험자야.

준표 어떡하고 있어요‥

달삼 (톤 바꿔)누워있대. 보지도 못했어. 앉어는 못 있을 거야‥

준표 ……(고개 잠깐 옆으로 틀고/가슴이 쓰리다)

달삼 거기 /들렀다 오는 거지.

준표 ……(그대로)

달삼 집 사람 있어…오기는 곧장 왔는데 들어가기 겁나 대문간에

차 세워놓고 차안에 있었다 그래‥ 질문하면 말야.

준표 처형은 왜 또 거긴 가서 기어이 일을 이렇게까지 만들어요‥얼

굴이 말이 아니에요…

달삼 쯧쯧(새삼스럽다)….이 사람 이거 실수하기 딱 좋구먼. 명심할

건 어떤 경우에도 삐끗 그 여자 입장 옹호하거나 변명해 주거나 편

들어주는 멍텅구리 소리는 절대 입밖에 내면 안돼‥처제가 설혹/그

여자를 놓고 입에 담지 못할 욕을 하더라도/….이 걱정은 할 거 없겠

다. 처제가 욕을 알아야 욕을 하지….(잠깐 있다가)아니 또 몰라. 사람

이 환장을 하면 누구나 인격이고 나발이고 뒤집어지는 건데 여튼/

여튼 처제가 어떻게 나오던지 간에 배에 힘 꽉 주고/ 방귀가 나와도

꾹 참고 아뭇소리 하지 마‥절대 그건 건드리면 안돼 그거 건드렸다

하면 끝이야 알어들어?

준표 ……

달삼 그리고 잡아 떼에…뭘 잡아 떼냐‥ 나도 어쩌다 그렇게 됐는지

모르겠어 여보/ 내가 돌았었나봐/ 진짜 당신에 비하면 발바닥인

240

데 내가 왜 그랬는지 도오저히 모르겠어. 내가 미쳤지 내가 미쳤던 게 확실해 엉?

준표 ·····(그저 멀거니 보며)

달삼 구경하고 있어?

준표 아닙니다.

달삼 태도가 왜 그 모양이야.

준표 아까···숨을 못 쉬고 넘어갔다 그러든데···기절했나요?

달삼 넘어갔다는 소리가 그거 아냐?

준표 뭐 다른 얘기/ 들은 거 없습니까?

달삼 아직 띠잉한 모양이야. 지금은 다 실감 안날 거래. 와이프 얘기가·· 그 방면 도사가 그러니까 그게 맞을 거야··(보며)

준표 ·····

달삼 아 자네는 좀 단정하게 살어내지이이·· 평생 아내 밖에 모르고 사는 거 그래서 죽는 날까지 아내한테 대우받으며 사는 거/그것도 장하고 아름다운 거 아냐?

준표 변명이지만 그럴려고 했었어요··그럴 거라고 믿었구요······이렇게 되고 보니 장담할 일도 자신할 일도 ····없네요.

달삼 (준표 팔 툭 치며)괜찮아. 힘 내·· 실수가 없으면 인간이랄 수 있나 우리는 신이 아니거든····가지. 매도 먼저 맞는 놈이 낫다고 들어가··들어가서 빨리 부딪혀.

준표 ····

달삼 엉?

준표 예··(하고 발 떼어놓는)

S# 집으로 오는 중간 길··

달삼 (걸어오다가 갑자기 멈추며)아예 어디로 한 사흘 사라졌다 나타
나라‥

준표 (멈추고 본다)??

달삼 아 왜 있잖아. 엄마한테 뒤지게 맞을 짓 해놓고 토꼈을 때 그
당장 잡히는 거 보다는 걱정 있는대로 시키다가 비실비실 들어가
는 게 훨씬 유리한 거. 나 은수 임신 시켰을 때 토껴갖고 보름만에
들어가 귓쌈한대 안 맞고 결혼승락 받았어어. 안해 본 짓이 있는
줄 알어?‥

준표 ‥‥‥

달삼 찾아봐도 그 여자한테는 안 가있어 어딨는지 몰라 그럼 산에
가 목 매달고 죽은 건 아닌가 물에 빠져 죽은 건 아닌가 아니면 영
원히 증발해버린 건 아닌가 그러기 시작하며 기운이 빠져서

달삼 최후에는 그저 일단 살아 들어오기만 해라 그럴 때 거지 꼴로
들어가는 거야‥ 그럼 잡드리 당하는 강도도 시간도 반으로 팍 줄
어붙을텐데…

준표 정말 그러고 싶어요.

달삼 할래? 하까?

준표 아닙니다 이 상황에 태풍 피하자고 지수 기운을 그렇게까지 뺄
수는 없어요.

달삼 따따 그렇게 사랑하는데 왜 딴 여자 앞에서 팬티는 벗었냐.

준표 (그냥 걷기 시작)

S# 골목길을 같이 걸어오면서

달삼 첫째 내가 죽일 놈이다 용서 해 다오 둘째 나도 내 정신이 아니
었다. 돌았었나보다 셋째 내가 사랑하는 사람은 천지에 당신 하나

242

다..알았어?

준표   처형은 빼주세요.

달삼   빼준다니까아아..(하다가 멈추는)나오네..

은수   (대문에서 나오고 있다)

준표   ......

달삼   왜 나와.

은수   (준표 쏘아보며)둘이 어디서 뭐하다 오는 거야?

달삼   홍서방 들어가.

은수   홍서방

달삼   (아내 팔 잡아끌며)이리 와 이리와..

은수   아 왜 이래애애

달삼   오라니까아아 (끌고 가는)

은수   (끌려가며)지수 잘못되면 내 손에 살아남지 못할 테니까 그리
       알어!

달삼   하아 여보오(끌고 가며)

은수   (끌려가며)하나 쯤은 좀 순결한 남편이면 안돼? 어으 드러워. 어
       으어으 퉤퉤애!!

준표   ......(대문 앞에 고개 꺾고 서 있는)

       [저쪽 뒤로 남편에게 잡혀 끌려가는 은수/ 군소리 몇 마디 들리거나 말
       거나 해도 무방합니다..]

준표   (고개 들고 집 보면서)...........(한참 만에 무겁게 대문 열고 들어간
       다)......

S# 마당 현관/

준표   (들어와서 현관으로 움직여 현관 앞에 서서).........(키 누르려다 못

누르고)……

S# 지수의 침실

지수 (침대 위에 양반다리로 퍼지르고 앉아서)……(맥 있는 대로 풀려서)
……(생각이 아버지한테)

S# 어느 홈패션 가게 앞 길

용덕 (길에 서서 기다리고 있는 중이다)……(지나는 연인들도 돌아보고/
가게도 한번 돌아보고 하면서)……

선화 (홈패션 가게에서 나온다/지갑 들고) 아버님…

용덕 어 어어..

선화 (용덕 팔 끼며)가요 아버지

용덕 웅··수금했어?

선화 네··십만원 남겨 놓구요.

용덕 잘했네. 축하해.

선화 으ㅎㅎㅎ 네에.. 뭐 사드리까요? (하다가 멈추며)족발 집 가 소주
한잔 하실래요?

용덕 낮술을 뭘··

선화 그럼 족발만 드세요.

용덕 그거 난 파는 거 보다 집에서 된장 풀어 삶는 게 훨씬 낫다니까
····파는 건 향이 비위에 안 맞어..

선화 맞어요 아버지 그럼 시장 보러 가요. 족발 사서 삶아 드릴께요··

용덕 경수도 잘 먹어··

선화 그러니까요··

용덕 그래 간만에 족발 먹자. 된장 좀 풀고 소주 두컵 넣고 양파랑

선화 마늘이랑 청양 고추 예닐곱 개랑 파랑 넣고

용덕 생강 빠졌어. 내 앉히께

선화 네 그러세요 으흐흐흐……

S# 지수 거실 주방으로

지수 (흔들흔들 나와서 주방으로/ 냉장고 열고 오이 두 개 랩으로 싸진 것 꺼내 랩 벗겨내고 물에 씻어 소리 내어 먹기 시작한다/ 입은 소리 내어 씹으면서 눈은 공허하게 헤매고)········(그러다가 씹으며 울음이 비어져 나온다)····(눈물 뚝뚝 떨어지며 오이 씹던 것 멈추고 입은 오이 들어가 불룩한 채 싱크대 두 손으로 버티고 소리 죽여 우는)·······

　E 현관문 소리/

지수 ??(의식하고/ 얼른 수습하고 눈물 손바닥으로 빠르게 훔쳐내고 돌아보면)

준표 ·····

지수 (그냥 오이 다시 깨물어 먹으면서 포트에 물 붓고 스위치 넣고 컵라면 하나 꺼내 뚜껑 열어 수프 봉지 가위로 잘라 넣고 다른 부속물도 넣는다)·······

준표 ·······(현관께에 서서 보며)

지수 (준표에게 등 돌리는 자세로 식탁 의자에 앉아 오이 깨물어 먹는다)·······

준표 (다가와 서서 보는)····

지수 ······

준표 지수야.

지수 있지········(준표 기다리는)·····(입에 있던 오이 넘기고)내가 얘기하자 그럴 때까지 기다려 줘.

준표 ·····

지수 나는 아직....무슨 얘기를 해야 하는 건지...어떻게 시작해야 하는 건지...모르겠어..

준표 지수야.

지수 (연결)미쳐버릴 정도로 화가 나야 정상일텐데...이상해..난 역시 나사가 하나 모자란 가봐. ..그냥 멍하게....어떡하지 어떻게 해야 하지....그래....준비되면 얘기하자 그럴께...들어가 당신 할 일 해..

준표 어떻게 그럴 수 있어..

지수 흥..어떻게 그럴 수 있어...그거 내가 할말인 거 같다..(쓰디쓰게 웃으며 돌아보는)

준표 경민아.

지수 나 스물에 당신 알았어..마흔이야..경민이가 열 세 살이야.. 당신이랑 함께 보낸 세월 ....그래 나쁘지 않았어..우리 좋았고 편안했어..그래서 나 숭하게 악다구니같은 거 쓰고 싶지 않아.

준표 잘못했어..

지수 그러엄. 잘못은 했지.

준표 미안해.

지수 그 말은 새털처럼 가벼워..미안하다는 말은/이런 일에 쓰는 거 아니야..(일어나 끓으려고 쐐쐐 거리는 포트로 가 서며)

준표 죽을 죄를 졌어 지수야.

지수 상투적이야.. 드라마에서 많이 봤어. 식상해.

준표 그럼 어떻게 무슨 말로 사죄 했으면 좋겠니..가르쳐 줘.

지수 가르치는 사람은 당신이잖아. 난 교수가 아니야..

준표 .....(보며)

지수 (끓는 물 컵라면에 부으면서)준비 되면 얘기하자 그런다니까.....

준표   ……

지수   (물 다 붓고 아가리 닫아 수저 꺼내 작은 쟁반에 옮겨놓고 물 한 컵 따라 쟁반에 놓는데)

준표   화영이가 뭐래··

지수   (돌아본다)

준표   뭐라 그러고 갔어··

지수   거침없이 화영이라 그러네…. 화영씨도 아니고……뻔뻔하다·· 내 앞에서 걔 이름을 이름만/ 내 이름 부르듯 그러네··

준표   ……

지수   그래…그게 같이 자는 사람들이겠지….

준표   뭐라 그래.

지수   걔가 나한테 한 얘길 당신이 왜 알아야 해. 어거지로 당했다고 안 했어. 둘이 같이 뜻 맞춰 그렇게 됐댔어. 그러니까 혹시라도 유혹에 넘어갔다는 둥 그런 유치찬란한 변명은 하지 마··(쟁반 집어드는)

준표   나가자·· 나가서 좋은 데 가 맛있는 거 먹자.

지수   ?? 장난쳐?

준표   여보

지수   바쁜 분이잖어. 너무 바빠 자기 아버지 집에서도 점심만 먹고 와 일한다더니 어떻게 그렇게 시간이 널널해?

준표   그러지 말고 우리

지수   그……우리라는 말이 왜 그렇게 공허하게 들리니·· 그래 그렇지 ··오늘 몇시간 전까지 당신하고 나 경민이…우리였지·· 그래 그랬었어…(하고 침실로 들어가버린다)

E 딱 잠기는 침실 문 소리

준표 ……(침실 쪽 보면서)….

S# 침실

지수 (쟁반 화장대 놓고 라면 익기 기다리면서)……(시선 거울 속 제 얼굴에)…..

S# 거실

준표 (별수 없이 서재로 들어간다)….

S# 서재‥

준표 (들어와 상의 벗어 안락 안마 의자에 걸쳐놓고 앉아서 눈 감는다)……

S# 침실

지수 (라면 먹고 있다/ 후우후우 불면서 얼굴이 우그러지는)……(젓가락 도로 꽂아놓고 한 손으로 얼굴 가리고)……

S# 은수의 주방 거실

은수 (김 나는 카레/접시 위 밥에 떠 얹어주면서)해주면 해주는대로 먹지 사내자식이 뭘 말이 많어‥(선글라스/다른 안경입니다)

준구 엄마 카레 만드는 날은 아무 거나 배만 채우라는 뜻이에요. 재수하느라 기름빠지는 아들에 대한 엄마의 사랑이 저언혀 없는 날이라구요.

은수 재수가 벼슬인 놈 천지에 너밖에 없을 거다. 치매 예방에 좋다니까 돌대가리에도 좋을 거 아냐. 그런 깊은 뜻이 있는 거니까 군소리 말고 먹어‥

준구 아이큐가 백삼십이 넘는데 어떻게 돌대가리에요.

은수 아이큐 백 삼십이 어떻게 낙방 거사야.

준구 그러지 마세요 에디슨도 어렸을 땐 바보에 속했었고 아인슈

248

타인은 졸업장도 못 받았대요. 전 졸업장은 받았어요··

은수　자앙하다. 졸업장 액자에 넣어 걸어주리? 치우고 나가.(나간다)

S# 거실 주방

은수　(거실로/ 침실로/)

S# 침실

은수　(들어와서 사이드에 있는 핸드폰 집어 들고 잠시 생각하다가 그만두고 핸드폰 주머니에 넣으며 일어선다)···

S# 지수의 마당

은수　(들어와서 현관으로/벨 누른다)············(아무도 대답 없다)·········(거실 쪽으로 가서 들여다본다)

S# 비어 있는 거실/유리에 얼굴 대고 들여다보는 은수의 시각

S# 은수 다시 현관으로/ 벨 다시 누른다·······한참 만에

준표　E 누구세요.

은수　나야 문 열어··

준표　(문 연다)

S# 거실 현관

은수　(들어오며)얘 어디 있어··

준표　방에···

은수　어떡하고 있어··

준표　모르겠습니다··

은수　??(모르겠다니)얘기 벌써 끝난 거야?

준표　나중에···나중에 하자 그럽니다··

은수　······(침실 앞으로)지수야····지수야···

지수　(문 열고 쟁반 들고 나와 주방으로)

준표 …(그냥 어정쩡 서서 보는)…..

은수 (따르며)라면 먹었어?….

지수 …..

은수 라면을 먹으면 어떡해.. 밥해 주께..

지수 그냥 가 언니.(그물 용기에 거의 못 먹은 라면 쏟아서 국물 빼는)

은수 …..(보며)

지수 밥 안 먹어도 돼..(비닐봉지 작은 것 꺼내 국물 뺀 라면 털어 넣어 아
      가리 여며놓고 물 틀어 그물 세제 스펀지로 닦아 식기 건조대에 넣는다)

은수 (움직이며)커피 마실래.

지수 집에 가 먹어.

은수 ??

지수 (라면 용기도 스펀지로 닦아 씻는)…..

은수 처음부터 내가 그랬지..그 기집애 집 근처에 갖다 놓는 거 아니
      라구.. 와이프 친구랑 사고치는 남자 의외루 많다구. 홍서방을 뭘
      로 보는 거냐고 너 성질 내고 나더러 피해망상이랬지?

지수 ….

은수 결과가 어떻게 됐어. 내가 피해망상이야 니가 꿈꾸는 천사야.

지수 그런 얘기 소용없잖아.

은수 그럼 밥 먹자 불 꺼라 자자만 하고 사니?

지수 집에 가 언니 제에발!!

은수 안 가. 너랑 같이 잘 거야.

지수 아무도 필요 없어 누구도 필요 없어. 저 사람하고 내 일이니까
      둘이 알아서 하게 모른 척 해. 언니도 형부도 빠져. 빠져 줘.

은수 등신 천치 같은 거 목매달아 죽을까봐 그래 이것아.

250

지수 죽으면 장사 치르면 될 거 아냐. 무덤 앞에 돌 하나 세워 줘. 인류가 시작된 이래 가자앙 멍청했던 여자 여기 잠들다!!

은수 ??

지수 (바람처럼 침실로 들어가버린다/문 잠그고)····

은수 (침실 문으로 가 열려 하며)지수야··(안 열리고/ 두드리며)지수야아····지수야··지수야?

준표 ····(보고 섰는)

은수 (침실 문에 이마 붙이면서 얼굴이 우그러지는)

S# 지수의 마당(밤)

S# 거실(밤)

은수 (소파에 담요 한 장 덮고 구겨져 잠들어 있는/선글라스 반은 벗겨져 걸쳐져 있는)····

S# 준표의 서재

준표 (안마 의자에 누워 잠들어 있는)·····

S# 침실

지수 (침실에서 나와 현관으로)

S# 마당

지수 (나와서 대문으로)

S# 대문 밖

지수 (나와서 자동차에 올라 시동 걸고 라이트 켜진다)

S# 차 안

지수 (운전대에 손 올리고)········(있다가 출발)

S# 골목 나가는 지수의 자동차····

제6회

S# 화영의 거실

지수   (들어선다)

화영   ?? 너 지금 몇신 줄

지수   두 시 쯤 됐을 거야..(시선 안 맞추는 채)얘기 좀 하자..

화영   ....그래...가 앉어..

지수   ......(소파로 가다가 멈춰 소파 내려다보며)....여기서도 ...잤니?

화영   뭐 주까...

지수   (돌아본다)

화영   그래 그 사람이 좋아해.(하고 주방으로)

지수   ....그런데 저기 날 앉혔어?

화영   (냉장고 열며)소파일 뿐이야. 그리고 너 몰랐잖아..

지수   ....(보며)

화영   (병맥주 두 개 꺼내 들고 오면서)나 너처럼 예민하지 않아..그렇게
까지 신경 안 쓰고 살아.

지수   너한테 나는 뭐니...

화영 ....(보며)

지수 아니 뭐였어..

화영 서서 얘기할래?

지수 .....(보다가 바닥에 앉으며)너한테 나는 뭐야.

화영 니가 알기 전까지는 친구였지..(앉으며)

지수 친구기는 친구였어?

화영 (병 하나 밀어놓으며)지수야..(안 보는 채)

지수 ...(보며)

화영 (보며)의도했던 거 아니라고 했잖아..

지수 그게 아니었대도 너/너는 용서받지 못해. 이름도 알듯모를듯
한 한 반 친구 아니야. 고등학교 우리 친구들 누구나 다 한테 너무
나 유명한 단짝 이화영 김지수야..그런 니가 어떻게 나한테 이런 짓
을 해.

화영 .....(보며)

지수 우리...너 미국가고 몇 년 소식 끊어졌었어. 니가 끊었어 답장
없는 편지 몇 번인가 보내고 나도 그만뒀었어. 그러다 니가 먼저 연
락했었어.

지수 E 결혼해서 행복하다 그랬어. 진심으로 기뻤고 진심으로 축하
했고 그리고 우리 얼마간 편지 왔다갔다 했어. 그러다 니가 또 끊었
지.. 난 그냥 바쁜가보다 아니면 나한테 싫증났나보다

지수 그러다 또 연락하겠지 그러고 지냈어. 너 잘 그러는 애니
까...(그 동안 화영 병마개 따서 마시는)(침 꼴깍 넘기고)역시 니가 먼
저 연락했어 작년 여름 끝날 무렵에..파산하고 남편 죽고 비참하
다는 말을 너는 남의 얘기하듯 중간중간 웃어가며 그랬었어..다녀

가라고 했지··와서 쉬라고/ 그럴까? 그러면서 너 별로 내켜하지 않는 것 같더니

화영 (오버랩의 기분)너도 알고 나도 아는 얘기 생략하자···

지수 (조금 오르며)어느 날 갑자기 나 내일 간다 그런데 있을 데가 없어그래서 우리 집으로 왔더니 너 싫댔어. 부랴부랴 언니네 임대 원룸 하나 달래서 침구 사 넣고 그릇 사 넣고

화영 (오버랩의 기분)다 아는 얘기 생략하자구. 누가 아니랬니? 그래 나 니 신세 엄청 졌어.니 덕 많이 봤어. 그걸 꼭 그렇게 생색을 내야 해?

지수 ??

화영 /불가항력이었다고 했잖아. 정신차려 보니 그렇게 돼버린 뒤였어.

지수 그게 어떻게 가능해.

화영 그게 그렇더라구 글쎄. 그렇게도 되더라.

지수 나 없었어? 니 머릿 속에 나 없었어?

화영 있었어. 없지는 않았어.

지수 그런데

화영 무시했어. 밀어치워버렸어.

지수 어떻게!!

화영 내가 너무 뜨거웠어 니 남편이 너무 뜨거웠어. 지구가 깨져도 상관없었어.죽어도 좋았어. 너 따위 아무 상관없었어.

지수 (부들부들 떨리는)

화영 ···태어나 처음이었어 그런 거··(하며 지수 보는)

지수 (입 꽉 붙이고 떠는)

화영 우리는……너무 잘 맞아… 한번 실수로 끝낼 수 없었던 이유 중에 그것도 들어가‥서로가 서로를 미치게 원하니까‥

지수 짐승들이야?

화영 행복한 짐승.

지수 (터진다)아무리 그렇대도 아무리 남자가 필요하고 잠자리에 배가 고프대도 어떻게 내 남편과 그럴 수 있어!! 아무리 어떻게 내 남편하고 그 짓을 계속할 수가 있어. 나 니 친군데!! 나한테 너는 형제나 다름없는 내가 제일 좋아하는 친군데에에

화영 그건 니 사정이야 지수야.

지수 ??

화영 나 좋아해 달라고 부탁한 적 없잖아. 니가 해 놓고 왜 빚 준 거처럼 이래.

지수 ……(멍하니 보며)

화영 알아 너 나한테 부담스러울 만큼 잘했어. 너는 나한테 뿐만 아니라 누구한테나 잘해. 얼마나 다른 사람한테 잘 보이고 싶으면/ 왜 모든 사람한테 착한 김지수 소리를 들어야하는지 모르지만 암튼 그런 너 난 별로야. 사람은 누구나 항상 착하기만 할 수는 없거든. 그건 부자연스러운 거야. 누구한테나 언제나 웃는 얼굴 언제나 달콤한 친절 언제나 섬세한 배려/착한 척 좀 그만해. 짜증나‥

지수 착한 사람으로 살고 싶다는 게 잘못이니?

화영 착한 척 하기 위해 거짓말하잖아.

지수 그런 적 없어.

화영 너 그래.

지수 아냐

화영 꾸미지 말고 참지 말고 니 감정에 솔직해. 너 지금도 착한 척 하잖아. 겨우 한다는 소리가 내가 너한테 얼마나 잘했는데 니가 이럴 수가 있어야. 메슥거리게 그러지 말고 언니처럼 온갖 쌍욕해가면서 덤벼들어! 그게 정직한 거야.

지수 (벌떡 일어나는)그래애 이 나쁜 기집애!! 내 남편하고 같이 자면서 말짱한 얼굴로 내 집에 드나들고 내 밥/내 반찬 얻어먹고 내 얼굴 마주보며 웃고 떠들고/너 용서 못해. 절대로 못해.

화영 훨씬 사람같다··그런데 니가 하나님이니? 니가 뭔데 용서고 뭐고야. 나 용서받을 일 없어 지수야.

지수 ???(뭐라고)

화영 (병 들고 일어나 주방으로 움직이며)이미 더 이상 친구일 수는 없으니까 피차 친구라는 관계 내려놓고 얘기하자.

지수 니가 원하는 게 뭐야

화영 (돌아본다)

지수 (싱크대 쪽으로/마주)너 스스로 와서 밝힐 때 너 목적한 게 있을 거야. 우리 언니는 핑곌 거구.

화영 (맥주병 쥔 채 싱크대 두 손 올리며)김지수도 작정하니까 머리 돌아가네. 니 남편이 그랬거든··만사가 다 결정되어 한 상태로 멈춰 있는 사람같다고. 착한 여자 헌신적인 아내 모범적인 엄마 성실한 인간·· 하루 종일 똑같은 노래 반복듣는 거처럼 그게 지루하다 그랬어.

지수 (모욕 느끼면서)······

화영 뭘 원할까···· 임자 있는 남자 나누어 갖는 여자가 원하는 게 뭘 거 같니··나누지 않고 혼자 갖고 싶은 거 아니겠니?

지수 ·····

화영 물론 그이한테는 이런 속마음 안보였어. 놀래서 도망치면 안 되니까··(몇 모금 병나발 불고 내리며)멋있게 굴었지··지수 버리란 말 안해. 그냥 이대로 좋아.후후후후/(가만) 나 왜 이리 왔지?

지수 ·····(보며)

화영 어 그래··(냉장고 문 열고 올리브 병 꺼내 손가락 집어넣어 한 알 입에 넣고 씹으며)나도 너 대하는 게 힘이 드나봐. 입이 쓰다··하나 주래?

지수 (기막혀 보며)····

화영 (올리브 병 냉장고에 넣고 문 닫으며)어 너랑 문화도 안맞는다 그러더라. 넌 사진 볼줄도 모르고 음악도 모르고/유행가만 듣는다 면서?

지수 ····

화영 이혼하자 그랬니?

지수 ····

화영 일단은 그렇게 나오는 게 정석이잖아. 와이프들····남편은 이혼이 무슨 이혼이냐 길길이 뛰면서 밖에 여자 별거 아닌 걸로 그저 순간 실수로 매도하고/(싱크대에 두 손 벌려 올려놓고)속지 마. 그건 그저 이혼이라는 실패 피하려고하는 새빨간 거짓말이니까. 준표 씨 진심은 너 아닌 나랑 살고싶어 해.

지수 (겨우)잘못했다 그랬어. 죽을 죄 졌다 그랬어.

화영 다시는 안 그런다구.

지수 그래··

화영 (한 모금 마시고 내리며)순진한 척 하지 마. 그래서 넌 그걸 믿는 다구? 못 믿겠으니까 나한테 온 거잖아. 과연 우리 두 사람이 어떻

게 어느 정도 깊은 건지/이쯤으로 정리될 관계인지 아닌지 알고
싶어서 /아니야?

지수 너는....나한테 참 잔인하구나.....그래도 나는 니가 일단은 사
과할 줄 알았어‥그이가 좋고 그이를 사랑하게 돼서 사람할 짓 아
닌 줄 알면서도 그렇게 됐으니 어떡하면 좋으냐구…그럴 줄 알았
어…그럼‥나는 아마 너 붙잡고 울었을 거야‥니가 미우면서도 가여
워서

화영 (오버랩/맥주병 소리 나게 탕 싱크대에 부딪히며)야 이 기집애야 너
내 앞에서 위선 떨지 마!! 가여운 거 너지 내가 아니야!!니 니 남편은
널 지겹대! 습도 많아 끈끈한 여름날 같대. 꼭 필요하지 않은 말 자꾸
만 시키는 거 성가스럽고 귀찮대‥

지수 ???

화영 배신 당한 건 너지 내가 아니라구!!

지수 (감정 정리)그래 맞어‥그런데 나는 왜 나보다 니가 더 가여울까
….적어도 나는 너처럼 황폐하지는 않아‥너는 …..너 자신 밖에 없
구나…오로지 너만 있어….(하고는 현관으로 움직여 가다가 멈춰 서서)
……(한동안 있다가 돌아보면서)……(나간다)

화영 ……(현관 노려보듯 하고 있다가 고개 들고 병 비운다)…..

S# 승강기 안

지수 ………(멍하니 서서)….

S# 지하 주차장

지수 (승강기 쪽에서 나오며 한 손 이마에 올리며 잠시 멈추어 선다)………
…(가다듬어서 자동차로 움직여 차에 오른다)

S# 차 안‥

지수   (차에 올라서 가만히 어둠 속 응시하면서)·······

S# 새벽 빈 거리를 달리는 지수의 자동차··

S# 운전하는 지수···

S# 집 골목으로 들어오고 있는 지수 자동차

   [자동차 멎고]

S# 차 안의 지수·····

S# 대문 앞

지수   (마당으로 들어선다····대문간에서 집을 보면서)·······

은수   (현관에 나와 서서)······

지수   (천천히 현관으로)····

은수   어디 갔다 오는 거야.

지수   ····(그냥 버튼 키 누르고 들어간다)

은수   (문 닫히기 전에 따라 들어가고)

S# 거실 주방

지수   (들어오다 나와 보는 준표 보며)······

준표   (들어가려 등 돌리는데)

지수   헤어져.

준표   ??

은수   ??··지수야

지수   옷하고 책만 들고 나가··

은수   (잡으며 입 들썩하는)

지수   나는 더 이상 못살아 언니. 드러워서 못 살아

은수   경민아(달래는)

지수   (오버랩의 기분)끈끈한 여름날 같아? 상가스럽고 귀찮아? 하루

종일 똑같은 노래 듣는 거 같애?

준표   무슨 소릴 하는 거야.

지수   그거 밖에 안됐어 와이프 친구랑 바람나 딩굴면서 기집애한
      테 지 마누라 헐뜯으며 히히닥거리는 게 홍준표 수준이야? (은수 ??
      준표에게 시선)

준표   누가 누굴 헐뜯어.

지수   그렇게 지겨운데 여태 어떻게 살았어‥ 진작 그만두자 그러지
      왜 가만 있었어‥

준표   무슨 소릴 듣고 와 이래.

지수   다 당신이 한 말인데 왜 시침 떼!

준표   그렇게 말 한 적 없어. 그 여자가 과장한 거야.

지수   과장 안하면 어떤 건데

준표   이런 유치한 얘길 해야겠어?

지수   수준 높은 척 하지만 이젠 안 속아. 동네 강아지도 안 속아.

준표   나중에 얘기합시다. (돌아서려)

지수   (두 주먹으로 그 등을 힘껏 두들겨 패면서) 왜 그랬어 왜 그랬니 왜
      그랬어!! 왜 내친구야/ 왜 화영이야/ 왜 딴 여자가 필요 해./내가 칠
      순 노인네도 아닌데 나는 배고파 허기지게 만들어놓고 왜/왜/왜애
      애애애애/

준표   여보 (지수 안으려)

지수   (밀어내고)

은수   (지수 안아준다)

지수   (마주 안으며) 나 안살아 언니. 나는 못 살아. 드러워서 안 살아‥
      구역질 나 못살아‥

은수 그래 살지 마. 살 필요 없어. 너라도 살지 마. 살아주지 마.. 해..
이혼 해..해..해...(하며 데리고 침실로)

준표 ....(섰다가 후다닥 서재로)

S# 서재

준표 (들어와 핸드폰 들고 단축)

　　F 벨 가는 소리 두세 번

화영 F 안 받을 거야. 끊어.(끊어지는 전화)

준표 (다시 단축)

　　E 벨 가는 소리 한참 만에

화영 F 여보세요

준표 왜 없는 소리 지어내 불난데 부채질 해 도대체 무슨 유치한 짓
이야

화영 F 내가 무슨 없는 말을 했는데/

준표 지겹고 성가스럽다는 말을 언제 했어/하루 종일 반복하는 노래
같다 소릴 언제 했어.

화영 F 사실이잖아.

준표 ??그건 전부다 당신이 한 말이야. 내가 한 말이 아니야.

화영 F 까르르르르..

준표 ??

S# 화영의 침실

화영 (병맥주 들고 기대어 앉아서)지수 애 지겹지/과잉 배려 성가스럽
지/ 하루 종일 반복되는 노래 듣는 거 같지 않어? 끈끈하지 않어?
당신 부정하지 않았잖아.

준표 F 이러지 마. 아아무리 당신이 나한테 의미가 있는 사람이래

도 지수하고 바꿀 수는 없어. 그게 내 원칙이야.

화영 그래서 빌었다며/죽을 죄를 졌다 그랬다며/내가 죽을 죄야? 둘 다 촌스럽기는 암튼‥

S# 서재

준표 부탁해‥더 이상 나서지 마. 끊어(전화 내리는데)

화영 F 안 와?

준표 ??(전화 다시 귀에)

화영 F 안 올 거야? 기다리고 있는데

준표 (그냥 끊어버리고)‥‥‥(미치겠다)

S# 지수 침실

은수 (휴지 뽑아 지수 주며)아 마누라 불치병이라 곧 죽을 거라구 뻥치는 사내두 수두룩 하대애‥니 형부는 내가 사이비 종교에 빠져 집안 살림 개판치구 나도는 여편네 만든 적 있잖아아‥

지수 (구겨 쥔 휴지와 새 휴지 바꾸며)‥‥‥

은수 주리장창 그짓만 하겠니? 무슨 얘긴가 얘기두 할 거 아냐. 토론을 하겠니 평론을 하겠니. 이 소리 저소리 하다 보면 지 마누라 슬쩍슬쩍 씹기도 하겠지. 어이구우우 쓸개빠진 것들‥아 그리구 이 남자가 지 와이프를 어떻게 생각하나아 기집애가 궁금하잖겠어?

지수 내가 지겹대.

은수 아 부부 오래 살다 보면 지겨워‥늬 형부두 나두 서로 지겨워하는 일 많어‥눈 맞추는 웃고 뒤통수에 눈 흘기면서 살어. 대부분이 다 그래.

지수 나는 안 그래 언니.

은수 니가 비정상인 거든지 아니면 안 그래야지이이 작정했기 때문

262

에 안 그런 걸로 착각하고 있는 거든지 둘 중에 하나야..

지수　밥 차려 놨는데 안나오고 몇 번씩 부르게 하는 건 지겨워.

은수　봐아 있잖어어

지수　그런 얘기가 아니잖어어.. 나 자체가 지겹다는 소린데에에

은수　아 그 핑계도 없으면 어떻게 바람질을 해애.. 하다못해 여편네 귀가 못생겨서 바람 났다 소리래도 해야지이

지수　……

은수　뭐하러 거긴 가아아..말이 안되는 기집애라니까아..너 내가 뭐 괜히 손찌검했는줄 알어? 때리게 해요 그년이/약을 박박 올려서 손이 지가 먼저 날아가게 한다니까?

지수　……

은수　패주지는 못했을 거구 …뭐 하나라두 부셔주지 왜..

지수　(보는)……

은수　묻는 내가 모자라다. 걱정 마. 내가 날잡아 어느 하루 가서 이번에는 그눔으 소파를 갈기갈기 찢어놀테니까..

지수　거기서도 잤대.

은수　그걸/…… 물어봤어?

지수　그 소파를 좋아한댄다

은수　휘발유 뿌려 불 당겨야겠다..

지수　기가 막혀…나는 짝사랑두 무슨 이런 짝사랑을 했을까…개는 내가 아아무 상관이 없어….니가 누군데…그런 폼이야..

은수　한 마디로 납뿐 년 죽일 년이야..

지수　언니 가서 자….

은수　……(보며)

지수 피곤해‥잘래‥‥

은수 그래‥불끄고 나갈께‥‥(일어나서 보다가)‥‥거실에 있을게‥‥

지수 그러지 말고 가‥‥‥신경쓰여. 언니 있으면 나 못 자‥

은수 ‥‥‥알았어 그래‥가께‥‥‥아무 생각 말고 자 응?‥‥그저 이럴 땐
      자는 게 최고야‥쇠털같이 많은 날 자고 일어나면 날마다 새날인데
      오늘 하루에 결판날 일도 아니고 우선은 자자 응?

지수 ‥‥‥

은수 ‥‥‥(또 잠시 보다가 나가면서 불 끄려)

지수 끄지 마‥ 내가 할게‥‥

은수 ‥‥(잠깐 보고 나간다)

S# 거실

은수 (나와서 거실 소파 쪽으로 움직이다 보면)

준표 (술 만들고 있다)

은수 (흘겨주고 덮었던 모포 대충 털어 개켜 한옆에 놓고)문 안잠겼어
      얼른 들어 가‥ 어떻게든 한방에 있어‥혼자 있게 했다가 황당한 일
      당하지 말구‥무슨 짓을 할지 몰라‥

준표 예에‥

은수 믿는 도끼에 발등 찍힌다드니 어이구우우(나가고)

준표 (마시면서 침실로 가 문 열려고 손대는데)

      E 딸칵딸칵 잠기는 문./두 번 돌리게 돼 있는

준표 여보‥‥

지수 ‥‥‥

준표 나 들어가게 해줘‥‥‥문열어 지수야‥‥

지수 ‥‥‥‥

준표　여보……여보……

S# 침실

지수　(침대로 올라 베개 등에 받치고 눕는 참이다)

준표　E 나 그런 말 한 적 없어‥그거 다 그 사람이 한 말이야 지수야‥

지수　……(문 보면서)……

준표　E 문 열어…문 열고 우리…얘기하자……

S# 침실 밖

준표　……(기다렸다가)사과할께‥‥우리 제대로 얘기하자구‥

지수　……

준표　지수야…여보‥

S# 골목길(밤)

은수　(팔짱 끼고 종종걸음으로/ 지수네와 자기 집 반쯤 되는 위치/입 꾹

　　　다물고)

S# 대문 앞

은수　(열쇠 꽂아 열고 들어간다)

S# 마당

은수　……(현관 쪽으로)

S# 침실

　　　[불 끄고 자고 있는 달삼]

달삼　……

은수　(들어와 어둠 속에서 옷 아무렇게나 훌훌 벗고 그대로 침대로 파고

　　　드는)어으으으으으으

달삼　으‥으……당신이야?

은수　딴년이었으면 좋겠지만 유감스럽게도 아니네.

달삼   (상반신 일으며 스탠드 켜고)처제 지켜야 한다면서어.

은수   홍서방 들여보냈어..

달삼   문 열어줬어?

은수   이혼하재

달삼   그 자식이?

은수   죽을라고 환장했냐? 지수가.

달삼   난 또

은수   뭐가 난 또야.

달삼   당신은 이혼하자 소리 안 했냐? 그거 일단 해보는 말이잖아.

은수   (불끈 일어나며)그래서 개 코방구란 말야?

달삼   고양이 기침이란 소리지이

은수   (베개로 두들겨 패기 시작한다)

달삼   아 어 하지 마.. 왜 이래 또오 (어쩌고 베개 피하고 하다가 아내가 완전 속옷 바람인 걸 알고)어 당신 벗었네에에. 뭐야 그런 거야? 아 그럼 그렇다고 말을 하지이이이. (안으려 하면서)먼지 피지 마 먼지 피지 마..(베개 빼내 치우면서)이리와 이리 와

은수   왜 이래애애애

달삼   아 앙탈하지 마아아..가만 있으라니까아아아?

S# 거실 침실 앞

준표   (침실 문짝에 등 기대고/두 다리 벌려 세우고 무릎에 한쪽 팔꿈치 올려 술잔 들고)나도…내 인생에 한 대목에 이런 일이 섞여 있을 줄은 몰랐어.....당신 말고 다른 여자 꿈꿔본 적 없었고… 당신을

S# 침실

준표   E 배신할 수도 있다는 상상도 해본 적 없어…그런데....

지수　(침대에서 두 팔로 무릎 껴안고 듣고 있는).........

준표　E (웅얼거리듯)어떻게 하다 보니까 이렇게 돼버렸네..

지수　??(끝말이 잘 안 들리는)

준표　E 이렇게 돼 버렸어.......내가..(지수 침대 내려서 문 쪽으로)

S#　침실 밖

준표　(술잔 내려다보며)무슨 말을 할 수가 있겠니....무슨 말을 하겠어..이 판국에....미안하다 잘못했다는 외에....(한 모금 마시고 내리며)미안해...이런 일 만들어 정말 미안해...

S#　침실

지수　(문 가까운 데로 자리 옮겨 있다/두 무릎 세워 껴안고)

준표　E 당신 몰랐으면 좋았을텐데... 모르기를 바랬는데

지수　언제까지...죽는 날까지?

준표　E .....

지수　죽는 날 까지 나 속이면서? 그럴 작정이었어?

준표　E ...

지수　나는 뭔데....나는 뭐가 되는 건데...

준표　E 그런 얘기가 아니야

지수　바로 눈앞에서 그 짓들을 하는 데도 까맣게 모르는 눈뜬 장님 내가....내가 영원히 장님이길 바랬어? 그래서 앞으로 오년 십년 이십년 끝까지 계속하고 싶었어?

준표　E 그런 얘기가 아니라니까...

지수　그럼 무슨 얘기야.

준표　E 언젠가는 정리해야할 관계잖아.

S#　문밖

준표   영원히 계속할 관계도 그래서도 안되는 거잖아.

지수   E 그래서 언제까지 /언제 쯤 정리할 거였는데…

준표   ……

지수   E 사진 찍으러 가는데도 데려갔다더라. 방해 된다고 나는 안 데
       려가면서 걔는 달고 다녔다면서

준표   ……

지수   E 세미나도 따라갔다드라‥ 나는 못한 일을 걔는 다 했더라……
       언제쯤 정리할 생각이었는데………왜 대답 못해‥

준표   (그냥 마시는)

지수   E 거짓말 못하는 척 하지 말고 해!! 한달 뒤 석달 뒤쯤엔 정리
       할 생각이었다고 날 위해 하란 말야! 몇 달 씩이나 눈 하나 깜짝 안
       하고 양심도 안 아프면서 날 속여 넘겼으면서 그 거짓말은 못하겠
       어? 그건 진실이 아니라 못하겠어?

준표   언제쯤 정리한다는 생각

S# 방 안

준표   E 못 박아 안 했어……

지수   (입 꽉 다물면서)……(숨이 밭아지기 시작)

준표   E 사이사이‥‥그만둬야 하는데 끝내야 하는데‥‥그러면서 못했
       어. 한 수가 없었어…

지수   왜

준표   ……

지수   왜!!

준표   E 의지가…내 의지가…말을 안 들었어‥‥마치‥‥마치……

S# 문밖

[술이 돌기 시작]

준표 폭포 낭떠러지기로 달려가는 물살에 빨려든 것처럼….정신이 차려지지가 않았어…

지수 ……

준표 그렇더라..

지수 ……

준표 양심이 안 아팠냐구?…..얼마 쯤은 아팠지….당신한테 죄인 같고 경민이한테 미안하고…그런데…그것도 좀 지나니까 무뎌지더군…그게 그렇더라구……

S# 방 안‥

지수 (세웠던 무릎 무너졌고 방바닥 두 손으로 짚고 호흡 급해지면서)사랑….사랑이야?……사랑인 거야?

준표 E ……

지수 사랑이냐구..

준표 E 머리에서 생각이 떠나지 않아….

지수 ….(헐떡헐떡)

S# 문밖. 거실 주방/

준표 (빈 술잔 들고 일어나 주방으로 가 술 다시 채우고 술잔에 얼음 뽑는데)

지수 (헐떡이며 튀어나와 주방 싱크대 서랍 열며 무릎 꺾어지며 비닐봉지 집어낸다)

준표 왜 그래 여보 왜 그래.(잡으며)

지수 (모질게 밀쳐내면서 비닐봉지 아가리 입에 대고 호흡 조절하기 시작)

준표 ？？？？

지수   ……

준표   ……..

S# 달삼의 침대

달삼   (은수에게 팔 베어놓고 상체 일으며 내려다보며 쭉쭉/)<u>으흐흐흐</u>
      <u>흐흐</u>

은수   (흘기며 밀어내고 일어나 앉아 휴지 뽑아 땀 닦으면서)형제는 무슨
      소용있는 거니..하나 죽네 사네 하는데 하나 지볼일 볼거 다 보구…

달삼   그게 인생이야 그게..

은수   아니 이 미친 놈들이지 정말.. 집에 멀쩡한 여편네 두고 왜 나가
      그 드러운 짓들을 하냐 말야아아

달삼   아 기분 잡치지 말구 여운을 즐겨 여운을(눕히려 하며)

은수   (퍽 밀어내며)지 여편네는 쫄쫄 굶겨놓고 벼락맞아 죽을 것들.

달삼   짜장면 짬봉먹다 벼락 맞어 죽었다 소리 못 들었다.

은수   지수도 판판 굶겼나보더라구.

달삼   그랬겠지..그 자식 뭐 힘있겠어? 나야 원래 능수능란한데다 서
      비스 정신 투철한 사람이니까 빙수 먹으면서도 적당적당/빙수 먹
      은 날 오히려 와이프한테 서비스 완벽하게 하는데 그 친구는 완전
      촛짜라니까. 촛짜라고 했잖아.

은수   당신 오늘 빙수 먹었어?

달삼   엥?

은수   빙수 먹은 날

달삼   아 이 사람은 농담도 못하나.

은수   그런데 여보 화영이 년이 짜장면 짬뽕은 아닌 거 같단 말야..

달삼   움…그건 아니지. 제비 집이거나 곰 발바닥이거나 불도장 정도

되지..

은수   걔 매력 있어?

달삼   있지.

은수   ??

달삼   아니이이 매력은 무슨/아 난 글래머가 아니면 야 밥맛 없어.여
자가 좀 들어갈덴 들어가고 나올덴 나와야지 앞 뒤 없는 전차 그거
무슨 맛이냐 뭉실뭉실 잡을 것도 없고 /야 그런데 참 그러고 보니 홍
서방 전차 취향인가보다

S#   거실

준표   (지수에게 물 잔 주며)병원에 가자..

지수   그럴 일 아냐..

준표   숨을 못 쉬면서 그럴 일 아니라는 게

지수   화영이……과호흡증후군이래..기질적인 건 아니고 심리적인 걸
거라구..걔 앞에서 한번 그랬거든..응급처치…걔가 가르쳐줬어…우
습지…남편 뺏겨 숨 못쉬는 걸 남편 뺏은 여자가 고쳐주고……자는
게 좋대….감기약 먹고 잘까봐….(물컵 들고 침실로)

준표   ……(보다가 따라간다..)

   [눈 앞에서 닫히는 문 손으로 막으며]

준표   ….

지수   (돌아본다)….

준표   들어가게 해 줘.

지수   싫어.(문 닫으려)

준표   당신 몸도 그런데 (문 밀며)

지수   나는 멀쩡해..당신한테 죽은 사람 취급당해 그렇지 아무 이상

없어..

준표 호흡에 문제가 있잖어.

지수 누군가의 주목을 받고 싶다든지 힘든 상황에서 도망치고 싶을 때 무의식이 일으키는 거라드라·· 그런데 쇼로 그러기도 한 대···나는 쇼는 아니야··

준표 (팔 잡으며)일단 병원에 들어가 체크하자. 응급실로

지수 (팔 빼며)자면 돼···자면 된댔어···내가 컨트럴 할 거야···숨 못쉬는 걸로 이 상황에서 도망 안 쳐져···그런 걸로 당신 동정 받는 건····내가 처참해··(문 닫으려)

준표 여보.(문 버티며)

지수 (울먹해지며)나한테 무슨 짓을 한 건지 당신은 아직 아무 생각도 없어.정말 기막힌 일이다. 어떻게 그렇게 혼이 빠져나가니··당신은··내 이십년을 허 허사로 만들었어···가루로 만들어 날려버렸어··

준표 미안해

지수 내 꿈을 앞으로 십년 이십년 삼십년 남아 있는 날들을 걸고 꾸고있던 내 꿈을···우스개로 만들어 버렸어··

준표 (들어서 안으려)

지수 (밀어내며)당신 용서 안해·· 하나님만 용서하는 거 아니야··하나님은 용서해도 난 못해··(문 닫고 잠그면서)짐싸갖고 나가··나는 능력도 없고 돈도 없어··당신이 나가··(침대로 가 앉아 사이드 서랍에서 약병 꺼내며 걸터앉는다/후들후들 떨리는 손으로 약 두 알 꺼내 삼키는)···(물 마시고 내리며 눈물 지이이이)

S# 거실/침실 앞

준표 ....

S# 은수의 거실 주방

진주 (이 층에서 타라라락 내려와 주방으로)엄마 굿모닝.

은수 (아침 준비하며)엄마 별로 모닝이야.

진주 (커피 만들러 움직이며)왜애?

은수 아 썬글라스 쓰고 굿모닝 하게 생겼어? 어둠침침 모닝이지.

진주 벗어어어 그냥 봐준다니까 왜 죽어라 쓰면서 그래?

은수 눈꼽 덕지덕지 붙은 눈을 어떻게 보여줘. 시뻘겋기도 하고/

진주 그런 건 또 유난히 따져요 괜찮다니까 엄만데 뭐 어때‥벗어벗
어. 그냥 봐주께 벗어.

은수 ‥‥‥

진주 병원에 갔는데 아직 그래?

은수 하루에 반짝 어떻게 그래 병원이 요술쟁이야?

진주 그런데 왜 썬글라스가 자꾸 바뀌어? 무슨 선글라스 모델 하는
중야?

은수 이모네 벗어 놓고 왔어(한숨처럼)

진주 어디 한번 봐 엄마(엄마 잡으며)

은수 왜이래애애. 처다 보지도 말어. 옮아.

진주 그런 게 어딨어

은수 아 그런 거 있어. 우리 어렸을 때 눈병 난 애하고는 눈 안 마주
쳤어. 옮아온다구.

진주 흐흐흐훗 순 원시무지 시대. 엄마 커피 마셨어?

은수 아빠 나오면 마실 거야‥

진주 쇼핑 안갈래?

은수 선글라스 쓰고?

진주 그런 사람 많어어..이상하지 않어어어

은수 나갈 일 없으면 책들고 마음의 양식이나 먹어라 수운 날라리

진주 오늘 같은 날 이모 바비큐 파티하면 좋겠네.

은수 그래 누구 한 사람 꼬챙이 꿰서 빙빙 돌리며 숯불구이하면

진주 ??

은수 내가 누구 사람이랬니?

진주 엉

은수 왜 말이 이렇게 가끔 헛나가는지 모르겠더라. 어린 돼지 한 마리라 그런다는 게 왜 사람이 돼.

진주 그 사람 혹시 아빠 아니었어?

은수 너 미쳤니? 늬 아빠가 무슨 맛이 있어어.

달삼 뭐 뭐 내가 왜 맛이 없어.(나타나며)

진주 아니에요

은수 우리 커피도 만들어/

진주 (포트에 물 더 부으며)네에……아빠 우리 영화보러 안 갈래요?

달삼 집에서 낮잠이나 원없이 잘 거야.아아 피곤해 왜 이렇게 피곤하지이이?(아내 흘끔거리며)나도 이제 다 됐나봐. 한해 한달이 표시가 나는 거 같어어어

은수 (주방 나가며)준구야/ 준구야아아아아(깨우는)

S# 준표의 거실

준표 벌써 일어났어?….어 엄마 아직 주무셔….왜 이렇게 일찍 깼어 일요일인데 더 자지..

S# 홍회장 거실

경민   (무선전화 들고 다소 조심스러운)할아버지가 새벽 다섯시에 깨우잖아요오오..일찍 일어나는 새가 먹이 하나라도 더 먹는 법이라구..빨리 일어나라구요...(가정부 돌아보며/가정부 치우면서 보고 웃는다)할아버지 할머니랑 같이 잤잖아요 엄마 아빠 안 계시니까아....저는 깨워놓구 할아버지는 샤워하구 나오셔서는 또 주무시는 거 있죠 아빠.....아빠 엄마 많이 아파요?.....나 데리러 안 오실 거 같던데요?

S# 거실

준표   그래?....응...음....내가 데리러 가께 경민아....응 아빠가 갈께....이따 오후 한 다섯시쯤?....어 엄마가 좀 쉬어야하니까 느지막히 오는 게 좋을 거 같아..너 오면 엄마가 쉬지를 못하시잖아.....아 엄마 성격 뻔히 알면서 왜....그래 ..그래 그래...어..알었어.....네 어머니..

S# 거실

황   (선 채로/ 전화 넘어갔다/홍회장 아내와 같이 들어와서 어정쩡 서서 보는 중이고)에미 안 올 거냐고 물으셔....아 말씀드렸어..상관있는 양반이야? 당신 할말만 하고 당신 하고싶은 대로 하는 사람인데...(수화기 막고)감기가 심한가봐요 못 온대요..

홍   치/(창가로 움직이는)

황   (남편 움직이는 거 보며)못마땅하시지 뭐..아무 말씀 안하셔......뭘 데리러 와 안기사 있는데 실어보내지. 할 일 많다면서 그냥 있어..그래.(끊는데)

홍   (창에서 이쪽 돌아보며)집 비우구 여기 들어와 살라 그래..

황   ??

홍   눈 뜨면 보이는 게 늙어빠진 할망구 얼굴밖에 없으니 무슨 재미가 있어(경민 웃음 나오는 입 막고)

황   예에 늙어빠진 할망구 미안해요.

홍   미안한 줄은 알어?

황   그러는 당신은 청년이구요.

홍   치/(창으로 돌아서고/두 손 등 뒤 허리로 돌려 잡고)면도 할 거야‥

황   (전화에 손대며)예 부를께요‥

홍   드라이브 가.

황   면도 먼저 하실래요 드라이브 먼저 하실래요‥

홍   ‥‥

황   예/

홍   (돌아서 안방으로 움직이며)호박 범벅 좀 해봐‥

황   ‥‥‥(아이고 참)

홍   호박 범벅

황   예 알았어요‥(주방으로)들어와

가정   예에‥(주방으로)

경민   (심심해서 주리가 틀린다)

S# 준표 거실 밖 발코니

준표   (커피 마시면서 서 있다)‥‥‥‥‥

S# 스치는 화영의 이 모습 저 모습/

[예를 들어/목젖이 보이도록 웃어젖히는 모습/같이 뒹굴며 시시덕거리던 모습/ 헐렁한 와이셔츠만 입고 다리 벌리고 한 다리에 로션 바르면서 꼬시듯 배시시거리는 모습/고개 젖히고 와인 털어 넣는 모습/아이스크림 제 입에 떠넣고 준표에게 입 붙여 같이 먹게 하는 커트/등등 자유롭게/]

준표   (커피 마시면서 시선이 먼 데로)‥‥‥‥‥

276

S# 지수/거실 창 안으로 들어서면서 그러고 있는 남편을 보는……

S# 지수 시각으로 유리 밖 발코니의 남편 뒷모습

S# 발코니

준표　(돌아서 거실 열린 문으로 움직이다 보고)일어났어?

지수　(그냥 주방으로)

S# 거실 주방

준표　(들어오며)좀 잤어?

지수　…..(우유 꺼내 따른다)…..

준표　…..(보며)

지수　(마신다)…..

준표　다시 또는 없어….

지수　…….

준표　이번만 넘어가 주라….

지수　…..

준표　한 바퀴 돌고 들어오께….

지수　(마시는)….

준표　답답해.

지수　??(본다)

준표　자전거 타고..

지수　화영이한테 가고 싶어서.

준표　(눈 잠깐 감았다 뜨며)아냐..

지수　상관없어..상관 안 해..(방으로 들어가버린다)

준표　….

S# 대문 앞

준표   (자전거 끌고 나와 타고 움직이는)

S# 은수네 집 대문 앞

　　　[막 은수네 앞을 통과하는데]

달삼   E 아아 잠까안/

준표   (멈추고)

달삼   (막 대문 나서는 참이다)뭐야 어디 가는 거야.

준표   운동

달삼   운동은 지금 한가하게 운동할 때야? 안 그래도 자네 집에 가는
　　　중이야. 내려··자전거 여기 두고 나랑 나가자구··

준표   어딜요··

달삼   해결을 봐야 할 거 아냐.

준표   더 이상 개입하지 마세요. 해결은 이미 났어요. 끝내자고 했습니
　　　다. 더 이상 안 만나면 되는 거 아니에요.

달삼   태도 여엉 안 좋아 자네 엉?

준표   ····(보며)

S# 근처 찻집

달삼   그 여자를 치워야 결론이 나는 거 아냐 이 사람아··그여 자 그냥
　　　거기 두고 아니 한국에 놔두고 우리 안 만난다 안 만나면 끝난 거 아
　　　니냐 그게 통해? 그거 안 통해애애··

준표   ·····(보며)

달삼   핸드폰 시대에 둘 중에 하나 아무나 보턴 찍으면 띠리리리 연결
　　　되는 세상이야··그래도 안 만난다/그거 장담 어떻게 할 거야 해봐
　　　한번.

준표   ·····

달삼　자네 학교도 있지. 그 여자가 학교로 찾아가면 어쩔 거야. 그래도 매몰차게 안 만나고 내칠 자신 있어? 나도 남자지만 그거 보통 힘든 일 아니야‥그러니까 완벽하게 안전할려면 비행기 타게 하는 길밖에 없어.

준표　형님은 그때마다 다 비행기 태웠어요?

달삼　아 나야 비행기까지 태울 여자들이 아니었지이‥돈 보고 들러붙는 여자는 돈으로 떼면 간단해애‥수억 들었지 수억. 그런데 그 여자는 경우가 다르고 신분이 다르잖아‥게다가 와이프가 모르는 사람도 아니고.

준표　안 보겠다고 했으면 됐어요‥그 사람이 무슨 보따리도 아니고 어거지로 비행기 태우는 거까지 강요할 수는 없는 문제에요‥오히려 한 발자국도 안 움직인다고 반발해요.

달삼　‥‥‥(보며)

준표　처형한테 그냥 놔두라 그러세요. 건드리면 건드릴수록 악화시키는 거 밖에 안돼요.

달삼　빌라 자네 돈 들이민 거라면서.

준표　‥‥‥

달삼　처제한테 그 얘기는 안했대‥‥그거까지 알면 더 뒤집어져. 집 사람이 그것도 모르고 전세값 우리 통장에서 인출해서 주어 보낼려고 했는데 자네 돈이라 그드래. 우리 마누라 분해서 심장이 튀어나오더래‥ 그거 내가 갖고 나왔으니까 들고 가서 잘 구슬러 내보내‥ 삼억이면 적은 액수 아니야‥ 불과 석달에 삼억이면 한달에 일억벌이 아닌가 그런 벌이가 어딨어.

준표　그 여자 그렇게 취급하지 마세요 형님. 불쾌합니다./

달삼 ??……(뻔히 보다가)아 그래 알았어 알았어/순수한 사랑 그 자체
다 그거지 그래 그럴 수도 있지. 그렇다고 쳐. 그런 거 있어 그래··마
누라 두고 진짜 사랑/다시 사랑/좋지이이. 자네가 부럽네·· 그런데
좌우간 (좀 다잡듯)마무리는 확실하게 해야 해. 수단방법 가리지 말
고 비행기 타게 해.

준표 이렇게 몰아치다가 저까지 비행기 타면 어쩌려고 이러세요.

달삼 ???

준표 나갈 구멍을 보고 쫓으세요. 처형 저랑 그 사람한테 계속 미행
붙여 놀 거 아니에요. 뭘 더 어쩌겠어요 그러면 됐잖아요. 착하고 불
쌍한 사람이에요 더 이상 괴롭히지 마세요.

달삼 은수가 식칼 들구 설친 심정을 내가 이 순간에 알겠네··지 마누
라 반 죽여 눕혀놓고 뭐가 어쩌구 어째? 불쌍한 여자? 뭐? 같이 비행
기 타? 싸가지 없는 자식/돌아두 이게 에지간히 돈 게 아니구면 엉?
너 진짜 한번 혼나보고 싶어?

준표 조용히 하세요.

달삼 조강지처가 뭔데 너 이 자식/철없을 때 만나서 내 자식 낳아 키
워주며 나 밥해 멕이구 똥묻은 빤쓰 빨아 입혀가면서 오로지 나하
나만 바라보며 나한테 모든 걸 걸고 같이 옆에서 늙어가는 주는 게
조강지처야. 달면 삼키구 쓰면 뱉는 껌이 아니란 말야. 입에 써서
당장 뱉어버리고 싶어도 참고 살아야 하는 게 조강지처란 말야 엉?

준표 조용히 하세요

달삼 너 우리 은수가 아무리 극성맞구 선불맞은 멧돼지 같이 지랄스
러워두 내가 감기 기운만 있어도 약 지어다 멕여 쌍화탕 뎁혀 들이
붜 삭신 쑤신다면 지압사 불러 대 시간시간 체온 재 /그러는 게 조

280

강지처야. 이거 뭐 알기나 하면서 까불어 너.

준표　그렇게 절절이 아시면서 형님은 왜 그러고 사세요 예?

달삼　임마 그러니까 고질병이지. 고질병이니까 은수가 날 안 버리
　　구 살아주지.

준표　(일어난다)

달삼　야 앉어어..

준표　형님이나 잘하고 사세요.(문으로)

달삼　저 자식이?(일어나 따라 나가려/)

종업원　손니임.(돈 안 냈다)

달삼　어 어어…(주머니 뒤지는데 수표 들어 있는 봉투 밖에 찻값 낼 돈이
　　없다)어 저 이거 내가 잔돈이 없는데(준표 입구 자전거 끌고 나가고)

종업원　거슬러 드릴께요.

달삼　그래그래‥(봉투에서 수표 꺼내보고/)??천만원짜린데

종업　???(누구 놀려요?)

달삼　잠깐 잠깐 있어요.(허둥지둥)

S# 찻집 밖

달삼　(나와서 펄쩍펄쩍)야 홍교수!! 홍교수우!!

S# 지수 침실

　　[지수가 꺼내 놓은 준표 옷들 도로 한꺼번에 장에 처박으면서]

은수　미쳤다 이혼은 누구 좋으라구 이혼이야 어느 년 깨춤추라고 이
　　혼이야 너.

지수　언니(말리지 마)

은수　(상관없이)남편 한눈 파는 거 못 참아 이혼하고 후회하는 여자들
　　이 반 이상이더라. 홧김에 서방질은 해도 이혼은 하는 거 아냐.(지수

손잡아 끌어내면서)

S# 거실 주방

은수 (끌고 나오며)너 시집 보조 한푼도 못받고 차비도 안되는 강사
월급으로 어떻게 살았어. 내가 쌀 팔아주고 반찬 값 주고 아버지가
공과금 보태주고/생색내는 거 같아 안됐다만 늬 살림 반은 아버지
랑 내가 거들었어 왜 이래.

지수 맞어 그렇게 살었어.

은수 (식탁 의자에 반강제로 앉히며)그러다 시집에서 받자한 게 불과
몇 년/오년이니 육년이니 /(그러다 문득)아니 그런데 얘기하다보니
열딱지 더 뻗치네에에? 그렇게 고생시킨 주제에 그리구 처가 덕 못
봤다구는 못할 주제에 아이고 참 깃통 막혀. 난 또 그건 까아맣게 잊
어버렸다아아?

지수 .....

은수 (싸갖고 온 아침 밥과 반찬 실크 보자기 풀어 식탁으로 차려주면서)
아예 이혼에 잇짜도 까내지 마 너. 밥이나 먹어 먹고 기운 차려‥내
용있는 거 들고 나가 약 지어다 줄게 그거 먹고 기운 차려서 눈에서
시퍼런 불 팍팍 쏘면서 두 주먹 불끈 쥐고 짱짱하게 살어. 그러는 거
야 그게 승리하는 길이고 그게 복수하는 길이야.

지수 .....

은수 (계속 싱크대와 식탁 왔다 갔다 하며)딴 기집년한테 맛간 놈들 지
와이프 집에서 왔다갔다 하는 거 보면서 속으로 그런다잖니 저 여
편네한테는 왜 교통사고도 안나나아 참 그런 것들하고 평생을 도
모하자고 면사포 쓰고 결혼이라는 걸 하니이/먹어‥

지수 ....

은수　얼른 숟가락 들어어어…(데워낸 국)

지수　(숟가락 들고 국물 뜬다)

은수　(앞에 앉으며)너랑 나는 이혼 못해‥안하는 거야…밥벌이를 해야 꿈을 꿔보지이이‥뭐 위자료? 얼마나 받을 수 있는데‥오억? 십억? 꿈도 꾸지 마‥ 이혼할 때 위자료 갖고 안 치사한 놈이 없다더라 한 이불 덮고 산 놈이 아니래 같이 자식 만들었던 놈이 아니래 애애… 니 시집 부자라고? 재벌이 더 무서워. 일억주면 많이 줄거다 일억‥

지수　‥‥(먹는)

은수　(가여워져서)먹어. 그만 떠들게‥

지수　‥‥‥(먹는)‥‥‥

S# 거실 밖 발코니

은수　(차분하게)경민이 생각도 해야지이‥

지수　양육비는 주겠지‥

은수　너 줄 거 같아?

지수　??

은수　외아들에 하나 자식인데?‥손주가 딱 하난데? 어림없다‥

지수　그럼 말고‥

은수　??(얘가)

지수　절망스러워 어떻게 살아‥

은수　절망 속에 희망이 숨어있어…지나고 나면 괜찮아져‥

지수　다시는 옛날같은 마음으로 쳐다볼 수 없잖아.

은수　거죽으로는 웃으면서 속으로 이 북북 갈다 보면 그것도 뭐 견딜만 해져.

지수 뭣보다……드러워 어떻게 살어.

은수 국에다 코딱지 파 집어 넣구 밥에다 침 뱉어서 멕여…

지수 (고개 틀어 먼 데 보며)……

은수 (차 마신다)……

지수 언니는…(찻잔 들며) 참 대단한 사람이야.

은수 돈 때매 산다.

지수 언니랑 형부는…그럼에도 불구하고 서로 사랑하는 거 같아·· 그래보여

은수 ……(보며)

지수 당하고 보니까….언제부턴가 그이는 나를 사랑하지 않게 됐던 거 같아…

은수 그게 아니라 으레 있는 사람 으레 내 안사람 그래서 무감각해 진 거야…원래 그렇게 재미있고 그런 사람은 아닌데 뭘··

지수 아냐 따뜻한 사람이었어…표 안나게 배려가 많았고··의리 있고 ….성실하고….

은수 ……

지수 나는 그냥 그 사람한테 지루한 일상 중에 하나였던 거 같아··그 것도 모르고 나 혼자 열심히….나는 왜 그렇게 눈치코치가 없을까··

은수 너무 고지식해서 그래. 너무 순진하구…그저 어 해 바칠줄만 알 지 저 해바치느라 바뻐서 해 받는 건 뭐가 있는지 한번 되짚어 볼 줄도 모르는/그래…바보지 뭐··

지수 …..아버지…너무 낙담하시겠지?

은수 ??아 너 진짜 할 거야? …… 나 때문에도 아버지 날밤 새우신 게 얼만데 너까지 그럼 어떡해애!

지수 난 살기 싫어 언니..딴 여자랑 몸 섞은 사람하고 어떻게 살아. 내 남자 아닌 사람하고 어떻게 살아.

은수 맹맹이 콧구멍처럼 그러지 좀 마. 호적에 같이 올라 있으면 내 남자야 내 집에 같이 살면 내 남자고 내 자식 애비면 내 남자야. 니가 쥐고 있는 동안은 니 남자야.

지수 마음은 빠져나가 껍데기만 남아 있는데 껍데기 들고 앉아서 그게 무슨 의민데..

은수 껍데기가 아니라 갑옷이라고 생각해.어쨌든 너는 홍준표 와이프잖아. 파티 나가면 홍교수 와이프로 대접 받고 누구네 며느리로 대우해줘. 저년은 백날 잘난 척 해봤자 정부 밖에 안돼. 저것들은 발가벗은 알몸뚱이들이야. 갑옷이 욕심나 죽을라고 하는 것들이야.

지수 (울음 터뜨리며) 껍데기만 왔다갔다하는 거 바라보며 사느니 눈 맞추면 안으려 덤벼드는 남자 /정부가 차라리 낫겠어.

은수 (버럭)그럼 그런 놈 하나 만들던지 너두!! 어려울 거 뭐 있어. 만들어.

지수 (한 주먹 이마에 올리고)......

은수 ......(보다가 달래는)이혼은 언제든 할 수 있어 지수야....그래 언제든 할 수 있어 그러니까 일단은 그냥/그래 석달만 살어. 석달 뒤에도 죽어도 못살겠으면 그때 이혼해..그땐 안 말려.. 응?

지수 ......

은수 이십 년 산 걸 하루아침에 깻박치는 건 너무 경솔해. 너답지 않어.. 안살 생각만 하지 말고 사는 쪽으로도 생각해 가면서 석달만 노력해봐 지수야엉? 노력도 안해 보고 포기하는 건

경수 E 누나!!

은수 ??(일어나 마당 보고)경수 왔다…

지수 (얼른 수습하는)

은수 (계단 뛰어오르는 경수)너 웬일야..

경수 (황태 박스 들고 올라와 놓으며)아아 기어이 갖다 주라구 난리 치
   셔서/이거 대문에 비잉 돌아 나가게 생겼어요..

은수 황태 왔구나..

경수 큰누나넨 떨어 트렸어요..뭐 시원한 거 한잔 줘요. 덥네..

지수 그래. 있어..(거실로 들어가고)

경수 무슨 일 있어요?

은수 무슨 일.

경수 작은 누나요..

은수 감기 기운 있대..쑤셔서 잠을 제대로 못잤나봐..아버지 집에 계
   시니?

경수 (앉으며)쉬신대요..일요일은 거의 쉬시잖아요. 선화랑 대청소
   하신대요.

은수 너는

경수 회사요

은수 떼돈 번다떼돈 벌어.

경수 떼돈 벌면 놀죠오..(먼 데 보면서)나도 이런 집 하나 지어야지..
   이 동네 별로 마음에 안들지만. 나중에 큰누나 집 물려 받아야지.

은수 동네도 마음에 안 드는데 뭘.

경수 (지수 나오는 것 돌아보며)그래도 집은 튼튼하게 지었으니까 그
   냥 받어주죠 뭐

은수 봐줄 거 없어 괜찮어.

지수 (물 주며)뭘 봐줘.

은수 동넨 마음에 안드는데 집이 괜찮아서 물려 받아 준단다.

지수 준구 있는데 왜 니가 물려 받아.

경수 준군 매형 계시잖아요. 집 큰누나 명의 아니에요?

은수 내 명의면 니꺼야?

경수 아 그래 됐어요 관둬요.

은수 어물쩡 침 발러 왜.

경수 말도 못해요?

달삼 (계단 올라오며)누구 차야.

경수 (벌떡 일어나며)제꺼에요 매형

달삼 어 그렇지 했지·· 웬일야.

은수 아버지 심부름.

달삼 처제 잘 잤어?

은수 감기때매 죽상이야.

달삼 어어 죽상이네··(눈치 보며)

경수 (물 잔 비우고 내리며)찬바람 안 좋은 거 아니에요?

은수 그래 들어갈 거야··

경수 가요. 매형.

달삼 왜 가.

은수 놀러 온거 아냐··회사 나간대.(하며 나가 얘기 좀 하자 옆구리 찌
르고)

달삼 어어 (눈치 채고)

경수 (타라라락 내려가며)가요오오(뒤로 손 들어 보이며)

지수 그래애··(선 채)

경수　(나가며 뒤돌아보며)작은 누나 아프니까 여엉 그러네‥ 왜 잘 웃지도 못해요.

은수　(경수 등 밀며)아 아프니까 그렇지이‥

S# 마당

은수　(연결)아버지껜 암말 마. 걱정하서‥

경수　네에.

은수　또 배즙 만들어 오셔.

경수　아버지의 밋션인데 뭘.

S# 대문 앞

[셋 나오고 경수 타고 적당히 인사하고 자동차 뜨고]

은수　어떻게 됐어.

달삼　그게/더 건드리지 말고 놔둬야지 안되겠어.

은수　??

달삼　스웅질을 만장같이 부려 야‥무슨 보따리도 아니고 비행기 태우는 거까지 어떻게 하냐고. 자꾸 그럼 비행기 저까지 같이 타고 나가겠대.

은수　???뭐어야?

달삼　아니 그렇게는 안했고 저까지 비행기 탄다면 어쩔 거냐구‥

은수　그게 그말이잖아.

달삼　그게 그말이지.

은수　완전히 돌았구나

달삼　돌아도 보통 돈 게 아냐. 심각하더라. 착하고 불쌍한 사람이래.

은수　?? 누가‥‥

달삼　(엄지/손짓 뒤로 하며)저쪽이

은수　야아아아아 야아아아아아 엇쩌면 이렇게 한치한푼 안 틀리고 누구랑 똑같냐아아

달삼　글쎄 말야.

은수　동생 다섯 공부시키고 병든 아버지 척추 수술 여섯 번 시키느라 룸살롱 나온 애래?

달삼　글쎄 그것도 아닌데 말야

은수　야아아 야아아아아

달삼　야아아아아

S#　자전거 타고 달리고 있는 준표…

S#　러닝머신 하고 있는 화영

S#　달리는 준표

S#　운동 중인 화영

S#　어느 천변/땀 닦으며 음료수 마시고 있는 준표

S#　냉장고 앞에서 물 들이키는 화영/ 땀 닦으며

S#　거실

지수　……(우두커니 앉아서)……

S#　침실

지수　(머엉하니 누워서)……

　　　[앞에 씬 옮겨주세요]

화영　내가 너무 뜨거웠어 니 남편이 너무 뜨거웠어. 지구가 깨져도 상관없었어.죽어도 좋았어. 너 따위 아무 상관없었어.

지수　(옆으로 돌아눕는다)

화영　뭘 원할까…. 임자 있는 남자 나누어 갖는 여자가 원하는 게 뭘 거 같니..나누지 않고 혼자 갖고 싶은 거 아니겠니?

지수 (불끈 일어나 앉는다)……

F.O

S# 다른 날/거실

지수 (청소기 밀다가 갑자기 돌아가는 채인 청소기 아무렇게나 내던지고 발로 쾅쾅쾅 밟아댄다)··

준표 (서재 문 열고 보는)……

지수 (아무 상관없고/청소기가 망가져도 상관없다)

S# 또 다른 날/욕실

지수 (쭈그리고 앉아 손빨래하다가 갑자기 빨래 대야며 빨래판이며 비누그릇이며 아무 데나 마구 던지고 처박아버리고 세면대 위도 한꺼번에 쓸어버리면서 날뛴다)····

S# 또 다른 날 서재

[부서져라 박차고 들어오며]

지수 그렇게 좋대? 그렇게 미치게 좋아? 그 기집애가 나랑 다른 거 뭔데/나보다 난 게 뭔데에!!!

준표 여보

지수 (상관없다 테이블로 달려들어 위에 책이랑 프린트 아웃된 종이랑 한꺼번에 쓸어 치우고 던지고 하면서)일이 안 돼 스트레스야? 강의 준비가 피곤해? 머리가 한 짐이야? 식욕이 없어? 스트레스야? 바보같은 마누라 등신만드는 게 그렇게 재미있대? 재미있어?? 이따위가 다 뭐야. 당신이 무슨 자격있어 교수구 학생을 가르쳐/이게 다 뭐야/이게 다 뭐야 이게 다 뭐야아아!!!

준표 진정해

지수 (이하 대사는 삭제하고 책꽂이에 책들 마구 뽑아 던지고 남편한테 날

290

리고 엉망으로 만들면서 악은 계속 쓰는 상태/미친 늑대처럼)

준표 (그냥 당할 수밖에 없고)···

S# 다른 날 은수 거실

지수 (서서 두 주먹 부르쥐고)왜 언니 혼자만 알고 나 혼자 바보놀음 하게 만들었어. 도대체 왜 그런 거야

은수 (마주 서서 벙쪄서)

지수 (상관없다)나 홍준표 처야/그런 일 있으면 그 자리서 나한테 알 렸어야지 왜 언니까지 합세해서 날 등신천치로 만들어.

은수 경민아

지수 내가 불쌍하지도 않았어? 그런 줄도 모르고 그 기집애 챙기고 다 니는 내가 딱하지도 않았어? 아니 언니는 열불도 안났어? 내가 그렇 게 당하고 있는데 화도 안났어?

은수 지수야

지수 언니 누구 편이야. 누구 언니야. 화영이 언니야? 준표 누나야? 왜 카바해줘. 그것들이 뭐라고 나하나 따돌리고 그것들 카바했냐 말야!!!

은수 (버럭)정신 차려어어!!

지수 (두 주먹 불끈 쥐고 마주 소리친다)누구 편이야아아아아!!

S# 거실/다른 날

지수 (긴 소파에 누워서)···

[앞에 씬 옮겨주세요]

화영 (올리브 병 냉장고에 넣고 문 닫으며)어 너랑 문화도 안맞는다 그 러더라. 넌 사진 볼줄도 모르고 음악도 모르고/유행가만 듣는다 면서?

지수　(불끈 일어나 카세트 라디오 틀면)

　　[웃기는 대중가요 나오고/]

지수　(볼륨 집이 떠나가게 올려놓는다)

S#　준표 서재

준표　(책 보고 있다가)··········(잠시 듣다가 책 놓고 기대어 앉으며 눈 감
　　는)······

S#　화영의 거실/

　　[교향악이 흘러나오고 있다/]

S#　침실

화영　(시장 가려고 옷 입는 참이다/명은 거의 다 빠졌다/전화)네 입금 확
　　인됐어요·····아뇨 더 다운은 못시켜요··그거 삼만불 넘게 준 거고 두
　　번도 안 찼어요···그 디자인은 지금도 여전히 나오는 거에요··반값
　　에서 더 다운은 못하죠. 그냥 내가 차는 게 낫지·· 네···네 안녕히 계
　　세요··(끊고 거실로)

S#　거실

화영　(나와서 그대로 현관으로 나간다)

　　[빈 거실에 음악만······]

S#　빌라 현관으로 나오고 있는 화영/ 커트 커트 누군가에게 사진 찍히는/

S#　근처 백화점 시품부

　　[장 보고 있는 화영···파프리카 색색으로 하나씩 상태 살펴보며 장바구
　　니에 담는 화영··]

　　[움직여서 다른 야채 쪽으로 다가들어 하나 집으려는데 동시에 뻗어오
　　는 손/]

은수　E 아 미안해요··

화영   (돌아보면)

은수   (동시에 돌아보는)??(선글라스 아직도)……

화영   (쓴 미소)안녕하세요··

은수   안녕하겠냐? 나쁜 년.

화영   여전하군요.

은수   너는 안녕하냐?

화영   네··잘 지내요···(하고 다른 코너로 움직이는데)

은수   (문득/저년은 멍 다 빠졌어/서둘러 화영 옆으로)야 잠깐 서봐.

화영   (멈춰 서며)??

은수   너 뭐 했어.

화영   ??

은수   뭘했길래 멍이 다 빠졌냐 말야.

화영   아무 것도 한 거 없어요.

은수   그런데 그렇게 다 빠졌다구?

화영   화장으로 카버했어요. 완전히 다 빠진 건 아니에요.

은수   (뿌우우 보며)

화영   체질 따라 개인차가 있어요. 한번 벗어 보세요.

은수   니가 보면 뭘 알아?(하면서도 벗어본다)

화영   아직 한참 더 가겠네요.

은수   이 기집애야 그 소린 나도 할 수 있어.

화영   (웃으며 다른 코너로 움직인다)

은수   (따르면서)홍준표는

화영   지수는 어떡하고 있어요.

은수   전화는 하지?

화영 하면 한다 그럴 거 같아요?

은수 (인상 쓰는)....

화영 (그냥 다른 코너로 / 물건 고르는)

은수 저걸 그냥.......

S# 준표 학교 근처 카페··

달삼 그거 오히려 좋은 현상이야...그냥 사는 방향으로 죽자구 노력하는 중인 걸로 해석해··그렇게 폭발 안하고 조용하면 그게 위험한 거야. 집사람도 그러는데 처제 지금 살려고 애쓰는 중인 거래··나도 동감하고··

준표 사람이 ....지수가 아닌 거 같아요··

달삼 야 돌부처도 돌아앉는다는데....용한 사람은 성질 없냐? 용한 사람이 터지면 더 무서워·· 그리구 뭐라 그래도 은수동생 지수다·· 한 핏줄이구 같은 유전자 아냐. 은수가 선불맞은 멧돼진데 처제는 하다못해 미친 토깽이 정돈 되잖겠어?

준표 그 정도가 아니에요...어디서 기운은 그렇게 나오는 건지...무서워 죽겠어요··

달삼 무섭지··길길이 날뛸 때는 무서워 그거·· 할 만큼 하면 진정될 거야··하다보면 지치거든·· 토해낼만큼 토해내면 진정국면으로 접어들 거야.

준표 어제 오늘....좀 나진 거 같기는 해요...

달삼 봐. 내가 선생이지.....(찻잔 들며)저쪽은 어떡하고 있어··

준표 모릅니다··

달삼 거짓말하지 말구··

준표 정말이에요··

달삼   조심해.. 따라 붙는 친구들 아직 철수 안 시켰어.

준표   …(찻잔 들며)

달삼   핸드폰 바꾸라 소리/위치추적 동의하란 소리 안해?

준표   아뇨..

달삼   흠 아직 확실하게 결심은 안됐군. 그냥 산다 결심하면 우선 핸드폰 관리에 들어갈 거야..집사람 뭐하겠어 그런 거 코치 안하구…아아아 피곤하지이이..그래도 별수 없어 당해줘야지 지은 죄가 막강한데..

준표   ….

달삼   킬킬킬 난 말야 동서..위치추적 피할라구 나는 서초동에 있으면서 퀵한테 전화기 주고 문산 갔다 오라 그랬다가 딱 걸렸잖아.. 이 친구가 그냥 전화기들고 휘이이익 문산가서 찍고 곧장 되돌아 휘이이익 서초동으로 온 거야.. 전화기 받아들고 느긋하게 있는데 마누라 체크/ 당신 어디 있는 거야/문산/했다가 죽었다죽었어. 너 지금 서초동이잖아아아/ 낄낄낄낄…

준표   …..(쓴웃음)

달삼   강의 피해서 처제 데리고 잠깐 나가 바람이나 쐬지…

준표   …(보는)

달삼   경민이 우리 집에 맡기고

준표   따라 나서겠어요?

달삼   꼬시기 나름이지 그거야…집사람 말로는. 반반이래..

준표   …..

달삼   시도해봐아..밑져야 본전 아냐…집 떠나면 일단 공기가 틀리고 기분이 다르니까 집에서 보다 훨씬 대화가 잘 될 수 있어.. 연애

하던 때 얘기도 중간중간 집어 넣으면서 처제가 동서한테 얼마나
소중한 사람인지 말해 주라고⋯⋯한 번 해 봐아아아..

S# 카페에서 나오는 두 사람/ 사진 찍히는/서너 커트

S# 지수의 집 전경(밤)

S# 거실

준표　(침실 문 앞에 서서)⋯.어디⋯.이박삼일 정도⋯.바람 좀 쐬고 오자
여보⋯⋯.경민이 처형네 맡기면 되고⋯⋯.그 동안 대화가 너무 없었어
⋯내 잘못이야⋯⋯

S# 침실

지수　(침대에 두 다리 세워 껴안고 앉아 있는)

준표　E 여보 듣고 있어?⋯⋯.뭐해⋯자아?

지수　(그 문짝에 갖다놓았던 크리스털 물병 날려버린다)

제7회

S# 무료 급식 봉사 중인 지수…

[열심히는 하고 있으나 중간중간 스치는 그늘··]

S# 동하가 사는 옥탑방 계단을 올라오고 있는 화영····문으로 가 두드린다···

[기척이 없고·····다시 두드린다···잠시 더 기다리다가 핸드폰 꺼내 전원

켜는데]

동하　E 누구세요.(잠에 취한 채 퉁명스러운)

화영　나야·····

동하　(문 열고)웬일이요.

화영　죽었나 살았나 궁금하지도 않아?

동하　피차 신경 끄고 살기로 했잖아요.

화영　(들어가려)

동하　내가 나가께··(나오며)남 한밤중인데··(슬리퍼 끼는)

화영　들어가 자. 치워주구 갈게.(움직이려 하며)

동하　(잡으며)아 됐어어. 치울 거 없어···깨끗해요.

화영　누구··있니?

동하   상관할 거 없잖아요.

화영   ·····(보다가)누군데··

동하   피차 필요할 때 와 몸풀고 가는 애···

화영   ····(보며)

동하   (평상에 걸터앉으며 시선은 저 아래로)엄마한테 뭐랬길래 그러시
       는 거요.

화영   ····왜··

동하   울고불고 난리도 아니었어···뭘 그래 기운 다 빠진 노인네한테··

화영   (평상에 걸터앉으며)할 소리 했어··

동하   (돌아보며)누난 할 소리였겠지만 엄마는 들을 소리가 아니었
       는가봅디다··

화영   ·····

동하   그런 말을 꼭 그렇게 해야하는 거요?

화영   내 입장도 심정도 아무 상관없이 그저 덮어놓고 들어오라 소리
       만 하니까···

동하   (보던 얼굴 돌려 저 아래로)·····(사이 두었다가 그대로)쉴만큼 쉬었
       잖어·····엄마는 걱정되니까 그러시는 건데····

화영   나는 우리 식구 진심으로 내 걱정하는 사람 누구도 없다고 생각
       한다··

동하   (돌아보는)···

화영   필요에 의해서 찾는 거겠지···필요하니까··

동하   그렇게까지 생각할 건 뭐야.

화영   부모도 형제도 결국은 다 각각 이기적인 거 아냐?

동하   그런 생각 드는 것도 무리는 아니지만 누나만큼 능력이 없으니

까 별 수 없이 치대고 산 거지‥

화영   ……

동하   언제 돌아오냐고 연락하는 병원도 서너 군데 되는 모양이던
데……여기서는 미국 면허갖고 취직 못한다면서…

화영   장사는 어때‥

동하   그냥 그래…불경기 죽이잖아요…떨어진 매상 여엉 복구 안되네
…은행 이자는 넣어요‥(하는데)

초희   (문 열고 보는/누군가)

동하   야 문 닫어 빨리‥

초희   ….

동하   (일어나며)빨리 못 닫어?

초희   (문 닫고)

화영   ??(동생 보며)….왜 그래?

동하   대면할 필요 없잖아.

화영   왜‥

동하   아 그냥 그런 애에요…볼 필요 없어.

화영   돈 주고 자는 애야?

동하   돈은‥아니에요.

화영   그럼.

동하   알 거 없다니까.

화영   ….(보며)

동하   룸살롱 애야…그냥….지가 와요…

화영   …..(보며)….

S#   운전하고 있는 지수

지수   ……

    E 전화벨…

지수   (전화기 보고 열고)아버지 잠깐요…(해놓고 이어폰 꽂는다)네에..

용덕 F 무슨 일 있어?

지수   일은요 아무 일 없어요 아버지..

용덕 F 어디 아픈 건 아니야?

지수   아아뇨. 아프긴 어디가 아퍼요 제가..

S# 어느 벽지 가게 앞

용덕   그런데 왜 이렇게 조용해……바쁜가보다 기다리다기다리다
아부지가 하는 거야.. 은수도 아무 일 없다는데 아무래도 신경이
걸려..무슨 일야…..아무 일 없는데 왜 날마다 하는 전활 안해. 아부
지가 뭐 섭섭하게 한 거 있어?

S# 차 안

지수   아이구 참 아부진..(눈물이 차오르는)그런 게 어딨어요……그냥
이일저일 바빠서 그렇게 됐어요.. 전화드려야지드려야지 하다 보
면 또 너무 늦어지고 그렇게그렇게 하면서/아니에요 감기 안 들었
어요..(그런데 목소리가 왜 그래)아버지 전화 받으니까 너무 죄송하구
주책이야 괜히 눈물이 날라 그러네요 아버지..아버진 어떠세요

S# 벽지 가게 앞

용덕   아부지는 어떨 것도 저떨 것도 없어..맨날 그날이 그날이지 뭐.
참 황태 국 끓여봤어?…깨끗하게 잘 말랐던데…엉….괜찮아 얼마
안해..아버지가 그것도 못해?…마당에 꽃 아직 안폈지?

S# 차 안

지수   아직 안폈어요 아버지.곧 필려고 열심히 부풀어오르고 있어요

..네...네...네 아버지 전화드릴께요..네..끊어요 아버지..(끊으면서 목이 찢어진다)....

S# 강의실

준표 맥루한의 공식 '미디어는 메시지다 ' 이것이 현대사회의 소비를 분석하는데 가장 기본 적인 명제로 이해될 수 있고 이해돼야 합니다. 라디오/ 텔레비전 기타 등등의 미디어를 통해서 전달되는 메시지/ 우리 무의식이 무위식적으로 해독되고 소비되는 메시지는

[칠판에 Marshall McLhuan.]

[미디어는 메시지다.]

S# 탄천 부지

[벤치에 앉아 한 손에 햄버거 한 손에 콜라를 들고 머엉하니 앉아 있는 지수……]

지수 ……(한참 만에 햄버거 한 입 베어 물고 우물거려 넘기는데 목이 메어 잘 안 넘어가고 넘기려 애쓰다가 콜라 한 모금 물어 간신히 넘기고 나서 비참함에 멈추고)………(가만 있다가 햄버거 종이 봉투에 집어넣고 콜라 나누어 마시면서)……(머엉하다)…(하염없이 그러고 있을 듯)....

S# 지수네 골목

경민 (고개 좀 꺾고 침울하게 오고 있는 중)……(작은 돌멩이도 한번 걸어 차고)….

S# 대문 앞과 마당

경민 (와서 대문 열고 들어가서 경보기 기웃이 보고 카드 꺼내 대는)

소리 경비가 해제 되었습니다.

경민 (집으로)….

S# 거실

경민 (들어와 책가방 적당히 놓고 도시락 꺼내 싱크대에 집어넣고 냉장고
열면 랩 씌운 샌드위치 두 쪽/ 접시 꺼내다가 도로 넣고 주스 꺼내 따른다)

S# 은수의 거실 주방

은수 (주방 싱크대에서 묵은 김치 물에 빨아 헹구면서 한 쪽 떼어 먹기도
하고)……

　　E 핸드폰

은수 (급히 장갑 벗고 받는다) 네에에?

경민 F 이모 어디 계세요.

은수 ?? 집에.

경민 F 엄마 같이 계세요?

은수 엄마 아직 안 들어왔니?

경민 F 네..

은수 여섯시가 넘었는데? 이모 아까 낮에 통화했는데..봉사 마치고
세시쯤은 들어온댔어. 다른 볼일 생겼나부지? 전화해 봐.

경민 F 바테리 나갔나봐요 꺼져있어요.

은수 으응. 핸드폰 그게 망했더라..금방 들어갈 거야…저녁 할 시간
벌써 늦었는데

경민 우리 엄마아빠 이혼하세요?

은수 ?? 얘기 이게 무슨/ 그런 일 없어 아니 엄마아빠처럼 사이좋은
부부가 갑자기 왜

경민 F 아니에요. 안녕히 계세요. (끊고)

은수 (뿌우우)……

진주 (학교에서 돌아오며) 어으으으 이게 무슨 냄새야아아

은수   김장김치 빨아 쌈싸 먹을려구.

진주   어으 진짜.왜애액왜애액/

은수   호들갑도 떤다. 뭘 그렇게 냄새가 난다 그래애

진주   (창 쪽으로 내달으며)문을 좀 열어놓고 하던지‥밖에서 들어와 봐 엄마. 미쳐미쳐어. 시어고부라졌으면 그냥 버리지 엄마는 꼬옥

은수   (김치 쪽으로 가며)버리긴 왜 버려 아깝게. 지져먹고 쌈싸 먹고 늬 아빠가 얼마나 좋아하는데.

진주   신김치 김치찌개 밖에 맛있는 거 없어.

은수   아 그래 늬 아빠랑 나랑 먹을 거야. 누가 늬들 먹으래?(김치로 가며)

진주   준구 안 들어왔어?(하는데)

준구   (들어오다가)어으 무슨 냄새야

진주   엄마 신김치 빨어. 요맘때 꼭 몇날며칠 우리 죽이잖니.

준구   대단하다 대단해‥(이 층으로 뛰어 올라가며)엄마 저 십오분 밖에 시간 없어요.

은수   얼른 내려와 준비 다 됐어.(국 냄비에 불 켜면서)빨리 상 차려…

진주   (주방으로)냄새 때매 뭐가 무슨 맛인지 하나도 모르겠네‥

은수   …(김치 씻으며 뿌우우우)

S# 거실 밖 발코니

경민   (발코니 끝에 서서 골목 보고 있다…엄마 오나 안 오나……다른 차/사람들만‥)‥‥(주머니에서 핸드폰 꺼내 단축 누른다)‥‥

     E 벨 가는 소리‥

준표   F 어 아빠. 웬일야./…

경민   늦으세요?

준표   F 아니. 지금 막 나가려는 참인데 집에 무슨 일 있어?

경민   아니에요.. 엄마가 아직 안 들어오셔서 그냥 걸어봤어요..

S# 학교 주차장 쪽

준표   (주차장 쪽으로 움직이며 시계 본다)좀 늦으시나 보구나…곧 들
       어가시겠지..

경민   F 네에..

준표   배고파? 전화 안해봤어?

경민   F 꺼져 있어요..

준표   ….

경민   F 빨리 들어오세요..

준표   그래/(자동차 문 열면서)지금 차에 타는 중이야. 금방 들어갈게..

경민   F 네에..(끊어지는 전화)

S# 차 안

준표   (차에 올라 시동 걸어놓고)………

       E 전화벨

준표   (보면/번호만 떠 있는)…………(벨 여러 번 울리고/ 망설이다 받는다)여
       보세요.

화영   F 어디야.

준표   학교..

화영   F 퇴근 안해?

준표   ….

화영   F 나 보러 안와?

준표   일이 많아.

화영   F 그럼 일 마치고 와?

준표 이러지 마.

S# 어느 산부인과 앞

준표 F 괴로워‥

화영 보고 싶어…

준표 F ‥‥‥

화영 보고 싶어‥‥‥ ‥‥‥만지고 싶어‥

준표 F 하지 마.

화영 만지고 싶어.

준표 F 어디야.

화영 밖에…

S# 자동차 안

준표 들어 가.

화영 F 올래?

준표 아니‥끊어‥

화영 준표씨‥

준표 (그냥 끊어버린다)‥‥

S# 병원 앞

화영 (끊긴 전화 귀에서 내려서 보다가 단축 누른다)‥‥‥‥(아무리 벨이 가
도 받지 않는)‥‥(포기하고 내리면서)‥‥‥‥(허탈한/‥‥‥잠시 있다가 문자
치기 시작)

S# 운전하는 준표

     E 문자 메시지.

준표 (확인하면)

화영 E 한밤중에 자전거 타고 와‥ 올 때까지 기다릴게‥

준표   (문자 지우는 조작)…

S# 산부인과 앞

화영   (아무 일 없는 듯 병원 앞 떠나서 걷기 시작/ …어느 남자 앞을 스치는
듯 하다가 돌아서 느닷없이 핸드백으로 갈겨버린다)

남자   ?? 이게 미쳤나.

화영   (노려보며 작게)밥 먹고 할 짓이 그렇게 없어? 스토커로 신고해
줄까?

S# 거실 밖 발코니

경민   (주머니에 손 넣고 골목 끝 보고 있다가)??
   [엄마 차가 들어오고 있다.]

경민   (얼른 도망치듯 거실로 들어가고)

S# 거실

경민   (가방에서 책 꺼내 놓고 소파에 앉아 책 보는 시늉하는)……..

S# 차에서 내려 대문 안으로 들어가는 지수…침울한….

S# 거실

경민   (주스 새로 따라 마시면서 소파로/탁자에 놓고 책 집어 들다가 왜 안
들어오지? 책 든 채 일어나 현관으로 나가려는데)

   E 현관 삑삑거리는 소리(번호 찍는)

경민   (일단 앉았다가)

지수   (들어오자)

경민   (일어나며)들어오셨어요?

지수   어..어어…엄마가 좀 늦었네..(억지로 하지만 전과는 다르다)아래
있었어?

경민   네.

지수 (침실로 움직이며)샌드위치 먹었지. 저녁 좀 늦겠어. 곰방 해주께.

경민 안 먹었는데 배 안고파요.

지수 (돌아보는)? 왜애..

경민 저도 좀 늦었거든요..저녁 밥 맛없을까봐

지수 학교서 뭐 먹었어?

경민 아뇨.

지수 그런데 왜 안 먹어 배고프잖아.

경민 입맛이 별루에요.

지수 ....(보다가)봄이라 그래..엄마 옷 갈아입고 나오는 동안 뭐 먹고 싶은가 생각해 봐. 만들어주께..

경민 ...(보며)

지수 응?

경민 오늘은 말고 라쟈냐 해주세요.

지수 꼭 먹고 싶으면 나가서 재료 사오고

경민 아니에요 나중에요.

지수 그래..나중에 해주께..참아줘..

경민 네..

지수 (들어가는데)

경민 아빠 금방 들어오신댔어요.

지수 (돌아본다)

경민 거의 다 오셨을 거에요..

지수 그래..(들어가고)

경민 .....(뿌우우)....

S# 집 전경(어두워졌다)

S# 주방 거실

　　[묵묵히 밥 먹는 세 식구….]

준표　…

지수　….

경민　….(물컵에 손 뻗치는)

지수　(얼른 집어주고)

경민　(잠깐 엄마 보는데)

지수　(아들 안 보는 채)…

경민　(물컵 내려다보며)…..

준표　…..

지수　…..(각각 먹기만/ 아들의 상태 모르고)

경민　(물컵 놓으며)이혼하실 거지요.(안 보는 채)

준표　?

지수　?

준표　무슨/무슨 얼토당토않은 소리야.

경민　아빠 다른 여자 생겼잖아요.

지수　??

준표　??

경민　(고개 떨군 채 울먹이는)엄마는 아빠가 첫 번째고 제가 두 번 젠데
　　왜 엄마 마음 아프게 하세요··

준표　(오버랩)그런 거 아니야 임마. 너 어디서 무슨 얘길 듣고

경민　어린애 아니에요··다 알아요…(울음 터진다)

준표　….(황당해서 보며)

지수　….(보며 눈물이 돌고)

308

경민 (손등으로 눈물 한 쪽씩 닦으며)엄마 아빠가 저 낳을 때/… 저한테
물어보고 낳은 거 아니에요… 그러니까 제 생각은요 쿨쩍 /엄마아
빠 맘대로 낳아 놨으면 책임도 끝까지 져야한다는 거에요.

준표 책임져 아빠가 책임 져.

경민 결국은 이혼하실 거잖아요‥

준표 누가 그래 이혼 안 해. 그런 일 없어. 엄마가 안 풀어서 그런 거
야. 아빠 잘못했다고 사과하고 미안하다고 빌고 열심히 노력하고
있어. 엄마한테 좀 니가 얘기해 그만 용서해주고 전처럼 살자고.

경민 내가 볼 때는 아빠 노력이 부족해요. (일어나며)이혼하시면 저
는 어떡해요‥

준표 안한다니까.

경민 아빠는 제 생각은 조금도 안 하셨어요‥저는 그게 ‥말도 못하게
슬프고 화가 나요‥

준표 ‥‥‥(보며)

경민 (이 층으로 올라간다)

지수 ‥‥‥‥

준표 (올라가는 아들 보다가 시선 아내에게)

지수 ‥‥‥‥(입 한 손으로 막고 운다)

준표 ‥‥‥(보다가 고개 잠시 돌리고 있다가)‥‥‥(아내 보며)그러니까 빨리
끝내자 그랬잖아.

지수 ‥‥‥‥

준표 (고개 또 돌리며 이게 무슨 꼴이야.)

지수 ‥‥‥‥‥‥

S# 경민의 방

경민 (침대 옆구리에 걸터앉아서 눈물 손으로 번갈아 닦으면서)

지수 ……(문 열고 보는)……

경민 …..

지수 (들어와서 아들 옆에 걸터앉으며 한 팔로 어깨 안는다)….

경민 ….

지수 엄마 얘기하께 경민아…..그래..아빠가 나를 많이…아주 많이 마음 아프게 만들었어 ..사실이야….

경민 (울면서)….

지수 엄마 마음 풀려고 아빠 노력해애.. 노력 안하는 거 아냐….

경민 이혼하지 마세요..

지수 노력하고 있어..노력할게..

경민 흐으윽(흐느낌 끌어들이는) 엄마를 이해해요 그런 나쁜 짓 하고 …. 아빠는 반성도 부족해요.

지수 …..(두 팔로 껴안는다)

경민 그래도 흐으윽/ 용서해 주세요..저를 위해서요..

지수 (머리 붙이면서)알았어 그래…엄마 알었어어어…

경민 ….

지수 …….

S# 테라스 발코니

지수 …….(팔짱 껴고 발코니 끝에 서서)……

　　　　[지수 시각으로 동네 밤 풍경……]

지수 ……

　　　　[바람이 좀 불고….]

　　　　[대문 소리….]

310

S# 대문 안 마당(밤)

은수 (들어와 계단 오르다가 발코니의 지수 보고 그쪽으로).........애…

지수 ……(잠시 있다가 돌아본다)…

은수 (좀 더 다가들며) 왜 그렇게 늦었어‥

지수 왜…(은수 쪽으로 돌아서며 보지는 말고)

은수 경민이 너 찾느라 전화했는데…개 뭐 알고 있는 거 아냐? 늬들 이혼하냐 묻든데‥

지수 바보 아니니까…(안 보는 채/ 쓰게 웃으며)저랑 의논해서 낳아 논 거도 아니면서 끝까지 책임져야 하는 거 아니냐구…

은수 애가 그래?

지수 ……(앉으며)할말이 없드라.

은수 ……(보다가 의자 빼 앉으며)다 컸네에 그 녀서억?

지수 나 이해한대…그래도 저 위해서 용서해 주래…

은수 ………(보며)

지수 그래야……겠지‥(탁자에 시선/)경민이 아니고라도 그냥 넘겨야할 이유가…넘기지 못할 이유보다 많아‥…

은수 글쎄 그렇다니까아아…드럽구 치사해두…메슥거리고 구역질 나두…눈 딱감고 넘겨‥그게 남는 거고 이기는 거야…홍서방은 니 형부처럼 고질병은 아니니까 설마 또야 그러겠니‥어쩌다 한번 일생에 한번 헛발질 한 번 한 거지 응?

지수 ……

은수 시간이 가고 날이 흐르고 세월이 지나면 괜찮아. 괜찮아질 거야‥남편 없는 거보단 있는 게 낫고 아빠 없는 거보다 있는 게 좋고 그렇잖아아아…

지수 .....

은수 깨진 물독에 물 다시 쓸어담을 수 없어.. 벌어진 일은 벌어진 일이지 어쩔 거야.. 깨진 물독 쓸어 치우고 미련 버려.. 자꾸 곱씹어 생각할 것도 없어. 너 그랬니? 에이 드러운 놈 이놈/ 그래도 나는 그냥 너랑 산다..너 위해서 아니라 새끼랑 나 위해 살겠다 그래 살자 그러고 말아..

지수 많은 여자들이 다.....그러고 살겠지?

은수 우리나라 여자들 그럴 수밖에 없잖아....위자료 제대로 받아낼 수가 있니 취업이 쉽기를 하니 다른 남자 만나 새출발 하기가 쉽니..

지수 .....

은수 그저 흐르는 강물에 홍서방이 푼수없이 똥 한번 쌌다 생각해.. 똥 싼 거 멀리멀리 떠내려 가버리면 그만이야..

지수 ....

은수 응?......응?

지수 (일어나며)가아..설겆이도 안 했어...

은수 (따라 일어나며)아버지한텐 왜 전화 안 드려 신경쓰시게...

지수 통화했어...(거실 창으로 움직인다)

은수 그 정신에 무슨 봉사는 다니니.

지수 약속이잖어..

은수 ....(보다가 좀 움직이며)애 지수야..

지수 (돌아본다)

은수 우리 너랑 나랑 여름 방학에 크루즈 여행 가자..경비 내가 다 쓰께...니 형부 아이디어야..

지수 고마워..생각해보고...

은수   ....(한숨 잠깐 쉬고)

지수   (들어간다)....

은수   ......(잠시 더 보다가 계단으로).....

S# 골목

은수   (팔장 끼고 부지런히 생각에 빠져 걷는)

달삼   (집 쪽에서 오다가 아내 보고 멈추어 선다)

은수   (남편 앞에 오다가 멈춰 보는)왜 이렇게 일찍이야?

달삼   그런 날두 있어야지.

은수   철 들었네.

달삼   어떡하구 있어.

은수   (걷기 시작하며)경민이가 눈치 챘더라구.

달삼   ??(멈추는)

은수   (돌아보며)물어보고 난 것도 아니면서 끝까지 책임지란대. 이혼
       하지 말라고.

달삼   (아내 옆으로)딴 여자 생긴 걸 안단말야?

은수   요즘 애들이 어떤 애들인데..

달삼   아 조심 안 했어?

은수   (멈추고)조심 어디까지/공기가 다른데..우리 애들은 즈 아빠 걸
       렌 거 모르는 줄 알어?

달삼   이으 시이..

S# 주방 거실

지수   (설거지하고 있다…침울하게).....

       E 포트에서 물 끓는 소리

지수   (잠깐 돌아보고 포트 들어내 잠깐 뚜껑 열고 기다렸다가 준비해놓았

던 녹차 잔에 물 붓는다)……(티백 들었다 담갔다 두어 차례 해서 빼내고
작은 쟁반에 찻잔 올려놓고 내려다보며 잠시 있다가 쟁반 집어 들고 서
재로)

지수 (잠시 망설이다가 노크한다)……

S# 서재

준표 (창밖으로 향해 서 있다가 돌아보는)……

지수 (들어와 테이블에 찻잔 내놓으며)정말…… 끝내는 거야?··

준표 ………(보다가)끝냈어··끝낸다고 했잖아.

지수 (보며)믿어도 돼?

준표 (찻잔 집어 들며)그래··

지수 그 뒤에…연락 안했어?

준표 안했어··

지수 연락 안 왔구?

준표 아니

지수 믿어?

준표 믿어.

지수 (보며)……

준표 (보며)왜.

지수 안 믿겨··

준표 믿으라는데 안 믿긴다면 할말이 없어.

지수 나를 왜 이렇게 만들어·· 팥으로 메주 쑨대도 믿었었어. 나 완전
바보였었어.

준표 그래 그래서 미안하다고 했잖아. 잘못했다구.

지수 다시는 안 그런다고 약속해.

314

준표 그 약속도 벌써 했어.(좀 올라서)

지수 왜 화를 내? 뭐 잘한 거 있어서?

준표 (내뱉듯)너무 질긴 게 지겨워.

지수 (보며)멋있지 못하고 질겨서 미안해‥그런데 늬들은 그렇게 멋 있는 거니?

준표 ??

지수 늬들이래서? 그래도 대접은 제대로 받고 싶어? 그럼에도 불 구하고 미안해 잘못했어 다시는 안 그래 단 세 마디로 알았어 믿어 줄게 없던 일로 해 그렇게 산뜻하게 안받아줘 화가 나? 질겨서 지 겨워?

준표 말꼬리 잡고 늘어지지 마!아이까지 알게 됐잖아!

지수 자식 무서운 사람이 그런 짓 해? 경민이 말하는 거 못 들었어? 당 신 머릿 속에 경민이 없었잖아!!

준표 같은 얘기 되풀이하지 마. 입이 열 개라도 할말 없어. 잘못했어 그래. 잘못했다 소릴 언제까지 되풀이 해야 해.

지수 죽는 날까지 되풀이해도 모자라. 눈감는 순간까지 해도 모자라.

준표 야 그게 그렇게 죽을 죄냐? 부모 때려죽인 죄만큼 죽을 죄냐?

지수 나한테는/‥나한테는 그래.

준표 니 형부는 외도를 밥 먹듯 해도 한 사흘 시끄럽고 말면 그만이 더라. 평생 처음/ 단 한번에 결국은 이 지경까지 만들어야겠어?

지수 정말 뻔뻔하구나. 어떻게 사람이 이렇게까지 철면필 수가 있 니‥ 내가 바람폈어? 누구한테 큰소리야아!!

준표 살기 싫으면 살지 마/ 이렇게 고문 받으면 사느니 차라리 각자 갈길 가는 게 나아!! 자식한테 망가질 거 다 망가지고 내가 더 붙잡을

게 뭐야. 그래 그만두자구!!

지수　.....(보며)

준표　그만 둬. 그만두자구.

지수　그게…당신 진심이지.

준표　....

지수　진심은 그거지. 나 떨어버리고 그 기집애랑 살고 싶은 게 진심
이지

준표　말 같지도 않은 소리 더 이상 말자..

지수　.....(보며)

준표　나가…그만하자구..

지수　.....(보며)

S# 대문 앞

지수　(나와서 자동차에 오른다)

S# 차 안

지수　(시동 걸어놓고).......(잠시 있다가 출발하는)

S# 동네를 빠져나오는 자동차 안

지수　(이어폰 끼고 있고)

　　　E 화영 핸드폰 벨 가는 소리….세 번쯤

S# 화영의 빌라 거실 주방

　　　[프라이팬에서 프라이가 익어가고 있고]

화영　(울리는 전화 들고 내려다보며)……(잠시 있다가 받는다)여보세요.

지수　F 나야.

화영　알아.

지수　F 좀 나와 줘.

화영 ....그래.....보자..

S# 어느 카페

지수 (앉아서 물 마시고 있다).......(물 잔 내려놓고).....(탁자 내려다보며)

화영 (들어와서 지수 쪽으로 와 앉으며)근처에 콜이 없대서 좀 걸렸어.

지수 괜찮아...

화영 ....(소지품 옆자리에 놓는)

지수 차 시키자.

화영 (고개 틀고 마침 눈 맞춘 종업원에게 가볍게 손 들어 보이고)

종업 (와서 선다)

화영 맥주 주세요.

지수 홍차요.

종업 네에(빠지고)

화영 (머리 만지면서)샴프하고 그냥 있다 나왔어

지수 그래도 너는 이뻐..

화영 ??(보는).....

지수 ...(가만히 보는)

화영 (좀 웃으며)너도 참 재미있는 아이야..지금 입장에 그런 말이
  나오니?

지수 그래..그렇지?

화영 왜 보자고 했어..

지수 .....(보며)

화영 ??

지수 미안하다고 해..

화영 꼭 들어야겠니?

지수   못 잊겠지만‥나는 그냥 잊고 싶고 그럴 수도 있었겠지 너를 이해하고 싶어‥‥

화영   ‥‥(보며)

지수   잘은 모르지만 겉으로 보이는 거 보다 너‥힘들고 외롭게 살았던 냄새 ‥‥나 맡았었거든‥

화영   지수야

지수   (오버랩)그래서 더 신경이 쓰이고 더 잘해주고 싶었고 진짜 어디 좋은 사람 없을까 그랬었어‥

화영   ‥‥‥

지수   너보다 우리 애 아빠가 더 나빠‥‥너를 지켜줬어야 했는데‥너랑 나를 이렇게 만들어서는 안됐는데

화영   (오버랩)누가 더라는 말은 맞지 않아. 둘 다 성인이고 그래서는 안되는 입장인 것도 마찬가지야.

지수   그렇지만 너는 싱글이잖아.

화영   싱글이면 친구 남편과 그래도 얼마쯤은 양해가 되는 거니?

지수   그런 말은 아니지만

화영   (오버랩)나라고 속속들이 나쁜 년이기만 하겠니‥‥너에 대한 가책이 전혀 없다고는 생각하지 마‥ 문제는 그거 때문에 준표 씨를 밀어낼 정도는 아니라는 거야. 내 결혼‥‥그다지 좋지 않았어‥사랑이라기 보다는 안주를 위한 방편이었어‥ 나쁜 사람은 아니었지만 나를 여자이게 하지는 못했어‥ 준표 씨는 나를 여자이게 해. 나를 불덩어리를 만들어‥그게 너를‥‥외면하게 한 거야‥

지수   그런데 화영아 그이는 내 남자야. 그 사람 여자는 나야‥

화영   남자한테 다른 여자가 생기는 첫째 이유는‥‥‥아내한테 더 이상

여자를 못 느낄 때야 지수야..

지수　.....(서늘해서 보는)...

화영　그것도 모르니?

지수　부부가....여자 남자가 다야?

화영　부부기전에 남녀 아닐까?

지수　.....(보는)

　　　[차가 와서 놓여지는데]

지수　너랑 나랑은 생각이 많이 다르니까....어쨌든.....어쨌든 나는 우
　　　리 가정 못깨. 지킬 거야.

화영　....(보며)

지수　그러니까...정리해 줘..그이가 만나자 그래도 만나지 말아줘..

화영　.....(보며)

지수　그동안 너랑 내 관계...역사가 아무리 별거 아니라해도....부탁
　　　해...그렇게 해줘..

화영　...(찻잔 집어 드는)

지수　화영아.

화영　셋이 살면 안될까?(안 보는 채)

지수　??....너 그걸.....말이라고

화영　(오버랩)알 거 다 알면서 모르는 척 셋이 살 수도 있어..

지수　....(보며)

화영　너는 아내 외에 남편 외에 연인이 절대로 있을 수 없는 일이라
　　　고 생각하니?

지수　그럼 안되는 거잖아.

화영　그건 모범답안이고...윤리 도덕은 통제 안 되는 사람 감정을 통

제하기 위한 방편이야.성공하기도 하지만 그만큼 실패도 해‥ ‥니 남편한테 일어난 일 너한테도 일어날 수 있는 일이야‥

지수 그렇지 않아.

화영 뭘 믿고 장담해‥기회가 없고 상대가 없었을 뿐이야.

지수 그렇대도 난 셋이 살자는 생각은 안해.

화영 너는 벌써 둘 반하고는 같이 살자 그러고 있는 거야‥

지수 ??

화영 우리가 헤어진다 해도 니 남편한테 들어가 있는 나에 대한 기억까지 어떻게 할 수는 없어. 나와 보냈던 한 때를 기억하는 남자와 사는 건 둘 반하고 사는 거나 마찬가지야.

지수 끊어줘.(보며)

화영 ‥‥(보며)

지수 끊어줘‥

화영 ‥‥‥

지수 너를‥‥ 내 마음의 원수로 평생 껴안고 살고 싶지 않아. 부탁해.

화영 ‥‥

지수 (일어나 나간다)

화영 ‥‥‥‥(있다가 맥주 마신다)

S# 카페 주차장으로 들어오는 지수‥

S# 차에 오르는 지수

지수 ‥‥‥‥‥

화영 E ‥남자한테 다른 여자가 생기는 첫째 이유는‥‥아내한테 더 이상 여자를 못 느낄 때야 지수야‥

지수 ‥‥‥‥

S# **카페 안**

화영   (핸드폰으로 문자 치고 있다)

S# **준표의 서재**

[메시지 음.]

준표   (펴서 보면)

화영   F 지수가 보재서 만났어.. 나한테 끊어달래. 셋이 살자고 했어.

준표   (눈 잠깐 감았다 뜨고 메시지 지워 핸드폰 건전지 뽑아 서랍에 넣어
버린다)…

S# **운전 중인 지수**…

S# **카페**

화영   (전화 버튼 찍는)

E 전원이 꺼져 있어…

화영   (쓰게 웃으며 지나는 종업원에게) 맥주 하나 더 주세요.

종업   네 알겠습니다..

화영   (고개가 창 쪽으로)……

S# **골목을 들어오는 지수 차**

[대문 앞에 멎고 지수 내려 집으로]

S# **대문 안**

지수   (들어와 현관 쪽으로)….(나와 섰는 준표 보고 잠깐 멈칫했다가 다시
움직이는데)

준표   어디 갔다 오는 거야.

지수   화영이 만났어..

준표   왜..

지수   (본다)

준표 뭐하러 만나‥무슨 볼일이 더 남아서.

지수 나는 이혼 안하니까 그만 끊어달라고 부탁하고 오는 거야‥

준표 그런 부탁 뭐하러 해. 내가 끝내면 끝나는 거지‥

지수 내 마음이야‥(움직이는)

준표 끊어준대?

지수 다시 한번 만나거나 연락하거나 하면 그땐 정말 끝이야‥알아?

준표 알아‥

지수 (들어간다)

준표 ……(들어가는 것 보다가 움직여 들어간다)

      [빈 마당 잠시 그대로 두었다가]

S# 빈 거실…

S# 침실

지수 (등 돌리고 누워 있고)……

준표 (잠옷 단추 채우고 침대로 오르면서 지수 안으려)

지수 (밀어내고)……

준표 …(잠시 있다가 다시 안으려)

지수 (밀어내며)동냥 안 줘도 돼‥만지지 마‥

준표 그런 거 아니야‥

지수 ……

준표 고마워…봐줘서…

지수 ……

준표 무슨 얘기를 듣고 왔든 신경쓰지마…다른 사람 신경 안쓰고 할 얘기 다하는 사람이야‥

지수 다른 여자가…그렇게 안고 싶었어?

준표 ....

지수 언제부터 그랬어…

준표 지수야…

지수 (일어나 앉으며)언제부터 내가 재미없어졌어.

준표 (몸 일으켜 앉으며)재미 없어졌다기 보다….우리는 생활이고 습관이니까 그렇게 살다보니까

지수 언제부터였냐구.

준표 모르겠어.

지수 자신한테 일어난 변화를 왜 몰라.

준표 달력에 표시해 놓는 거 아니잖아‥

지수 우리 사랑했잖아‥ 당신 집에서 그렇게 심하게 반대하는데도 당신 기어이 나랑 결혼했잖아. 그 사랑 어디 갔어‥어디로 갔어‥

준표 결혼 전 여자남자 사랑 /그 사랑은 유효기한이 그리 길지 않아‥그 사랑은 결혼과 함께 시들어 가며 다른 것으로 변질돼. 부부로 긴 세월 함께이다 보면 더 이상 신선하지도 더 이상 자극이지도 않은

지수 더 이상 사랑하지 않는다구.

준표 여자 남자가 가족. 친구/ 동반자로 바껴‥

지수 …..(보며)

준표 나 자신도 믿기 어려워‥/ 당신만큼은 아니지만 나도 성실한 인간으로 살고 싶었고 그렇게 믿었었어. 그런데

지수 …..(보며/그런데)

준표 무력해져 버렸어. 저항할 수 없었어.

지수 그래 나는 더 이상 사랑하지 않는다구‥

준표 그게 아니라 더 이상 여자로 욕심나질 않는단 소리야‥

지수   ……(서늘해서 보는)

준표   당신도 마찬가질 거 아냐.

지수   ……(보며)

준표   나도 당신한테 옛날처럼은 아니잖아

지수   그렇다면 나도 당신처럼 다른 남자 만들면 되겠구나‥

준표   ……

지수   (웃는 듯하나 웃는 건 아니다)그래 그럼 넷이 살자 그럼 되겠네‥

준표   지수야

지수   그걸로 정당화가 될 거 같아? 결혼과 동시에 사랑은 시들어가는 꽃같다는 말 나도 알아. 사랑이 변질된다는 것도 알아. 그렇지만 결혼은 약속이고 신의고 의무고 책임이야. 사람이 왜 사람인데. 사람은 짐승이 아니야.

준표   정당화 시키는 거 아니야. / 솔직하게 정직한 얘길 하는 거야‥

지수   더 이상 여자로 욕심 안 난다‥(이불 젖히고 내려서며) 솔직하고 정직한 말로 살인도 하겠다…

준표   (잡으려)

지수   (그냥 나가고)

S# 어두운 거실

지수   (나와서 주방으로 향하다가 두 손으로 얼굴 가리고 쭈그리고 무너진다)……

준표   ……(침실에서 나와 보며)……

S# 지수의 마당(아침)

S# 주방 거실

　　　[상 차려놓고]

지수 (계단 아래로 움직여) 빨리 내려와아아!!

경민 (대꾸 없이 내려온다)

지수 (기다리고 있다가 아이 만지면서) 엄마 아빠 화해했는데?

경민 ?? 정말요?

지수 (손잡고 움직이며) 엄마 거짓말 잘 안하잖아.

경민 아빠아아 (서재 쪽으로)

지수 (잡으며) 할아버지 댁에 가셨어.

경민 편찮으세요?

지수 아니 뭐 하실 말씀 있으신가봐..얼른 밥 먹어..

경민 정말이죠?

지수 ?? (앉으며)..정말이라니까?

경민 아빠가 계셔야 확인이 되는 건데..

지수 학교 갔다 오면 확인될텐데 뭐.

경민 믿으께요.(수저 들며) 엄말 못 믿으면 누굴 믿어요.

지수 고마워라. 엄만 경민이 밖에 없어.

경민 약속 받았어요?

지수 ....

경민 다시는 안 그러신다구요.

지수 그러엄..더 이상 알려고 하지 말고 궁금해 하지도 마. 그럼 다쳐.

경민 낄낄 네에..

지수 너때문인 건 알아줘..너 때문에 화해한 거야..

경민 네 공부 열심히 하께요.

지수 그 다음이 그건 건 어떻게 알았어?

경민 엄마랑 십삼년을 살았는데 그것도 몰라요?

지수   그래애 엄마는 그렇게 너무 뻐언해서 문젠가봐.

경민   그게 무슨 문제에요?

지수   그런 게 있어‥

경민   오늘 좀 늦어요. 게임 시합하기로 했어요‥

지수   늦어서 몇시?

경민   어둡기 전엔 들어와요.

지수   이기고 돌아와

경민   에이 어림없어요 애들이 얼마나 잘하는데요 다.

지수   그럼 하지 말지.

경민   엄마 그랬잖아요. 지는 사람 있어야 이기는 사람 있는 거라구‥
       다 일등은 없는 법이라구요.

지수   맞어‥그럼 이기는 사람 만들어주고 돌아와.

경민   어 엄마 화장하셨네?

지수   ?? 이상해?

경민   아뇨‥

지수   속을 끓였더니 얼굴이 너무 그래서(변명)

경민   (끄덕이며)색깔도 좀 이상하고 그랬어요‥

지수   ‥‥(보며)

경민   쭈욱 화장하세요 훨씬 이쁜데‥속눈썹도 지금처럼 올리구요‥

지수   그래 알었어.(목이 아프면서)명란 더 주까?

경민   아니에요 됐어요‥(퍼먹는)

지수   ‥‥‥(보며)

S# 대문 앞

지수   (경민 따라나오며 옷 만져주며)게임할 생각에 산만하게 굴지 말

고 공부시간에는 열심히 아니다 잔소리다‥알아서 해

경민 하하하하

지수 잘 갔다 와‥

경민 네에‥(하고 엄마 한번 안아주고 뛰어나간다)

지수 ‥‥‥(바라보며)‥‥(가슴이 또 무너지는데)

경민 (돌아보며 손 흔든다)‥‥‥

지수 (손 흔들어주며)‥‥‥‥

S# 주방

지수 (혼자 식탁에서 식욕 없는 밥 먹으면서)‥‥‥‥

S# 홍회장의 식탁

홍 (밥 먹으며)내 회사 내가 나가는데 어느 눔이 뭐래‥

준표 뭐랄 사람은 없어요 아버지. 뭐랄 사람은 없는데 아버지가 나
가시면 모두 긴장하고 불편해 하니까

홍 긴장들 하라고 나가는 게야‥

준표 ‥‥‥(보며)아버지 경영에서 손 떼셨잖아요‥

홍 언제 누가.

준표 작년에 아버지가요.

홍 이런 멀쩡한 내가 언제‥

준표 ‥‥‥(보며)

황 에미는 좀 나아졌냐?

준표 네‥

홍 에미가 뭐

황 몸이 시원찮댔잖아요

홍 생활비 좀 더 줘‥ 먹는 게 부실하대‥

준표   그런 거 아닙니다

홍   니가 으떻게 알어.

홍   가만 있거라.

준표   네..

홍   먹는 게 부실하니까 고올골하지

준표   네..

홍   차 대 났어?

황   어디 가시려구요

홍   이 사람이 노망났나 아 회사가지 어디 가.

황   아이구 참.

준표   저하고 잠깐 드라이브나 하시죠

홍   출근 안하고 드라이브 가?

준표   ….(보며 도리 없는)…..

S# 지수의 거실 주방

   [설거지 담가둔 채]

지수   (소파에 늘어져 누워 있는)…..

   E 집 전화벨

지수   ………(잠시 그대로 두었다가 몸 일으켜 받는다)네에..

경수   F 나에요 누나.

지수   으응..

경수   F 누나 박석 준이라는 사람 알아요?

지수   ?…누군데?

경수   F 옛날에 호텔 근무 같이 했다던데?

지수   아아 지금 국내 없을 텐데?

S# 운전 중인 경수

경수 한달 전에 귀국했대요·· 그 사람이 누나 왜 찾어? 나한테 전화
     왔더라구요. 누나 연락처 알고 싶다구····무슨 관계에요··

S# 지수 거실

지수 관계는 무슨···직장 그만두고도 더러 선배선배 전화하고 그러
     던 사람이야···스페인 빠리서 엽서 몇 번 보냈구··그래서 전화번호
     줬어?

S# 운전 중인 경수

경수 핸드폰 줬어요·· 매형 알면 기분 나뻐 안할까?···우리 매형이 신
     경써야 하는 사인 거 같으면 못준다 그럴 걸 그랬나?·· 기분 나쁘지
     그럼요. 결혼해 사는 사람한테 쓸데없이 전화는 왜 해요····예····엉····
     그런데 그 사람 결혼은 했나?

S# 지수 거실

지수 몰라/ 했을 걸? 했겠지···쓸데없는 소리 말고 전화 끊어. 나 설
     거지 해야 해····그래···(하다가 문득)애 너 노력하고 있어?·····그래··
     응··(끊으면서)········(뭔가 잠깐 생각하고 자신도 어이가 없어 혼자 웃어
     버린다)······(일어나 설거지로)·····

      E 현관 벨소리

지수 (현관으로)누구세요.

은수 E 차 마시러 왔다··

지수 (문 열어주고 싱크대로 움직이는)

은수 (들어오면서)홍서방은.

지수 없어.

은수 학교?

지수 자기 집에..아버님 출근 막으러

은수 막아도 안된다면서 뭐얼..

지수 어머님 전화하셨어…(찻물 준비하는)….

은수 여태 안하고 뭐 했어.(설거지 해주려고)

지수 (언니 떼어내며)놔둬. 내가 해..

은수 해주께에에.

지수 놔두라구..나중에 천천히 해도 돼.. 대충대충 살거야 이젠 그렇 게 안 살어..

은수 대충대충은 좋은데 설거지거리는 냄새나잖어.

지수 나면 어때…알게 뭐야…..(찻잔 준비하며)

은수 그래애…여자 건달되는 거 잠시잠깐이지..나는 뭐 처음부터 건 달이었는 줄 알어?

지수 (오버랩의 기분)언니 바람 핀 적 없어?

은수 ??뭐어?

지수 형부 그러는데 맞바람 안 폈어?

은수 …(보며)

지수 나….. 바람피구 싶어.

은수 연애하구 싶지.

지수 아니 바람피구 싶어.

은수 그거 그렇게 안쉬워. 아무 한테나 옷 벗고 들이대는 게 그렇게 쉬운 일인줄 아니?

지수 못할 게 뭐야. 하면 하는 거지.

은수 얼마나 그지 같은데..

지수 ??

은수 (거실 창 열면서)두 번은 못하겠더라.

지수 ??누구랑.

은수 아 누가 뭐 중요해··호스트 바 가서 하나 샀지··

지수 ???

은수 똥통에 빠진 거 같아··차라리 연애를 해.

　　E 물 끓는다

지수 (찻물 따르면서)했구나····· 해 봤구나.

은수 했지·····

지수 ···(포트 놓으며)더 이상 여자가 아니래··

은수 ??

지수 형부는 그런 말 안 했지

은수 미친 놈·· 여자가 아니면 돌멩이래?

지수 온몸이 ···너무나 시려워······시려죽겠어··

은수 펴라 펴··막 펴··마구 펴····백 번 펴 천 번 펴.

지수 조금 전에 언니 경수한테서 전화왔는데····(목이 아파죽겠다)옛
　　날 호텔에 잠깐 한 일년 같이 /근무했던 사람이 나 찾는대···

은수 ?? 그게 누구야?

지수 그림 공부하러 나갔는데 왔대나봐·· 그런데 전화 끊으면서 무
　　슨 생각했게···그 사람 만나서···나랑 자달라고 하면 안될까····(울음
　　터진다)···바람 피고 들어와 나도 딴 남자랑 잤다···너보다 훨씬 훌
　　륭하더라 그래주고 싶어·····나 왜 이렇게 됐어 언니···내가 어떻게
　　그런 생각을 다 하냐구····(하며 싱크대로 돌아서 고개 꺾고)

은수 괜찮아 남편 바람나면 마누라들 백이면 백 다 하는 생각이야.

지수 (소리 억제하며 우는)·····

은수 (보며)……

S# 어느 한정식 집··

　[은수 자매 용덕/선화/··상 들어오기 전. 다 같이 서서 선화 아버지 봄
　점퍼 벗는 것 받아주고 있는데.]

은수 너무 덥지 않아요?

용덕 낮에는 그런데 저녁엔 썰렁해·· (선화 돌아보며)감기들면 고생
　한다구 아직 더 입으래.(선화 그냥 웃고)

은수 앉으세요. 앉어·· (지수 아버지와 선화 쪽으로 방석 밀어내고)

용덕 움··(앉으며 지수 보는)아팠지.

지수 아니에요.

용덕 뭐. 얼굴이 그런데··

지수 봄 타요. 입맛이 없어요.

용덕 그럴수록 잘 먹어줘··먹기 싫어도 자꾸 먹어줘야 해

은수 입맛 없는데 어떻게 먹어요··먹을 수 있으면 봄 타는 게 아니죠.

용덕 그래두 먹어야지 얼굴이 상하잖어.

은수 그렇게 상했어요? 모르겠는데(지수 보며)

용덕 기름기가 없어

은수 암튼 날카로우셔··그러고 보니 기름기가 빠지기는 좀 빠진 거
　간다.

지수 어떻게 한가하세요.

용덕 먹을 복 있어 그렇지·· 한 사흘 쉬었다가 아파트 일 들어가야 해··

은수 집수리는 시작 안해요?

용덕 글쎄 내가 좀 틈이 나야할텐데··애 혼자 있는 집에 남자들 드나
　들게 할 수도 없구 그게 그러네

332

은수 그러니까 일을 그만두시라니까요오오

용덕 아파트 일 끝내구 한 보름 쉬면서 해야겠어. 그렇게 작정하구 있어.

은수 쉬시기는 일거리 들어오면 또 하실 거면서..웬 일욕심은 그렇게 많은지.

용덕 필요하달 때가 좋은 거야..

달삼 E 어디 이방? 여기?

여자 E 네에 사장님.

용덕 허서방 아냐.(전화 일어나고/동시에 달삼 들어오며)

달삼 저 왔습니다 아버님

용덕 자네 웬일이야.

은수 (오버랩)아 밥값 내러 오랬어요.

용덕 바쁜 사람 뭐하러 불러내애.

달삼 안바빠요 아버님. 하나도 안 바쁘니까 걱정 마세요 하하하하 (상의 벗으며)우리 상 다 차렸던데…(은수 상의 받으며)

은수 웬일로 점심이 비었어?

달삼 비기는 왜 비냐. 캔슬했지..(앉으며)아버님 모시구 이렇게 밖에서 식사한지도 오래됐구 죄송합니다 아버님.

용덕 됐어 그럴 거 없어.

달삼 처제 팬찮지?(은수 남편 찌르고/달삼 아차)

지수 네.

용덕 뭐가 팬찮지 않을 일 있어?

달삼 하하 아니에요 그냥 하는 말이에요

은수 그냥 말버릇이 그래요 아버지.(상 들어오고 선화 지수 일어나는데)

달삼 (자기가 일어나며)앉어 앉어요 일어날 거 없어··일어날 거 없어
요·· 뭐야 이게 다야? 왜 이렇게 상이 부실해··뭐 먹어 먹을 거 하나
도 없잖아 이거··

은수 아이구 가만 있어. 이건 기본이잖아아

달삼 아 참 그래. 그래 그렇다. 계에속 들어오는 거지?

종업 (웃으며)네에··

달삼 계속 들어옵니다 아버님. 이건 시작이에요. 계속 들어와요

용덕 알었어알었어.

S# 영화관

[영화 보고 있는 지수 은수 선화/선화는 집중해서 보고 있고/은수 중
간중간 지수 의식하고 지수는 그저 머엉하니·····]

은수 ···(심란하다)·····

S# 은수의 집 앞

[들어오는 지수의 자동차··]

은수 (내리며)그냥 갈래?

지수 그럼··

은수 가서 뭐할려구.

지수 청소해야 해··먼지가 발이 빠지게 생겼어.

은수 도우미 불러 써. 너두 이제 그렇게 살지 마.

지수 안 그래도 그럴 거야··

은수 내가 알아봐 줘?

지수 응 그래 줘··

은수 청소하지 말고 그대로 둬. 내일 당장 보내주께··

지수 알았어···들어가··

은수　….

S# 지수의 집으로 오는 지수 차…

　　[차에서 내리는데]

　　E 전화벨‥

지수　(차 문 닫고 잠그고 전화 꺼내 보고)？？(모르는 번호)…(대문 열고 들어가며 받는다)여보세요?

석준　F 김지수 씨 핸드폰 맞습니까?

지수　？？(멈추고)석준씨?

석준　F 하하 맞아요….

지수　얘기 들었어요‥

석준　F …전화 불편하지 않아요?

지수　아니 괜찮아요.

석준　F 나 반갑지 않아요?

지수　(마당으로)반가워요‥반갑네요‥

S# 마당‥

석준　F 별론 거 같네‥아 진짜 안 반가와요?

지수　여전하군요 건강하죠?

석준　F 노인네처럼 하하 선배 내가 지금 몇 살인데 건강 챙겨요.

지수　(시선이 좀 뜨면서)아주 온 거에요?

S# 석준의 화실 겸 거처…

　　[앞으로 그려야 할 새 화판 삼십여 개 크기별로 쌓여 있고/샤워하고 나온 참/수건으로 허리 아래 싸고 젖은 머리 타월로 대충 흔들면서]

석준　예 아주 왔으니까 좀 봐요‥밥 사줘요……이런 말 하면 모범 주부께 말도 안되는 말도 안되는 헛소린가요?

지수   F 아니 안 그래요··그런 게 어딨어요.

석준   그럼 한 번 봐요···나는 지금 당장 나가도 되는데요··

S# 마당

지수   아니 지금은 안되고····다 저녁 때잖아요···· 밥해 놓고 아이랑 남편 기다려야지.주부가. ····그래요···내가 연락할께요 ···빠른 시일 안에····그래요··· 반가워요···(끊으며)······

F.O

S# 화영의 거실···(아침)

[화영 러닝머신 하고 있는]

S# 지수네 대문 앞

달삼   (제 자동차 몰고 와서 내린다/ 은수도 같이 내리고)

[동시에 작은 가방 든 준표와 지수 경민 현관 나서는 것 보인다/]

달삼   어 체제 우리 배웅왔어··

지수   ··(그냥 쓸쓸하고)

준표   뭐하러요.(움직여 나오며)

달삼   얼마나/삼박사일?

준표   이박 삼일밖에 안돼요.

달삼   양이 문제가 아니라 질이 문제지·· 좋아좋아. 자 이거 갖고 가.(자 동차 키 주며)

준표   이거 왜요.

달삼   아 자네 차 처제 타고 내리기 불편하고 무드 없어. 내 차 갖고 가··기름 갓득 채웠어.

준표   놔 두세요.

은수   갖고 가··지수 홍서방 차 힘들어···

336

준표   (지수 돌아보는데)

경민   그렇게 하세요 아빠아 사진 찍으러 가는 거 아니잖아요.

준표   알았어요. 키 주세요.(키 받으며)이거 보험

달삼   아 아무나 해도 돼 아무나. 면허증 있으면 누가 해도 상관없어.

준표   (뒷자리에 짐 넣으며)경민이 부탁해요 처형

은수   걱정도 팔짜네‥어서 타.

지수   갔다 올께요

달삼   어 어어

지수   경민아 우리 한번 안자.

경민   (웃으며 안는)

지수   전화하께.

경민   네에‥

지수   (운전석 옆자리에 오르고)

준표   그럼‥

달삼   어어‥떠 떠어‥

    [준표 오르고 자동차 뜬다‥]

    [보고 있는 사람들…]

S# **차 안**

지수   (돌아본다.)

    [지수 시각으로 손 흔드는 경민]

지수   (울 듯 하면서 손 흔들어주는)…

준표   벨트 매.

지수   (벨트 뽑는다)

S# **양평으로 가는 다리가 없을까…**

[달리는 달삼의 자동차…]

S# 차 안

지수   (고개 기대어 돌리고 소리 없이 울고 있다)……

준표   ….(운전하면서 의식하는)…..

지수   (가슴이 빠개질 듯 해 손이 자기도 모르게 가슴으로 올라가고)……

준표   (자동차 옆길에 세우고)…….

지수   …….

준표   그만 좀 해…출발하면서 줄곧이잖아…

지수   ……

준표   어떻게 하면 되겠니….좀 가르쳐 줘.

지수   죽어…

준표   ??

지수   죽어 줘…

준표   …(한동안 보다가 팔 뻗쳐 아내 목 뒤로 팔 넣어 당겨 안으며)마음 아프게 만들어 정말 미안해…

지수   ………(벗어나려)

준표   (안 놓아주며 당기고)….

지수   (버티다가 결국은 순하게 실리면서)…….

준표   (눈 감는다)……….

S# 차 밖에서 자동차….

제8회

S# 중간 휴게소 풍경

S# 휴게소 안

[우동 먹고 있는 부부....]

준표   (우동 가락 입에 넣고 씹으며 보면)

지수   (국물만 마시고 있다)....

준표   맛없다..

지수   그러네..

준표   차라리 핫독이나 샌드위치가 날 걸 그랬나?

지수   커피.

준표   그래 화장실 들려 오면서 갖다 주께.. 있어..

지수   (끄덕이고)...

준표   (식당 밖으로 나간다)....

지수   ....(나가는 남편 보면서)....(있다가 핸드폰 꺼내 단축 누른다)

　　　E 벨 가는 소리

은수   F 왜애애..

지수 경민이 뭐해.

은수 F 애들하고 피자 먹으러 나갔어.. 뭐가 못 미더워 어느 새 전화야. 다 잊어버리고 지내다 오라니까. 벌써 도착했어?

지수 아냐..중간 휴게소..

은수 F 어때...얘기 좀 해? 안나간 거 보다 낫지?

지수 모르겠어..그냥....조금은 난 거 같기도 하고

S# 은수의 침실

달삼 (낮잠 자는 중이다/일어나 앉은 아내 배에 손 얹고)

지수 F 아닌 거 같기도 하고..그런데 어쩜 이렇게 할말이 없니 ..화영이 기집애 얘기 빼노니까 할 얘기가 없어.

은수 아 그럼 이라크 전쟁에 대해서 토론을 하던지 아무 얘기나 해 애 꿀먹은 벙어리처럼 답답하게 굴지 말구우우..

지수 F 됐어 언니 끊어어어..(끊기는 전화)

은수 .....(전화기 보며)

달삼 뭐래(반은 자는)

은수 그년 얘기 빼니까 할 얘기가 없대..

달삼 그래두 그년 얘기는 빼야지..그거 되풀이해봤자 이로울 거 없어..

은수 .....

달삼 홍서방도 그거 똑같이 무능해서 말야...그거 한방에 해치우지 못하구 어이그으으

은수 한방에 어떻게

달삼 아 확 끌어안구 자면 될 거 아냐. 여자가 별거구 부부가 별거냐?

은수 가는 중간에 어떻게 그러냐.

달삼 아 차 세워놓고 뒷자리로 가서 해 치우면 되지.

340

은수   어이그어이그으으

달삼   아으 왜 이렇게 피곤하냐아아..아으 아으으으으(하품)사람 너
　　무 잡는다 잡어..(이불 젖히고 화장실로)

은수   장어 좀 귀줘?

달삼   남에 살 느글거려...삼빡한 거 없냐?(들어간다)

은수   (침대 내려서며)삼빡한 게 뭐가 있어..그럼 매실이나 하나 썹어라..

S# 휴게실

지수   (끊긴 전화 내려다보며)......

준표   (커피 들고 와서)전화했어?

지수   (끄덕이며)애들하고 피자 시켜 먹는대..

준표   (내민다)...

지수   (받으며 일어난다)....

준표   왜.

지수   시끄러워..

준표   휴게소가 그렇지 뭐.(앞서 나가는 아내 보며)

S# 달리는 자동차 안

지수   (커피 마시고 있고)......

준표   (운전하며)별로지?

지수   물 같애..

준표   다방 커피로 할 걸 그랬나?

지수   괜찮아...

준표   ....

지수   ......

S# 어느 강변 호텔 전경(오후 서너 시쯤)

S# 레스토랑

　　[식사 중인 두 사람.]

준표　　….(고기 썰고 있고)…..

지수　　(생선 썰고 있고)…..

준표　　(고기 썬 것 한 덩어리 지수 접시로)

지수　　??

준표　　먹어봐..괜찮아 보여..

지수　　내 것도 줘?

준표　　줘 봐..

지수　　(생선 반쯤 썰어 넘겨주고)…..

준표　　(한 입 넣고 씹으면서)배고팠지..

지수　　좀…

준표　　(둘러보며)한가해서 좋다…

지수　　시간이 지났으니까…(먹으며)

준표　　……..(먹으며)

지수　　얼마나 하는 거야..

준표　　??

지수　　방값..

준표　　얼마 안해..

지수　　뭐하러 그런 방 빌려..잠만 자는 건데

준표　　여편네 냄새 피지 마..(안 보는 채)

지수　　??(보는)

준표　　(잠깐 보고/ 아차)어쩌다간데 뭐..

지수　　어쩌다가 아니라 처음이지…둘이 나온 거…

준표　.....

지수　여편네 냄새가 그렇게 싫어?

준표　식으면 맛없어져 ..부지런히 먹어....(안 보며 먹는)....

지수　(안 보며 천천히 먹으면서)

지수　E (마음의 소리)화영이는 여편네 아니라서 좋든?

준표　와인 한잔 할래?

지수　아무렇게나··

준표　여보세요 여기 와인 좀 주세요··

웨이터　네 손님 와인 리스트

준표　아니 그냥 하우스 와인 줘요.

웨이터　예 손님(아웃되고)

준표　고기도 괜찮아 먹어 봐··

지수　(야채 건드리면서)

지수　E 다시는 옛날로 돌아갈 수 없다는 게 얼마나 끔찍한 일인지 당신은 모르는 거 같다..아니 상관없겠지··

준표　.....(보며)

지수　E 깨진 접시 본드로 붙여 다시 쓴대도 깨진 건 깨진 거....그런 채로 아무 일 없는 것처럼 연극하면서 우리는 그렇게 살아가야겠지··

준표　지수야

지수　E (못 듣는 채)당신은 때때로 딴 생각을 하면서 살 거고 나는 심장 한 조각 뜯겨나간 채로 그런 당신을 바라보며 살아야할 거고·· 그렇게 사는 것도 사는 걸까····그게 어떤 걸까···

준표　E 여보

지수　??

준표   뭐 생각해..

지수   아무 생각도..

준표   밥 먹고 잠깐 쉬었다가 사우나 하자…

지수   혼자 하고 와…난 별로잖아..

준표   처형 따라다니면서 운동 좀 해..

지수   ….(보는)

준표   이제 그렇게 좀 살아..왜 도통 자기 관리는 안 하는지 모르겠더
      라…그렇게 살면 빨리 늙어..

지수   E (보며)그래서 그 기집애한테 런닝 머신도 사줬니?

준표   회원권 사줄게.

지수   필요없어…

준표   말 들어 운동해..

지수   그냥 언니 따라 다녀도 돼..(와인 와서 놓여지고)

준표   마셔..

지수   (와인 잔 집어 들고)

준표   (부딪힌다)

지수   ??(무슨 뜻이야)

준표   다시 시작하는 거야..

지수   (쓴웃음)그래..그러자구..

      [마시는 두 사람…]

S# 강변을 산책하는 두 사람…

      [천천히 걸으면서]

준표   그저…인생이라는 기인 여정에…… 잠깐 나쁜 꿈 꿨다 생각해…

지수   당신한테는 황홀한 꿈이었겠지..

준표 빈정거리지 말구…(멈춰 서서 보며)이제 꿈에서 깨어나도 돼…
     괜찮아··

지수 …(가만히 보며)

준표 한 때… 방황했다 쳐줘··

지수 멋있네…한 때 방황····근사해···그런데····이런 때 여자한텐 방
     황이라는 멋있는 말보단 실수라는 말이 더 위로가 돼··한때 실수···

준표 그게 그말이잖아.

지수 안 그래·· 방황은 ····미화시키는 거잖아··실수는 잘못을 깨끗하게
     인정하는 거지만 방황은 변명이야··

준표 그렇게 호벼파지 좀 마. 머리 아퍼.

지수 ····(보며)

준표 (손 뻗어 지수 손잡고 걷기 시작하면서)인생 육십은 이제 짧아.
     인생 칠십년 머나먼 길을 가면서 어느 한 대목 덜그럭거리거나 기
     우뚱거릴 수 있잖아····완벽한 결혼도 완벽한 부부도 없어··거죽으
     로 다 좋아보여도 내막이 어떤지는 본인들 말고는 몰라·· 한두차례
     위기없이 마지막까지 유지하고 사는 부부가 얼마나 될 거라고 생
     각해··

지수 남들이 어떻든 무슨 상관이야··왜 남들하고 같아야 해.

준표 답답한 소리 말구··

지수 나는 답답한 여자라 답답한 소리 밖에 할줄 몰라.

준표 (먼 데 보며)이럼 대화가 안돼··

지수 피차 일반이야. 정말 문제는 당신은 당신이 무슨 짓을 했는
     지 그게 나한테 얼마나 치명적인 배신인지 제대로 모르고 있다는
     거야··

준표　안 그래.(멈추며)충분히 알고 있어..

지수　....(보며/그럴까)

준표　딱 한번이야....일생에 한번이야..

지수　그걸 어떻게 믿어..

준표　약속할게..

지수　결혼식장에서 약속했었잖아..

준표　(싫증 나서 고개 잠깐 돌렸다 다시 보며)지수야.

지수　(걸음 옮기며)알았어. 됐어.. 그만 해. 다른 얘기 해..(준표와 잡았
　　던 손 놓아지고)

준표　.......(가는 아내 보면서)......

S# 호텔 스위트룸

준표　(서서)내려가 사우나 하고 오자…나도 잠깐 운동하고.

지수　(침대 옆구리에 앉으며)내려가 하구 와..

준표　적어도 사오십분은 걸려..그동안 뭐해..

지수　(일어나 옷 벗으며)잠깐 졸지 뭐…

준표　.....(보며)

지수　갔다 오라니까?

준표　그만두자..(옷 벗는)

지수　갔다 오라니까?

준표　됐어..

지수　(저 벗던 것 그만두고 남편 옷시중 들려 다가드는)

준표　(옷 벗어 주다가 지수 잡는다)

지수　? ?

준표　(안아 침대로)

346

지수 왜 이래..이러지 마..

준표 가만 있어..

지수 싫어 (밀어내며)하지 마 이러는 거 싫어.. 하지 마. (침대에 쓰러뜨려지는)하지 마.. 하지 마

준표 (억지로 얼굴 붙이려)

지수 하지 마!! 하지 말라니까!!

준표 (멈추고)

지수 (밀어내고 일어나며)왜 이렇게 사람을 비참하게 만들어 하지 말라니까. 내가 언제 동냥 달랬어? 달랄 때는 안 주더니 달라지도 않는데 왜 그래.

준표 여보.

지수 이런 식은 싫어..

준표 그럼 어떤 식이래야 해.

지수 암튼 이런 식은 싫어..나는 아직 준비가 안됐어..

준표 ....(잠시 보다가 벌떡 일어나면서 벌써 얌전히 개켜서 내어져 있던 침대 발 쪽의 잠옷 한꺼번에 채어 들고 화장실로 들어간다)

지수 ....

   [물소리 들리기 시작하고……]

지수 (일어나서 준표가 벗던 옷 정리하기 시작하는데)……

   E 준표 전화 메시지 신호음.

지수 ??(돌아본다)….

   [나이트 테이블 위의 전화…]

지수 (그쪽으로 움직여 전화 펴서 확인하면)

화영 E 전화 못받아서 미안. 배터리 나간 걸 몰랐어..형편되면 전화

해. 받을 수 있어. 기다릴게‥

지수　‥‥‥(표정 변화 없이 나락으로 떨어지는)‥‥‥‥‥(후들거리기 시작하면서 침대 옆구리에 픽 앉아진다)‥‥‥‥

　　[물소리 계속 들리고‥‥‥‥]

지수　‥‥‥‥‥(멍하니 있다가 시선이 옆으로 옮겨지고)‥‥‥‥

S#　화영의 거실 주방

화영　(주방에 선 채 샐러드 씹으며 책 보고 있는데)

　　E 메시지 음.

화영　(화들짝 책 놓고 확인하면)

준표　E ****호텔****호. 택시 타고 와.

화영　(후닥닥 미친 듯이 침실로)

S#　침실

화영　(들어와 장에서 옷 꺼내 침대에 던지면서/미친 듯이)

S#　호텔 스위트룸

　　[비어 있는 방]

　　[물소리 여전히 나고]

S#　호텔 현관 밖

지수　(핸드백만 들고 나온다)‥‥‥‥(벨보이에게)여기 택시 타려면 어떡하죠?

벨보이　전화로 부르면 되는데 잠깐 기다리면 그 택시 오기 전에 다른 택시 들어옵니다 사모님. 어 보세요‥들어오네요.

　　[택시 들어와 젊은 남녀 손님 내려놓는다]

지수　(그 택시로 오르고)

S#　차 안

기사 어서 오십시오.(유쾌한)

지수 네 안녕하세요.

기사 어디로 모실까요.손님

지수 서울 가는 버스 타는 데로

기사 에에 알겠습니다.(움직이는)

지수 아니 그냥 곧장 서울로 가 주세요‥ 가실 수 있나요?

기사 예 그러믄요 사모님.

지수 (머리 기대면서)……(눈 뜬 채)……

S# 호텔 스위트룸

준표 (김 나는 욕실에서 나오면서)당신 씻어‥(하고 보면 지수가 없다)…
……(괜히 한번 둘러보고 발코니가 있으면 발코니도 보고)……(어디 갔어)
……(바람 쐬러 나갔나…성가시게 구네….침대에 걸터앉아 젖은 머리 털
어 닦는)………

(그러다가 핸드폰 들어 단축 찍는다)

소리 전원이 꺼져 있어

준표 (전화 끄며 좀 오른다/니 맘대로 해‥꺼내 놓았던 책 펴 들고 침대에
자리 잡는다)….

S# 호텔로 가고 있는 화영의 택시 안‥

화영 (화장 주머니 꺼내 놓고 열심히 화장하고 있다)……(그러다가 립스
틱과 붓 꺼내면서)저기 잠깐만 세워주시겠어요?

기사 왜 그러시죠?

화영 (웃으며)잠깐 세워주세요…잠깐 이면 돼요‥(자동차 서고/공들
여 립스틱 바르는)……

S# 호텔 로비

[로비를 나오고 있는 준표‥]

S# 커피숍이나 레스토랑

[지수 찾는 준표‥]

S# 강변/지수 찾는 준표

S# 호텔 프런트

직원 (전화)네 김지수 손님요…여자 분이에요‥‥‥(기다리는)

준표 ‥‥‥(지켜보고 있는)

직원 사우나 안 내려 가셨다는데요…

준표 아…네…

S# 호텔 스위트룸

준표 (들어와 서서)‥‥‥(이 여편네 어딜 간 거야.)‥‥‥(핸드폰 열어 시간 확인)

[여섯 시 반경‥‥]

준표 ‥‥‥‥

S# 한강 둔치(같은 시간)

둔치 아닌 데는 없을까요‥/

[흐르는 강물을 보며 하염없이 서 있는 지수‥‥]

S# 은수의 거실 주방

[저녁 식사 중이던 경민 포함 다섯/]

은수 ??(전화 들고) 무슨 소릴 하고 있는 거야 응?‥잠깐 있어 봐‥(자리에서 일어나 침실로)

모두 ??

S# 침실

은수 (들어오며 소리 죽여)지수를 왜 여기다 찾어‥ 지수 데리고 간 사람 누군데……무슨 일이야 무슨 일이 있었길래./ 싸웠어?

S# 호텔 스위트룸

준표 아니에요 아무 일 없었어요…샤워하고 나오니까 사람이 없어 요.. ..찾아봤지요 사방 찾아봤는데 없어요….전화는 꺼놓구요….잠 옷이며 갈아입을 옷은 그대로 둔 채 핸드백만 들고 나갔어요..

S# 침실

은수 어 그럼 어디 과일이라도 사러 나간 거 아냐?…얼마나 됐는데.. (달삼? 해서 들어온다) 두 시간?….

달삼 뭐야..

은수 지수가 없어졌대.

달삼 어디로 없어져.

은수 그걸 알면 여기로 찾어어어?

달삼 다퉜대?

은수 이거 봐 홍서방

달삼 (전화 뺏으며)이리 줘 이리 줘봐..나봐 자네 내 말 안 들었지. 여 러 소리 하지 말고 무조건 품어 안고 자랬는데 말 안 듣고 더덤하 게 굴었지 맞지.

S# 스위트룸

준표 무슨 말씀하시는 거에요 형님 말 들었다 이렇게 됐는데….그런 식은 싫대요 아직 준비가 안됐대요.. (듣다가)어떻게 다루기는 무슨 처녀 꼬시는 거에요?…(그럼 자네 겁탈할려 들었어?) ..아니 그렇다구 누가 겁탈할려구 들었겠어요?…..(듣다가)워낙 까탈 스런 사람이에 요..제가 그랬잖아요 통할지 모르겠다구.. 그런 걱정 하지 말라더니 형님 말 듣는 게 아니었어요

S# 침실

달삼 못되면 조상탓이다 좌우간··그래서 ···응····응·····참 거 처제도 어어이 하나만 알고 둘은 모르는 사람··아 어렁더렁 넘어가면 될 걸 뭘 그렇게 까다롭게 따져따지길 그래야 자기만 손핸걸 그걸 모르구··좌우간 여기는 안왔어·· 여기로 오겠어? 근처에 있을 거야 찾아봐····아 더 찾아봐 찾아질 때까지 찾아 알었어?(끊으며)왜 이렇게 능력이 없어 이사람.

은수 겁탈했대?

달삼 아냐

은수 그럼 무슨 소리야.

달삼 어떻게 해볼랬는데 준비 안됐다고 밀어내더래··그리고 씻고 나오니까 없어졌다네·····

은수 ······(보며)

달삼 아니 어떻게 했길래 어으어으(드응신)

은수 어으어으할 거 없어. 실커언 딴년 보고 다니다 나한테 그러는 거 그게 뭐 그렇게 좋구 황송한 줄 알어? 세 살 때 먹은 추석 송편이 올라와. 어으 드러워 어으 드러워.

달삼 드러워두 한 세상 깨끗해두 한 세상이야아

은수 그런데 얘 어디로 간 거야···

달삼 근처 어디 있겠지··걱정말구 나가 밥이나 먹어··(나가는)

은수 ·····(뿌우 있다가)드응신 누군 저만 못해 이러구 사나아. 까짓 눈 질끈 감구 말지이··

    [핸드폰 집어 단축]

    [전원이 꺼져 있어··]

은수　(끊으며)속도 썩인다 정말··

S#　객실

준표　(핸드폰 단축)

　[전원이 꺼져 있어··]

준표　(침대 위의 상의 낚아채듯 집어 들고 문으로)

S#　로비

　[승강기 문 열리고]

준표　(내리다가)?

화영　??(일단 놀랬다가 활짝 웃는)

준표　웬일야··

화영　??오래서 왔는데 왜 그래··

준표　내가 언제··

화영　내 문자에 오라고 답장 보냈잖아··

준표　??

화영　잠깐 (전화기 꺼내는데)

준표　메시지 보냈었어?

화영　바테리 나간 거 몰랐었어. 부재중 전화 와 있더라··받을 수 있는
　지 어쩐지 몰라 메시지 보냈었지. 곰방 답장이

준표　(눈 감았다 뜨며)나 아냐.(오버랩)

화영　??

준표　지수가 한 거야··

화영　??

준표　(외면하며)같이 와 있었거든··

화영　화해여행?

준표 그래··

화영 ······(일단 배신감 지나가고)당신은 뭐했는데

준표 샤워··

화영 지수 어딨어··

준표 그래 놓고 없어졌어 아무데도 없어··

화영 ·····

준표 (어어이)문자는 뭐하러 보내··

화영 전화는 왜 했어··

준표 ·····

화영 왜 했어··

준표 가··나도 가야겠어·· 여긴 없어 서울 간 거 같아··(승강기 버튼 누르며)

화영 나혼자 가라구?

준표 그럼 이 상황에 한 차 타고 가게 생겼어?(승강기로 올라 버튼 누르는데)

화영 (승강기로 타면서)같이 가.

준표 어딜 같이 가.

화영 서울·· 서울 간다며

S# 객실 복도를 앞서 빠르게 걸어오는 준표

[화영 한 걸음 뒤에 같은 템포로 따라오고]

[객실 앞에 멈춰 서서]

준표 내려가 택시 타고 가.

화영 ·····(보며)

준표 어서 ···말 들어····(들어가며)

화영 (따라 들어가며)나 불러 놓고 사라진 건 이제 손 들었다는 뜻이야..

S# 스위트룸

준표 (들어오며)그래서.

화영 그냥 가도 그냥 간 걸로 안 믿어.(뒤에서 껴안으며)

준표 ….(멈추고)….

화영 너무 오래 못 안았어….

준표 …….

화영 (앞으로 돌면서)안고 싶어……… 안아 줘..

준표 ….(보며)

화영 이게 우리 운명이야. 참지 마.. 참지 말자..

준표 (두 뺨 싸쥐고 보며)미치겠다..당신이 날 미치게 만들어 날 미친 놈이 되게 해.

화영 (얼굴 붙이려 애쓰는)

준표 (피하면서/밀어내며)지수가 사라졌어 어디로 갔는지 몰라 지금 여기서 당신이랑 내가 엉크러지면 우린 그야말로 최악이야.

화영 그럼 어때 그게 무슨 상관야.

준표 (화영 밀어내면서)그렇게까지 형편없을 수는 없어.

화영 우리는 벌써 최악이야. 더 떨어질 데가 없어.

준표 (창문 열어 옷가지들 떼어 침대에 던지면서)날 위해서 당신이 떠나줘… 어디로든 가. 이 나라 떠나.. 그러지 않으면(가방에 아무렇게나 구겨 넣으며)안 끝나겠어..내가 돈 놈이야..정상이 아니야..전화를 왜 해! 끝냈다고 해 놓고 전화는 왜 하냐 말야!!

화영 사랑하니까! 보고 싶으니까! 내 말소리 듣고 싶어서…

준표 (지퍼 채우다가 주먹으로 가방 내리치며)그래애!! 그런데 그래도 지수 못 버려..지금 나 총 맞았어 그래서 이 지경이야.. (지퍼 마저 채우며)정신 차려야 해 나는 돌아가야 해...돌아가야 한다구.

화영 ⋯⋯⋯(보며)

준표 (화영 돌아보며)안아?...안고 싶지?...그래 안자..나도 안고 싶어...안자고.. 얼마든지 안을 수 있어 안고 싶어서 돌아버리겠어..이게⋯⋯ 정상이니? ⋯⋯나 정상이야?

화영 ⋯⋯⋯(다가와서 가만히 안아준다)⋯⋯

준표 ⋯⋯⋯(맥 빠져 안긴 채)⋯⋯⋯

화영 ⋯⋯⋯

S# 호텔 현관 앞(어두워지기 시작)

[나오는 두 사람..준표 작은 여행 가방 벨보이가 들고 따라 나오고 준표 키이 벨보이에게 주고 벨보이 가방과 키 들고 주차장으로 뛰어가고/]

[빈 택시 들어와 멎고]

준표 (뒷좌석 문 열어준다)⋯⋯⋯(묵묵히)

화영 (마치 모르는 사이인 듯 운전석 옆자리 문 열고 올라 문 닫고 앞 보며)⋯⋯

준표 (문 닫고)

[뜨는 택시를 바라보며]

준표 ⋯⋯⋯

S# 움직이고 있는 화영의 택시 안

화영 어디(웃으며)잠깐 세우고 음료수 좀 살데 없을까요?

기사 예에..그렇게 하십시오..맨 가겐데요 뭐..

S# 둔치⋯⋯(어두워지고 있다)

[앉아 있는 지수⋯⋯]

[맞은편의 불빛들….]

지수   ………

S# 어두운 길을 운전하면서 전화 단축 누르는 준표

[전원이 꺼져 있어‥]

준표   …(닫아버리고)

S# 달리는 택시 안의 화영

화영   (소주 병나발 불고 있다)…

기사   (껌 씹으며 흘끔거리고)

화영   으흐흐흐흐 걱정마세요‥ (오징어 같은 안주 쑥 내밀며)껌 뱉고 이
거 드세요.

기사   아니 됐습니다‥

화영   싫으면 말구요‥(술 또 마신다)

기사   싸웠어요?

화영   ?? 아아…후후….예에…(애매하게)….

기사   더러 그러더라구요…

화영   …(보는)

기사   같이 왔다가 싸우고 따로따로 가는 손님들요‥

화영   에에‥(앞 보며)

기사   남편 아니죠?

화영   운전이나 하세요‥

S# 어느 카페…

지수   ………(찻잔 놓고 앉아서)…….

석준   (헐레벌떡 들어와 눈으로 찾고 부지런히 지수 쪽으로)선배‥

지수   ?? (일어나며)어…어떻게 이렇게 금방 와요?

석준 총알타고 왔죠.. 어제까지 눈 빠지게 기다리다 역시 나혼자 짝
사랑이었구나 했는데 하하 오랜만인데 우리 허그 한번 하면 어
때요..

지수 …(글쎄)

석준 그냥 반갑다는 제스츄언데 그래도 안돼요 유부녀라?

지수 아니..해요..

석준 하하하(안으며)선배 발전했는데요?

지수 (마주 안으며)다같이 발전하는데 나만 퇴보하면 되겠어요?

석준 (손 내밀며)이것도 해요 우리

지수 (그 손 잡으며)진짜 반갑네..얼마만이죠?..

석준 앉아요 (같이 앉으며)아들이 몇 살이에요.

지수 열셋/ 중 일.

석준 그 애 다섯 살 때 갔을 거에요..

지수 꽤 됐네…

석준 십년은 못 채웠어요.. 어 그런데 주부가 이 시간에 집에 있어야
할 시간 아니에요?

지수 주부 바람났어요.

석준 에? 하하하하하 지수선배 그런 말 하니까 되게 이상해요

지수 출장… 이 기회 아니면 밤외출 잘 안돼. 우움 밤 외출이 그립던
차라..

석준 어쨌든 좋아요..(보면서)…. 여전하네요..

지수 듣기좋은 소리 원래 잘하죠 석준씨..

석준 원숙미가 덧칠해져서 예전보다 훨씬 더 좋아요.

지수 고대로 믿을 거야..우울하거든요.

석준   ??

지수   그냥 해보는 말‥어디가 저녁 먹어요…내가 사요/‥

석준   원 무슨 /내가 모셔요‥(두 사람 움직이면서)

지수   부모님 건강하시구요?

석준   아 뉴질랜드 이민 가셨어요‥거기 형네요.

지수   그럼 여기 혼자에요?

석준   (계산대로)혼자가 좋아요‥

S# 지수의 마당

준표   (들어선다)…

   [캄캄한 집‥]

준표   ……

S# 거실

준표   (들어온다)……(들어오면서 현관께서 전체 등 켜고)………(서서)

S# 어느 레스토랑‥

   [와인 잔 부딪치면서]

지수   결혼은

석준   결혼은 안했었고 그림하는 프랑스 애랑 일년 칠개월 살다 치
   웠어요……

지수   ……(보는)

석준   걔는 지 나라 말로 나는 우리 말로 신나게 싸우고 그러다 엎었
   죠 뭐‥

지수   마셔요…

석준   (둘 각각 한 모금씩)……선배는 어때요‥여전히 세상에 하나 밖에/
   둘도 없는 사랑이에요?

지수 으ㅎㅎㅎ 웅‥

석준 내가 선배 김춘향이라 놀렸던 거 기억해요?

지수 그럼‥

석준 홍도령 여전하시구요?

지수 잘 있어요…

석준 (음식 나오기 시작한다)그 선배/ 나연정 선배 소식 혹시 알아요?‥

지수 싱가폴 살잖아요 결혼하고는 끊어졌는데.

석준 세상 웃기죠‥빠리에서 일년에 서너 차례 가이드라는 걸 했었는데요 나선배 오빠 내외분이 같이 투어 했었어요‥ 육박 칠일 정도 같이 몰켜다니다 보면 이 얘기 저 얘기 다 하게 되잖아요‥가이드는 언제 왔소 몇 년 됩니다‥어쩌고 저쩌고 하다가 알았는데 이혼하고 재혼했대요.

지수 ??

석준 E 남편은 중국 여자랑 재혼해서 살고 나선배도 거기 주재원 일본 남자랑 재혼해서 후구오까에 가 아주 잘 산대요.

지수 아이는/

석준 나선배가 데리고 있대요‥

지수 재주 좋으네‥ 싱가폴이 재혼이 잘 되는 덴가부지?

석준 하하 그런 데가 어디 있어요‥

지수 (저도 푹 웃으며)멍청한 소리 했다‥

석준 그게 선배 매력이에요‥ 가끔 한 마디씩 엉뚱한 소리 하는 거‥

지수 후후 (와인 잔 집어 드는)‥‥

S# 지수의 주방 거실

준표 (컵라면에 뜨거운 물 붓고 있는데)

E 핸드폰 벨

준표 (서둘러 보고/아내는 아니다/받는다)네에‥

달삼 F 소식없어?

준표 없어요‥

달삼 F 집사람이 장인어른께 전화 넣어봤는데 거기도 안간 모양이야‥

준표 ‥‥‥

달삼 F 짐작 가는데도 도통 없어?

준표 아뇨…

달삼 F 그러고 있으면 어떡해애‥

준표 그럼 어떡해요‥방법이 없는 걸‥

달삼 F 에에이 끊어‥(끊어지는)

준표 (전화 놓고 라면으로)

E 전화벨

준표 (보고)어 경민아.

경민 F 엄마는 왜 전화를 꺼났어요?

준표 어 그래? 그랬어?

S# 준구의 방

경민 (컴퓨터 테이블 앞에 앉아서)엄마 좀 바꿔 주세요‥‥‥네‥네에에 그
럼 엄마한테 전해 주세요‥ 저 다아 씻고 이도 깨끗이 닦고 숙제도
다 했고 지금부터 한 시간만 게임하다가 잘 거라구요‥

S# 거실 주방

준표 그래 알았어‥그렇게 전해줄께‥엄마 전화 안할 테니까 그렇게
알고 딱 한 시간만 하다가 자는 거야‥

경민 F 네 제발 전화하지 말라 그러세요 게임에 방해돼요‥하하

준표 그래 잘자라.

경민 F 아빠도 안녕히 주무세요.

준표 우웅··(끊으며)······(끊고 있다가 단축 누른다)

[전원이 꺼져 있어]

준표 (신경질적으로 닫아버리고 컵라면에 젓가락 넣어 젓는)·····

S# 은수 침실

은수 ······(뿌우)······

달삼 (화장실에서 나오면서 파자마 바지춤 올리다 아내 기웃이 보고)···
뭐야 당신 오바할려구 준비 중이냐?

은수 살아는 있겠지 여보.

달삼 그럴 줄 알았다

은수 살아서 보낸 애가 죽어서 들어오는 건 아니겠지

달삼 아 시끄러. 죽었으면 진작에 죽었어·· 여태 살아 있다가 새삼스
레 왜 죽냐····처제 죽을 기회 놓쳤어.

은수 그럼 어디가서 뭐하느라 이렇게 연락두절이냐구우. 그지같은
자식 얼렁뚱땅 넘어갈려고 애 잘못 건드려서 똥물 뒤집어쓴 기분
만든 거야··그래서 뛰쳐나갔는데 그 상태면 곧장 물로 뛰어들수도
있고 차로 뛰어들 수도 있단 말야···

달삼 아 아냐아냐·· 그냥 너 골탕 좀 먹어봐라 시위하는 거에 불과해
그런 거 아니야

은수 지수는 나랑 다르단 말야아아 여보오

달삼 다른 거 알어 아니까 내가 체제 방으로 안들어가고 꼬박꼬박 당
신 방으로 들어오지 똑같으면 처제 방 들어갔다 당신 방 들어갔다

은수 (쿠션 같은 걸로 퍽퍽 때리면서)지금 그걸 농이라구 하는 거야 유

머라구 하는 거야 당신.

달삼 (쿠션 빼내며)괜찮아괜찮아. 아무 일 없어. 걱정마‥걱정 말라

고 한 소리야‥

은수 ‥‥(노려보는)

달삼 뽀뽀‥

은수 (확 달려들어 물어버린다)

달삼 아으으으으으!!

S# 어느 와인 바‥

지수 ‥‥‥(와인 잔 굴리면서)‥‥‥

석준 ‥‥‥‥(보며)

지수 ‥‥‥‥

석준 김선배‥

지수 (문득 웃으며)좀‥취하네‥‥밥 먹어서 쉽게 안 취할 줄 알았는데‥‥

석준 여기 얼음 냉수 좀 주세요‥그만 해요‥

지수 (와인 잔 밀어놓으며)그러는 게 좋겠어요‥‥‥‥(가만 있다가)화실

이 어디 이 근처라구?

석준 ‥‥이십미터도 안돼요‥

지수 구경 가면 ‥‥안되나??

석준 좋죠오오‥‥한번 와요‥‥보여줄게‥

지수 나중에‥‥‥‥

석준 나중에요

지수 ‥‥ 말고 지금‥‥

석준 ?

지수 나 데리고 한번‥‥한번만‥자줄래요?(안 보는 채)

석준   ??

지수   아니 자줄 수……없어요?

석준   ……지수선배…

지수   (한 손으로 눈 가리며)이런 말해서 미안해요··그런데…나 그러고
      싶어··한번··한번만…

석준   ……(보며)

지수   (손 떼며/안 보는 채)불쾌하죠 정말 미안해요. 그런데…그냥··아
      무 말도 묻지 말고 그냥….그렇게 해줄 수 있으면 ….해주면 어떨까….

석준   (보며)……

지수   나··정말…이미 여자가….아닌가? 끝났어요?

석준   나 봐요……

지수   ……(보는)

석준   너무 여자에요….누구보다도 여자에요··

지수   (시선 내리고 소지품 챙기려 손 뻗치며)그럼 내 부탁 들어줘··

석준   (잡으며)나 선배 좋아했어요··임자 없는 사람이었으면 내가 차지
      했을 거에요··

지수   왜 딴 소리만 해요?

석준   선배

지수   알았어요 없었던 얘기로 해요 ··괜찮아 망신 각오하고 한 거니
      까 ··(한 손으로 얼굴 덮고 소리 죽여 우는)…….

석준   (자리 옆으로 옮겨 안으며)이건 지수 선배가 아니에요…왜 누군
      가 때문에 자신을 망가뜨려요··자신을 애껴요··틀림없이 후회할 거
      고 그리고 두 번 다시 날 안 볼 거에요….

지수   어쨌거나 다시는 안볼 거에요.(하며 일어난다)

364

석준 (일어나면서 부축하는)……

지수 괜찮아요…미안해요…(나가며)미안해요··

S# 약국 앞에 대어져 있는 택시

석준 (약국에서 봉지 하나 들고 나와 택시 뒷좌석으로)

S# 택시 안

석준 (들어와 약 지수에게)

지수 (기대어 있다가 받아서 마시고 삼킨다)·······

S# 지수의 대문 앞

준표 (나와 섰는)········

    E 핸드폰 벨

준표 (얼른 꺼내 보고…받을까 말까 망설이다가)네··

화영 F 들어왔어?

준표 안 들어왔어.

S# 화영의 거실

화영 연락도?

준표 F 없어.

화영 골탕 먹이는 방법도 여러가지네.

준표 F 그렇게 말하는 거 아니잖아.

화영 착하고 순수한 척은 독판하면서 못할 짓 없이 별짓 다하고. 김
    지수 불쌍하다 이렇게라도 해서 관심 끌어야하는게

준표 F 정떨어지게 왜 이래 정말!!

    [전화 끊어진다…]

화영 ??……(끊고 쓰디쓰다가)후후후후후….깔깔깔깔

S# 대문 앞

준표 (잠시 더 서 있다가 집으로 들어가려는데)

　　[골목 저쪽에서 자동차가 들어온다.]

준표 ……(서서 보는)

　　[택시 와서 멎고]

지수 (내린다)

준표 (보며)……

지수 (대문으로)

준표 (팔 잡는다)

지수 (빼내고 집 안으로)

S# 마당

준표 (들어와 대문 닫고 앞서가는 아내 보며 따르는)

S# 거실

지수 (들어와 소지품 놓고 냉장고에 가 물병 꺼내 따라 마시는데)

준표 (들어온다)

지수 (컵 싱크대에 넣고 소지품 집어 드는데)

준표 어디 있다 오는 거야.

지수 내일 얘기 해.

준표 사람 진 좀 그만 빼.

지수 ??(돌아본다)

준표 정리한다 그랬고 끝낸다 그랬으면 믿고 맡겨놔 줄 수 없어?

지수 내일 얘기하자구.

준표 어디 갔었어.

지수 남자랑 잤어. 최소한 홍준표 친구는 아니야.

준표 그럴 주제나 되면서 그런 소리 해.

지수 무시하지 마. 얼마든지 할 수 있어. 했어. 또 할 거야. 날마다 할
거야.

준표 내가 얘기하께(타협)

지수 여기서 더 무슨 얘기가 필요해.

준표 빨리 집 정리해서 떠나라 소리할려구

지수 (나직이)닥쳐..

준표 ??

지수 닥치라구…(침실로 들어가버리고)

준표 ……

F.O

S# 지수의 마당(오전)

S# 지수의 거실

지수 내 통장에….이백 팔십 오만원 있어..그게 내 전재산이야..

준표 (그냥 보며)

지수 나도 애쓰고 살았고…초기에는 우리 집 도움 안받았다 할 수 없
으니까..또 경민이 데리고 있으니까……어떻게 해줄래.

준표 생각 바꿔..

지수 여러 말 하지 말자..지쳤어.

준표 나도 지쳐. 이제 그만 해.

지수 얼마나 줄 수 있어.

준표 뭘 줘. 니가 한 게 뭐 있다구 줘.

지수 ….(보며)

준표 내가 그만두자는 거야? 그만두겠다는 사람이 나가면 될 거 아
냐. ..한푼도 못 줘. 뭐 초기에 당신 친정 도움 받았다구? 그래 얼마

면 돼. 본전에 이자 합쳐 삼천이면 되겠어?

지수　(그냥 보며)....

준표　아주 멋대로군. 누구 맘대로 경민이 차지해. 너 혼자 낳았어? 엄
연한 홍씨 자손이야. 나가고 싶으면 혼자 나가··

지수　그럼 당신이 데리고 갈래?

준표　??

지수　화영이랑 얘기해봐··

준표　무슨 소릴하고 있는 거야 지금!

지수　안 준다면 할수 없지··그럼 당신이 키워.

준표　···미쳤구나.

지수　이 집····내가 가질게··

준표　······(보다가)어림없는 소리 마.

지수　집 한 채 값은 하고 살았어.

준표　생각 바꿔.

지수　월 이백씩 일년 치 생활비만 줘. 더 안 바래.

준표　····(보며)

지수　경민이한테 들어가는 거···식비 빼고 그건 당신이 맡아··

준표　·····(보며)

지수　그렇게 끝내··

준표　지수야 이건 아니야.

지수　아무 것도 못 준대도 상관없어. 나 파출부 아줌마 해도 먹고 살
수 있거든? 당신이 의심할 필요없는 남편이었을 때 당신 아내 자리
가 의미가 있었어··이제 그런 거 없어··치사해서 못하겠어···초라해
서 못해. 역겨워서 못 참겠어··

준표 극복하면 돼. 다 극복들하고 살아.

지수 안 할래 하기 싫어..

준표 (일어나며)나중에 다시 얘기해. 나가야 해.

지수 나가…나도 할 일 많아..(일어나는)

준표 너 똑똑히 알아둬..우리 가정 파토내는 건 너지 내가 아냐..나는 어떻게 해서든 마지막까지 지킬려고 노력했어..이건 절대로 내가 원하는 일이 아냐. 니가 너 원하는대로 너 하고 싶은대로 해치우는 거야..

지수 …..(보며)

준표 그래? 기어이 그렇게 하고 싶어? 기어이 날 떨어내고 싶어? 좋아 못할 거 뭐 있어.해. 얼마든지 해…괜찮아..고맙지 뭐. 고마워 죽겠다. 부탁도 안했는데 자진해서 좋아 미치겠는 여자랑 살게 해줘서.엉? 이 은혜를 어떻게 갚지? 너 진짜 끝내주는 여자다. 멋져. 그은사해..원더풀이다 이 나쁜 기집애..

지수 ….(그저 보며)

S# 동네 어느 카페..

남자 (두툼한 사진 봉투 두 개 밀어놓으면서)그저께 현재까지 이쪽도 저 쪽도 별다른 거 없는데요 사모님. 두 사람 완전히 정리된 거 같습니다..이제 그만 철수해도 된다는 판단인데요.. 여자 쪽은 정식으로 항의도 하구요..

은수 항의하더래요?

남자 고발한다구요..

은수 (봉투 큰 핸드백에 넣으면서)나도 그만 철수하랄 참이었어요.. 그동안 수고 많았어요..큰 도움이 됐어요..

남자　아 예...허사장님은 무고하시죠?

은수　아직은 별탈 없어요‥ 그럼(일어나며)

남자　(같이 일어나며)또 필요하시면 언제든지 찾아주십쇼.

은수　또 필요할 일 없어야겠죠?

남자　하하 그야 그렇죠‥사모님‥

S#　지수의 거실

지수　‥‥‥(가만히 보다가)이혼 신고는 안해.

화영　? ?‥‥안해?

지수　그래‥

화영　그런 이혼이 어딨어.

지수　여기 있잖아.

화영　‥‥

지수　우리 아이 대학 입학할 때까지 그대로 두기로 했어‥ 아이한테 는 재결합 가능성 열어두고 일주일에 하루는 반드시 여기 와 저녁 먹어줘야 하고 한 달에 두 번은 아이하고 같이 다섯 시간 이상 보 내줘야 해. 나나 아이가 필요해서 부르면 언제라도 달려와 줘야 하 고 시댁에 갈 일 있으면 세식구 같이 가야 해‥아버님 건강도 나쁘 신데 타격 드리는 거 그 사람이 원치 않아‥‥용납 하실 리도 없을 뿐 더러.

화영　그럼 나는 뭔데‥

지수　너는 이화영…나한테 셋이 살면 안되냐고 했던 이화영이잖아‥

화영　‥‥‥(보며)

지수　셋이 사는 사람 많다면서‥

화영　‥‥

370

지수 너 뭐냐구?…우리 이혼 수속 끝나기 전까지 너는 홍준표 교수 숨겨논 여자..정부지..

화영 완전히 다 내놓기가….아깝든? 무슨 꿍꿍이야

지수 그래…그런 거도 없다고는 안해.. 나 이렇게 만든 너한테 너무 쉽고 편하게 고스란히 넘겨주기 억울하고…..또….홍교수에 대한 니 사랑이 과연 어디까진지 한번 보고 싶기도 해…

화영 천사가 왜 그래.

지수 천사 타락하면 악마 돼..

화영 법률적인 형식이 뭐가 중요해…..

지수 그래 너 멋있어서 그거 중요한 문제 아니니까 쭈욱 그렇게 살어..우리 경민이 대학 들어갈 때까지..얼마 남았니 육년? 별거 아닌데 뭘..그때쯤 내가 더 악랄해져서 죽을 때까지 안해준다 나올 수도 있….을까?……그건 모르겠다..

화영 …..(쓸쓸하게 웃으며 보는)…..김지수 무섭다..

지수 성공했네…많이 무섭니?

화영 나 아이 가질 거야..

지수 ??

화영 너랑 준표씨가 어떻게 되든 아이는 하나 갖고 싶어서 병원에 다녀…신체적으로 삼십대 초반/가능성 백퍼센트래..

지수 …..

화영 나 인공수정 다섯 번 하고 포기한 사람이야.. 하나는 꼭 가질 거야..

지수 그래……낳아서 키워봐….너도….자식이 뭔지도 알아야겠지… 너랑 내가 같이 신경써야겠다… 이복 형제래도 친형제나 다름없이

지내라고 가르쳐야겠지? 우리 경민이 착하니까 괜찮을 거야…

화영　……그러지 말고 깨끗하게 정리해 지수야..

지수　…..(보며)깨끗이라는 말은 나한테 하는 거 아니지…

　　E 인터폰 울리고

지수　(일어나 받는다)네에.. (화영 돌아보며)이삿짐 센터 왔다..네 들어

　　오세요.(문 열어주고)

화영　??(자리에서 일어나는)….

S# 은수의 거실

은수　(느긋하게 앉아서 화영이 혼자 움직이는 사진들 한 장씩 빠르게 넘

　　기는/ 산부인과에서 나오는 사진이 넘어가 뒤 장 더 넘기다가 문득)??

　　(도로 앞으로 산부인과 사진)???(혹시 이 기집애…???)

S# 골목

은수　(부지런히 오고 있는/ 이삿짐 트럭 보고)??? 웬 거야아아? (인부는

　　아무도 없다..)

S# 마당

은수　(부지런히 계단으로)

　　[현관문 활짝 열려 있고 은수 들어간다.]

은수　얘 지수야아..(하다 보면 화영 주방에서 차 마시고 있다) 너 여기

　　무슨 일야..

화영　지수가 불러서 왔어요.

은수　지수가 왜.

화영　직접 물어 보세요..(하는데)

　　[침실과 서재에서 이미 박스들이 들려 나와 현관에 놓여지는/]

은수　??(박스들 보고 화영 보고 하는데)

지수 (서재에서 나오며)아뇨 책장 테이블 전부다 나갈 거에요. 몽땅 들어내세요.

은수 이게 무슨 일야 너.

지수 암말 마 언니..홍준표 이화영 집으로 보내.

은수 ??? 너 미쳤니? 늬년들 미쳤어?

화영 난 안 미쳤어요 언니

은수 야아아아!!!

지수 (언니 팔 잡아 몇 걸음 안으로 당겨놓고)내말 들어 언니..재들 안 헤어져..못 헤어져.나 데리고 여행 나가서도 전화질하는 인간이야. 미친 게 아니라 제정신 들었어..죽으면 죽었지 더는 안해..

은수 지수야(잡으며)

지수 참으라 그러지 마. 나 사람이야..여자야!! 홍준표는 개자식이야!!!

은수 ....(아연해서 보고)

화영 (차 마시면서)……

S# 아버지의 마당(밤)

S# 아버지의 방

　　[앉아 있는 은수 자매…경수 부부 용덕]…

　　[모두 누구도 아무 말 없이……]

용덕 (아무도 안 보는 채)진주에미 뭐 했어…

은수 할만큼 했어요…

용덕 왜 이제야 얘기해..일 다 그르쳐 놓고…

은수 글쎄 말이에요…

경수 아 좀 참죠오오오

선화 (남편 직신)

경수 남자들 다 대충 그렇고 그래요. 딴 짓 안하고 사는 남자들 뭐
그렇게 많은 줄 알어요? 돈 있고 기회있고 배짱있으면 다 해요 다.
나래도 해요.

은수 (경수 머리통 갈겨버린다)

경수 아 큰 매형은 안해요? 큰 매형은 도사잖어요 도사.

용덕 (조용히)조용해‥니가 큰소리 낼일야?

경수 경민이는 어쩌고 헤어져요 아부지‥그리고 뭐 먹고 살려구요‥
작은 누나 할 일 아무 것도 없어요…위자료 왕창 준대요? 평생 먹
고 살 거 준대요?

은수 그 걱정을 왜 니가 해.

경수 큰누나도 참고 사는데 왜 작은 누나가 이래요 집안에 이혼녀
나와 좋을 게 뭐 있어요. 집안 망신이잖어요

용덕 뭐 대단할 거 있다 집안 망신이야‥

은수 (오버랩의 기분)이 자식은 젊은 눔이 왜 이리 후졌어. 어느 세상
인데 집안 망신이야.

경수 그럼 표창감이에요?

선화 아유 참 가만 좀 있어요‥

경수 누나 둘 중에 하나는 이혼녀 챙피해요

선화 정말 이해를 못하겠어. 그게 왜 챙피가 돼요

경수 가만 있어 뭘 안다구 끼어들어.

용덕 너 나가.

경수 아버진 왜 아무 말씀도 안하고 가만 계세요.

용덕 나가라니까‥

경수 어으으으 (벌떡 일어나 팽 하니 나가버린다)

374

은수 저 자식 곰방대 할아버진 건 암튼…

선화 (일어나며)타임머신 타고 천 팔백년 대서 온 사람이에요.

은수 애 건드리지 말고 내버려 둬‥시끄러 암말 마‥

선화 저녁 차려 줄라구요.

은수 그래‥(선화 나가고)‥‥(아버지 보는)

용덕 ‥‥‥(방바닥 내려다보고 있다가)잘했어…

은수 ‥‥

지수 (아버지 보는)‥‥

용덕 잘못했다구 안해‥‥‥남은 모르는 거야‥‥‥은수두 다는 모를 거구
         ‥‥니가 제일 잘 알겠지. 나는‥‥‥‥한가지만 말해두고 싶어‥‥‥

지수 ‥‥(보며)

은수 ‥‥‥(보며)

용덕 행복이라는 건‥‥‥돈도 아니고 사람도 아니고 지위도 아니지
         싶어‥‥‥마음‥‥‥마음이 불행하지 않으면 그게 행복인 걸 게야‥‥‥‥‥
         얼마나 괴롭고 불행하면 헤어질 결심을 했겠어‥‥‥그래서 헤어지
         는 거면‥‥‥헤어지고 나서는 편해야 해‥그래야 잘한 짓이 되는 거
         야‥‥‥‥알어 들어?

지수 네…

용덕 버렸으면 미련두지 마…하루 빨리. 잊어버려…되씹지 마‥‥‥뒤
         돌아보지도 마…억울해할 것도 없어‥‥‥미워할 거도 없고‥‥‥(딸 보
         면서)누군가 때문에 비틀거리면서 괴로워하는 건 지는 거구 모자
         란 거야…그럴 필요 없어‥

지수 네‥

용덕 홍서방 아내가 너에 전부가 아니야…애 엄마고…내…작은 딸이

고….형제 중에 하나야….그게 다 하나하나…..소중한 자리야…

은수   그렇구 말구요…이렇게 당할 걸 목숨 걸고 살더라구요··

용덕   가봐…

지수   ……

은수   ………

용덕   어이 일어나…

은수   (지수 집적거리면서 일어난다)….

지수   (일어나는)…….

용덕   ….(앉은 채)…..

은수   가요··

용덕   …..

지수   (절하고 나가는)…..

은수   (따라 나가고)

용덕   …….

S#   골목을 걸어 나오고 있는 자매…..

은수   누구한테보다도 아버지께 죄송한 일인데 어떻게 죄송하다는
        말 한 마디 안하고 있다 나와…

지수   ….

은수   으응?

지수   죄송하다는 말 하기도 너무 죄송해서…..

은수   ………그년 애 가진 거 같은데…산부인과서 나오는 거 찍혔어··

지수   아직 가진 건 아니고 가질 생각이래··

은수   (멈추고 보는)

지수   (걸으며)인공수정하다 포기한 애잖어··갖고 싶겠지…사랑하는

376

남자 아이…

은수 (따르면서)누가 그래 지가 그래?

지수 …..

은수 야아아아 진짜…진짜아아…..

S# 준표의 서재…

준표 …(완전히 텅 비어버린 서재 한가운데 서서)………(한동안 그대로 있다가 나간다)

S# 침실

준표 (들어와 제 옷장 문 열면 완전히 텅 비어버린 옷장)

E 인터폰··

S# 거실

준표 (나와서 인터폰 들고 보면 안기사 얼핏 보이고)누구세요

안 F 예 회장님 오셨습니다··

준표 (서둘러 인터폰 놓고 나가는)

S# 마당··

준표 (뛰듯이 나와 문 열며)이 시간에 웬일이세요

홍 (들어가며)왜 못올 집에 왔어?

황 (따라 들어가며)누가 당하니이··그음방 드라이브 가졌다가 그음방 수목원 가졌다가 그음 방 준표네 가졌다가…차를 몇 번이나 돌렸는지 몰라··

준표 네에··

S# 거실

홍 (소파 쪽으로)에미 왜 안나와.

준표 에미 없어요 아버지··

홍   ? ?

황   이 시간에 집에 없다니

준표   좀 늦어지나봐요…친정에 갔다 그러는데…

홍   영감탱이 아프냐?

준표   아니 뭐 집안에 의논할 일이 좀

홍   출가외인이 무슨 친정일에 쫓아다녀..

황   경민이는

준표   이모 집에 갔어요..

황   혼자 있는 게야? 저녁은..

준표   먹고 들어왔어요..

홍   (앉아서)인삼차 줘..

준표   예..드릴께요…(포트에 물)

홍   경민이 어디 있어…

황   이모네 갔대요

홍   (벌떡 일어나며)드라이브 가자니까…

준표   …..

S# 동네 근처 우동집…

      [국수 먹고 있는 자매…]

은수   (김밥 접시 밀어주며)먹어..먹을 만하다..

지수   응…..

은수   ….(먹으며 보다가)잘한 거 같아?

지수   (보는)

은수   년놈들 좋은 일 뭐하러 시켜줘. 맹추같이

지수   이제 굴욕감은 안 느껴도 돼…

은수   ……

지수   버려야겠더라…내가 버리지 않으면 끝이 안나겠던데 뭐…

은수   글쎄 잘한 일 아닌 거 같아‥

지수   허탈하기는 해도…속은 편해…안 믿겠지만…

은수   위자료 얘긴

지수   집 달랬어 일년치 생활비랑‥

은수   준대?

지수   주겠지…나쁜 사람 아니니까 줄 거야‥

은수   아직도 나쁜 사람 아니야. 죽을 때까지 나쁜 사람 아니지 그렇지‥

지수   다른 여자가 좋아졌다고 ‥더 이상 나를 사랑하지 않는다고 인
      간 자체가 통째로 나쁜 놈 되는 건 아니잖어‥

은수   여편네 새끼 두고 가정파탄 시킨 거 이상 나쁜 놈이 어딨어.

지수   그 사람 논리는 가정파탄 내가 시킨 거야.

은수   ??

지수   자기는 마지막까지 노력했는데 내가 깨는 거래.

은수   틀리기만 한 건 아니네 뭐‥

지수   (쓰게 웃으며)어쩌면….

S# 골목‥

     [저 멀리 은수 내려주는 지수의 차 보이고/지수 차 자기 집으로 온다‥]

     [차 대문 앞에 멎고]

지수   (내려서 집으로)

S# 거실

지수   (들어온다)……

준표   ……(소파에 앉아서 맥주 마시고 있다)…‥(캔째)……‥

지수 (소지품 적당히 놓으며)경민이..

준표 제방에…

지수 경민아아 엄마 왔어어어…………좀 내려 와…할 얘기 있어……

경민 (사이 두었다가 뿌우 내려온다)……

지수 (다 내려오는데 손 내민다)

경민 (그냥 지나쳐 소파로 가 앉는다)…‥

지수 …‥(잠시 돌아보고 있다가 소파로 가 앉으면서)저녁은.

경민 먹었어요‥

지수 그래……경민아……당신이 얘기해…

준표 (힐끗 보는)

지수 (보며/해. 해줘)

준표 (맥주 탁자에 놓으며)미안해…노력했는데 결국은 엄마랑 나랑‥
      ‥당분간 떨어져 살기로 결론을 냈어.…이혼을 하는 건 아니고.…그
      러니까 별 거야…

경민 ……

지수 경민아.

경민 마찬가지에요‥ 따로 살다가 도로 만나 사는 거 보다 따로 살면
      결국 이혼하게 되는 일이 훨씬 많대요.

준표 누가 그래.

경민 진주 누나요‥

준표 다시 재결합하는 사람들도 많아‥ 엄마 아빠는 그럴 거야…그
      렇게 되도록 노력할 거야‥지금은 엄마가 너무 /워낙 엄마가 융통
      성이 없고 빡빡하잖아.

지수 왜 씹어 씹지 마‥

준표　엄마한테 더 많은 시간이 필요한 거 같애..아빠를 이해해줄려면.

지수　.....

준표　그래서 당분간 떨어져 지내기로 했으니까 그렇게 알고

경민　당분간 얼마나요

준표　한...반년....

지수　더 걸릴 거야..

준표　일년

지수　더 걸릴 수 있어..

준표　엄마한테 달렸어..

경민　일년도 더 걸려요?

지수　엄마 빡빡하니까..

경민　그냥 확 이해해주면 될 거 아니에요.

준표　불가능이야..

지수　따로 살뿐이지 너랑 아빠 관계는 달라질 거 없어..언제든 아빠 랑 전화할 수 있고 할아버지 댁에도 같이 다닐 거고 니가 아빠랑 보 내고 싶으면 아빠 따라 사진 찍으러 가는데 따라갈 수도 있고 한 집 에서 살 때보다 오히려 더 많이 아빠랑 보낼 수 있을 거야. 아빠 그러 신다 약속했어.

경민　(아빠 보는)

준표　약속해..

지수　니가 더 자라면...대학생 쯤 되면 엄마 이해하게 될 거야..

준표　그때는 아빠도 이해할 거라 믿어..

경민　......

지수　....

준표   .....

경민   끝났어요?

준표   미안하다..

경민   (끄덕이며)당연히 그렇죠..

지수   미안해..

경민   엄마도요..(일어나 이 층으로)

부부   (아들 올라가는 것 보며)........(경민 사라지자)

지수   (일어나며)이제 가 봐..

준표   .....

지수   사랑하는 사람 기다려..

준표   (일어나며)그냥 살아.. 위자료로 줄려면 이혼수속 해야해.

지수   (일어나며)다른 방법 없어?

준표   증여밖에 없는데 그럼 증여세 내야해.. 한두푼도 아니고 /증여
        세 낼 돈이나 있어?

지수   자기가 내면 되잖아..

준표   세금 내주는 것도 증여야..그냥 살아 안 내쫓을 테니까..

지수   생활비

준표   주께...줘...

지수   됐어..

준표   나같은 놈 또 있는 줄 알어?

지수   많은 줄 알어..

준표   그런 얘기가 아냐..(횅하니 나간다).....

지수   .....(나가는 것 보다가).....(주방으로 움직이는데)

        [현관문 도로 열리는 소리..]

지수   (돌아본다)……

준표   (도로 들어와 서서)……

지수   … 뭐 잊어먹었어?

준표   ……나 붙잡아 지수야…

지수   ……

준표   붙잡아…너랑 나 이렇게 끝낼 수는 없어‥

지수   ……안 그럴래….

준표   (나가고 현관문 거칠게 닫는)

지수   …………(가만히 서서)…….

S#   화영의 주방 거실(같은 시간)

  [식탁에 와인 글라스와 접시 냅킨/촛대 나와 있고/]

화영   (롱 드레스 차려입고 침실에서 나와 촛대에 불붙이는)……

제9회

S# 지수의 집 전경(밤)

지수 ...(소파에 앉아서/두 손 잡아 무릎에 올리고 고개 떨구고)..........(언제까지나 그 상태일 것처럼)........

S# 화영의 거실 주방

화영 (두 시간 닳아 짧아진 촛불을 뚫어지게 보고 있는)........

　　　E 거실에서 음악은 나오고 있고......

화영 ....(충분한 시간을 그대로 있다가 일어나 식탁의 전화기 집어 단축 누른다)

　　　E 벨 가는 소리 /너댓 번 계속되다가

　　　[전원 꺼버린 듯 끊기는]

　　　E 뚜 뚜 뚜 뚜

화영 ?...(다시 단축)

　　　E 전원이 꺼져 있어

화영 ....(끝까지 듣고 닫으면서).....(있다가 지수 집 전화 버튼 누른다)

　　　E 신호 가는 소리(핸드폰 아닙니다)

S# 지수의 거실

　　　E 울리는 전화벨····

지수　····(전화 보면서 잠시 있다가 집어 든다)네에··

화영　F 아직도 거기 있니?

지수　······

화영　F 아직도냐구.

지수　없어.

화영　F 언제 나갔어··

지수　·····

S# 화영의 거실 주방

화영　언제 나갔냐구··

지수　F 시계 안 봐서 몰라···

화영　그래도 대충 알잖아. 십분 쯤인지 이십분 쯤인지······얼마나 됐는데··

지수　두 시간 쯤····

화영　······

지수　F 이런 전화할 수 있는 너/ 정말 대단하다

화영　너 포기했잖아.

지수　F ·····왜 여기다 찾아.

화영　(오버랩의 기분)어디 딴 데로 간다 그랬어?

지수　F 그런 얘기 안했어··(끊기는 전화)

화영　······

S# 지수의 거실 주방

지수　(끊긴 전화 보다가 놓고)·······(천천히 일어나 움직이는데)

E 다시 전화벨…

지수   (돌아보고)……(선 채로 받는다)네에………네에‥

준표   F 경비 걸었어?

지수   ………

준표   F 경비 거는 거 잊지 마‥

지수   고양이 쥐 생각하네…

S# 고속도로를 달리는 준표의 자동차

지수   E (연결)언제 그거 챙겼던 사람이야?

S# 운전하는 준표

지수   F 어울리잖게 왜 그래?

준표   지수야……나는 너 버리고 싶지 않아.

지수   F ‥‥

준표   지수야

지수   F (가소롭기도 하고 슬프기도 하고)말 안 되는 거 알아?

준표   알아.

S# 지수 거실

지수   화영이 기집애랑 껴안으면서 나 죽였잖아. 버린 게 아니라 죽인
         거야 이 세상에 없는 사람 만들어버렸잖아. 그래놓고 뭐라구? 고마
         워하라구? (울기 싫은데 울음이 나와)잘못생각하지 마. 당신은 날 죽
         였고 내가 당신을 버린 거야…갖고 있어봤자 아아무 쓸모가 없어서
         내가 버린 거야.

준표   F ……

지수   이제부터 경비 걸 거야. 그리고 내가 누군지는 잊어버려도 경
         비거는 건 안잊어버릴 사람한테 생각해주는 척 위해주는 척 위선

386

떨지 마..

준표 F 경민이한테 좀 올라가 봐.

지수 자식이 있는 사람이었니? 자식 있는 거 언제 생각났는데..

준표 F 내일 전화할게.

지수 하지 마..볼일 있으면 내가 할 거야

S# 운전하는 준표

지수 F 당신은 나한테 전화 걸 일 없는 사람이야. 소름끼쳐. 이십년 사기 당했으면 됐어..

준표 F (오버랩의 기분)여보.(하는데 끊어지는 전화)........(잠시 있다가 전 원 꺼버린다)

S# 안면도 호텔 현관에 대어지는 자동차..

[웨이터에게 자동차 맡기고 호텔 안으로 들어가는 준표.]

S# 경민의 방

지수 (문 열고 들여다보고 있는)........(들어와 등 돌리고 자고 있는 아들 옆 에 걸터앉아서 가만히 머리 만지기 시작하는)..............(그러다가 일어 나려는데)

경민 (울음에 꽉 찬)엄마하고 자면 안돼요?

지수 ...안 잤어?(도로 앉으며)자는 줄 알았어..

경민 아빠 안 계시니까.... 무서워...

지수 ....(미어지게 보다가 등 안고 엎드리며)뭐가아....아빠가 경찰도 아닌데에....경비도 걸고 문단속하면 들어올데도 없는데에..

경민 (울면서)그래도 뭔지 모르게...뭔지 모르게 무서워요..

지수 (일으켜 안으면서)엄마두....엄마두 그래...엄마두 그래애애애...

경민 (안겨 비죽비죽)

지수 미안해…엄마 정말 미안해··속상하게 만들어 미안해··미안
해애…

S# 거실

[경민 손잡고 계단 내려오는 지수]

[다 내려오면서]

지수 따끈하게 우유 한잔 만들어주께··

경민 (고개 흔들며 침실로)

지수 안 마셔?

경민 기분좋을 때도 먹기 싫은 우유를 엄만··

지수 (따라 들어가며)잠 잘 오라구··

경민 엄마나 드세요····

S# 침실

경민 (들어와 침대 위로 올라가 눕고)

지수 (따라 들어와 덮어주고 챙겨주고)····불 꺼주께··(돌아서는데)

경민 (옆으로 누워)아빠는 할아버지 댁에 가셨어요?

지수 ···응···우선은···

경민 앞으로는요····

지수 글쎄···알아서 하시겠지···

경민 딴 데 가신 거 아니에요?

지수 딴 데 어디···

경민 (애 아니에요)불 꺼 주세요··

지수 그래··(불 끄고 나가는데)

경민 엄마는 안 주무세요?

지수 엉 문단속하고··

경민   ·····

지수   (나가는)

S# 거실 주방

지수   (나와서 거실 창으로 움직이면서 울음이 터진다/입 막고 거실 창 문
단속하고 커튼 닫고 하다가 커튼 자락을 잡고 쭈그리고 앉으며 흐느끼
는)·····(우는데)

　　E 현관문 전자 버튼 찍는 소리

지수   ??(쭈그리고 앉은 채 고개만)······

은수   (들어온다)

지수   (쭈그리고 앉은 채 눈물 수습하며)뭐하러 와. 쓸데없이··다 귀찮
다는데에에··

은수   아버지 오셨어.

지수   ??·····(잠깐 보고 쭈그린 자세 등 돌려 바꾸면서)우·우·우·우·우 우·우·우
우·우·우(울음이 터진다)·····

용덕   ······(들어오다 저만큼 서서 보는)·······

은수   ·········(보다가)울긴 왜 울어··다른 여자들 하기 어려운 거 대표
로 멋있게 잘해 놓구·······

지수   ·······

은수   (다가가 일으키면서)아무래두 못 주무실 거 같아 차라리 눈으로
보자 그러구 오셨대·····아버지 오세요··

　　[지수 앉고/ 휴지 뽑아 닦고 코 풀고]

용덕   (소파로 와서 앉고)

은수   (앉으면서)진주 아빠 칭따오에서 전화했는데 기절초풍해······
상습범도 아니고 일생에 한번 실순데 어떡해서든 참고 수습해 넘

어가면 평생이 편안할 걸 홍서방 실수보다 너 더 큰 실수했대. 뭐 하고 있었냐고 생난리/내가 바가지 썼다…

지수   ……(흐르는 눈물 닦아내면서)….

은수   낼 들어와 홍서방 죽여버린다더라··나가란다고 나가는 놈이 성한 놈이냐구··

용덕   왜 자꾸 울어…

지수   ……

용덕   그만 울어…..하지 마··

지수   자꾸만…… 눈물이 나요 아버지….내가 저한테 어떻게 하면서 살았는데…..내가 저를 얼마나 떠받들면서 살았는데에…..봉사 다니는 시간만 빼면 온통 다··하나서부터 열까지 전부다 저 위해서 저한테다 몽땅/ 다 바치고 살았는데….

용덕   (오버랩의 기분)누가 너더러 그렇게 살랬어?

은수   ??(아버지 보는)

지수   ??(아버지 보는)

용덕   홍서방이 그렇게 살어달랬어?

은수   ??(지수 본다)

지수   ….(아버지 보며)

용덕   니 태생이 그래서 니가 그게 좋아서 니가 그렇게 산 거야·· 생색 왜 내….생색 내는 거 아니야··

은수   그렇지만 아버지

용덕   (오버랩의 기분)너 생긴대로 너 좋아서 그렇게 산 거야

은수   (오버랩의 기분)지수가 유난히 지 남편한테 지극정성이었던 건 인정해야죠 아버지.

390

용덕   그게 (바로)지수야…(큰딸 보며) 지가 그렇게 생겨먹어 한 일을 빚췄다 떼먹힌 거 모양 생각할 거 없단 말이야..

은수   아우 아버지 그건 뻔뻔스런 홍서방 말이라면 몰라도 아버지가 그러시는 건 좀 그러네요..

용덕   (지수 보며)빚췄다 떼먹히면 얼마나 아깝구 분해….속병 생겨… 그냥….누가 시켜 한 짓인가 내가 한 짓이지….그러구 말어……

은수   그러기가 어디 쉬워요?

용덕   안 쉬운 거…알어….(아무도 안 보면서)그래두 그래야지….언제까지 아깝구 분한 거 붙잡구 살 거야…그럼 사람 망가져 못 써…… (무겁게 일어나며)그러지 마…득될 거 없어……

은수   왜요 아버지..

용덕   (그냥 현관으로)

은수   가실라나부다..(현관으로)가시게요?

용덕   ……

은수   아무 데서나 주무세요..

용덕   (그냥 나가고)

지수   (일어서서)……

S# 마당

은수   (용덕 따라 나오며)잠깐 계세요 콜 불러 드릴께요..(전화기 꺼내 불빛에 비추며)

용덕   놔둬. 큰 길 나가면 택시 많어..

은수   (따르고)

S# 대문 앞 골목··

은수   (아버지 따르며)우리 집에서 주무세요.

용덕 필요없어어…

　　[가는 부녀…]

S# 지수 거실

지수 ……(앉아서)…….

S# 화영의 주방 거실

화영 (식탁 위에 두 팔 얽어 얹고)……….

　　E 핸드폰 메시지 신호음.

화영 (튕겨지듯 집어 확인하는)

준표 E 기다리지 말고 자.. 이삼일 있다 연락할게..

화영 (곧장 통화 누른다/끊길까 봐 급하게)

　　E 벨 가는 소리

화영 ……(초조하게 기다리는)

S# 호텔 객실

준표 (술잔 놓고 앉아서 다른 손안의 전화 울리는 것 내려다보며)……..

　　….(끝없이 계속될 거 같은 벨)……(받는다)아무 말 안하고 싶어..

화영 F 어딘데…어디 있는데…

준표 곧장 그리 갈 수 없었어..

화영 F …..

준표 마음이 그래.

S# 화영 주방

화영 (식탁 한 손으로 짚고 일어나 있는)알아..알 수 있어..알 거 같아.

준표 F 모레쯤 연락할게..

화영 (오버랩의 기분)알았어 알았는데 어디야..거기가 어딘데..

준표 F ……

화영   혼자있게 해줄게 그런데 어디냐구. 어디 있는지는 알자구··그
래야 나도 잘 수 있어··응?···응??

준표   F 저번에 우리 왔던 데····안면도····전화 꺼놀 거야··끊어··(끊어
지는)

화영   ·········(전화 내리며)········(한동안 있다가 전화 놓고 와인 반쯤 따라
단숨에 마시고 글라스 비우고 글라스 거꾸로 해서 촛불 끄고 글라스 놓고
침실로 가며 거실 전체 등 끄고)

S# 침실

화영   (들어오며 옷 훌훌 벗어 내려 빠져나가 침대로 기어올라 엎드리는)··
····(눈 뜬 채)

S# 지수의 서재··

지수   (아무것도 없이 텅 빈 서재 한구석에 두 무릎 세워 껴안고 앉아 있는)
·······

[3회에서 지수 오디오 먼저 갖고 오고]

지수   E 당신 지금 학교나 먼저 학교에 화영이 소개해줄 만한 싱글
진짜/진짜로 없을까?

S# 3회 서재

준표   없다고 했잖아.

지수   찾아보지도 않았지.

준표   찾아보고 자시고 할 게 어딨어. 빤한데··

지수   화영이 간대 여보.

준표   어 그래? 미국?

지수   그게 아니라 그냥 무작정 친구 만나러 돌아다니는 여행 시작하
겠대.

준표 으음··(컴퓨터 화면 보는)

지수 그러다가 결국 엄마한테 가지 않겠냐구.

준표 (몇 자 두드려 넣는다)

지수 내내 언짢아 죽겠어. 얼마나 쓸쓸하겠어.

준표 오바 좀 하지 마.(화면 보며)

지수 ···(남편 보며)

S# 현재 지수 거실

준표 E 당신이 그 사람 인생 대신 살아줄 수 없어. 누구 인생도 대신 못 살아 줘. 모두다 각자 사는 거야 각자··

지수 (기막혀 헛웃음 날리듯/소리는 낼 필요 없고)····(헛웃음 날린 얼굴이 정지되듯 하면서)

화영 E 행복해?

지수 E 응 편안해···

화영 E 행복하냐니까

지수 E (이 갈 듯)납쁜 기집애··등에 칼꽂아 놓고 웃는 기집애······

F.O

S# 지수의 마당(아침)

[현관으로 나오면서]

지수 엄마 아무 데도 안가. 집에 있어. 왜애?

경민 그냥요.

지수 어깨 짝 펴고/ 힘내.

경민 (힘이 나야 힘이 나지/ 그렇지만)엄마나요··

S# 대문 앞

[모자 나와서]

경민   (나오며)다녀오겠습니다.

지수   안녕히 다녀오세요‥

경민   (반응 없이 그냥 걸어 나가는)

지수   ‥‥(좀 보다가)엄마 잠깐 봐‥

경민   (걸으며 뒤돌아보는)

지수   점심 시간에 전화한번 해줄래?

경민   왜요

지수   오늘은 중간에 우리 아들 목소리 한번 듣구 싶어서‥

경민   알았어요‥

지수   ‥‥‥(보고 있는)‥‥‥‥‥(울컥해지는)

S# 거실 주방

지수   (들어와 경민이 먹고 나간 식탁에 앉아 수저 들다가 일어나 거실 창

으로 가 문 활짝 열어놓고 다시 식탁으로/ 밥 먹기 시작하면서)‥‥‥(있다

가 일어나 카세트 있는 쪽으로 가 스위치 넣는다)

   E 가요 나오고/ 조금 듣다가 반발하듯 볼륨 확 키우고 식탁으로

지수   ‥‥‥(밥 먹는다)‥‥‥

S# 안면도 해변을 고개 꺾고 걷고 있는 준표‥‥‥(같은 시간)‥‥‥

준표   (시선이 들어지면서 멈추어지는)‥‥‥

   [저만큼 한참 떨어진 모래톱을 장난치며 걸어오고 있는 경민이 또래의

아이와 젊은 엄마의 모습이 지수와 경민으로 대체되었다가 다시 원래

로 돌아간다‥]

준표   ‥‥‥(바다를 향해 돌아서면서)‥‥‥‥(가슴에 통증과 회한)‥‥‥‥‥

   [준표 등 뒤로 지나가는 사이 좋은 모자/자유롭게 떠들어주세요‥]

준표   (모자 조금 떨어져 가자 고개를 그쪽으로 돌려서 보며)‥‥‥‥‥(주머

니에서 핸드폰 꺼내 전원 살리고………단축 누른다)

  E 벨 가는 소리··

S# 지수의 거실

[울리는 전화벨··]

[식탁 그대로 싱크대 어지러진 것 그대로인 채]

지수 (소파에 천장 보고 길게 누워서 멍하니)……

[가요는 바뀌어 있고]

지수 ········

S# 해변

준표 (전화 끊고 전원 꺼 주머니에 넣으며 바다로 돌아서서 있는)··········

[등 뒤 저만큼에서 나타나 다가오고 있는]

화영 ······(준표 쪽으로)

준표 ·······(있다가 발소리에 돌아보면)

화영 (마주 서며)내 전화는 안 받으면서····

준표 ······(보며)

화영 응?

준표 아이 학교 잘 갔나…

화영 지수도 궁금하고··

준표 혼자 있고 싶댔잖아··

화영 그래주고 싶은데····그러다가 손가락 새로 빠져나갈 거 같아서
    ·····겁이 나서····잠깐 이라도 봐야겠어서…

준표 ······(바다로 돌아서는)

화영 (따라서 돌아서며)···· 하루 밤은 혼자 있게 해 줬잖아…

준표 ······

396

화영 촛불켜놓고 기다렸는데··········

준표 ·······

S# 호텔 레스토랑···

　　[아메리칸 브렉퍼스트를 시켜놓은 채 손 안 대고]

화영 (커피 마시며)·······(준표 보며)

준표 (식탁 내려다보며)·····

화영 어떻대?

준표 (시선 들어 보는)

화영 괜찮아··궁금하겠지···이해해···오래 쓴 물건도 버릴려면 아깝고 미안하고 좀 그런데····좋아서 결혼했고 십 년 넘게 살면서 미운 정 고운 정··그런 게 왜 없겠어···

준표 (오버랩의 기분 안 보는 채)오피스텔 얻을 거야··

화영 ······(보는)

준표 ·····

화영 무슨 뜻이야?

준표 경민이도 봐야하고····(보며)

화영 눈가리고 아옹?

준표 (시선 내리며)그래··그런 거겠지·····아직 어려·····조금이라도 덜 실망스런 애비고 싶어··

화영 ·····(보며)

준표 (보며)자식이 겁나는 거 당신은 이해 못하나?

화영 ·······(보다가)이해하도록 노력할께····

준표 (주스 컵 집어 들어 마신다)

화영 어디다···

준표　생각 중이야…

화영　짐은 모두 우리 집에 와 있는데…

준표　그때그때…필요한 거 들고 가면 돼‥

화영　한 가지는 잘됐네. 지수가 실어보낸 런닝 머신 갖고가면 되겠
　　　다‥처치곤란이었는데

준표　‥‥(마시는)

S# 지수의 거실

지수　(소파에서 벌떡 일어나며 악쓴다)그런 소리 마 이게 다 누구때문
　　　인데 누구때문인데에에!!

은수　??(막 들어왔다 서서)??

지수　언니 혼자 알았으면 혼자 책임지고 끝내지 뭣때매 화영이는 건
　　　드려서 결국은 이렇게 만들어 놔.

은수　지수야

지수　(연결)나 몰랐으면 아무 상관없는 거잖아. 마지막까지 모르고
　　　넘어갔으면 그만인 거 잖아.

은수　너 어떻게 내 원망을 해애.

지수　(오버랩의 기분)뭐하러 두 번 씩이나 두둘겨 패애!!언니한테 맞
　　　아 죽을까봐 겁나 차라리 나한테 털어놓자 그랬다잖아!!

은수　고 여우방맹이 같은 년/너 그게 핑계지 진짠 줄 알어? 내가 안
　　　두둘겨 팼으면 고냥 고대로 고이 물러났을 년 같애서 이러는 거야?

지수　(어쨌든)나 모르게 홍서방한테 시간을 좀 줬으면 무슨 수를 써
　　　서라도 홍서방이 정리했을 거란 말야. 시간만 좀 줬으며언‥

은수　맹추같으니라구 그런 인간이 화해여행가서 전화질 해?

지수　마지막까지 안나가고 싶어 했어. 현관 나갔다가 도로 들어와 나

더러 자기 붙잡으라 그랬단 말야.

은수 아 그럼 붙잡지 왜 안 붙잡고 엉뚱한데다 뒤집어 씌워 사람 거
품 물고 쓰러지게에에.

지수 (소파에 주저앉으며/울음 터뜨리며)몰랐으면 됐잖아..모르면 그
만인 거잖아아..

은수 ……(보며)

지수 (한 손 이마로 올라가며)언니만 알고 홍서방한테 맡겼으면 좋았
어..홍서방 정리하고 끝내고 언니 평생 입 다물고 살고 나 바본채
로 그렇게 그렇게 살다 죽으면 되잖아아아…

은수 ……(보며)

지수 어떻게 살아야 하는 건지 모르겠어..나는 언니처럼 내 앞으로
해 논 재산도 없어..집도 내꺼 아니야. 생활비 일년 받아쓰고 끝나
면 그때부터 나 뭐 먹고 살어어..

은수 (성질나서)산 입에 거미줄칠까 걱정이야? 집 팔아 현찰로 받아.
증여세 내면 될 거 아냐.

지수 집 팔아 먹고 살라고?

은수 일년치는 왜 일년치야 드응신 배짱두 없어. 너 재혼할 때까지
대라 그러지 왜 고작 일년치야. 제세 공과금내고 연금내고 보험료
내고 애랑 두 식구 먹어야하고 입어야하고 왜 겨우 이백이야.

지수 ……

은수 (소파로 앉으며)아니 지가 한짓이 뭔데 겨우 고깐 걸로 면피하
게 만들어 바보같이. 벌금삼아 왕창 때리지 십년 넘게 최고 수준 가
정부로 존졸히 부려먹고 겨우 고거야? 자식 낳아준 값 안 받어? 대
이어준 값은 못 받는 거야?

지수 (맥 빠져서)뭘 해야 좋을지 모르겠어. 아직 서재에 그냥 있는 거 같어..컴퓨터 두드리는 소리가 들려 언니. 쥬스 만들어야지 간식 챙겨야지 점심 뭐해주나 …나 그래애….

은수 ㅉㅉㅉㅉㅉㅉ………ㅉㅉㅉㅉㅉㅉ…..그러게 잘나지도 못한 게 잘난 척은 왜 해애..

지수 그럼에도 불고하고 유지하고 사는 언니가 잘난 거지…나는 못난이 못난 짓 한 거야….

은수 아냐…니가 잘났어…잘난 짓 했어..

지수 ……(두 손으로 얼굴 수습하는)………

S# 객실

[나란히…..(팔베고 기대어 앉아 있는)…….]

화영 …(보며)그렇게 많이….복잡해?

준표 세상에 태어나…지수처럼 나한테..헌신한 사람 없어…어머니도 지수만큼은 아니었어…내키지 않는 결혼하셔서..평생 아버지한테 휘둘리시느라 거의 우울증에 가깝던 우리 어머니…..당신 자신하고 투쟁하느라 나한테는 별 관심도 애정도 없으셨어…그러다 지수를 만났지…천사였어..

화영 (벗어나 냉장고로)난 누구도 지상에 인간의 몸을 갖고 태어나 오로지 착하기만 한 천사일 수는 없다고 생각해. 천사를 흉내내는 사람일 뿐이지.(물 꺼내 비틀어 딴다)

준표 천성이 착한 사람이 왜 없어.

화영 (한 모금 마시고)부자연스러울만큼 착한 건 목적을 위한 위장으로 보이더라..

준표 지수는 그런 거 아니야….

400

화영   나는 안 착해. 나는 나빠..(창 쪽으로 움직이며)

준표   당신도 착해...착하니까 친정 시집 경제적 부담 짊어지고 그렇게 오래 견뎠지.

화영   지수같았으면 군소리없이 아직도 계속하고 있겠지.(창문 열어 놓고) 그게 나랑 틀린 거야. 나는 악쓰고 발광하고/ 그리고는 뛰쳐나와 모른 척 하고 내 볼일 보고 있어.

준표   누구나 어떤 일에나 한계는 있어..

화영   (돌아보며)날 이해해주는 사람......천지에 당신 밖에 없어...

준표   지수한테.....감사를 잊어버린 게 언제부터였는지 몰라......

화영   ....(보며)

준표   잘못한 게 너무 많아...

화영   남자 여자...한쪽 사랑이 식으면 그것으로 끝이야..

준표   부부관계는 남녀관계랑은 달라..

화영   나는 끝이던데....칠년을 남남으로 살면서 그냥 형식만 남던데.....

준표   많이 미안하고.....내가 무책임하고 한심한 인간이라는 생각이 들어..

화영   ....(보다가 발코니로 나간다)

준표   (일어난다)

S# 발코니

준표   (나와서 옆에 서서 바다 보며).....

화영   사랑없는 껍데기 결혼생활은 사기치는 거야..

준표   ......인내지 그게 왜 사기야.

화영   뭘 위해서 인내해야 하는데

준표   ....

화영 뭐 때문에 죽어버린 사랑 껴안고 계속 인내하며 살아야 해..

준표 사랑이 끝나도 정은 남아...정만으로도 살아..사랑보다 정이 더 끈질길 수 있어...

화영 ....(보다가)그래서

준표 .....마음이 불편하다는 얘길 하는 거야...

화영 나는 전혀 아무렇지도 않기만 한줄 알아?.....(돌아보며)

준표 ....(보며)

화영 나는 이 나이에 과부돼 친구 남편 뺏은 죽일년 되는 일이 내 일생 시납시스 중간에 끼어있을 줄 알고 살았어?

준표 .....

화영 날 쓸쓸하게 만들지 마.....나도 공짜로 당신 얻는 거 아니야...(눈물 가득해서)

준표 .....(가만히 당겨서 안는다)......

S# 발코니

지수 ......(먼 데 하염없이 보고 있는).....(녹차 쟁반 나와 있고)

은수 (열린 거실 문으로 포트 들고 나와 뜨거운 물 따르고 앉으며 본다)......

지수 ......

은수 아직 정식 이혼을 한 건 아니니까...

지수 ....(보는)

은수 일단 시간을 벌어...

지수 시간 벌어서 뭐...딴 데 가 살다 오는 남자 도로 받어?

은수 뭐.....그럴 수도 있지....

지수 ......(보며)

은수 리즈 테일러랑 리차드 버튼 헤어졌다 도로 합쳤다/나타리우

402

드랑 로버트 와그너도 그랬잖아…

지수 여기 할리우드 아냐.

은수 여기두 그런 사람들 더러 있어 야./….특별히 찔긴 인연인 사람
     들 있나봐.. ….(티백 넣었다 뺐다)아 이혼한 여자들/ 반 이상이 후회
     한다잖어..

지수 …(티백 담갔다 뺐다 하면서)….

은수 정말 좁쌀 알 한톨만큼의 미련도 없는 거라면 모를까…생각만
     해도 진저리 처지게 싫은 거 아니라면……뭐.. 안될 게 뭐야…

지수 나 참말…. 등신으로 살았더라…

은수 ……(보며)

지수 나는 없었어…완전히 그 인간 몸종으로 그 인간 숭배자로만 살
     았어..

은수 이제 알어?

지수 그렇게 살면서 나는 좋았는데….기뻤는데……그 인간은 그게
     깝깝했던 모양이니…나 뭐한 거야…그러니 내가 모자라지…

은수 그렇게 살지 말랬지…그년도 옆에 갖다 놓는 거 아니랬지. 너
     나 경멸했지.

지수 인간이 모두 그렇게 짐승이라면 얼마나 절망이야..

은수 결국 짐승이잖아..

지수 흐흥..그래..그래서 내가 절망이구….(찻잔 들며)후우우우….좀
     한다 내 인생……(먼 데 보며 마시는)….

은수 ……(보며)

     E 핸드폰 벨..

은수 (받는다)네 아버지….지수한테 와 있어요….네 괜찮아요…좀 주무

셨어요?····네····네 아버지···너무 걱정 마세요···네··네 들어가세요···

(끊으며)너 뭐 좀 먹었냐고···

지수   ·······

S# 고속도로를 달리는 준표의 자동차··

S# 운전하는 준표와 옆에서 준표 쪽으로 기웃이 기대서 잠들어 있는 화영···

준표   ····(운전하다가 잠깐 화영이 돌아보고)······

화영   ······

준표   (고개 앞으로)

화영   목 말라···

준표   (컵 홀더에서 음료수 병 집어 열어서 입 쪽으로)

화영   (조금 일으켜 마신다)

준표   ····(운전하면서)

지수   E 목 안 말라? 마실 거 줘?····뭐 줘. 그냥 물? 녹 차?

준표   ·······

화영   (홀더에 병 끼워 넣고 다시 기대면서)왜 이렇게 졸린지 모르겠다

    ·····너무 졸리다··

지수   E 안돼애 운전하는 사람 혼자 두고 어떻게 자아··졸음이 얼마

    나 전염성이 강한 건데··

준표   ······

화영   ······

S# 지수의 침실

지수   (엎드려 자고 있는데)·······

    E 물소리 달그락거리는 소리···

지수   ??(눈 뜬다)···

404

[소리....]

지수　(일어나 나간다)....

S# 거실 주방

지수　(나오다 보면)

선화　(서재 방에서 걸레 그릇 들고 나오다가)깨셨어요?

지수　언제 왔어..

선화　아까 한 한 시간 쯤....

지수　뭐하러..

선화　아버님이....

지수　(머리칼 손가락으로 빗으면서 주방으로)들어오는 건.

선화　큰형님이 열어주고 가셨어요..

지수　(냉장고로 움직이며)신경쓰지 마...아버지 뭐라셔도 오지 마 괜
　　찮아..

선화　.....

지수　(물 꺼내 따르면서)올케 생각대로 살아..하기 싫은 일은 굳이 할
　　거 없어. 알아주는 사람 없어..

선화　....(보며)오기 싫은데 온 거 아니에요....오고 싶은데 어떻게 해
　　야할지 모르고 있었는데..아버님이 전화하셔서

지수　나는 혼자 있는 게 더 좋아지금은 혼자 지내고 싶어..

선화　네에..

지수　청소했어?

선화　네에..

지수　그만하고 가봐..

선화　저녁준비

지수　놔둬..내가 해..집에 가...

선화　....

지수　섭섭해하지 마..나 올케 이뻐하는 거 알지?

선화　네에..

지수　착한 사람 자기 착한 줄 모르구 사는 거처럼 나쁜 사람도 아마 그럴 거야..

선화　정말 너무 해요 그분. 어떻게 그럴 수가 있어요

지수　경수 너무 받자해주지 말어..올케 목소리도 내면서 살아..안 그럼 영 반편인 줄 알어.

선화　네에..

지수　경수 나쁜 짓하거든 바로 와서 말해..나랑 언니랑 그 녀석 ....가만 안둘테니까..

선화　어제 밤에 잠 못잤어요 그 사람...드러누웠다가 벌떡 일어나고 벌떡 일어나고 분해서 죽을라고 해요..

지수　그래...(얼굴 실그러지며)형제니까...

선화　.....

지수　(방으로 움직이며)경민이 전화 안한다..하기로 했는데

선화　아 아까 했었어요 형님...형님 주무셔서..(지수 핸드폰 탁자에서 집어다 주며)주무신다 그랬어요..

지수　그랬구나.(핸드폰 받아들며)자면 안되는 건데....미안해라...(방으로)얼른 가..저녁은 내가 해. 아무 것도 건드리지 말고 가..

선화　네 형님...(지수 아웃되고/욕실로)

S# 침실

지수　(들어와 걸터앉아서 손에 쥔 핸드폰 내려다보면서)......(그러고 있다

가 핸드폰 사이드에 놓고 침대로 올라가는데)

    E 핸드폰 벨 울린다‥

지수 (핸드폰 집어서 보면)‥‥‥

    [박석준.]

지수 (그냥 놓는다)

    [울리는 벨]

S# **석준의 화실‥**

석준 (라면 끓고 있는 것 휘저으면서)‥‥(전화 들고 있다)‥‥

    [울리는 전화벨‥몇 차례 더.]

석준 (끊고 메시지로 넘어가는/절차 생략하지 마세요/)

S# **지수의 침실**

지수 (무릎 꺾어 붙이고 엎드려 있는)

    E 메시지 신호

지수 (느리게 일어나 메시지 확인)

석준 E 괜찮아졌는지요. 궁금해서 안부 묻습니다. 석준‥

지수 (핸드폰 닫고)‥‥‥‥(잠시 있다가 답장 메일 찍으며)

지수 E 진정됐어요‥‥걱정 말아요‥(핸드폰 닫아 사이드에 놓고 누웠다
가 잠깐 사이 두었다가 이불 젖히고 벌떡 일어난다)

S# **시장 보는 자매‥**

    [은수는 눈치 보고/괜히 이것저것 집어 지수 카트에]

지수 ??

은수 내가 계산할게.

지수 (도로 꺼내 놓으며)다 샀어‥이제 경민이 돈까스 고기랑 라쟈냐 재
료만 사면 돼‥형부는

은수　저녁 먹을 때나 들어올 거야…(눈치 보면서)홍서방인지 똥서방
　　인지……전화 없어?

지수　없어..

은수　형편없는 년놈들…어디서든 눈에 띠기만 해봐라..놈이고 년이
　　고 덮어놓고 패대기를 쳐줄테니까.

지수　……

S# 근처 카페..

　　[차 마시면서]

은수　아침에 니가 했던 말……집에 가서 반성 했다..

지수　….(보는)

은수　니 말이 맞을지도 몰라…내가 너무 오바해서 고 화냥년 독 오르
　　게 만들어

지수　(오버랩의 기분)분풀이할 데 없어 그런 거니까 신경쓰지 마.

은수　두 것들 그렇게까지 목조르면서 다그치지 말고 니 말대로 시
　　간을 좀 주고 정리하게 했으면 …어쩌면 너 모르는 채 상황 끝이 될
　　수도 있었을텐데..

지수　그만두라니까…

은수　그렇지만 지수야 눈알이 튀어나오는데 어떡해..너는 알면 안되
　　지 두 것들은 완전히 인사불성이지

지수　됐다니까..(오버랩의 기분)

은수　아니야 개도 나갈 구멍을 보고 쫓으랬는데 내가 미련맞았어……
　　나는 완전히 도니까아아. 돌아버리니까아..

지수　……(마시면서)

은수　이것들 지금 뭐하고 있을까..

408

지수   ……

은수   안 살고 말 거면 콩밥이래도 멕이는 건데‥

지수   콩밥 영양가 좋아…멕일려면 돌밥을 멕여야지‥

S# 화영의 빌라‥

화영   (방문 열어 보여주며)당신 공부 방‥

S# 서재‥

[둘 문께에‥책장과 책상/컴퓨터는 자리 잡고 있지만 책 박스들과 다른
잡동사니들은 고대로/ 러닝머신도 한옆에 들어가 있고/]

화영   책 정리 당신이 해‥ 내가 할 수 없는 거잖아‥

준표   그래‥

화영   (손잡아)이리 와‥

S# 거실

화영   (다른 방으로 끌면서)하나는 당신 옷 방으로 써야겠어. 이방‥행
거 사다 정리해줄게. 그럴 새 없었어‥ (방문 열면)

S# 다른 작은 방‥

[적당히 걸쳐져 쌓여 있는 옷걸이에 걸려 싸개에 들어 있는 양복들. 와
이셔츠 스무 장 정도 양말 박스 속옷 박스들 기타 등등… 이미 화영의
옷들은 십여 벌 행거에 걸려 있다.]

화영   우리 둘 드레스 룸으로 충분해‥(문께에서) 그렇겠지?

[러닝머신 또 한 대]

준표   속옷 갈아 입어야 해‥

화영   어 찾아줄게. 런닝 팬티면 되지?

준표   와이셔츠도.

화영   알았어‥(가볍게 뺨에 키스하고 방으로)

준표   ……(거실 돌아보는)

화영   E 나랑 잠깐 마트 좀 나가자..

준표   (돌아보는)

화영   E 행거랑 탈취제랑 살 거 꽤 있어.. 장도 봐야하고..

준표   혼자 가

화영   ……

준표   지수랑 처제 다니는 마트엘 내가 어떻게 가아..

화영   (문에서 나와서 보는)

준표   그러다 부딪히기라도 하면 어쩌고

화영   뭐 어때…이제 숨어 만날 필요없는 사람들인데..

준표   그래도

화영   ……알았어..존중하게..(방으로 아웃)

준표   ……(들어가는 화영 보며)

화영   (내다보며)어디 가는 건데..

준표   오피스텔 알아보고 학교 가 자료 좀 찾아 오고..

화영   나 같이 움직이면 안돼?

준표   그냥 있어..

화영   저녁은..

준표   ….

화영   아예 저녁 먹고 나가면 안돼?

준표   나갔다 올게..

화영   아 들어오긴 할 거구나..그럼 됐어..기다릴게..(사라지고)

준표   ……

S# 은수의 마당(밤)

410

S# 거실 주방

은수 (상 다 차렸다)아빠 안 나오고 뭐해.

진주 (거들면서)아빠아아아

달삼 (나오면서)이 친구 전화 안 받네.

은수 받고 싶겠어? 뻔한데.

달삼 언제까지 피할 건데.

은수 지 맘이겠지.

달삼 왜 그렇게 여유만만이야.

은수 닭 울고 날 샜어. 짐 실어 내보냈는데 뭘..우리가 할 일 이제 없어.

달삼 ??(아내 보는)

은수 지수가 원망하더라..

달삼 에엥?

은수 내가 너무 설치는 바람에 일 망쳤다구..

달삼 거 너무 억울한 소리잖아.

은수 아으 억울할 것도 없어. 이녀석은 왜 안내려와 과외 땡땡이 친대?

진주 준구야아아아.

은수 아 시끄러 올라가 데려와.

준구 (들어오며)어어이 시

달삼 밥상 앞에 오면서 어이시가 뭐야 인석.

준구 기어이 찢어졌어요.

달삼 (수저 들며)뭐가.

준구 똥꼬요..

은수 너(구박)야채 안 먹구 뺑알거리니까 그렇지이이. 그으렇게 먹

어라먹어라 해두 말 안 듣구 어이그으으으/

준구   그게 아니라 운동부족이에요 엄마.

진주   그런 줄은 아니? 그러면서 산에가재두 안가구 게름펴?

준구   에너지가 없어 에너지가.

달삼   이눔자식 호랑이두 때려잡을 나이에 (인상 쓰고 찌개 뜨며)먹어
먹구 나가서 골목 쉰 바퀴만 뛰어.

준구   과외 안가두 돼요?

은수   되긴 뭐가 돼!

달삼   과외를 뛰어가라. 그럼 되겠군.

준구   아빠는 열두 정거장을 어떻게 뛰어가요.

은수   아침에 좀 일찍 깨 줄넘기라도 하면 좋잖아아아..

준구   에너지가 없어요 에너지가

은수   (인상 팍 쓰고)

준구   알았어요 노력해 볼께요.

은수   말만 노력해 말만. 누구 아들 아니라까봐.

달삼   누구 아들이야 김은수 아들이지..

　　[잠시 사이 두고 각각 먹다가]

진주   여자가 이모같으면 안돼 엄마.

은수   ??

달삼   늬 이모가 뭐.

진주   너어무 희생 봉사 형이잖아아..조건없는 희생 봉사라는 건 아
빠 종교적인 신념이 아니면 하는 거 아니야.. 이모는 이모부한테 거
의 종교적인 신념에 가깝게 하구 살았잖어…그러다 결과가 뭐야.

준구   욧점이 뭐야 욧점이

진주 남자 남편한테 헌신 봉사하는 건 바보라 그거지.

준구 결론은 이모는 바보였다?

은수 이모 일이 늬들 수다꺼리야? 싸가지없는 것들.

두 아이 ....

달삼 그래 다른 얘기 해 다른 얘기/다른 얘기하자..뻐꾸기가 언제부
      터 울지?

S# 지수의 주방 거실

지수 (샐러드 작은 그릇에 옮기면서 내려오는 아들 돌아보며)냄새 좋지.

경민 네...

지수 무슨 냄새냐고 안 물어?

경민 무슨 냄새에요..

지수 (샐러드 그릇 식탁에 놓으며)잠깐 기다려..(장갑 끼고 오븐 열어 라자
      냐 그릇 꺼낸다/라자냐 식탁에)자아.....(아들 보며)

경민 라자냐 (음식 보며)

지수 먹고 싶댔잖아..(포크 집어주며)뜨거워..데지 말고..

경민 엄마는요..

지수 너 다 못 먹잖아..같이 먹자구.

경민 네.....(라자냐 건드리기 시작)엄마두요..

지수 그래..(마주 앉아 포크로 음식 조금 떼어 후우후우 불어서 먹는다)
      ....괜찮네에..

경민 (조금 웃는 듯하고 먹는데)

      E 현관문 버튼 신호음.

      [모자 같이 돌아보는]

준표 (작은 피자 박스 들고 들어온다)....

경민 (일어나 보고)

지수 ……(일어난다)

준표 벌써 먹네…피자 사왔는데…

경민 (엄마 돌아보고)

지수 ….(그냥 보며)

준표 (다가와 식탁에 피자 놓으면서)엄마가 피자보다 더 맛있는 거 만들었구나..

경민 …

지수 ….

준표 그것도 먹고 피자도 먹고 그러자 (상의 벗으려 하며)남은 건 냉동시켰다가 나중에 먹고…

지수 (오버랩의 기분)잠깐 나 좀 봐..

준표 ??

지수 먹어..(하고 서재로)

S# 서재

지수 (들어와 기다린다)

준표 (들어온다)….뭐..

지수 이제 여기 자기 마음대로 아무 때나 드나들 수 있는 데 아니야.

준표 내 아들 집이야.

지수 나도 있어..나나 경민이가 필요하달 때 말고는 마음대로 이러지 마..

준표 …..(보며)

지수 나 당신 보고 싶을 거 같아? 누구 놀리는 거야 약 올리는 거야‥ 남 저녁 먹는 시간 흐트러뜨리면서 멋대로 왜 이래‥

414

준표 그렇게 매몰차게….그럴 거 없잖아.. 애하고 같이 먹으려고 사왔어…

지수 …..(보며)

준표 내 자식이기도 해..당신은 당신 마음이지만 애하고 나까지 갈라놓을 생각은 마.

지수 내가 만든 일이야?

준표 …..(보며)

지수 너무 아무렇지도 않게 자기 집 들어오듯 이러는 거 불쾌해. 앞으론 인터폰 눌러 열어주면 들어와. 우리가 불러서 오더라도 말이야.

준표 이거 내 집 빌려준 거야.

지수 ? ?

준표 아직 내 명의라구

지수 치사하게 이럴 거야? 어쨌든 내가 살고 있는 내 공간이야. 당신 마음대로 휘젓지 말아줘.

준표 알았어..무슨 말인지 알아들어..그런데 피자는 먹고 가게 해주라.. 그냥 쫓겨나면 애한테 꼴이 아니잖아.

지수 당신 꼴 관심없어. 그냥 가..(나간다)

준표 ……

S# 거실 주방

지수 (나오면서)맛이 어때 합격이야?

경민 네에..

지수 (돌아보며)먹고 싶으면 피자도 먹어..

경민 아빠는요..

지수   나오실 거야..

준표   (나오면서 서재 앞 가까운 데서)아빠는 그만 가봐야겠다..

경민   (의자에서 일어서며)…

준표   엄마가 싫대..같이 먹을려고 했는데..

경민   네…

준표   그럼 간다…

경민   (꿈벅)

준표   가.

지수   ….(대꾸 없이 현관 쪽으로)

준표   (나가고)

지수   (식탁으로 오면서)엄마가 싫댔어.

경민   (앉으며)잘 하셨어요..

지수   …(앉으며)엄마를 너무 깔보는 거 같아.. 연락도 없이 마음대로…

경민   …네…

지수   너 보고 싶어 오신 거야…

경민   …(음식 건드리고)

지수   엄마 잘못했어?

경민   아니에요….저도 별로 보고 싶지 않아요…

지수   ….(보는)

경민   아직은요..

지수   …..(보다가 먹기 시작하는)

S# 대문 앞

    [세워져 있는 준표 차]

S# 차 안

준표   ……(멍하니)……(있다가 시동 건다)

S# **움직이는 자동차··**

S# **동하 로바타야키 가게**

[동네 골목길…]

동하 (손님들과 알은척하면서 주문 받아가며 음식 내면서 일하고 있다)

[굽는 사람 더 만들어 주세요··]

[문소리에]

동하 어서 오십시오…(하고 보면)

경수 …(고개 들어 보는)……

동하 어 오랜만이다. 이리 와··

경수 (다가오고)

동하 자식 한번 삐끔 다녀가고는 뭐야 너··

경수 내 주머니 돈 내긴 너무 비싸 형.

동하 흐흐…그래 앉어··어디 저리 가··

경수 잠깐 얘기할 게 있어서··

동하 ??

경수 좋은 얘기 아니야…

동하 …… 뭔데··

S# **가게 밖**

[경수 기다리고 있고…]

동하 (나와 선다)··뭐····뭔데

경수 화영이 누나…… 자주 봐?

동하 뜨음뜸··며칠 전에 봤어……왜

경수 우리 누나/ 형 누나 때문에 매형하고 헤어져.

동하   ???…(무슨 소린지)꽁지도 대가리도 없이 너 그게 무슨 소리야.

경수   형 누나가 우리 매형하고 눈 맞었어‥

동하   ????

경수   …(보며)매형/ 집에서 나갔어….

동하   ….

경수   형이 해줄 일이 없나 해서…

동화   (그저 보며)…‥

경수   이런 일은….안 되는 거 아냐?

동하   (보며)……

동하   (고개 옆으로)이 아주머니……

경수   ….(보며)

동하   미쳤네…돌았어…

경수   ……

동하   (경수 보며)너 사실이야?

경수   형…

동하   (오버랩의 기분)미쳤어…환장했어…환장을 했구먼.

S# 홍회장의 거실

황   (봉투 밀어주며)지난 번에도 갖고 가고 또 무슨 돈이야.

준표   오피스 텔 하나 얻으려구요‥

황   학교에 연구실 있잖어.

준표   조용하질 않어요‥

황   대체 돈관리를 어떻게 하는 거야‥ 주식은 그냥 갖고 있는 거야?

준표   그럼요 그거 손 안대고 묶어논 거 이자 손해 안 볼려고 그러죠
　　　…주식 좀 더 좋아지면 처분해 갚아드릴께요‥월세보다는 전세가

낫잖아요.

황 알았다. 계산은 확실히 해.

준표 네.

황 지난 번에 그거…..늬 처가에 간 거 아냐?

준표 ?? 네? 아아뇨 거길 왜 가요··아니에요.

황 그럼 뭐에 그런 뭉돈이 들어가. 아무리 생각해도 짐작가는 데가 없어 그래··

준표 쓸데가 있었어요··

황 경민이 이모네 사업이 어려워진 게야?

준표 아니 아니에요. 그 집이 얼마나 잘나가는데요··여유 자금 쟁여 놓고 사업하는 집인데 어머닌

황 모를 일이야…그럼 혹시 학교 일에 쓴 거야?

준표 쓸데 썼어요 궁금해 하지 마세요.

황 한 두푼도 아니고(하는데)

홍 (나온다)

황 (준표도 일어서고/일어나며)왜 나오세요.

홍 지겨워.

황 테레비가 재미없어요?

홍 즈이들끼리 찧고 까부는 거 시끄럽기만 해·· 드라이브 가자.

황 밤이에요. 어두운지 오래 됐어요.

홍 강원도로 눈 보러 가자구.

황 강원도도 지금 눈 없어요··이제 오월이에요

홍 치··(하고 방으로 도로 들어간다)

준표 …..(들어가는 아버지 보며)

황   잠깐 있어.

준표   가께요‥

황   그럴래?

준표   아버지…더 나빠지시는 거죠‥

황   이랬다 저랬다 하서‥크게 걱정할 걸 없다 드시는 건 잘 드시니까‥에미 금년에는 초마늘 좀 넉넉히 담그라 그래라‥

준표   …네‥‥

황   그럼 가‥

준표   예‥

S# 마당

준표   (나와서 자동차로 오르고 마당 빠져나간다)‥‥

S# 운전하는 준표…

준표   ‥‥‥‥(좀 있다가 전화 단축)

    F 전화벨‥

지수   F 네에‥

준표   어머니가…초마늘 좀 넉넉하게 담그라 그러시네…

지수   F ‥‥‥

준표   들었어?

지수   F 들었어‥

준표   (무슨 말인가 하려는데)

    E 끊기는 전화‥

준표   ‥‥‥

S# 지수의 침실

지수   ‥‥(끊은 전화 보며)‥‥‥(있다가 일어난다)

420

S# 경민의 방

경민 (컴퓨터로 온라인 강의 듣는 중이다)

　　 E 노크

경민 네에

지수 (문 열고)오늘은 엄마하고 안 자도 돼?

경민 이따가 봐서요..

지수 공부해?

경민 네..

지수 엄마..얼굴에 마스크 시트 붙이고 누울려구 하는데 뭐 필요한
　　거 없어?

경민 네 그거 하세요. 날마다 해요 그래서 엄마도 멋져지고 이뻐지
　　세요..

지수 그래 그럴려고 그래..

경민 …(컴퓨터로)

지수 잘자?

경민 네에..

S# 빌라 주차장(밤)

동하 제정신 아니야?

화영 어떻게 알았어.

동하 그래서 안 들어간다 그런 거에요?

화영 조용히 못해?

동하 다른 사람도 아닌 지수 누나한테 어떻게 그런 짓을 해애애. 돌
　　잖었으며언.

화영 돌았다고 치면 되잖아. 돌았다고 쳐.

동하   ……(보며)

화영   옳다 그르다 가르칠 생각도 말아. 가라가지마라 강요하지도
        말아. 내 인생에 참견할 자격같은 거 누구한테도 없어.

동하   엠병할 부모 가슴에 못박고 뛰쳐나와 겨우 한 일이 친구 가정 작
        살낸 거야?

화영   의도했던 거 아니야 그렇게 돼 버린 거야

동하   의도했든 안 했든 달라지는 게 뭔데. 의도 안했으면 친구 남편
        그것도 제일 친한 친구 가정 박살 낸 게 정당화될 수 있다는 거야?

화영   정당화같은 거엔 관심없어. 누가 뭐라든 무슨 상관이야..나는
        그저 내 삶을 살 뿐이야. 나 살고 싶은 대로 살 뿐이야.

동하   누나 살고싶은대로 못 산 게 뭔데!!

화영   나 돈 벌어들이는 기계에 불과했어.

S# 들어오고 있는 준표 앞 창으로 보이는 저만큼의 동하와 화영/

화영   E (움직이다가 멎는 준표 위에/거리감 살리세요)아침부터 밤까
        지 피 보면서 피 뒤집어 써가면서

화영   돈 벌어 남편 빚갚아주고 큰오빠 부도 막아주고 작은 오빠 병원
        비 대고 생활비 대고 언니 가게 차려주고 차려준 가게 말아 먹으면
        또 차려주고 조카들 학비 대고 엄마아버지 용돈 주고오/ 앵벌이 밖
        에 내가 하고 산 게 뭔데.

동하   그게 그렇게 분하고 한스러우면 우리 식구들한테 분풀이 한풀
        이 하지. 지수 누나가 무슨 죄가 있다고 그 누나한테 이런 짓을 하냐
        말야!!

화영   일부러 그런 거 아니라니까!!

동하   (준표 시각으로)누나 불쌍하게 산 거 알아요 글쎄. 모르지 않어.

422

그렇지만 그거랑 이 문제가 무슨 상관이야.

화영   상관없어. 참견하지 말란 소리야./ 내가 어떻게 살든 무슨 짓을 하든 누구도 아뭇 소리 하지 말란 말야. 불쌍한 줄 알어? 누가. 니가?

　　　[준표 위에/창문은 처음부터 열어두세요]

동하   E 아 알지 왜 몰라요!!

화영   E 몰라. 아아무도 몰라....엄마도 엄마가 아니었고 형제도 형제 아니었어 난 그냥 돈 주머니 그 이상도 이하도 아니야/누구도 진심으로 날 가슴아파한 사람 없어.

동하   들어가요‥

화영   나 일 안해. 돈 안 벌어‥충분히 했어. 나도 이제 편안하게 남자 밥 얻어 먹으면서 지긋지긋한 의사 가운 벗어던지고 나 입고 싶은 거 입으면서 내가 살고 싶은대로 나하고 싶은대로 살 거야‥ 더 할말 있니?

동하   ‥‥‥(보며)

화영   너 부지런히 벌어서 죽은 니 매형 빚 갚아. 그거 내가 받아도 돼.

동하   들어가요.

화영   가라.(돌아서는데)

동하   ‥‥(보다가)누나 매형두고 바람핀 거 사실 아냐?

화영   (휙 돌아서며 동시에 따귀 갈긴다)

동하   ‥‥

화영   ‥‥‥‥

동하   왜냐하면 이건‥화류계 애들도 잘 안하는 짓이거든?

화영   (노려보다가 휙 돌아서 들어가버린다)

동하　……(들어가는 것 보다가 제 자동차로 올라 휘잉 나가버리고)……

S# 차 안의 준표

준표　…………(한참 동안 있다가 무겁게 차에서 내려 승강기 입구로)

S# 화영의 욕실

화영　(얼굴에 물 끼얹고 있다)……(울면서)……

S# 거실

준표　(들어온다)…………(한동안 있다가)어디 있어…

S# 화장실

화영　??….(급히 수건 당기면서)으응….잠깐마안‥

S# 거실

화영　(나오면서)생각보다 빠르네? 세수했어…

준표　(팔 벌린다)

화영　(와서 안기며)고마워……빨리 들어와 줘서…

준표　(머리 만지면서)……

화영　저녁은?

준표　어머니한테 가서 먹었어‥당신은

화영　먹었어‥먹으랬잖아.

준표　잘 했어‥술이나 한잔 하자‥

화영　엉‥잠깐만…당신 음악 틀어. 나 안주 준비하고 촛불 켤게‥응?

S# 시간 경과‥

　　　[식탁에 촛불 타고 있고/마시던 와인 글라스와 와인 병 안주 등등]

　　　[무드 있는 블루스]

　　　[안고 감미롭게 춤추고 있는 두 사람……]

S# 지수의 마당(깊은 밤)

S# 지수의 어두운 빈 거실

경민   (이 층에서 내려와서 엄마 침실로)

S# 지수 침실

　　[잠들어 있는 지수]

경민   (문 열고 침대로)엄마····엄마···엄마··(하면서 침대로 기어오르는)·······

지수   ??····누구야··

경민   엄마··

지수   어 왜 무서워?(불 켜는데)

경민   엄마 나 아파요··

지수   ??

경민   편도선이

지수   (이마 만져보고 화들짝)엄마 옷 입으께 아니 너 옷 갖구 오께··가만 있어··있어··(급히 뛰어나간다)

S# 거실

지수   (나오면서 전체 등 켜고 계단 오르다가 문득 멈춰 서서 잠시 생각하고 입 꼭 다물고 거실 탁자로 와 전화기 집어 든다)··(준표 핸드폰 찍으면)

　　　E 전원이 꺼져 있어

지수   (에서 끊고 화영 핸드폰으로)

S# 화영 침실

　　[잠들어 있는 두 사람]

　　　E 전화벨··화영 핸드폰/

화영   (받는다)네에··

지수   F 경민아빠 있지..

화영   ??너 이 시간에 도대체 지금 몇신데

지수   F 바꿔 빨리..

화영   (깬 준표에게 전화 건넨다)

준표   어 왜.

지수   F 경민이 편도선 말썽이야 빨리 와 병원 데려 가. 당신도 좀 해.

준표   어 어 알었어. 금방 갈게 금방.(전화 끊고 후닥닥)

화영   ?? 뭔데에..

준표   애가 아퍼. 병원 데려가야 해.

화영   어디가 아프다는데

준표   원래 편도선 탈이 잘 나.(허둥지둥 옷 입으며)

화영   편도선에 웬 난리야. 이 밤중에 꼭 이래야 한 대? 지가 데려가면 안돼?

준표   (다 입지도 않은 옷 들고 그냥 급히 나가버리는)

화영   ………(돌아보면 탁상 시계 3시)

제10회

S# 지수의 마당(새벽 다섯 시)

S# 지수의 거실

지수   (녹차 잔 놓고 식탁 의자에 앉아서)……

　　　　[무슨 소린가 들린 것 같고]

지수   (일어나 현관으로)

S# 현관 밖

지수   (현관문 열면)

준표   (경민 업고 들어오는 중이다)

지수   (들어가게 문 열어주고 있고)

준표   (들어간다)

S# 거실 계단

지수   (준표 들어오자 얼른 안방 문 열고 먼저 들어가는)

준표   애 방으로 가야지

지수   여기다 뉘어…

S# 침실

지수   (들어와 침대 널 자리 만들고)

준표   (들어와 아이 눕힌다)

지수   ….(덮어주고)

준표   열 내리는데 좀 걸렸어‥

지수   원래 금방 안 내려…

준표   ……

지수   (다독여주면서)당신이 하는 게 좋다고 생각했어‥

준표   그래‥

지수   가봐‥(하고 나가는)

준표   (나가는 아내 돌아보며 잠깐 있다가 아이한테)……

S# 거실 주방

지수   (주방으로 포트 스위치 넣고 머그잔 하나 꺼낸다)

준표   ….(침실에서 나와 주방 쪽으로)나도 한잔 줘‥

지수   ??…(잠깐 보고 머그잔 하나 더 꺼낸다)……

S# 화영의 침실

화영   (시계 있는 쪽으로 누워 눈 뜨고)…….

    [시계 5시]

    [준표 핸드폰과 화영 핸드폰/준표 건 꺼져 있습니다/]

화영   …….

S# 지수 거실 주방

준표   (식탁 의자에 앉아 마시는)……

지수   (찻잔 들고 싱크대를 뒤로 하고 서서 마시면서 준표 보는)……

준표   …..(마시는)

지수   핸드폰 꺼놓지 마‥그 기집애한테 전화하기 싫어.

준표 알았어..

지수 (마시는)....

준표 경민이는 아직·····누군지는 모르는 거지..

지수 ·····(보며)

준표 오피스텔에 있는 걸로 해 주라..

지수 ······

준표 하나 얻으려고 해..

지수 언제까지 가능할까···

준표 정말···진심으로···이게 당신 원하는 건가?

지수 당신이 원하는 거랑 내가 원하는 거랑 다르니까 별수 없잖아.

준표 내가 원하는 게 뭔지····실은 잘 모르겠어.

지수 가르쳐 줄께..당신 원하는 건 화영이야···

준표 꼭 그렇지도 않았어.

지수 나한테 남아있는 것처럼 생각되는 건 그저···나 당신 경민이/
      여태 안전하게 살아온 보호막이 망가지는 게 불안해서겠지··

준표 (보며)전혀 아무 것도 없는 걸로는 생각하지 마.

지수 ······(보며)

준표 당신은 만점짜리 와이프야..

지수 만점자리 부족해 이만점짜리 찾았어?

준표 연애 시절부터 우리···· 오래 됐잖아···너무 익숙해서··익숙하다
      못해 당신이 당신이 아니라 나 자신인 것처럼 돼버려서···반복되는
      일상의 권태로움에 빠졌던 거야··

지수 사는 게 뭐라고 생각해···매일이 스페샬 이벤트여야 하는 거야?
      매일이 흥분되고 매일이 설레이고 매일 신선하고 매일 ··매일 어제

와 다른 오늘이래야 해?

준표　과장하지 마.

지수　그러구 피곤해서 어떻게 살아..

준표　과장하지 말라구

지수　나는 당신이 매일 새롭고 가슴떨려가며 살았는 줄 알어? 당신
은 매일 똑같은 남자 아니었어? 일어나 밥 주면 먹고 서재 들어가
면 다음 밥 줄 때나 나오고 일주일에 두 번 강의 나갔다 들어오고
대화다운 대화는 하려고 들지도 않고 그냥 사는 얘기 좀 하자 그러
면 꼭 수준 낮은 여편네랑 긴말 안하고 싶어하는 것처럼 성가셔하
고…집안 일은 온통 다 나한테 밀어놓고 아무 것도 안하면서 애 병
원 데리고 다니는 거 쓰레기 버리는 거.. 학부형 모임 나가는 거 공
과금 처리하는 거 자동차 고장 수리 해 오는 거

준표　(오버랩의 기분)그건 당신이 그렇게 만든 거야..내가 처음부터
원래 아무 것도 안하는 사람이었어? 뭐든지 다 당신이 하러 들었잖
어. 나는 아무 것도 할 일 없는 사람 만든 건 당신이야.

지수　공부하라고…당신 할 일 열심히 하라고 당신 시간 부서지게 안
하려고 그런 게 잘못이 됐다는 거구나

준표　그걸 트집 잡으니까 하는 말이야.

지수　이제 와 이런 얘기가 다 무슨 소용이야..나는 그게 내가 할 일
인줄 알고 그게 행복인 줄 알고 살았는데 낭신은 아니었다니 서글
픈 짝사랑만 하다 끝난 거지 뭐..(찻잔 비우고)가…

준표　……

지수　일어나..

　　E 지수 핸드폰 전화벨

지수   ....(핸드폰 보고 준표에게)당신 애인....받어..

준표   (그냥).....

지수   네에..

화영   F 아직 병원이니?

지수   아니 집..

화영   F 그이는

지수   여기 있어...

화영   F 안 온대?

지수   ..가라는데도 안가고 앉어 있다..

S# 화영의 침실

화영   .....

지수   F 얘기 좀 했어..차 마시면서

화영   무슨 얘기..

지수   F 나 보고할 의무 있니?..

화영   바꿔 줘.

지수   F .... 안 받고 싶은 가봐.

화영   그이가 쫓아가야할 정도로 그렇게 심각하게 아펐니? 아프기는 아픈 거야?

지수   F ??? 너 진짜 어떻게 할 도리가 없게 남뿐 기집애구나. 너 자식 없어 몰라?

S# 지수 거실

지수   나는 둘째치고 니가 우리 경민이한테 무슨 짓을 했는데에. 즈 아빠 엄마 헤어지는 꼴 구경하고 졸지에 즈 아빠한테 버려졌는데에 어린 거 한테 그런 끔찍한 스트레슬 줘놓고 뭐? 그래서 병난 애한테 아프기는 아픈 거야? 니가 사람이니? 너 사람이야??

화영　F (오버랩의 기분)흥분하지 마. 진짜면 됐지 흥분할 거

지수　(오버랩의 기분)그래애!! 같이 살 때는 거지같은 남편 편하게 해
　　줄라구 병원 내가 데리고 다녔어!! 그런데 이 상황에서는

S#　화영의 침실

지수　F 즈 아빠가 뛰어주는 게 눈곱만큼이라도 애 한테 위로가 될 거
　　같어 불렀는데 그게 잘못 된 거니?

화영　애 그만해 아니면 됐어. 무섭다.

지수　니가 더 무서워 애‥니가…

화영　(웃으며)그이나 보내.

지수　F 어디다 보내라 마라 명령이야‥ 니가 뭔데…

화영　짐실어 보낼 때 너 나한테 완전히 넘긴 거잖아. 내 꺼니까 보내
　　빨리‥

S#　지수의 주방 거실

지수　니꺼? 허/…그래 니꺼가 가래도 안 가고 저러고 있다‥ 니가 와
　　서 끌고 가 망할 기집애(픽 끊으면서) 왜 안가고 있다가 사람 유치하
　　게 만들어.

준표　(일어나며)열 체크 자주 해.

지수　(고개 돌리고)

준표　깨면 전화하라 그러고

지수　……

준표　……(나간다)

　　[현관문 닫히자]

지수　(그 자리에 쭈그리고 앉으면서 한 손 이마로)………(푸우우우 숨 내

432

쉬면서 일어나 마시던 녹차 잔에 물 더 부어 들고 소파 있는 쪽으로 흔들 흔들 움직인다)………(소파 사이로 들어가 그대로 선 채 한참 있다가 천천히 구겨지듯 앉는)……

S# 새벽길을 달리는 준표의 차…

S# 지하 주차장으로 들어오는 준표의 차··

S# 주차되는 자동차

S# 차 안

준표   (주차 끝내고 등받이에 기대면서 눈 감는)……

S# 거실

준표   (들어온다)……

화영   (러닝머신 뛰고 있다가 돌아본다/뛰면서)왔어?

준표   안잤어?

화영   잘수가 있어야 자지··

준표   (옆으로 와 서서)편도선이 한번 성이 나면 애 먹어. 열이 빨리 안 내려 병원에서 좀 지체했고

화영   (웃으며)설명안해도 돼··이제 가라 앉았어?

준표   내렸어 집에 데려다 주고

화영   전화할 때 있었잖아.

준표   응

화영   무슨 얘기 하느라구?

준표   별 얘기 안했어.

화영   (머신 멈추면서)지수 악 쓰대? 호홋 천사도 골내니까 별수 없더라. 아프기는 진짜 아픈 거냐고 했다가 혼났어 길길이 뛰는데

준표   그런 말 뭐하러 해·· 그런 짓 할 수 있는 사람이 아냐··

화영 김지수에 대한 환상.(가볍게 준표 치고 냉장고로)누구나 작심만
하면 무슨 짓이든 할 수 있어.

준표 (움직이는 화영에게 돌아서며)그래도 강도나 종류는 차이가 있어

화영 지수 보니까 어때..

준표 ……뭐가..

화영 당신 마음..(물 따르며)

준표 ……

화영 응?

준표 미안하지 뭐……많이….많이 미안해.

화영 그리구?

준표 잘 버텨줘야 하는데……걱정되구….

화영 미안한 건 알겠는데 걱정된다는 건 마음에 안 든다..(벌컥벌컥
마시고 컵 놓으며)가라는데 말 안 들있어?

준표 으실으실해서 차 한잔 얻어 마셨어..

화영 미련이네..빨리 와 여기서 마시면 되잖아.

준표 미안해서…정말 오랜만에 거의 십년 만에 애 데리고 응급실 갔
는데 뭐가 뭔지 어리버리 하더군.. 주사 맞는 옆에 지키고 있으면
서 애 엄마는 이걸 일년에 두 세 번 스무번에서 서른 번은 했구나
…나는 너무 공짜로 살았다 싶기도 하고…

화영 (다가와 가슴에 한 손대면서)여기가 아팠다구..공짜로 살다가 못
할 짓 했구나 그래서..

준표 맞어..

화영 같이 샤워 맞어 우리…(손 잡아끌며)들어 와….얼르은….

　　[끌려가는 준표]

434

S# 지수 침실

지수 (자는 아이 머리 만지면서)········

지수 E ···우리 둘이 잘 살면 돼···힘들어 하지 마···아프지 마···엄마 잘
할께···엄마 괜찮아 경민아····

S# 빈 거실

F.O

S# 지수 거실 주방

지수 (전화하고 있다)저 경민이 엄마에요 선생님·· 안녕하세요··네 잘
지냅니다··네 다름 아니고 경민이가 오늘 학교 빠져야겠어서요 선
생님···네 또 편도선이에요···네··네 그러셨군요···네···네 하루 이틀
쉬면 괜찮아질 거에요···네··네 그럼··네 안녕히 계세요··(끊으며 돌
아본다)

경민 (침실에서 나오고 있다)

지수 벌써 깼어?

경민 목 말라요.

지수 어 그래··(냉장고로 움직이면서)새벽에 아빠 오셔서 병원 데려갔
던 거 알아?

경민 엄마는 내가 뭐 기절했었어요?

지수 응 그래(웃으며)(물 따르며)목은 좀 어때··

경민 좀 나아진 거 같아요··

지수 (물 주며)죽 앉혔어··먹고 약 먹어야지··

경민 (마신다)····

지수 아빠가 너 데리고 와서 눕혀주고 가셨어···

경민 ····(보며)

지수 너 잠들었었잖어.

경민 그게 뭐 대단하다 그러세요‥

지수 ??

경민 아빠면 당연히 그래야 하는 거 아니에요? 저는 아빠 오신 거
      별로에요.

지수 왜애?

경민 괜히 그러시는 거잖어요. 괜히 잘하는 척 사랑하는 척

지수 왜 그렇게 생각해애‥그건 엄마 잘못이야 아빠 힘들게 안할려
      고 엄마가 다 해서 그렇지 너 어렸을 때는 아빠 안 그랬어‥아빠가
      얼마나 좋은 사람인데 아빠가 너를 얼마나 사랑하는데에에

경민 엄마는 제 말이 뭐 그냥 쉽게 나온 말인 줄 아세요? 저요 오래오
      래 깊이깊이 생각해서 한 말이에요. 아빠 머릿 속에는 제가 없었어
      요‥ 그러니까 이런 일이 생긴 거에요. 저도 엄마도 사랑하지 않는
      거에요‥

지수 엄마는 사랑 안해도 너는 아니야‥‥부부는 살다가 싫어질 수 있
      어도 자식은 안 그런 거야‥ 자식은 영원히 죽는 날까지 죽어서도
      사랑 안할 수가 없는 거야‥자식이니까‥

경민 그렇지 않은 아빠도 많아요‥우리 반에 엄마아빠 이혼하고 삼
      년이 넘었는데 아빠 한번도 못 본 애도 있어요. 찾지도 않는대요‥
      개는요 목표가 뭐냐면요 엄마. 공부 여열심히 해서 그은사하게 출
      세해 돈도 많이 벌고 그런 다음에 아빠가 찾아오면 나는 당신을 모
      릅니다 그러는 거래요‥

지수 (서늘해서)개 아빠가 정말 잘못했나보다‥어린 마음에 그런 결
      심을 한 거 보면

경민　(돌아서며)우리들 다 이해해요··다 좋은 생각이라 그랬어요··

지수　니 아빠는 달라 경민아··

경민　(돌아보며)두고 볼 거에요··(하고 다시 되돌아서 두어 발짝)

지수　경민아··

경민　(돌아본다)

지수　너두···너두 친구들한테 우리 집 얘기 했어?

경민　미쳤어요? 그 얘길 왜 해요··

지수　하는 친구두 있는 거 같아서

경민　그런 얘기하면 금방 소문 쫙 퍼져요··그거 싫어요··

지수　······(보며)

경민　(이 층으로)

지수　엄마 방에 있어어··

경민　내 방이 조용해요··

지수　그럼 죽 올려다 줘?

경민　네에···(올라가고)

지수　(보다가 죽 냄비로 가 저으면서)·····

　　　E 집 전화벨

지수　(가스 불 끄고 움직여 받는다)네에··

용덕　E 일어났어?

지수　네 아버지.

S# 용덕의 방

경수　(신문 보고 있고)···

용덕　잠은 좀 잤어?·····잘 잤다 그래두 아버지 안 믿어···그래 안 믿어
　　　·····경민이는·····신경써야 할께야···니들 자식한테 해서는 안될 짓 한

게야….그래‥그래…(밥상 들어온다)아침 상 들어와 끊어…응 그래
너두 밥 잘 먹고 잘자고….응‥응….(끊는다)

선화 경수씨‥

경수 (신문 놓고 상으로)

용덕 (수저 들고 먹기 시작하고)

경수 어때요‥

용덕 멀쩡한 척 해애‥

경수 작은 누나 왜 그렇게 바보에요 아버지‥

용덕 ……

경수 세상에 친구한테 그런 꼴을 당하는 사람이 어딨어요.

용덕 아주 없는 일 아니야‥

경수 눈치는 백치구요‥그걸 몰라요? 매일이다 시피 보는 사람인데
끾새도 몰랐어요?

용덕 의심이라는 게 없는 사람이잖어‥세상 사람 다 저같은 줄 알구
사는 인물이야‥

경수 그러니까 그렇게 당하죠‥

용덕 아프면 속으로 아퍼해‥뭐 좋은 일이라구 밥상 놓구‥

선화 (남편 직신거리고)

경수 ….(그만두고)

용덕 착한 끝은 있댔어….누가 뭐래두 착한 위인이니……좋은 끝이
있겠지‥

선화 네에‥

용덕 국이 맛있다‥니가 된장국을 잘 끓여‥

선화 어저다 그렇게 된 거에요‥

438

용덕　우움 아니야 된장국 하나는 누구보다 맛있어..

선화　네에.

경수　된장국만..

선화　(흘기고)

S# **지수의 거실**

　　[지수 은수 달삼··출근 차림]

달삼　……(처제 보면서)진심이야?

지수　…네…

달삼　남자 바람 처제….그거 그냥 말 그대로 바람이야··코끝 스치고 지나가는 꽃향기에 불과한 거야…그거 잠깐 큼큼거리고 맡았다고 이렇게까지 할 거야 뭐 있어.

은수　잠깐 큼큼이 아니니까 그렇지이. 두 것들이 다 완전히 뿅 돌아 버렸으니까 그렇지이이.

달삼　그게 듣어놀라 그럼 그럴수록 더 들어붙는 게 원래 그거잖어어.. 좀 느그웃하게 그래 놀고 싶으면 어디한번 실컨 놀아봐라 그러구

은수　지금 그걸 말이라구 하는 거야? 막내 아들 스케이트타러 나가 안들어오구 내쳐 노는 거야?

달삼　내 말으으은

은수　조심해 당시이인? 당신 말 체크되는 거 많어어어? 내가 그래 줬으면 좋겠니? 그래애 놀고 싶으면 실컨 놀아봐라아아아?

달삼　아 나 좀 대입시키지 말어.. 말만 했다하면 송곳으루 팍팍 쑤시니 말을 할 수가 없잖어.

은수　누가 개걸레로 살래?

달삼 ....(인상 팍 쓰며 보다가 힐끗 보는 아내 눈과 마주치고 얼른 그만두
는)아주 돌아버리기 전에는 허튼 짓하면서도 열에 아홉은 가정
깰 생각들은 없는 게 남자야. 딴 짓은 하면서도 가정 깨지는 건 무
서워한단 말야. 가정이 깨지겠다 싶으면 바깥에 여자 정리하게 돼
있어.

은수 아이구 그것도 못믿을 소리야.. 당신이나 죽자고 내 발목 잡고
늘어지지 요즘 사내들은 그렇지도 않은가부더라. 이혼이 좀 많아
야지. 좋아하는 여자가 생겼으니 이혼해 달라고 깨놓는 사내들두
수두룩하다던데 뭘..점점 서양처럼 돼가구 있는 거야.

달삼 홍서방은 아냐. 아 나랑 얘기했잖아. 이혼하기 싫댔어.(아내한
테 해놓고 지수에게) 이혼하기 싫댔다니까 처제.

지수 형부 나는요....그렇게 생각 안해요...그냥 이혼하면 안될 거 같
은 거...그런 거 때문이지 그 사람 속 마음은 저쪽이에요..

달삼 아 아니라니까아

은수 아 당신이 아니야..지가 죽어도 이혼 안한다였으면 쫓아낸다
고 쫓겨나 그길로 그년 집으로 기어 들어가? 지수 말이 맞어..쫓아
내 줘서 고맙습니단 거야 그 인간.

달삼 야 일방적으로 안산다 나가라 그러면서 이삿짐 불러 짐 실어
내는데 쫓아내 줘 고맙습니다가 아니라 옘병할 내가 뭘 그렇게 죽
을 죄를 졌다구/(아내와 눈 맞추고)아니 이 홍서방 생각이 그럴 거란
말야. 원래 잘못한 놈들이 잘못을 모르는 법이잖어.. 반발심이야 반
발심 좋다 정 소원이라면 하자 해.

지수 (오버랩의 기분)마음 다른 데 가 있는 사람....껍데기 붙잡고 사는
거....의미없어 못해요 형부.

440

달삼 봉사도 다니잖아. 아무 상관없는 사람들 위해서 봉사도 다니 면서 홍서방한테도 봉사하는 셈치고

지수 그 일은 순수한 기쁨이 있어요 형부⋯⋯싫어요.

달삼 ⋯⋯⋯

지수 ⋯⋯

은수 ⋯⋯(보며)

S# 대문 밖

　　[나오면서]

달삼 고집 세네⋯

은수 하나만 알고 둘은 모르는 애라니까아⋯

달삼 정말 그러네⋯ 이혼해서 득될 거 하나도 없는데⋯⋯

은수 그런 계산기도 없는 애고⋯

달삼 당신 계산기 좀 빌려 줘어⋯

은수 (흘기는)

달삼 (시계 보고)어 미팅에 늦겠다 여보 나 나가.(대기 중인 차로)

은수 나가⋯

달삼 (타면서)내 통화해 보께 이 자식 무슨 생각을 하고 있는지⋯

은수 나가아⋯

　　[달삼 차 뜨고 은수 돌아서는데 동하의 차가 와서 멎는다⋯]

은수 ??

동하 (차에서 내려 운전석 옆문 열고 과일 바구니 하나 내려 들고 문 닫고 움직이다)어⋯(꿈벅)⋯

은수 누구야⋯너 동하 아냐⋯

동하 예⋯

은수　웬일이야?

동하　예 저..

S# 경민의 방

지수　(경민에게 약 먹이고 있다).....물 한번 더 먹어..(먹이고)자...더 자...

경민　(만화책 집어 든다)

지수　그냥 눈감고 자는 게 어떨까..(만화책 잡으며)푸욱 쉬는 게 빨리 낫는 지름길인데

경민　알았어요..몇 페이지 안 남았어요 이거만 보고 자께요..

지수　그래 우리 착한 아들..(안아주고)

S# 거실 주방

지수　(계단 내려오는데)

은수　E 그래..믿는 도끼에 발등 찍힌 게 아니라 뒤통수 찍혔다..

은수　(컵에 주전자로 찻물 따르면서)세상살다살다 별 개같은 경우도 다 본다 참..

동하　......

지수　어떻게..

동하　(돌아보는)....

은수　(지수에 연결)경수가 갔더래.. 지가 할 짓은 없고 기는 막히고 저도 답답했겠지..

지수　괜한 짓 했네...무슨 상관이라구...

은수　상관이 왜 없어..한 부모로 태어난 형젠데...

동하　(오버랩의 기분)예 그래서....도저히.... 모르는 척 가만은 못 있겠어서....왔어요.

은수　저 과일 어디 먹겠니? 화영이 년 썹어먹는 거처럼 먹으면 모를까.

동하   예 그러세요.

은수   너한테 좀 묻자. 니 누나 원래 막가고 보자니?

지수   하지 마.

은수   아 궁금해서 그래애..

지수   나가자..

동하   (보고)

지수   나와....어서.....

S# 발코니

　　[찻잔 놓여 있고]

동하   ....(찻잔 내려다보며)

지수   .....(찻잔 내려다보며).....할말이...없지?

동하   ....예....

지수   가게는 어때..

동하   밥 먹어요..

지수   더러 좀 가줘야하는 건데 원래 밤 외출이 거의 없어서

동하   (안 보는 채)먹는 장사 원래 아는 사람보고 하는 거 아니에요. 괜
　　　찮아요..

지수   ....(보며)언제 알아도 알텐데..경수가 쓸데없는 짓 했다.. 나쁜
　　　소리 하든?

동하   누나 어떻게 날 이렇게 대해요...쫓겨날 각오하고 왔는데..(보며)

지수   니가 한 짓 아닌데 뭘....

동하   .....(시선 내리며)돈 거 같아요...좀 다른 구석은 있어도 그런 짓
　　　을 할 사람은 아닌데...

지수   사랑에 미치면....다른 건 아무 것도 중요하지 않다 그러더라...

그런 건가부지..(고개 돌려 딴 데로 시선)

동하　……(보며)

지수　……(그대로)

동하　(시선 내리며)그렇다고 이렇게 물러나면 어떡해요..어떻게 살려구요

지수　사람이 산다는 게……꼭 여자 남자가 달까? 니 누나는 지금 여자남자가 다인 것 같지만 지금까지는 나도 아내 남편 자식이 단 줄 알고 살았지만….그게 아니고라도 살아야할 ….살 수 밖에 없는 이유는 …많아….나……여자로서의 김지수가 다가 아니야..자식으로서 김지수….인간으로서 김지수 형제 중에 하나 김지수도 …못지않게 중요해..

동하　…..(보며)

지수　안 그러니?

동하　누나 대신….(안 보는 채)….사죄하러 왔어요….

지수　…..(쓸쓸하게 보며)

동하　(안 보는 채)미국서…남은 모르지만 너무 힘들게 살았어요…지쳐 쓰러지게 짐이 무거웠죠…시기심 많은 사람들 무책임하게 지꺼려들 대고 ··그러다 매형이 그렇게 죽고….탈출구가 없었을 거에요 …..그래서 나온 거고….그러다가 어떻게 그렇게 돼서 눈 감고 불 속으로 뛰어든 걸 거에요..

지수　내가 그 입장 돼보지 않아 모르겠어.. 힘들고 외로웠던 거 짐작은 가. 눈 감고 불속에 뛰어드는 것도 알 거 같아 그렇지만….나는 못할 짓이야..

동하　예…

444

지수   ..니 누나와 나…두 사람 문제야…마음쓰지 마..

동하   …..

S# 화영의 침실

[커튼 닫아놓고 아직도 침대에 있는 두 사람…나란히 한 방향 보고 누워 있는]

[잠시 사이 두었다가]

준표   …더 잘래?

화영   (한 손 뒤로 /준표 얼굴로)언제 깼어..

준표   뭐 좀 먹자…배 고파.

화영   나두..(웃으며)…

S# 주방

화영   (서양식 아침 준비 중이다)….

준표   (수건으로 물기 닦으며 들어서는)….밥 아니야?

화영   밥 줘?

준표   아니..그냥 먹어..이런 아침보다는 밥하고 국이라구.

화영   냉동 만두 있어.

준표   (앉으며)그냥 먹어.

화영   (앉으며 커피 준표 잔에 따르려)

준표   아냐 쥬스 마셔..(오렌지 주스 잔 집어 든다)

화영   (제 잔에 따르면서)커피 별로더라..

준표   토마도 쥬스가 나.

화영   어 그러더라 참. 준비하께..

준표   내일부터 밥 먹게 해줄래?

화영   그러엄. 미안..밥해주께..그런데 여자 바뀌었는데 빵으로 안

바꿀래?

준표   (웃으며)입이 깔깔해..

화영   한식은 너무 복잡해..

준표   밥하고 국이면 되는데 뭘..김치 기본으로 밑반찬 뒤 가지면 되고..

화영   (빵에 버터 바르면서)영화보러 갈까?

준표   아냐 오피스텔에 책상이랑 침대 넣어야 해.

화영   같이 해

준표   혼자 하께.

화영   여기 정리는 언제 해..일찍 들어와?

준표   점심 친구랑 먹고 강의 끝나면 박사과정 애들 회식있어..많이
       는 아니지만 좀 늦을 거야..

화영   혼자 보내야하는 건 마찬가지구나..(버터 바른 빵 내민다)

준표   아냐 그냥 먹어..(구운 빵 집어 들며)학교 그만둬?

화영   응 그만 둬..

준표   큰일낼 사람이네

화영   흐흣 큰일 벌써 냈잖아.

준표   여기다 학교까지 그만두면 폐인이다폐인

화영   훗 호호호호호

S# 거실

     [같이 나오는 두 사람/손잡고/]

화영   시간 날 때 마다 전화하기.

준표   듣는 사람 없으면

화영   화장실 가서 해.

준표   별걸 다 주문한다..갔다 올게..

446

화영 (손잡은 채 현관으로 따르며)보고 싶어 어떡해. 벌써 보고 싶은데.

준표 혼 좀 그만 빼. 정신 못차리겠어.

화영 으흐흐흐흐(안고 키스하고 떼면)

준표 (다시 한번 키스하고 신 신으려다)아 참..(안주머니에서 봉투 꺼내 내밀며)이거.

화영 뭔데?

준표 생활비..

화영 .....(보는)

준표 넉넉하게는 못해..

화영 (목이 잠기면서)아냐 상관없어...주는대로 쓸게..(고개 꺾고)

준표 ?? 왜 그래..

화영 남자한테 생활비 받아보는 거 처음이야..

준표 ....

화영 얼마나 부러웠는데..남편 돈 받아 쓰는 여자들이....

준표 (당겨 안는다)

화영 소원성취했다.....감동 그 자체네...고마워...

준표 (두드려주고)...

화영 (몸 떼면서)사랑해..

준표 (고개 조금 돌리고 웃고)

화영 돈 줘서 더 사랑해..

준표 (가볍게 등 때리고 나간다)

화영 (돌아서며 봉투 내려다보며).......(봉투 가슴에 붙이면서 침실로)

S# 침실

화영 (들어와 화장대 서랍에 봉투 넣고 천천히 닫으면서 화장대 거울에

제 얼굴 보며)········

S# 지수의 거실 주방

은수 (싱크대 위 행주로 박박 닦으면서)···········(하다가) 쇼핑 가자.

지수 ····(긴 소파에 누워서)

은수 백 사주께·········엉?(돌아보며)

지수 싫어.

은수 그럼 스파가 풀 코스 하자. 그거 좋아 너. 피로 푸는덴 그만이야···

지수 ····(소파 등을 보고 돌아눕는다)

은수 너 격투기 안 배울래? 그거 스트레스 푸는 덴 그만 인데··미운 놈이다 그리고 치고 받고 갈기고 메다 꼰으면 얼마나 시원한데····배워둬 나쁠 거 없어 너어. 어두운 밤길에 나쁜 놈 해치우는 것도 문제 아니고 누가 아니? 배워뒀다가 홍가랑 그년 한꺼번에 패대기 칠 일 있을 때 요긴하게 써먹을지도···

지수 ······

은수 지수야야야!!!

지수 ····

은수 (지수 쪽으로)속터져 미치겠다 진짜. 왜 그러고 있어어어··기운 차려어어!! 그것들 희희낙락 왼갖 꼴 다 떨텐데에··

지수 ······

은수 (잡아 일으키며 소파에 앉으며)일어나 일어나 기운 차려.

지수 (오버랩의 기분)가만 좀 내버려 둬어어어··

은수 (달래려)지수야

지수 (오버랩의 기분)시간을 좀 줘··기운 차릴게 언니. 시간 줘··여기 가 폭탄 맞은 거 같애··없는 거 같애··(울음 터뜨리며)얼마나 됐다고

그래‥내가 인조인간이야? 시간을 좀 달라구우우우

은수 (안아버린다)‥‥

지수 정신 차리게‥‥정신 차릴려구 노력한단 말야‥노력하구 있단 말야아아아

은수 ‥‥‥(더 안고)‥‥‥

지수 (몸 떼면서)언니 나도‥‥‥(휴지로 손)

은수 (얼른 뽑아주고)

지수 (눈물 닦고 코도 가볍게 풀어 구기면서)나 웃기는 얘기하께‥

은수 필요없어 이 상황에 무슨 웃기는 얘기야. 그리구 너 웃기는 얘기 하나도 안 우스워 너 니가 먼저 웃어대면서 하잖어.

지수 차라리 그 인간이 형부같으면 그냥 유지하고 살 수도 있을 거 같어‥

은수 ???

지수 형부는 정말 병같잖어‥정말 그냥 바람같잖어‥그러면서도 언니를 끔직하게 좋아하잖어‥언니가 아무리 심하게 대해도 다 받아주고‥‥

지수 E 어쩔줄을 모르면서 손이 발이 되게 빌구‥정말 진짜 잘못한 사람처럼 다시는 안 그럴 걸로 보이게 그렇게 하잖어‥‥‥그런데 그 인간은 그거 아니야‥‥‥날 좋아하는 거 손톱 끝만큼도 안 남아있고

지수 그냥 바람도 아니고‥‥ 언니 말이 맞어‥내 쫓는다고 진짜 나가니?‥끝까지. 안 나가면 될 거 아냐‥그 기집애한테 가고 싶으니까 간 거잖아.

은수 내말이이이‥집에 안 들여놓으면 마당에 거적대기라도 깔고 진치고 비볐어야지이이이 지가. 그럼 어떡하니 들여놀 수 밖에. 비

는데 장사없다는 말이 왜 있게.. 나는 뭐 팔푼이라 니 형부 번번이 그냥 넘어가 주는 줄 알아? 너 잘 봤어. 니 형부 빌고 달라붙는 건 누구도 못 당해..돌산도 움직이게 그런단 말야..차라리 죽여라 이혼은 못한다

지수 (오버랩의 기분)홍가는 그렇게 안 했어....나..나를 떠나고 싶었어어...

은수 ....(보며)

지수 그런데 참...이상하지?.....좋은 날 많았는데....하나도 생각이 안 나....이상하게 생각이 안나... 백지 같애...

은수 ......

지수 좋았던 날들 생각하면서....그래..그래도 ...그렇게 좋았던 날도 있었으니까....조금이라도 위로받고 싶은데...생각이 안나.....

은수 충격이 보통 충격이니? 그래서 그럴 거야..

지수 우리 결혼 언니.....그 사람 나를 사랑해서...내가 좋아서 했던 거 아닌 거 같애..연애를 칠년이나 했었잖어....무슨 그런 감정이 남아 있었겠어...그저...편안해서....하기로 했으니까....하는 걸로 돼 있으니까 했던 걸 거야...

은수 너는 어땠는데...

지수 나는.....그냥 내 남자로 여전히 좋았었어.....

은수 지금은...

지수 괜찮아..나는 늘...짝사랑 전문이니까...친구도 누구도 언제나 내가 더 많이 좋아하니까...

은수 ......

지수 글쎄...모르는 사람같애.....내가 알던 사람이 아니야..(일어나 움

직이며)언니 가…경민이 열 좀 재 보고 나….잘 거야…자는 거 밖에 할

일이 없어…잠들면 아무 생각도 안하니까….좋더라…(이 층으로)

은수 (일어나 서서 보며)……….

S# 대문 앞

은수 (나와서 팔짱 끼고 퍽퍽퍽 걸으며)기름에 열두번 튀겨 죽일년. 납

뿐년 드으런 년··

　 E 핸드폰 벨

은수 (서서 주머니에서 꺼내 받는다)엉 하니.

달삼 F 냅둬라··

은수 뭘 냅둬.

달삼 (회사 사무실 책상 위 정리하면서)통화했는데 뭐 이제 별수 없잖

나는 식이야··저는 최선을 다했고 더 이상 할 것도 없대··(전화 떼

었다 붙이면서)아 왜 나한테 이래애 나 허날삼이야. 악 좀 쓰지 마

·····그래애··그리구 처제 성격에 한번 아니다하면 아닌 거지 되돌릴

수도 없을 거래.그리고 만에 하나 되돌린다 해도 처제 죽는 날까

지 안 잊어버릴 텐데 그런 여자랑 사는 것도 쉽잖은 일이고

S# 골목

은수 망할 자식. 그거 잊어버리는 여편네가 어딨어. 죽어 무덤에 누

웠다가도 무덤 뻐개고 나올 일인데·· 그래서········알었어·· 지수도

물 건너갔어···응···그래 냅둬··냅둬야지 뭐 별수 있어? 응···응···그런

데 여보오··(멈춰 서며)

S# 달삼 사무실

은수 F 나 가슴이 폭탄 맞은 거 같아··

달삼 아 왜애··

은수 F ‥지수가 그렇대 그런데 그 소리 듣는 순간 내 가슴도 펑 뚫려버렸어. 나 그거 알 거든.

달삼 알았어알았어. 일찍 들어갈께‥다아 취소하고 뛰어들어갈께‥외식하자. 진주랑 준구랑 우리 다같이 맛있는 거 먹으러 가자‥처제랑 경민이도 같이 엉? 어 여보 아버님하구 처남부부도 같이하자‥

S# 골목

은수 (걸으며)무슨 경사났어? 온통 다 모이게/경수네는 빼…그녀석 분위기 초치는데 뭐 있구 아버지 지수 보시기 힘들어‥엉…엉…웅 미투‥(끊으며)납뿐 자식/양심이라곤 눈꼽만큼도 없는 자식/ 야 니가 지성인이냐? 웃기는 짬봉이다 야‥(꿍얼거리며)

S# 마당

지수 (꽃이 만개한 나무를 올려다보며. 서 있는)……(눈물이 줄줄줄줄 무표정한 얼굴에)……

S# 청소기 밀고 있는 지수……

　　　E 현관 벨 소리

지수 (인터폰 보면)

　　　[밖에 화영이 서 있다‥]

지수 ……(보다가 청소기 끄고 화면 보며)……

화영 E 지수야…

지수 (인터폰으로 가서 조작하고)나……너 보고 싶지 않이‥

화영 F 잠깐 열어줘‥금방 갈게…

지수 왜 왔는데…

화영 F 너한테 돌려줄 거 있어…

지수 ……(열어준다)

화영 (보자기에 싼 찬합 들고 들어온다)·····

지수 (그것 보는데)

화영 (제 집처럼 주방으로 가 싱크대에 올려놓고 보자기 풀면서)웬만한 거면 그냥 떼먹고 말겠는데 좋은 거라서···

지수 ·····(그냥 보며)

화영 찬장 구석에 들어가 있더라구···(돌아보며)미안했다··니 말대로 자식을 못 낳아봐서 그런가봐··

지수 ···(그냥 보며)

화영 경민이는 좀 낫니?

지수 ·····(그냥 보며)

화영 말섞기 싫다?

지수 볼일 끝났으면 그만 가.

화영 그런데····애 아빠 부른 거···단지 애와 아빠를 위해서였어?

지수 ····(보는)

화영 나에 대한 심술은 전혀 없었어?

지수 왜 궁금해.

화영 천사니까··천사는 심술피면 안되잖아.

지수 내가 내 입으로 천사란 적 없어. 다른 사람이 놀리면 장난 대답으로 그래 천사야 한 적은 있어.

화영 (식탁 의자로 움직이며)적대감 없을 수 없겠지 충분히 이해해.

지수 애 나 니 이해따위 필요없어. 볼일 끝났으면 그만 가라구.

화영 (의자에 앉는다)

지수 내가 너랑 얼굴 부딪히고 싶겠니? 너는 원래 거침이 없는 애라 아무 상관없는지 모르지만 난 안 그래··

화영 (오버랩의 기분)니가 부러웠었어..남부끄럽지 않은 남편 건강

한 아들 탄탄한 시집 안정된 결혼생활....(돌아보며)부러웠었어..

지수 부럽다가 미웠나보구나 그래서 이렇게 만들어 줬어.

화영 미안해.....미안하게 생각해.

지수 경민이 너라는 거 몰라.. 깰 때 됐어..

화영 (일어나며)그 사람한테 볼일 있으면 ...직접 하지 말고 나한테 연

락해..

지수 ??

화영 E 그게 예의야.

지수 (기막히고)

화영 너한테 물려 받아서 내가 살고 있는.... 이제.....내 남자니까.

지수 너 나 약올리지 마. 이런 식이면 죽는 날까지 너 정부로 끝나게 만

들 거야.

화영 그게 무슨 의미가 있는데...호적상 아내 자리가...난 그거 중요

치 않아..

지수 ....(보다가)나는 너한테 뭐였니..

화영 ......

지수 응?

화영 ....사람 죽이고 갇혀있어도 마지막까지 나를 안 버릴 고마운

친구...

지수 ....(보며)

화영 .....(보며)

지수 ....(보며)

화영 죽어서 지옥으로 갈께..간다..(움직이는데)

454

지수　(움직이는 화영 보는데)

　　E 지수 핸드폰 울린다

화영　(그냥 현관으로)

지수　E (받는)왜….자……조금 전에 재봤어…(화영 돌아본다)

지수　괜찮아….걱정 안해도 될 거 같아…죽 만들어 먹였어…제법 먹
　　었어…일어나면 또 먹일 거야…응…아니 안 와 봐도 돼….(끊으며 돌
　　아보며)이 사람한테도 말해‥나한테 할 말 있으면 너를 통해서 하
　　라구‥

화영　천사 날개 떼어버렸구나‥

지수　날개만 뗀 게 아니라 옷도 벗어 던졌어‥

화영　축하해 인간으로 돌아온 거‥

지수　천사로는 너를 당할 수가 없어서‥

화영　그래‥(웃어 보이고 나가는)

지수　…………(보고 있다가 싱크대로 가 찬합 싱크대에 넣고 씻으려다가
　　순간 거칠게 찬합을 바닥에 하나씩 패대기쳐버린다)나쁜 자식. 나쁜
　　자식 나쁜 자식……

　　　　　　　　　　　　　　　　　　　　　　　　　F.O

S#　**마당(아침)**

경민　(앞서 뛰어나오며)괜찮다니까요오

지수　E 가만 있어어어. 가지 마아아‥

경민　에에이 내가 어린애에요?

지수　(나오면서)그래서 그런 게 아니라 엄마 나가는 길이란 말야‥나
　　가는 길에 데려다 준다는데 뭘 말이 많아‥

경민　그럼 학교 앞까지는 말고 먼저 내려 주세요.

지수   왜애?(둘 다 대문으로)

경민   애들이 놀려요 마마보이라구요.

지수   아빠가 데려다 주기도 했잖아.

경민   어쩌다가요.

지수   그럼 파파보이라고 해?(경비 카드 대면)

   E   경비가 시작되었습니다.

경민   아빠한테는 그런 말 안해요.

지수   이상하다아? 차별하는 거야?

경민   (그냥 웃고)

S# 대문 밖

   [차에 오르는 두 사람.]

S# 차 안

지수   벨트

경민   (벨트 뽑으며)이렇게 일찍 어디 가시는데요?

지수   운동.

경민   무슨 운동?

지수   (출발하면서)스포츠 센터 싼 데 있거든. 엄마 등록하고 운동다닐
   려고

경민   잘 생각하셨어요. 대찬성이에요. 아빠가 그렇게 운동하라 그래
   도 안하시더니..

지수   (잠깐 아들 보고 그만두며)그래 사후 약방문이야

경민   무슨 소리에요?

지수   그런 게 있어..

경민   ……(엄마 보고 잠시 있다가 앞 보며)엄마..

지수 왜

경민 너무 신경 안쓰셔도 돼요··

지수 (돌아보는)

경민 엄마 안 그래도 공부 열심히 할게요

지수 그래서가 아니라 엄마가····아빠한테만 너무 신경쓰며 살았던 거 같아. 그래서 너랑 얘기도 많이 못했고 미안해요.

경민 그렇지 않아요. 친구들하고 얘기해 보면 엄마같은 엄마 별로 없어요.

지수 여러가지 미안하게 생각해.

경민 아니라니까요

지수 ···(돌아보며 웃는)

S# 학교 근처에서 경민이 내려주는/

지수 수고해.

경민 엄마두요··

　　　[둘 손 흔들고 경민 뛰어가는 것 보면]

지수 ····(가슴이 아리다)

　　　[출발하는데]

　　　E 핸드폰 벨··

지수 ·····(보고 스피커폰으로)응 언니.

은수 F 집 전화 왜 안 받아.

지수 밖이야.

은수 F 어디?

S# 근처 커피숍

지수 (커피 마시고 있다)

은수　(헐레벌떡 들어와서)번개지.

지수　응… 근데 왜./

은수　(앉으며)뭘 거길 가 나하고 다니지.

지수　월 오만원밖에 안해애.

은수　아 그래 알어. 싸다더라. 홍차주세요. 나하고 같이 다녀. 혼자 다 니기 싫은데 잘 됐다.

지수　내 형편에 언니

은수　(오버랩의 기분)돈 잘버는 형부됐다 국 끓여 먹을래? 안 그래도 처제 어떻게 해주까 뭘 해주면 좋을까 난린데 운동이나 시켜달라 그 래. 나랑 같이 다닌다면 얼마나 좋아할텐데.

지수　형부한테는 더 큰 신세 질수도 있는데 그깐 걸로 싫어 언니.

은수　아 그럼 내가 해주께 내가‥

지수　그냥 오만원짜리 다녀도 돼‥‥

은수　더 큰 신세 뭐‥

지수　‥‥‥(보며)

은수　응?

지수　저기‥‥아버지 차려준다던 벽지 대리점…그거 아버지랑 같이 하면‥‥

은수　‥‥‥(보면서)

지수　근데 아버지가 싫다 그러실 거야 그치.

은수　벽지 대리점 야 그건 아버지한테나 어울리지 니가 무슨

지수　뭐 가게 내가 지키구 아버지는 일 맡으시구

은수　안 급해 천천히 생각해. 당장 목구멍에 거미줄 치게 생긴 것도 아닌데 뭐가 그리 급해. 그나저나 어떻게 운동할 생각이 들었어?

458

지수   (쓰게 웃고)삶은 계속되잖아…

은수   ….(보며)

지수   그럴려면 계속 살아야하는 거니까….그리고 언니 (웃으며)그
      것들 한테 안 질려면 건강하게 오래 살아야겠더라..

은수   옳지

지수   건강하게 씩씩하게 살면서…. 너 없어도 나는 이렇게 잘 산다
      오히려 더 신나게 산다 보여주는 게 ..이기는 거 같아…이기는 게 되
      는 건지는 모르지만

은수   어이구우우 신통해라..어이구우우 우리 맹꽁이 철드네에에./

지수   맞어 나 맹꽁이였어..(찻잔 들며)

은수   ……(보다가/ 찻잔 와서 놓여지고 첨가물 넣으며)운동하고 맛사
      지하고 머리하고 맛있는 거 먹고 그리고 뭐하까 쇼핑?

지수   응 언니 나 옷 하나 사고 싶어..할부로 살 거야.

은수   사고 싶은 거 있어?

지수   학교 선생님 옷 같은 거 아닌 거…

은수   ……(보며)

S# **운동복 입고/은수 다니는 곳입니다/ 러닝머신 위에 지수 세워놓고**

은수   처음이에요..무리하게 시키지 마세요

코치   예에..걱정 마십시오..(기계 조작하고 움직이기 시작하는 머신)

지수   (걷기 시작한다)……너무 느리잖아아

은수   잔말말고 시키는대로 해애..

지수   노인네 같아아아

은수   그러면서 올리는 거야아..

지수   걸음은 잘 걸어 언니.

은수 시끄러워 죽겠네 더 올려 주세요 더‥

코치 (웃으며 더 올리고)

지수 (웃으며)네……이제 됐어(언니 보고 웃는)

S# 슈퍼 반찬 가게서 시장 보고 있는 화영‥

    [만들어져 있는 반찬들입니다…맛봐 가면서…‥]

S# 목욕 가운 입은 자매 마사지실 앞에서

지수 (손잡아 빼려 하며)아 난 내 몸 다른 사람이 만지는 거어어.

은수 괜찮아 여자야 여자…너 혈액순환되고 얼마나 시원하고 좋은
    데에에‥피부도 매끌매끌 파리가 낙상하게 좋아지고오(잡아끌며)

지수 싫어 글쎄 언니나 해‥

은수 기집애‥

지수 쓸데도 없는데 뭐

은수 화영이 년은 핸드백 팔아 먹고 살면서도 일주일에 한번은 꼭 전
    신마사지 했을 거다 아마‥

지수 ‥‥(보며)

은수 남자 꼬시는 년들 밑천 안 들이는 줄 알어?

지수 (뿌우)꼬실 남자 생기면 그때 할께‥(손 빼고 저리로 가는)

은수 ‥‥‥(보며)

S# 헬스장 파우더 룸

    [목욕 가운인 채]

지수 (뿌우해서 머리 드라이로 말리며 손질하는)

은수 (얼굴에 스킨 바르며 눈치 보는)내가 뭐 잘못한 거 있니?

지수 (못 들은 채 돌아보는)

은수 나 잘못한 거 있냐구.

지수 (드라이 끄고)그런 게 어딨어.

은수 그런데 왜 얼굴에 구겨져 있어.

지수 아 그냥 그래애애..으쌰으쌰 하다가 갑자기 맥이 쭉 빠지고 그래..

은수 ……

S# 헬스 주차장으로 나오는 자매

은수 그럴 거 없어..삶은 계속된다며……(멈추고)아 깔깔깔 웃으면서 년놈들 얼마나 어디까지 가나 두고 봐아…뭐 그것들은 날구장천 마르고 닳도록 미치게 사랑일줄 알아? 그런 게 어딨어 체/봄날 한때듯 사랑도 한 때야. 그냥 잠깐 피었다 지는 꽃같은 게 사랑이라는 착각이야..

지수 화영이보다 홍가가 더 나쁜 놈이고 진짜 나쁜 놈이야.

은수 ??

지수 화영이는 원래 불같은 애고 싱글이었잖아. 홍가가 날 지켜줬어야지..그 인간이 화영이랑 날 보호해줬어야지이..홍가만 헤가닥 안 돌았으면 화영이랑 내가 왜 이렇게 돼..

은수 년이랑 놈이 똑같지 뭘 누가 더 있어어..아니 너는 아직도 그 기집애한테 남아 있는 게 있는 거야?

지수 ……(딴 데 보는)

은수 응?

지수 그런 거 없어.

은수 그럼 무슨 소리야.

지수 죽어서 지옥으로 간다 그러드라…진심으로 홍가가 좋았나봐 …어쩐지 불쌍한 생각이

은수 야아!!!

지수 ?? 왜 그래.

은수 너 아직도 정신 못차리고

지수 (오버랩의 기분)정신 못차린 거 아냐 그냥 나를 뭘로 생각했냐 그랬더니 지가 살인을 하고 갇혀있어도 마지막까지 저를 안버릴 친구라 생각했대. 그러면서 지옥으로 간다 그러는데 가슴이 무너지면서 홍가가 더 나쁜 놈이다 그런 생각이 들었다구. 홍가만 정신 바짝 차렸으면

은수 얘가얘가 밤인지 낮인지 도통 몰라아아.. 왜 홍가만 정신차렸어야 해 그년은 정신 안차리고 뭐했다니 그년은 그래 마지막까지 지년 안 버려줄 친군줄 알면서 홍가 왜 꼬드겼대.

지수 맞어 둘이 똑같애..(움직이며)내가 잠깐 헷갈렸어.

은수 (따르면서)지옥? 지옥 두글자에 약해져서 헷갈렸어?

지수 그냥 지옥도 안돼 그것들은 (차 문 열며)무간지옥에 떨어질 것들이야.

은수 (운전석 옆문 열며)무간지옥 여든여덟번 돌고 돌 것들이다.

S# 화영의 거실 주방

화영 (사온 밑반찬들 작은 그릇에 옮겨 닮으며 맛보고/맛있는 것과 맛없는 것 골라내는 중이다)…(이미 옮겨 담은 통들 너댓 개)……

   [거실에서는 음악이 흐르고]

화영 (통들 냉장고에 수납하고 비운 용기들 슈퍼에서 담겨 온 용기로 확실하게 챙기세요. 한꺼번에 큰 비닐봉지에 처리/간단하게 손 씻고 핸드폰 들고 거실로 움직이는데)

   E 현관문 버튼 소리

화영 ??(현관으로 내닫고)

462

준표 (들어온다)

화영 (달려들어 껴안으며)전화하려던 참이었어.

준표 뭐했어.

화영 수퍼..

준표 (안은 채 움직이며 상의 벗으며)오늘은 하늘이 두쪽 나도 방 정리하고 일 시작해야지 너무 땡땡이 쳤어. 강의 준비 제대로 못하고 나가면 얼마나 진땀나는 줄 알아?(방으로)

화영 그래(옷 받으며)오늘은 방해 안할께..미안해. 오늘은 놔둬줄게.. 약속해

S# 침실

준표 (들어오며)먼지 뒤집어써야 하는데 티셔츠랑 바지 허름한 거 찾아 줘.

화영 허름한 거 없던데.. 찾아볼께...일단 벗어. 걸어 놓고 갖다 줄게...

준표 그래...(핸드폰 사이드에 놓고 와이셔츠 단추 풀다가 문득 낚아채듯 화영 안아 침대에 쓰러뜨리는)

화영 까르르르르 하늘이 두쪽 나도 뭐 한다며어어..이럼 또 못하잖 어.(밀어내며)힘빠져 못한다면서어어어

준표 (엉겨 붙는)

화영 하지 마.하지 마아아.. 일해...이래 놓고 또 내 핑계 댈라 그러지 아아. 하지 마아아아..우후후후후후(목덜미에 키스 당하면서).....

  E 준표 핸드폰 벨

화영 전화왔어..

준표 놔둬..

화영 받어어어

준표 (별수 없이 전화 집어 들고)네에….(몸 일으키며)학장님이?….. 어떻게 하시다가…

화영 ……

준표 그래‥응…‥그래 알었어…그래…(끊고)…‥

화영 뭐야?

준표 학장님 돌아가셨대‥

화영 ??

준표 심장수술 받으셨거든‥경과 좋다 그랬는데…

화영 가봐야겠네‥

준표 그럼…

화영 얼른 가 그럼‥

준표 …..(보는)

화영 왜‥

준표 …‥

화영 가기 싫어?(웃으며)

준표 지수 데리고 가야 해‥

화영 …‥(보는)

준표 사모님이 유난히 지수 챙기는 분이야‥ 일년에 서너차례는 꼭 몇 몇 부부동반 초대해 밥 먹이고

화영 알았어‥

준표 나 혼자 가는 건 예의가 아니야.

화영 아프다 그럼 되잖아…

준표 …‥(보며)

화영 됐어 갔다 와.

준표　이따 밤에 가면 돼..

화영　(침대 내려서며)짐 정리해 그럼..(나간다)

준표　(핸드폰 단축)

S# 백화점 에스컬레이터 올라가는데

　　　E 지수 핸드폰

지수　??(핸드폰 꺼내)네에……왜애?……그랬었어?……(은수?)

S# 화영 침실

준표　(서서)그래서 당신 같이 가줘야겠어서……그럼 당신 안가면 이상
　　하지…아니 이따 밤에..

S# 방 밖

화영　(서 있고)

준표　E 경민이 저녁 먹여 놓고 가자….내가 데리러 갈테니까 준비하
　　고 있어……일곱시 전에..여섯 시 반 쯤….그래..이따 봐…

화영　………

S# 에스컬레이터 끝나고 연결된 매장

은수　못가 주겠다 그러지이.

지수　왜 못가?

은수　뭐하러 줄레줄레 따라가 홍가 낯 세워줘.

지수　지가 정부에 지나지 않는다는 거 실감나겠지.. 언니 저거 이쁘
　　다..(먼저 서둘러 가는)

은수　….(보며)

S# 어둡기 시작한 마당

지수　(상복 차림으로 나오며)오래 안 걸려..두시간이면 너끈해..

경민　(따라 나오며)걱정마세요.

지수　너 유러닝 해애.

경민　알아요오

준표　(대문께서) 경비 걸고 있어라

경민　네에··

S#　대문 밖

준표　(문 열어 지수 타는 것 도와주고 운전대로)

S#　차 안

준표　(벨트 빼면서) 웬 거야··

지수　??

준표　브로치(제법 쓸 만한 것)

지수　언니한테 빌렸어·· 빽도··

준표　강사 마누라 너무 튄다.

지수　화영이 기집애보다 더 튀어?

준표　(그냥 출발하는)·····

S#　화영의 거실

화영　(책 보고 앉아 있다가)········(책 접어 탁자에 던지고 주방으로/ 포트에 물 넣어 스위치 누르고 서서)·······

S#　움직이는 차 안

준표　······뭐 하고 지내···

지수　?····왜 궁금해···

준표　경민이는

지수　잘하고 있어. 우리 둘 다 너무 잘 지내··

준표　(힐끗 보고 앞으로)

지수　시간이 너무 많아. 널널해·· 뭣때매 그렇게 종종거리며 살았나

466

했더니 그런 대접 받을 자격도 없는 사람 하나 떠받드느라 그랬더라구.. 아침 점심저녁 뭐해 먹이나 머리 썩일 필요도 없고 간식도 경민이만 챙겨도 되고 야채 값도 훨씬 덜 들어..

준표　.....

지수　시간 많으니까 책도 보게 되고 누구 싫어하는 유행가도 내 마음대로 들을 수 있고 참 나 운동 시작했어..언니 따라서....

준표　당신 언니가 대처를 잘못했어.

지수　??(돌아보는)

준표　그냥 놔뒀으면 이렇게까지 안돼..

지수　여보세요

준표　내가 원한 게 아니야

지수　좋으면 그냥 엎드려 남몰래 웃어..

준표　이십년 세월이 그렇게 간단하냐? 내가 넌지 니가 난지 분간이 안되게

지수　(오버랩의 기분)너라 소리 이제 하지 마. 듣기 싫어.

준표　여태 그러고 살았잖어

지수　지금 같이 안 살어. 당신은 당신 나는 나야. 이제 당신의 너가 아니란 말야...

준표　그래 알었어..

지수　........(돌아보며)얼마나 좋아?

준표　좋기는

지수　자식 마누라 팽개치고라도 한 번 해볼만하게 좋아?

준표　팽개친 적 없어. 올가미 씌우지 마.

지수　최소한 비겁하지는 말지.. 애초에 원인제공 누가 했는데

준표 내가했어 그래 내가. 그런데 화영이 끌어들인 거 누구야. 난 처
음부터 반대했던 사람이야. 친구면 친구였지 뭘 처형 원룸까지 내
주면서 그러느냐구. 시작은 거기부터야‥

지수 참 할 말이 없다.

준표 사실이잖아‥

지수 교수 맞어?

준표 ‥‥‥

지수 사람 진짜 여러 면이 있구나…이런 엉터린 줄 몰랐어…

준표 잠은 제대로 자니?

지수 ??(어이없고 가소로워)

준표 부쩍 늙어보여서 그래‥

지수 ???(부들부들 떨리는)‥‥차 세워 나 안가‥세워 세워(마치 뛰어내
릴 것처럼)

준표 (잡고)왜 이래 가만 있어어어

지수 (핸드백으로 머리통을 마구 갈겨버린다)‥‥‥

준표 …(맞아주고)

S# 은수의 주방…

은수 (남편 밥상 차리면서)샤워하는데 보니까 등짝하고 가슴이 붙었
어 자라다 만 애 같어‥얼마나 가슴이 찢어지는지…

달삼 원래 당신같은 글래머는 아니잖아‥

은수 더 말랐어 더…잘하다간 배배 돌아가겠더라…

달삼 겪어야지 어떡하겠니…맛있는 거 많이 멕여서 찌워. 찌우면 괜
찮을 거야‥

은수 (식탁 의자에 앉으며)어후우우우우

468

달삼 찌개 맛있다‥

은수 한번 더 가서 그냥 그 기집애 대가리 불싸질러 민대가리 만들 어 놓구 싶구먼‥

달삼 (풋/품을 뻔하고)

은수 나는 내가 지수 엄마같어 여보‥언니가 아니라 엄마같다구‥

달삼 당신 그 끔직한 거 알어‥

진주 (들어오면서)다녀 왔습니다아아

은수 왜 이렇게 늦어어

진주 뭐가 늦다 그래 엄만?

은수 어두워졌잖어.

지수 나처럼 일찍 다니는 애 있음 나와보라 그래‥엄만 진짜 심해애

달삼 늬 엄마 심한 거 이제 알았냐?

진주 아빠는 웬일이에요?(제 밥 뜨며)

달삼 사랑하는 늬엄마 상태가 요즘 별로잖냐‥ 내가 뭐 해줄 게 있어 야지‥

은수 여보 당신 팔 힘 좋지‥

달삼 왜‥

은수 돌멩이 들고 가 그년 빌라 유리창 박살 내주자‥

달삼 ??

진주 아으아으 엄만/(밥과 수저 들고 앉으며)

은수 너 올라가‥아빠랑 할 얘기 있어.

진주 밥 먹지 마?

S# 병원 영안실

　　[준표와 나란히 꽃 바치고 목례하는 지수…]

[상주들과 목례 나누고]

지수   사모님…

학장부인   (손 내밀며)미세스 홍…

지수   (포근히 마주 껴안으면서)어떻게 이렇게 갑자기

부인   미세스 홍 기다렸지…와줘서 고마워요··

준표   …(두 여자 보며)

S# 영안실 식당

준표   (다른 테이블에 동년배 교수들과 앉아 있으면서 아내 쪽 보는)

[걷어붙이고 손님들한테 음식이며 차 내고 있다/가벼운 목례로 더러 알은척해가면서/…많이 웃으면 안 됩니다/ 일하고 있는 지수의 모습]

S# 화영의 거실

화영   (앉아서 스트레칭하고 있는)·······(그러다가 탁자에 핸드폰 집어 시간 보는)

[핸드폰 시간 10시 반]

화영   (핸드폰 놓고 발코니로 나간다)

S# 발코니

화영   (나와 서서 바람 맞으며)·······

제11회

S# 영안실 앞(밤)

[연신 들어가는 조문객들.]

[준표 입구에서 조금 떨어진 곳에 서서 지수 나오기 기다리면서/더러 아는 조문객들과 악수하며 인사 나누는…그리고 돌아봐도 지수는 나오지 않는다.]

준표　……(조금 더 떨어져 나오며 핸드폰 꺼내 단축 누르는)

S# 화영의 욕실

화영　(거품 속에 들어앉아 와인 마시고 있는데)

　　　E 욕조 구석 비눗갑 위에서 울리는 핸드폰

화영　(보고 받는다)왜 안와? 밤샘 해?

준표　F 아냐 밤샘은 내일 할 거야.

화영　그런데 왜 이렇게 늦어.

준표　F 아직 손님이 별로 안 많아‥썰렁해서. 지금 출발해. 뭐해.

화영　할일 없어 욕조에 들어앉아 와인 마셔.

S# 영안실 밖

준표 (영안실 입구로 돌아서며)많이 마시지 마. 금방 갈게.

지수 (나와서 보고 있다)

준표 (지수 보고 조금 돌아서며)끊어..출발해..(끊고 지수 쪽으로)

지수 나 택시 탈까?

준표 택시를 왜 타..

지수 목 빠지게 기다리는 사람 있잖어.

준표 (주차장 쪽으로)얼른 와.(쓸데없는 소리 말고)

　　[같이 걸으며]

준표 왜 그렇게 오래 걸려.

지수 설겆이 하다 말고 그냥 나와? 그리구 사모님 간다고 인사드리
　　는데 붙잡고 안 놔주시는 걸 어떡해.

준표 당신 아니라도 일하는 사람 있는데 뭐얼 걷어부치고 달려 들
　　어서는

지수 빨리 안 온다구 뭐래?

준표 (힐끗 보고 그만두고)

지수 웃겨. 언제는 안 그랬어? 지금까지 내가 그렇게 해준 덕 안 본 사
　　람이야?

준표 오늘도 나 위해서 한 거야?

지수 아냐….일보고 어떻게 가만 있어.

S# 지상 주차장

　　[두 사람 와서]

준표 (자동차 리모컨 조작하며)경민이한테 늦어진다고 했어?

지수 언니 가 있을 거야..

준표 (차 문 열고 지수 타는 거 도와주려)

지수 (밀어내고 제가 탄다)

준표 (문 닫아주고 운전대로)

S# 지수의 거실

은수 (현관문으로 들어오는 달삼)

달삼 아버님 오셨어요?

용덕 뭐하러 와··(소파에서 은수와 맥주잔 놓고)

은수 (남편 따르며)아버지 와 계시다는데 당연히 와야죠 아부진··

달삼 그럼요 별고 없으시죠?

용덕 움.

은수 말 좀 제대로 해라. 이 이상 더 큰 별고가 어딨어.

달삼 어 참 그래···(앉으며)많이···언짢으시죠.

용덕 (그냥 한 모금 마시고)····

은수 꽤 마신 거 같은데 더 마실래?

달삼 맨입으루 어떻게 있어. 일단 잔은 갖구 와··

은수 누구랑 마셨어?

달삼 아 비즈니스지 뭐. 건설 사람들··

은수 (잔 챙기면서)벽지 대리점 안하신대·· 지수랑 그거 차려 시작하면 홍서방하구 지수 정말 갈라지게 만드는 거 아니냐구. 당신 생각이랑 같으시네?

달삼 내 뭐랬어··그렇다니까아··지금 그런 거 하면 홍서방이랑 처제 관계 영 망치는 거라니까 저 사람은

은수 (잔 들고 오면서)지수가 그러니까아···누구는 이대로 정말 끝장이기 바래?

달삼 너무 심려 마세요 아버님. 처제도 홍서방한테 아예 미련이 없는

건 아니고요 아 그러니까 호적정리는 안한다잖어요. 미련없으면 그걸 왜 안해요‥안 그렇습니까?

은수 (남편 잔에 맥주 따르면서)두 것들 애 멕일라구 그런대.

달삼 글쎄 그건 핑계라니까‥ 처제가 그런 앙심 품을 사람이나 되냐? 당신이라면 모르지만.

은수 나같으면 그것들 사진 판넬로 만들어 학교에 방 붙이고 인터넷에 쫙 다 뿌리고 총장 앞으로 학회로 동창회로 고발장 보내고 못할 짓이 어딨어 이 판국에.

달삼 (아내 보는)

은수 왜.

달삼 우리 아버지 공부해라공부해라 할 때 공부 안하구 엉터리 대학 엉터리로 다니면서 보일러쟁이 되기 천만 다행이다. 신문에 이름 내 놓고 칼럼쓰는 교수 아닌 게 엉?

은수 운텼지이이‥

달삼 넉넉잡아 반년이면 김 빠지기 시작해요 아버님. 우리가 다같이 합심해서 움직이면 홍서방이랑 처제 다시 합칠 수 있어요‥미련은 홍서방도 있구요 아 홍서방은 얼결에 쫓겨난 거에요. 나가고 싶어 나간 게 아니거든요‥

용덕 (맥주잔 집어 마시는)‥‥‥

　　　E 집전화 울린다

은수 (전화번호 뜬 것 보고)응 누구니

경수 E 나에요 큰누나. 누나도 거기 가 있어요?

은수 그래‥너 들어갔어?

S# 경수의 방

474

경수 (서서 넥타이 풀며)방금요..선화가 옷 벗지 말고 아버지 모시러 갔다오라 그래서요..저녁을 아직 못 먹어서 잠깐 먹고 출발할려구요..

S# 지수 거실

은수 경수 아버지 모시러 온다 그러는데요

달삼 아 뭘 그래애..내가 택시로 모셔다 드리고 옴 돼. 그냥 있으라 그래.

은수 얘(하는데)

용덕 (오버랩의 기분)안간다 그래..

은수 ??

달삼 ??

용덕 여기서 잔다구.

은수 그러실래요?

용덕 ....

은수 얘 아버지 안가신댄다

S# 경수의 방

경수 ??왜요...네...예..예 알았어요..(끊고 옷 벗는 작업으로)밥 줘.

선화 밥 먹고 가도 돼?

경수 안 오신대.

선화 왜애?

경수 내가 아냐?

선화 ....(보는)

경수 뭐 또 다른 일 생긴 거 아냐? 아버지 나갈 실 때 기색이 어떠셨는데..

선화　밤에 어린 애 혼자 있게 됐다구 좀 언짢아하시면서….

경수　중학생이 어리기는

선화　집이 크잖어..

경수　밥 안줘?

선화　어 주께..(들고 있던 옷 적당히 놓고 나가는데)

경수　어디 갔다는데

선화　??고모부랑 같이 초상집 가셨다나봐

경수　?? 헤어진 사람들이 초상집은 왜 같이 가..지금 무슨 쇼들을 하는 거야..

S# 움직이고 있는 준표 자동차 안

　　　[둘 다 말없이………]

준표　믿기가 어려워.

지수　??(돌아보는)….

준표　당신 성격에….다른 여자들 몇배는 힘들게 할 거라고는 생각했지만….이런 식은 상상도 못했어…

지수　…….(보며)

준표　이렇게 나를 주저없이 내칠 걸로는……

지수　…..(보며)

준표　당신 식이 아니야…..당신은….뭐 잘 못 버리는 사람이잖어….하다 못해 이빠진 접시도 아까와서 화분 받침같은 걸로 재활용하는 사람이…..

지수　당신은 화분 받침으로 쓸 수도 없잖아.(고개 앞으로)

준표　…..

지수　…..

476

준표   ·····그렇게 조금도····· 아까운 게 없냐?

지수   (돌아본다)

준표   세월이 있는데···나쁘지도 않았는데····

지수   (고개 앞으로)누구는 아까운 것 없이 몽땅 다 버렸는데 왜 나 혼자 껴안고 있어야 해··

준표   ·····꼭·····밖에 딴 남자 만들어 놓고 기다리고 있다가 얼씨구나 하는 것처럼.

지수   ??(입 벌리고 돌아보는)·······

준표   신기해··

지수   그렇게 말하는 사람이 정말 신기하다···(하고 고개 앞으로)

준표   ·····(운전하며)

지수   바지 가랑이 붙잡고 안 늘어져 자존심 상해?

준표   당신이 하고 살아왔던 거 하고 너무 달라서 하는 말이야······

지수   (앞 보는 채)바본 줄 알았는데···(그렇지)

준표   당신 질기잖아···

지수   (돌아보며)??

준표   다른 말로 하면 참을성이 많고··

지수   미련하고 눈치없고.(보며)그래서 싫증났다면서··

준표   지루한 데가 있었던 건 사실이야

지수   그래서 그렇게 안 살라고. 그래서 삼빡할라고오·· 더 할말 있어?

S# 달리는 차

S# 차 안

준표   도도도도도도도 한 음만 두드리는 거 같기는 했어··

지수   ??(보며)

준표　다 아는 소리/수천 번 듣는 거처럼……지루하잖어.

지수　당신은 뭐 생전 처음 듣는 오케스트라였는 줄 알어? 기막혀…
　　지루해? 당신이 얼마나 졸린 사람인 줄은 모르지 그렇지··

준표　??(돌아보는/졸려?)

지수　얼마나 따분한 사람인데··사진하고 공부 밖에는 도대체 취미
　　라고는 없는 사람이···· 날마다 밤낮 무덤더어엄··감탄도 감동도 없
　　이 그저 덤더어어엄··영화도 귀찮고 그림도 알게 뭐냐고.

준표　유행가 듣는 취미도 취미냐?

지수　???

준표　그림/ 뭐 알어서 보러 다녀?

지수　다 들쳐본 그림책 같기는 피차 마찬가지야·· 부부라는 게 십
　　년 넘게 살다보면 그런 거지··뭐··어떻게 새록새록 새 레파토리 만
　　들어 신선하게 만들어 주니. 금년에는 발리 댄스 배워 배꼽춤 보여
　　주고 내년에는 탭댄스 배워 보여줘? 누구는 그랬어?

준표　그만 두자··

지수　먼저 시작했어··

준표　어떻게 살려고 그래··

지수　아직 살아 있어··앞으로도 살아 있을 거고····

준표　정말·····절대로····넘어갈 수 없는 일이었니?

지수　거꾸로 내가 바람 났다면 어떨 거 같아··

준표　·······

지수　왜 대답 못해.

준표　말이 되는 소릴 해./

지수　뭐가 말이 안돼. 당신 나는 바람나면 안돼? 누가 그래··이럴 줄 알

478

었으면 내가 먼저 바람 났어. 그렇게 못한 게 천추에 한이야..

준표 (픽 웃어버린다)

지수 ?? 웃어? 웃었어?

준표 벌써 잤다면서.. 당신 안 그랬어?

지수 (약 올라 쏘아보는)......

S# 골목으로 들어와 대문 앞에 멎는 자동차..

준표 (내려서 문 열어주려 하는데)

지수 (벌써 내려서 대문으로)

준표 ....(보는)

지수 (들어가 뒤도 안 돌아보고 움직이고)

준표 ......(보다가 자동차로)

S# 자동차 안

준표 (올라서 앞 보고 잠시 있다가 출발)

S# 나가는 자동차

S# 거실

  E 현관문 여는 신호음.

은수 지수니?

지수 E 으응 (들어오며) 왜 진주 보내라니까..

지수 .....(현관에 신발 보고 고개 든다) 아버지 웬일이세요.

은수 전화하셨다가 경민이 혼자 있다 그래서 오셨대.. 나보다 먼저 와
  계시더라..

지수 ...(할 말이 없어 소지품 적당히 놓고 움직이며) 목 말라./..

은수 그 인간하구 있는 게 뭐 좋아서 이렇게 늦어..

달삼 ?? 여보.

은수   (남편 보면)

달삼   (그런 말하면 어떡해 인상 쓰고)

은수   아니이 초상집 인사만 하고 오면 되는 건데/(하다가 얼른)어디 들려 얘기하다 온 거야?

지수   손님 대접하는 일 좀 거들고 그러다 보니 늦었어..

은수   거기 가서도 봉사했어?

지수   늦었어요 아버지 그만 가세요. 형부 아버지

은수   아버지 여기서 주무신댄다.. 서재에 이부자리 깔아 놨어..

지수   ??(언니 보는데)

용덕   (일어나며)어이들 가 자.. 졸리다..

은수   네에..

달삼   (아버지와 함께 일어나서)그럼 주무세요..

용덕   ....(그냥 서재로 들어가고)....

지수   언니가 무슨 …뭐라구 했어?

은수   휑한 집에 애랑 둘이 있는 게 나두 신경이 쓰이는데 야 아버지가 안 그러시겠니? 잠이 안 오신대.. 경민이 니 방에다 재웠어..

지수   .....

은수   데려다 주구 갔어?

지수   (끄덕이고)

달삼   아 그거야 당연하지 뭘 물어어어..

은수   앞자리에 탔어?

지수   응..

달삼   당연한 거 또 묻네.. 남편 운전시키고 뒷자리 앉는 와이프 봤어? 처제 피곤해. 갑시다 가자구..

480

은수   문상객들 많이 왔대?

지수   많어..

은수   아는 사람 만나구?

지수   그러엄.

은수   홍서방

달삼   아 가자니까아..

은수   알었어 어이구 재촉은…(숄 집어 들며)운동 몇 시에 갈래.

지수   일어나 전화하께..

은수   (부부 움직이며)아버지 즈이들 가요오오..

용덕   E 어이 가..

달삼   아침 즈이 집에 오셔 드세요 아버님. 어 처제 처제도 우리 집에 와
       먹어 엉?

지수   여기서 드시게 하께요 형부..

달삼   그러지 말구 모시구 와아.. 다같이 모여 먹자구우.

은수   그래 그러든지..

지수   여쭤보구…

용덕   E 그냥 여기서 먹어 신경쓰지 마아..

달삼   아 그러지 마시구

은수   (말리고)

달삼   예 그럼 그렇게 하세요 아버님..

       [둘 나가면서 적당히 인사…]

지수   (현관문 닫고 주방으로/ 쟁반 들고 탁자로/ 어질러진 것 쟁반에)……

용덕   E 애미야..

지수   네 아버지..

용덕　(나와 서서)물 한 컵 줘..

지수　네.....(서둘러 쟁반 싱크대에 옮겨놓고 물 한 컵 만들어 뚜껑 덮어 작
　　　은 쟁반에/아버지에게)설겆이하고 떠다 드릴려고 했는데…

용덕　떠갖구 들어간다는 게 깜박했어..이리 주구 어이 들어가 쉬어
　　　(쟁반 받아들고 들어간다)

지수　.....(보면서).....(아프다)…(다시 움직여 싱크대로/ 씻을 것들 싱크대
　　　안에 넣으며)

S# 빌라 주차장/차에서 내려 승강기 쪽으로 가는 준표

S# 빌라 거실

화영　(서성거리고 있다)……(한 손에 보던 책 늘어뜨리고)

　　　E 발소리와 거의 동시에 전자 키 소리

화영　(돌아본다)

준표　(들어온다)…

화영　(돌아선다/현관 쪽으로)

준표　늦었어. 미안해.

화영　(좀 올라서)안 늦을 거라드니. 두 시간이면 뒤집어 쓸 거라더니
　　　여섯시 십오분에 나가서 열한 시야. 나 현관 앞에 앉아 목 빼고 주인
　　　들어오기 기다리는 당신 애완견이야?

준표　??

화영　(좀 웃으며)이렇게 성질 피고 싶은데 안할래..(책 탁자에 놓고 주
　　　방으로 움직이며)지수는 이런 때 어떻게 해? 걔는 성질 안피지.

준표　(상의 벗으며)금방 올려고 했는데 그럴 수가 없더라구. 사모님이
　　　지수를 유난히 챙기시는 분이라 지수 붙잡고 얘기하시느라 안 놓아
　　　주고

화영 (맥주 두 병 꺼내는 위에)

준표 E 마침 저녁 때라 조문객들 저녁이며 차며 내는데 손발 안맞어 어지럽더라구 그거보고 지수가 구경만 할 사람이야?

화영 (맥주병 비틀어 여는)은근히 칭찬이야.. 별로 기분 그러네

준표 거의 다 학교 사람들인데 거기서 그만 가자구 데리고 나올 수도 없고 그러다 보니 그렇게 됐어..

화영 안 마셔?

준표 줘..

화영 (와서 맥주 하나 건네면서)그래서 감쪽같이 아무 이상없는 보기 좋은 부부 모습 보여주고 왔다구?

준표 (잠깐 보고 마신다)

화영 집까지 데려다 주고?

준표 움

화영 나는 양평에서 혼자 택시 타고 왔어.

준표 상황이 다르잖어.

화영 차 타고 왕복하면서 무슨 얘기들 했어?

준표 .....(보며)

화영 말 못하는 사람들처럼 입 딱 붙이고 있었어?

준표 그런 걸 왜 물어.

화영 무슨 얘기든 했을 거 아냐..궁금해..

준표 운동 시작했다드군..처형이랑 같이...

화영 운동해서 지수가 직접 나 패준대?

준표 벼얼(마시는)

화영 지수 울었어?

준표   울기는커녕……까칠해.

화영   어때?

준표   ……뭐가‥

화영   지수 보는 기분이‥

준표   ……(가만히 보는)

화영   그래 그만하자. 그만할게…<u>으흐흐흐흐</u> (허리 안으며)들어가

준표   씻을게‥

화영   씻지 마. 그냥 자‥

준표   향 냄새 뱄을 거야 씻고 싶어.(안고 방으로)

S# 침실

[들어오며]

화영   (마주 서며)나는 향냄새 안 싫어….

준표   ……(보며)

화영   (가볍게 밀어내며)씻어…삼분 줄게‥

준표   (좀 웃으며 맥주병 주고 바지 벗어 침대에 놓으며)속옷 줘야지

화영   어 잠깐‥(나가면서)들어가 /갖다 줄게‥

준표   ……(나가는 화영 보며)

S# 지수 주방 거실

지수   (마지막 처리/행주 빨아서 말리려고 걸고 손 한번 행구어 걸려 있는 수건에 닦고 돌아서 움직이다가 문득/ 가족사진이 있는 곳으로 돌아선다)……

[가족사진들……]

지수   (다가가서 사진틀 하나 집어서 보다가 아래 장문 열고 집어넣고 나머지도 차례로 집어넣는다/ 자신이 빠지고 경민과 준표 둘이 찍은 것이 있

으면 그것만 하나 남겨두시고)……(침실로 움직여 전체 등 끄고 침실로 일단 들어갔다가 다시 나와 전체 등 다시 켜고 현관 쪽으로 가 경비 건다)

E 재택 경비가 시작되었습니다‥

지수 (다시 전체 등 끄고 침실로)

S# 침실

지수 (들어와 침대로/한쪽 사이드 등은 꺼놓고 지수 자리만 켜 있는/ 전체 등은 꺼져 있고)…(경민 머리 쪽으로 다가가서)……(내려다보다가 머리 가만히 만지는)……

경민 (돌아눕는)

지수 엄마 들어왔어…….

경민 ……

지수 ……(머리 붙이는)…‥

F.O

S# 골목(아침)

[지수의 차가 들어와서 멎고 지수 내린다]

S# 마당

지수 (들어오다 보면)

용덕 (마당 치우고 있다)…

지수 뭐하세요‥

용덕 할 거 없어‥(쓸어 모은 마른 잔디 부스러기나 그런 것들 쓰레기통에)

지수 내버려 두세요. 아버진 뭐하러‥

용덕 잔디 나오는 것 좀 봐…언제 쓸어줬는지 모르겠어‥

지수 제가 하면 돼요…들어오세요 얼른(들어가고)

용덕 (쓸어 담는데)

달삼 E 아버님 (차 와서 멎고 내린/담 밖에서)저 출근합니다아

용덕 어어(돌아보며)

달삼 잘 주무셨어요?

용덕 잤어 간만에 잘 잤어..

달삼 하하 예에..집 사람 대충 치우고 온댔어요..

용덕 뭐얼 나두 나가봐야지..

달삼 천천히 나가두 되신다면서요.

용덕 그래 어이 나가봐..

S# 거실

지수 (겉옷 벗으면서 스피커폰)경민이 데려다 주고 왔어..

은수 F 아버진

지수 마당 쓸고 계셔.

S# 은수 주방

은수 (진주와 설거지 중)얘/(스피커폰)우리 아버지 모시고 어디 바람 쐬
　　　러 나갈까?

지수 F 싫어.

은수 왜 싫어어어..아버지 오늘 꼭 안나가셔두 되는 거 같던데에에..

지수 F 움직이기 싫어..

은수 너 아버지 속이 속이 아니게 썩여드리면서 그것도 못해? 효도하
　　　는 셈 치고

지수 F 언니는 내가 무슨 의욕이 있을 거라고 그래애..효도 나중에 기
　　　운 생기면 할게. 끊어..(끊어지는)

은수 (스피커폰 끊으면서)그래애애 이해 못하는 바 아니다..

진주　남자들은 도대체 왜 그러는 거야‥

은수　나도 죽기 전까지 꼭 알고 싶다…

진주　이모부까지 그럴 줄은 지인짜 몰랐다‥ 우리 이모부같은 남자
　　　도 있다 그래서 한 줄기 희망은 갖구 있었는데 이제 암흑이야. 희망
　　　없어.

은수　암흑일 거 까지는 없어. 그럼에도 불구하고 평생 자기 와이프 한
　　　사람으로 끝내는 남자도 있으니까‥

진주　남자는 그 문제에는 자존심이 없나봐 엄마.

은수　??

진주　자존심이 있으면 엄마 어떻게 와이프한테 사기치면서 숨어서 그
　　　런 짓을 해애…

은수　내 말이이이

진주　자기 존중감이 있으면 약속은 죽어도 지켜야잖아‥어디 까페에
　　　서 몇시에 만나자는 약속도 아니고 건강할 때나 병들었을 때나 죽
　　　음이 갈라놓을 때까지 어쩌고 저쩌고 사람들 있는 대로 불러 놓고
　　　축하받으며 한 결혼서약인데에‥

은수　내 말이이이이

준구　(나갈 채비로 들어오며)엄마 저 오늘 하루 아프면 안돼요?

은수　안 돼.

준구　아후우 정말 힘들어 죽겠어요‥

은수　꾀부리지 말구 얼른 가아아?‥

준구　그냥 아무 대학이나 대충 가면 안돼요?

은수　아무 대학이나 대충도 못가서 재수하는 거잖아!! 여기서 또 게
　　　름피다 결국 늬 아빠 보일러 대학 가구 싶어 그래?

준구   아빠도 대충 대학 나오셨잖아요오

은수   그래도 암튼 4년제 대학 졸업장은 받았잖어.. 늬 아빠 대학은 졸업장 없단 말야.

준구   아빠처럼 돈만 잘 벌면 되잖아요.

은수   말시킬래? 말 시킬 거야? (뭔가 집어 들며)

준구   (꽁무니 빼 나가면서)아으으으으 내 청춘 진짜 엿같다아아아으으으

은수   누가 공부 안하고 딴전 피래?

준구   E 다녀오겠습니다아아아(맥 빠져나가면서).....

은수   어으/ 어으으으/ 저거 희망이 있는 거니 없는 거니.

진주   별로.

은수   ??

진주   별로 없어.

은수   너는 어떻게 니 동생 얘기를 그렇게 싹수없이 해애.

진주   그럼 없는 걸 있다 그래?

S# 지수의 거실

지수   (찻잔 들고)....(찻잔 내려다보며)

용덕   ...(보며)너한테는 안 그런 척 하는데....마음이 너무 안 좋대... 니가 걱정이 돼서 죽겠대...

지수   걱정할 필요 없는데..(쓴웃음)

용덕   어린 게 즈 애비 대신 니가... 지 책임인 거 같은 생각이 든대..

지수   ??

용덕   저는 아직 너무 어린데.......어떻게 해야할지를 모르겠대..

지수   지가 왜 걱정이야...내가 절 책임져야지 왜 지가 날 책임져어...

488

용덕 근석 어깨 처진 거 봐?

지수 ....

용덕 안 보여?

지수 보이지 왜 안보여요..

용덕 너 하고 싶은대로 한 결과야...

지수 ......

용덕 ......곰곰히 생각해봐... 그런 결론 내면서 자식 생각 ...골똘히 했었는지......

지수 ......(보는) 잘못했다 안 그러셨잖어요..

용덕 혼자 일 다 저질러 논 걸 잘못했다 그럼 뭐해...

지수 .....(보며)

용덕 (찻잔 들어 마시는).....

지수 저는요 아버지......홍서방도 아버지 같을 줄 알고 살었어요...

용덕 (보는).....

지수 (침 꼴칵 넘기고)아버지 힘 드셨죠..

용덕 (안 보면서)늬들 밥 먹이고 뜨듯한 방에서 재우는 거 밖에는 아무 생각 없었어...

지수 .....(보며)

용덕 그거까지 제대로 못하면.....늬 엄마한테 정말....죄인이잖어....돈 없어...그 나이에 그렇게 보냈는데.....

지수 ......(보며)

용덕 그래두...니 언니가....허서방 만나서....크게 힘이 돼줬지....고마워 죽겠어.....잊으면 안돼..너두 경수두 허서방 아니었으면 공부 못 마쳤어...

지수   알어요‥알지 왜 몰라요…

용덕   (무겁게 일어난다)‥‥

지수   (따라 일어나며)언니 올텐데‥‥

용덕   (그냥 나간다)

S# 마당

[앞선 아버지 따라 나오는 지수…]

용덕   (딸 다가올 때까지 기다리다가)허전하면 전화해…내 와서 자께‥

지수   괜찮아요‥

[대문으로]

S# 대문 밖‥

용덕   (나오면서)애미야…

지수   ??…

용덕   한 마디만 더 하고 가께…

지수   ‥‥네…

용덕   니 나이 육십 칠십이라 한번 생각해 봐‥‥

지수   ‥‥‥

용덕   그 나이되면 그깐 일 대수 아니야‥‥별 거 아니라구‥

지수   (보며)‥‥‥

용덕   그때두 별걸 거 같어?

지수   어떻게‥‥‥ 별거가 아니에요 아버지‥‥그럴 거 같지 않어요

용덕   (끄덕이며)…그래‥‥‥가‥‥

지수   네…

용덕   (골목 걸어 나가는)‥‥‥‥(돌아보며)들어가‥‥

지수   네에…

S# 지수 거실

　E 애절한 대중가요 나오고 있고

지수　(침울하게 설거지 하고 있는데 뚜르르르 떨어지는 눈물/ 싱크대에

　　마른행주 집어서 눈물 닦는다)····

S# 화영의 주방

　[아침 먹고 있는 두 사람.]

준표　(김치 집어 먹는데 신통치 않다)

화영　····(눈치 보는)맛 없지··

준표　??··(그냥 좀 웃고/ 다른 반찬)······왜 이렇게 달어··

화영　글쎄 말야··다들 너무 달더라··

준표　달아야 할게 달어야지····김치 못 담어?

화영　해본 적 없어··

준표　사는 반찬이 그렇대··

화영　지수한테 우리 반찬 좀 맡아 달라면 어떨까··

준표　??

화영　우후후후후

준표　사람 참···

화영　점심 나가서 먹어··

준표　책 봐야 해·· 시간 부서져··일손 놓은지 한참이야 계속해야지

화영　그럼 배달 시키자··

준표　그냥 밥 먹어.

화영　자신 없어··

준표　여섯시에 저녁 먹자.먹고 밤샘하러 가게

화영　나가서 먹을 거 사오께.

준표   사다 먹는 거 별로야.

화영   할줄 아는 거 스파게티랑 라면 밖에 없단 말야..

준표   그래 그럼.. 점심은 스파게티 먹고 저녁은

화영   순두부 시켜 먹어..

준표   .....(보며)

화영   이제부터 배우께 당분간은 좀 봐줘 엉?

준표   알았어..(하고 먹는).....

화영   ....(보는)지수 생각하지.

준표   ?? 애같이..

화영   갠 주부가 십년 넘었어. 난 주부로 산 적 없어/ 너무 당연한 거
      아냐?

준표   누가 뭐래?

화영   비교하지 말란 말야.

준표   비교 안해..누가 비교한다 그래.

화영   비교오/얼굴에 써 있어.

준표   괜한 자격지심 가질 거 없어..사람마다 잘하는 게 다 각각인데
      뭘 그래…

화영   (뿌우 보는)나는 뭘 잘하는데..

준표   사람 혼 빼는 거..

화영   으흐…으흐흐흐흐흐

S# 거실

지수   (긴 소파에 누워서 두 다리 세우고 한 팔 이마에)세상은 봄인데 나
      는 가을이야..

은수   니가 가을이라 나두 가을이다..(차 만들면서)

492

지수 사랑이 받고 싶어…내가 하는 사랑이 아니라 받는 사랑…

은수 ….(돌아보는)

지수 누군가가 나를 …나를

은수 그윽한 눈길로 바라봐 주고

지수 응

은수 포근하게 안아주고

지수 안아주고….

은수 너 없인 못산다 그래주고

지수 (쓰게 웃으며 일어나 앉는)어떻게 그리 잘 알어..

은수 내가 모르는 게 어딨니..(찻물 따르는)

지수 그 인간한테 복수하는 길은 그 인간보다 더 잘난 남자 만나서

은수 그것두 너댓 살 연하 헌칠한 몸짱 얼짱

지수 박사 학위 세 개쯤 갖고 있고

은수 집안도 홍가네가 찍 싸게 좋고/너는 너다대 사업가로 대성공 해서 빵빵 잘 나가고(소파로 움직이며)

지수 드라마에서나 있는 일이야.

은수 알게 뭐니..드라마보다 더 극적인 일이 얼마나 많은데…(찻잔 내놓는)

지수 사랑이 하고 싶어..내가 하는 사랑이 아니라 받는 사랑…

은수 (앉으며)다시 합치는 것도 생각해 봐.

지수 …(보는)

은수 아버지도 우리 바람돌이두 나두..그럴 수 있으면 그게 최선이 다 합의 봤어. 그리구 그럴려면 길게 끌지 말고 빠른 시일 안에 바로 잡는 게 좋고

지수 언니

은수 중간 역할이야 허서방 있잖어‥홍가한테 전혀 일퍼센트도 여지가 없는 거라면 모르지만 허서방 판단으로는 홍서방 얼결에 나간 거래‥니가 들어오라면 한 달음에 들어올 거래‥

지수 누구도 나만큼 몰라‥‥이미 강 건너 갔어

은수 니 마음이 첫째야. 니가 그럴 생각이 있으면 우리가 홍가 보쌈을 해서라두

지수 뭐가 아쉬워 그래‥

은수 안 아쉬워?

지수 언니는 언니 친구랑 그런 남자 도로 끌어들여 한 이불 덮고 자고 싶어?

은수 ‥(보며)

지수 내 친구였어‥

은수 싫다구?

지수 끝났어 두 번 다시 묻지 마. 지구가 깨져서 남자가 멸종하고 단 하나 남은 게 홍준표래도 마저 죽여 묻어버리고 혼자 살지 싫어‥ 정말 싫어.

은수 그럼 너 위자료 다시 챙겨‥

지수 줘야 받는 거지 내가 달란다고 돼?

은수 통장 도장 몽땅 다 넘겨줬지

지수 그럼‥

은수 그년 빌라 홍서방이 얻어준 거야‥

지수 ???

은수 너는 등신중에도 상등신이야

494

지수 그걸 왜 이제 얘기해? 진작 얘기했어야지이이.

은수 설마 니가 이렇게 해치울 줄 알았니? 그거까지 알면 너 진짜 피 토할까봐 그랬는데 너 멍청하게 월 이백 받고 끝냈잖아.

지수 ······(세에상에)····그 기집애 이름으로 해줬어?

은수 확인한바 없으나 무슨 상관이야·· 사내 놈 새살림 차리면서 들 이민 건 당연히 망할년 몫인게 상식이야 너.

지수 무슨 돈이 있어서. 다 묶어 놓고 주식도 고대루던데··

은수 주식 잡혀 빌렸거나 묶어논 거 잡혀 빌렸거나

지수 이 인간 진짜 미쳤구나 완전히 돌았어어

은수 사내나 기집이나 바람들어 돌면 못 말린다니까아?

지수 세상에···세상에 삼천만원도 아니고

은수 위자료 다시 챙겨··정말 안 살고 말 거면··

지수 ········(있다가 순간 후닥닥 전화 집어 든다)

S# 화영의 거실

　　[거실 탁자에서 울리는 전화벨]

준표 (서재 문 열고 나오려는데)

화영 (세탁물 들고 침실에서 나온다)

준표 줘. (전화)

화영 (전화 들고 보고)당신 전천데?

준표 (나온다)

화영 (받는다)왜 또 찾니.

지수 F 바꿔.

화영 애 그렇게 명령쪼로 그러면

지수 F 빨리 바꿔 이 기집애야!

화영 욕 좀 하지 말고 대화하자. 늬 언니 닮지 마 그거 좋은 거 아냐

아(하는데)

준표 (전화 빼내)무슨 일이야.

지수 F 지금 당장 집으로 와‥

준표 전화로 하면 안돼?

지수 F 오기 싫어? 내가 가래? 형편없는 인간. 당장 안 올 거야? 내가 가?

준표 ??알았어 가께‥

　　　[끊어지는]

준표 (전화 접고 화영 돌아보는)

화영 ???

준표 잠깐 갔다 오께‥

화영 경민이 편도선 또 탈났대?

준표 아냐 (안방으로)

화영 (세탁물 아무렇게나 처리하고 안방으로)

S# 안방

준표 (가벼운 상의 꺼내 입는다)

화영 무슨 일인지 물어도 안 보고 부르면 덮어놓고 달려가?

준표 안가면 지가 온대… 오는 거 보다는 내가 가는 게 낫잖어.

화영 난 걔가 오는 게 난데‥

준표 (그냥 휭 나가는)

화영 그만 좀 불러대라 그래!

S# 은수 거실

　　　[들어오는 은수‥]

가정부 (청소하다가)사장님 전화하셨는데요‥전활 왜 안 갖구 가셨

어요‥

은수 잊어먹었어요(하고 탁자 위의 핸드폰 들고 침실로 들어가며 단축)
‥어 왜‥‥아 잊어먹었었어‥‥어디는 지수한테 갔다 오는 길야‥‥응
‥‥근데 여보 나 지수한테 그년 빌라 홍가가 얻어준 거란 얘기했어.
그래 놓고는 잘한 건지 잘못한 건지 헷갈려 머리가 아플라 그러
네‥‥(그 얘길하면 어떡해애)‥‥아 지수 영 틀렸어어 가망없더라구 그
래서 말해 버렸어뭐‥ 위자료나 제대로 챙기라구‥‥‥아 나참 할 거
없어‥죽어도 싫대‥‥응‥응‥‥‥ 용평은 왜 가.

S# 움직이는 차 안

달삼 왜가겠냐 당신 좋아하는 돈 벌러 가는 거지 친구녀석이 용평
에 빌라 단지 공사 하나 물어다 준대서 거기서 빌라 업자랑 미팅 하
기로 했어‥엉‥아 저녁에는 또 술 퍼야겠어‥‥아 다 돈이야 돈돈‥
누구는 먹고 싶어 먹는 술이냐? 여보 사랑해‥

S# 골목을 들어오는 준표의 자동차‥

S# 지수의 거실

지수 ‥‥(소파에 오도카니 앉아서)‥‥‥‥

S# 마당으로 들어서고 있는 준표

S# 거실의 지수‥‥

　　E 현관 전자 신호음

지수 (일어나 서는/현관으로 향해 고개 돌아가는)‥‥

준표 (들어오며 본다)‥‥‥

지수 ‥‥‥

준표 (올라서 지수 쪽으로)왜‥

지수 ‥‥‥(보며)

준표 ……사람을 불렀으면 말을 해··뭐야 꼭 당장이라도 무슨 일 낼 사람처럼 불러 놓고는

지수 ……(보며)

준표 (좀 더 움직여 의자에 앉으며)빨리 해··작업하다 왔어··

지수 (선 채 내려다보며)그 빌라 당신이 얻은 거라며

준표 ??(올려다보는)

지수 맞어?……맞는 거야?

준표 ……

지수 (주먹으로 머리통을 후려갈긴다)

준표 (얻어맞고 보며)이 사람이(발끈)

지수 (푹 앉으며)이 사람이 왜 뭐··(침착하다/ 떨리기는 해도)

준표 그런 건 안 닮아도 돼. 말로 해!!

지수 그렇게 좋았니? 그렇게 미치게 좋았어? 여편네 모르게 집까지 만들어줄 만큼??

준표 그래 그렇게 좋더라··그렇게 좋아서 해 줬어··뭐 할 말 더 있어?? 이제 상관없잖아. 그거 추궁할 자격 당신 스스로 팽개쳤잖아! 서류 정리만 안했다 뿐이지 남남인데 왜 이래·· 어디다 겁도 없이 주먹질야. 내가 그렇게 우스워?

지수 그래 우습다··겁도 없이? 하/ 뭐야 당신이 뭔데. 당신 별 거 아냐·· 대학교수? 박사? 형··

준표 욧점이 뭐고 용건이 뭐야·· 그래 빌라 내가 얻었어 당신이 번 당신 돈이야? 그래서 뭐가 어떻다는 거야··

지수 ……(어이없어 보는)

준표 그래서어!!

지수 돈 어디서 나서. 통장에선 안 뺐던데‥

준표 어머니한테 빌렸다 왜.

지수 위자료 얘기 다시 해.

준표 결국은 돈이냐? 뭘 다시 할 게 있어. 달라는대로 줬는데.

지수 묶어논 통장 내놔.

준표 ??? 당신이 뭐얼 했는데 무슨 자격으로 그걸 내노래.

지수 정부도 몇 달만에 그만큼 받았는데 자식낳고 십년 넘게 산 내가 왜 못받아

준표 이거 봐…그건 우리 집에서 받은 내 주식 배당금 모은 거야. 그 걸 왜 당신이 가져…아니 와이프도 아니면서 무슨 트집이야… 당신 이제 자격 없어어어 같이 살 때라면 권리 있어‥ 당신 자신이 그 권리 내동댕이쳤잖아아아

지수 ‥‥‥

준표 (일어나며)니 언니가 실수했다‥나 내 쫓기 전에 이혼합의 전에 그거부터 챙기게 하지 타이밍을 놓쳤다 애석하게스리.

지수 할 수 없구나‥‥‥

준표 ???……

지수 옷갈아 입고 나올테니까 아버님어머님께 갑시다‥

준표 ??

지수 (움직이면서)있는대로 말씀드리고 깨끗하게 정리하자구…

준표 (황급히 잡는다/한 팔)

지수 ???

준표 협박하니?

지수 ‥‥‥그 기집애한테 그만큼 해줬으면서‥‥‥‥‥이렇게 나올 줄은 몰

랐어…너무 하다.…내가 알던 사람 아니구나…

준표 집 줬잖아.

지수 홍준표 집이잖아..나중에 못주겠다면 난 빈털터리야…당신 하는 거 보면 그러고도 남을 위인이야..

준표 줘 줘줘/ 집은 줘.

지수 당장 현금으로 바꿀 수 있는 게 필요해…‥‥‥아버님도 최소한 그 정도는 만들어 주시겠지

준표 나는 어떻게 되고

지수 그 걱정 …내일 아니야..(들어가려)

준표 (팔 다시 움켜잡으며)알았어 그래‥‥‥줘 주께…

지수 ….(안 보는 채 뭔지 모르게 허탈하다)

준표 참 무섭고 치사하다…

지수 (딴 데로 고개 돌리며)그렇지??‥‥‥나는 당신이 치사하고 당신은 내가 치사하지?

준표 ‥‥‥(보며)

지수 (입 꾹 다물고 치미는 울음 목 아래로 넘기는)‥‥‥‥

S# 러닝머신 위

지수 (입 꾹 다물고 부지런히 걷고 있는)

은수 (거의 뛰고 있고)

지수 (차오르다가 머신 멈추고 내려서는)

은수 (뛰면서)??

지수 (급하게 나간다)

은수 (?? 머신 멈추는)

S# 헬스 어느 구석이나 휴게실

지수   (두 손으로 얼굴 가리고 있다)

은수   (들어와 보는)

S# 헬스 주차장

　　[서 있는 지수의 자동차]

S# 차 안

지수   (운전대 자리에서 눈물 줄줄 우는)우리가 왜 이렇게 됐을까 어디서부터 잘못 됐을까‥누구 잘못이 더 클까.

은수   니가 그년 끌어들였을 때부터/ 니 잘못이 더 크다고 할 수 있구‥

지수   너무너무 치사해‥‥정말 치사해…

은수   그 정도 치사한 건 이빨두 안 났어 뭘 그래애‥식탁 반으로 자르자는 눔두 있다는데‥

지수   내가 더 치사해애애애

은수   무슨 소리야‥애하구 살어야하는데에‥

지수   응응응응(터지려는 울음소리 억제하는)

은수   아 그럴 거 없어 글쎄 자식 낳아준 값으루 쳐도 별거 아니구 그동안 화대로 계산해도 충분해. 뭐얼 그게 엄청난 거라구.

지수   (휴지 뽑아 코 풀면서)나는 정말 이렇게 되고 싶지 않았어.

은수   누구는 그렇겠니

지수   아름답게 살고 싶었는데…착하고 이쁘게 나이 먹으면서 곱게 늙어 순하게 죽고 싶었는데‥

은수   후우우우(고개 딴 데로 돌리며)

지수   그 사람이 신장이 필요하다면 내꺼 떼어주고 간이 필요하다면 간 한쪽 떼어줄라 그랬는데에에

은수   (돌아보며)눈멀면 눈도 하나 빼주고

지수 내가 그런 마음으로 살 때 그 사람은 무슨 마음으로 살았을까

..사람이 어떻게/ 자기가 어떻게 나한테 그럴 수가 있어어어

은수 아 싫증나아 언제까지 할 거야아!!

지수 웅웅웅

은수 얘!!

지수 미안해 언니.. 미안해. 나는 모두다 싫증나게 하는 사람인가봐..

은수 ??

지수 E 미안해 미안해애애..

은수 아이구우우우 돌겠다...(고개 창 쪽으로 돌리며)이년 놈을 그냥....

S# 어느 카페..

화영 ....(보며)

동하 ......(보며)

화영 (찻잔 들며)걔 원래 천사표야.. 뭘 감동해서 그래..천사표 아니래

도 너한테 아우성칠 건 없는데 뭘..

동하 왜 전화 안 받아...

화영 ....(안 보는 채)

동하 어머니 난리셔..제발 좀 받아드려.

화영 너 얘기했을 거 아냐..

동하 포기하고 들어가..

화영 ....(보는)

동하 그나마 조금이라도 구제받고 싶거든..

화영 무엇으로부터의 구제..

동하 철면피란 생각 안 들어?

화영 운명의 장난이야.

동하 그게 뭔데··그딴 게 있기나 해?

화영 나도 처음 아는 감정이야·· 있어.

동하 (흥분하지 말고 오히려 담담하게)본인 스스로 만들어 놓고 운명이라는 말로 정당화하지 마·· 왜 하필 지수 누나 남편이야. 얼마든지 안 할 수 있었어. 죽어도 해서는 안되는 짓이었어. 그걸 누나가 한 거야. 해놓고 운명 핑계 대는 거야··

화영 하필 지수 남편인 게 운명이야 동하야.

동하 개떡같은 소리 그만하고 접어··접고 가라구요.

화영 혼나고 싶어? 어디서 개떡이야

동하 (안타까워/)지수누나 입장돼 생각해 봐. 이미 어리지도 않아. 새출발하기 힘든 나이야·· 아무리 눈이 뒤집혀도 어떻게 제일 친한 친구 인생을 망가뜨려어어

화영 주제에 무슨 오지랖이야. 너 그렇게 아무하고 아무렇게나 그러고 살다 몹쓸 병이라도 걸리면 어쩔 거야./ 금방 마흔인데 아직도 집 한칸 없이 그러고 살다 늙으면

동하 누나가 한 짓이나 수습하라구우. 내 걱정은 말고오오

화영 니 앞가림이나 해. 주제넘은 참견 말고…

동하 ……(보며)……어쩌다 이렇게 됐어요…

화영 …‥(보다가 핑 일어나 나간다)

동하 (앉은 채 나가는 누나 돌아보면서)………

S# 슈퍼에서 마파두부 요리해 놓은 것 사고 있는 화영

화영 아무 것도 안 넣고 그냥 뎁히기만 하면 된단 말이죠?

장사 예 아무 것도 필요 없어요··

화영 탕수육도 좀 주세요··

장사   예에..

S# 학교 앞에서 지수 자동차…

S# 차 안/ 차 유리로 나타나는 경민. 땅 보면서 의욕 없이/

은수   (힐끗 지수 보고 내리면서)경민아아…

경민   (보고 좀 빠르게 오며)이모..

은수   앞으로 타. 엄마 옆에..

S# 차 안

경민   (타면서)뭐하러 오세요오

지수   들어가는 길이야.. 시간이 맞어서…벨트 매.

경민   (벨트 매는데)

은수   (뒤에서 머리칼 흩트리면서)어이구우우우 이쁜 것..

지수   (출발하면서)오늘 하루도 충실하셨나?

경민   비슷하게요..

은수   비슷하면 어떡해애애?.. 확실하게 충실했어야지.

경민   그게 그러네요 이모.

은수   호홋 뭐가 그게 그래?

S# 은수의 대문 앞

   [차 세워놓고 트렁크의 시장 보따리에서 은수네 것 뽑아내고 있는데]

경민   (나와서 보고 있으면서)그런데 엄마 화영이 이모 어디 가셨어요?

지수   ??

은수   ??

지수   왜애?

경민   요새 안 오셔서요.. 엄마 싸웠어요?

은수   그래 싸웠단다.

지수 (동시에)싸우기는…그냥 좀….우울한가봐‥책만 읽고 있나보드
    라‥‥우울할 땐 전화도 귀찮어해서 부러 좀 내버려둬 주는 거야‥

경민 (뒤돌아보며)맞어요?

은수 아냐 싸웠어‥(봉지에 빼낸 물건 집어넣으며)

지수 언니이‥

은수 (봉지 두 개 들어내며)엄마랑 화영이 이모랑 이제 서로 안 만날 거
    야. 된통 싸웠어.

지수 왜 그래 진짜!!(제대로 얘기할까 봐)

경민 왜요 이모?

지수 언니(은수 잡으며)

은수 (함께)늬 아빠 얘길 나쁘게 하더래‥누가 그러는데 실력없는
    교수라 그러드라 누가 그러는데 늬 아빠가 이쁜 제자만 좋아한다
    더라 누가 그러는데 늬 아빠가

경민 그만하세요.

은수 ??그만해?

경민 이상한 아줌마네…기분 나뻐‥

은수 기분 나쁘지? 그래서 늬 엄마 한 바탕 싸우고 오만 정나미 떨어
    졌대‥

경민 화해할 거에요?

지수 아니‥

은수 화해하면 늬 엄마 바보지이이…

경민 하지 마세요‥(자동차로)

은수 가라‥

지수 들어가‥(타고)

경민   안녕히 계세요‥

은수   오냐아아

　　　　[뜨는 자동차 보는 은수‥]

S#   대문으로 오는 자동차…

　　　　[내리면서]

경민   기분나빠 죽겠네…

지수   (트렁크로)좀 도와줘‥

경민   (트렁크로)

지수   (짐 꺼내 나누어 들고 트렁크 닫으며)신경쓰지 마‥ 어른들도 싸
　　　　우고 살어.

경민   화해하지 마세요‥

지수   그래 그럴 거야아아

경민   엄마 더 슬프겠네‥(안 보면서)‥‥(앞서 들어가는)‥‥

지수   ‥‥(서서 들어가는 아들 보며)

경민   E 경비 제가 풀어요‥

지수   어엉.

　　　　[경비가 해제되었습니다…]

지수   (침울하게 대문 들어서는)‥‥‥‥

　　　　　　　　　　　　　　　　　　　　　　　F.O

S#   지수 대문 앞‥

경민   (자동차 먼지 닦는데 서 있다가)‥‥‥ 집에 ‥‥‥

준표   (돌아본다)

경민   안 들어오세요?

준표   엄마가 싫대‥

506

경민 할아버지 댁 아니지요··

준표 ?····

경민 아빠가 할아버지 댁에 갔는데 이렇게 조용할 수는 없어요··엄마 불려가지도 않구요··

준표 거기 안 가구··오피스텔 얻었어···내일 한번 가볼래?

경민 엄마 화영이 이모랑 싸웠대요··

준표 ??(보는)

경민 그 이모가 아빠 얘기를 나쁘게 했대요··이상한 아줌마에요··

준표 (그냥 닦는)

경민 엄마··불쌍해요···아빠가 그러구 친구가 그러구·····아빠는 제 얘기에서 느끼는 거 없어요?

준표 뭘···

경민 엄마는 아빠를 사랑해요··그러니까 아빠 엄마한테 나쁜 짓했는데도 아빠 때문에 싸우고 절대로 화해 안한다 그러죠··

준표 ·····

경민 그러니까 어떻게 해서든지 엄마 마음 풀어드리고 빨리 들어오세요··

준표 ·····엄마 나온다··

지수 (경비 거는)

    E 경비가 개시되었습니다.

지수 (나온다/ 마늘 초절임 만든 것 큰 유리병/ 보자기에 싸서)

준표 (받으려)이리내··

지수 안고 가야 해··잘못하면 초간장 새애···

S# 차 안··

[차에 오르는 식구들]

준표 (벨트 매고)

지수 (벨트 매면서) 왜 안 줘…

준표 ….(보는)

지수 약속한 거…..

준표 (어쩔 수 없이 안 주머니에서 봉투/통장 도장 넣은 것 꺼내 준다)….

지수 (받아서 핸드백에/마늘 초절임병 껴안은 채)…..

준표 해약하면 이자 날아가.

지수 …..

S# 뜨는 자동차…

S# 화영의 거실/주방

화영 (소파에 널부러지듯 누워서)…….(머리를 소파 밖으로 떨어트리듯
하고)…….(하염없이 그러고 있다가 몸 일으켜 앉아서 또 한동안 그 상태
이다가 불끈 일어나 주방으로/양푼에 큰 배추 두 포기 갈라 소금에 절이
는 중인 것 체크하고 배추 뒤집기 시작하는)….

[핸드폰 벨]

화영 (하던 것 놓고 덤비듯 탁자로 가 전화 보고/아니다/ 받을까 말까 망
설이다가 받는)왜..

동하 F 제발 엄마 전화 좀 받아요.. 꼭 하실 말씀이 있대..

화영 …..

동하 F 아 왜 전활 안 받아아.. 노인네 혈압 오르게에에…

화영 (그냥 끊어버리고 전원 꺼서 놓고 다시 주방으로)……(배추 소금물
에 잠기도록 눌러놓고 음악 틀어놓고 거실 창으로 움직여 창문 활짝 열어
젖히고 발코니로 나간다)

508

S# 발코니

화영 (나와서 눈 감고 후우우우 숨 내뿜는)……

　　E 거실에서 나오고 있는 음악/교향곡

S# 홍회장 거실‥

홍 (긴 소파에 아내 어깨 빌려 기대고 졸고 앉아 있다)……

　　[들어오는 일가족.]

황 (손수건으로 입 한쪽 끝 침 눌러주며)애들 왔어요‥

홍 ??(눈 뜨는)

　　[들어오는]

지수 즈이들 왔어요 아버님‥(마늘 초절임 보자기 들고)

홍 어어

경민 할아버지 할머니 안녕하셨어요.

홍 오냐 으흐흐흐흐‥ 이리 와‥(경민 할아버지 옆으로)

황 (일어나며)상 차리자‥

지수 네에.(준표는 상의 벗어 적당히 놓고)

홍 날씨 좋지?

준표 벌써 더운데요?

홍 드라이브 가기 좋겠지?

준표 진지드시고 나갔다 오세요‥

홍 안 기사 대기 중이야‥

준표 저는 점심만 먹고 가야겠어요.

홍 누구 맘대로

준표 책 쓰는 게 있다고 말씀드렸잖아요.

홍 그까짓 거 뭐하러 해. 돈도 안되는 거‥

준표   그래도

홍   쓸데없어.(자르듯) 집어 치워··

준표   ····(보는)

홍   너 누구야··

경민   할아버지 손자입니다··

홍   으ㅎㅎㅎㅎㅎㅎㅎ

S# 주방 식탁

[묵묵히 밥 먹고 있는 가족들···]

황   (남편의 흔들리는 수저질 중간중간 도와주고)····

홍   밥 먹고 광천가 꽃구경하고 부산 가···

지수   ? ?

준표   ? ?

황   부산은 왜요····

홍   잠자러··

황   뭐하러 부산까지 가요·· 그냥 광천에서 주무시지

홍   군소리 말어. 군소리해서 남은 거 있어?

황   알었어요··

홍   자갈치 시장 가 회 떠 먹자··(지수에게)

지수   네 아버님.

홍   생선도 좀 사오고

황   회먹고 생선사러 멀리도 가네요··

홍   너 운전하지 말고 기사 데려가···안기사더러 차기사 대기 시키
      라 그래··

준표   아버지 저는

510

홍   너 이눔으 자식 왜 점점 더 꾀를 피워.. 애비랑 다니는 게 챙피해?

준표   아이 그럴 리가 있어요 아버지..할 일이 있으니까

홍   그깐 눔으 쥐똥같은 거/당장 때려쳐!!

준표   예....알겠습니다..

홍   내가 꽃을 보면 몇 번이나 볼 거라구...

준표   꽃은요 아버지 서울 근교에두

지수   가만 있어요...

준표   ....(아내 보는)

경민   가만 계세요..

준표   .....

경민   아빠 안 가시면 저두 안가요..

준표   (아들 보는)

홍   초마늘은..

황   (통마늘 가로로 자른 마늘 초절임 한 쪽 집어 수저 위에 놓아주는)여
       있어요

홍   금년 거야?

황   에미 담어왔어요 아직 안 익었어요. 작년 거에요.. (목 아래 두른
       남편 냅킨 만져주면서)

홍   (우적우적 씹으며 손으로 마늘 껍데기 발라내는)

황   물수건..

가정부   예 사모님/(물수건 갖다주고).....

모두   (조용히 먹는)....

S# 마당..

홍   (안기사 시중 받으려 나오고 있는)....빨리들 나오라 그래..꾸물거

리지 말어..

황   (따라 나오고/경민 같이 나오고)어이 나가세요.. 다 나와요..

　　[마당에 대어진 차 두 대.. 기사 둘입니다..]

　　[준표 지수 나오면서]

준표   저기...당신이 좀 말씀드려 봐..

지수   ??(돌아본다)

준표   나 일 밀려 죽겠어 여보.

지수   누가 여보구 내가 무슨 상관이야..

준표   ....(보는)

지수   부산에서 제주도 가고 싶다 말씀드릴까 생각 중이야.

준표   ....(보며)....

지수   뭐해 아버님 기다리시는데....

준표   잠깐 화장실 볼일 본다 말씀드려..(도로 들어가려)

경민   E 아빠아아

준표   어 그래..

경민   빨리 오시래요오오

준표   알았어 그래. 지금 가아...

S# 대문을 나오는 두 대의 차..

S# 홍회장의 차 안

홍   (창밖 보며 멍하니)........

황   (남편 무릎에 얇은 담요 덮어주는)

홍   눈 온다구 했어?

황   꽃보러 수목원 가요

홍   치

S# 두 대의 차

S# 준표의 차 안··

　　[기사 운전하고/준표 운전석 옆. 경민 지수 뒤에]

준표 (곤혹스러워 죽겠고)어어이 참 나…

지수 ·····(보며)····

준표 시간낭비를 이렇게 해야 해? 좀 도와주면 안돼?

지수 경민아 눈 나빠져어어(경민이 보는 책 빼내는)····

준표 ···(지수가 미워죽겠고)····

　　E 준표 핸드폰 벨

준표 (전화받는데)

화영 F 오고 있어?

준표 아 나중에 내가 걸죠··(끊는다)

S# 화영의 거실

화영 (끊긴 전화 내려다보며)····(다시 단축)

　　E 전원이 꺼져있어…

화영 (전화 끊고)·······

제12회

S# **수목원으로 들어서고 있는 자동차 두 대··**

[관리하는 사람들 기다리고 있다가 인사하며 맞는다··]

[두 대의 차에서 거의 동시에 내리는 가족들/]

홍 (안기사가 뒷문 열고 부축해서 내리는데/ 내리면서 입이 찢어지게 하품한다)

관리두목 회장님 오셨습니까··

홍 어떻게들 하고 있는 게야··

관리 염려 덕분에 잘 돌아가고 있습니다.

홍 치/입에 발린 소리··늬들이 죽인 나무는 으떻게 했어··

관리 예 다 바꿨습니다.

홍 나무 키우는 사람이 나무 죽이는 건 자식 키우는 사람 자식 죽이는 거나 마찬가지야.

관리 명심하고 있습니다.

홍 명심해서 그 모양이야?

관리 죄송합니다··

514

황   잠깐 들어가 쉬셨다가 나와요.자동차 오래 타셨는데··

홍   지압 불러 놨어?

관리   예 대기하고 있습니다 회장님··

황   (집 건물로 움직이는)···

경민   엄마 나 화장실

지수   그래 갔다 와···(경민 뛰어서 할아버지 따라)

준표   (때는 이때다 자리 뜨면서 전화 살리는)

지수   ·····(보며)

S#   산부인과 문 밀고 나오는 화영

　　E   핸드폰 벨

화영   (서서 핸드폰 꺼낸다/보고 열고)도대체 무슨 일이야. 몇시간씩 불통이면 어떡해.

준표   F 상황이 그렇게 됐어

화영   무슨 상황.

준표   F 여기 수목원에 와 있어.

화영   거기가 어디야

준표   F 충청도 광천··아버지가 갑자기 오자 그러셔서 어쩔 수가 없었어.

화영   다같이 간 거야?

준표   F 그럼··어머니까지··

화영   언제 와··

준표   F 아마 내일 오후에나 올라갈 수 있을 거 같아··

화영   ??

준표   F 여기서 꽃구경하시고 부산 가 주무시겠대·····여보세요···여보세요?

화영 거기까지 가면서 화장실도 한번 안 갔어? 휴게실 안 들렸어?

S# 수목원

준표 곧장 왔어. 휴게실 들렸으면 전화 했지이.....어쩔 수가 없었어 오
늘 따라 아버지가 안 봐주신다.......나는 좋겠어 나는?.....어디야 집
아닌 거 같다...응...응....(하며 무심히 돌아서면)

지수 (저만큼에 서 있다가 준표가 돌아서자)경민이 나오면 나 저리 갔다
고 해 줘··

준표 알았어··(해놓고)응 아니 아냐...

S# 꽃바다 길을 걷는 지수…

지수 (고개는 이리저리 돌아가지만/감탄보다는 서글픔이 가득한).........
....

경민 E 엄마아아아아

지수 (돌아보면)

경민 (아주 저 멀리서 달려오고 있다)......

지수 천천히 와아아아아...

  [달리는 경민····이윽고 지수 앞에 와서 숨 조금 차고]

경민 하아하아

지수 뭐하러 뛰어...엄마 어디 도망가는 것도 아닌데(아들 손잡고 걷
기 시작)

경민 할아버지 지압 받으세요...

지수 으응

경민 꽃 보러 오셔서 꽃은 안 보시고....까딱하다가는 할아버지 오늘
꽃 못보실 거에요··

516

지수　왜애

경민　지압 두 시간 받으시고 두시간 주무시면 일곱시쯤 될 거 아니에요‥그럼 바람 차가와지고 나오시면 안되니까요‥

지수　‥‥‥그러게…

경민　부산은 또 언제 가요? 부산까지 멀텐데‥

지수　어떡하실 건지 할아버지 마음이시지 뭐‥

경민　밤중에 가면 아무 것도 안 보이고 재미없는데…

지수　(먼 데 보며)글쎄에에‥

경민　…(손잡고 엄마 눈치 보며 좀 걷다가)아빠 메일 체크하고 나오신대요‥

지수　으응….

경민　아빠한테 화영이 이모랑 엄마 싸웠다고 얘기 했어요‥

지수　?? 그런 얘길 뭐하러 해애‥

경민　그냥요…

지수　….

경민　왜 꽃 안보세요?

지수　일부러 안 봐도 맨 꽃인데 뭐……(둘러보며)너무 아름다워도 슬픈 거……너는 아직 모르지…

경민　네…

지수　작년까지는 여기 와서 꽃이 너무 아름답고 좋아 슬펐는데…. 오늘은 작년까지 느꼈던 마음하고는 다르게 슬프네….꽃은 작년보다 더 잘 핀 거 같은데….

경민　….(땅 보면서 걷는/ 무슨 소린지 알 것 같은)…..

지수　엄마 책임질려고 하지 마…아빠 없어도 엄마 잘 하고 살 수 있어…

경민 (올려다보는)

지수 다음 주 부터는 봉사도 다시 제대로 나갈 거구…집도 깨끗이 치울 거고……운동도 열심히 다닐 거고…그럴 거야…

경민 (멈추며)아주..헤어지실 거에요?

지수 ….(보는)아니이…꼭 그렇다는 건 아니고…그건 두고 봐야지…두고 보는데 그래도 엄마 할 일은 하면서 산다 소리야..아빠한테 아무 일 없었을 때나 똑같이…그런 뜻이야…그러니까 니가 부담느낄 건 없다구

경민 학교에 가 있는 동안에도요….자꾸만 신경이 쓰여요…엄마 뭐 하고 있나…무슨 생각을 하고 계신가….

지수 …..

경민 엄마가 나 날마다 학교 데려다 주는 거나 마찬가지죠 뭐…

지수 그래애..

경민 나도 괜찮아요…학교 안 데려다 줘도 돼요..그게 오히려 더 신경 쓰이고….별로 안 좋아요..

지수 알었어..그럼 안하께..나도 안하께 너도 내 걱정 하지 마…..응?

경민 알었어요..

관리 (쫓아와서)저기

둘 (돌아본다)

관리 회장님 산책 잠깐 하시고 서울 가신다고 나오셨습니다 사모님..

지수 지압

관리 시작하다가 귀찮으시다구 하셔서….움직이지 말고 여기 계시래요 이리 오신다구요..

지수 네 알았어요

518

관리　그럼···(왔던 길로 부리나케)

지수　우리가 가자 경민아.

경민　(되돌아서며)아이구 참 우리 할아버지··

지수　(그냥 좀 웃고)

경민　부산 간다 그러신 거 잊어버리신 거죠··

지수　귀찮아지셨겠지이··· 편찮으시면서 잘 귀찮아 하시니까···

경민　할머니가 고생이세요··

지수　그래···고생하서···

S#　**수목원 건물 있는 곳**

　　　[지수와 경민 총총/조금 뛰듯 오는···]

　　　[준표 홍회장 내외 관리인 기사 둘 서 있는]

홍　(보다가 쭉 웃으며)꽃구경 했어?

지수　네 아버님··(경민 같이 네에)

준표　정말 꽃 안보시고 그냥 가시겠어요?

홍　꽃이 꽃이지 뭐··(자동차로 돌아서는)

황　·····(어이구 내 팔짜)

홍　봤어··꽃이 지천이잖어··

황　어이 오르세요··

홍　(도로 동산으로 돌아서면서)황회장한테 약속 받아놨어·····회사가
아무리 어려워두 이거에는 손 안 댄다구···땅은 회사 꺼지만 여기 나
무들하구 꽃들은 여기 찾아와 즐기는 사람들 거야···

황　예에··

홍　(자동차로 돌아서면서)그 욕심뽀가 개발이니 뭐니 하면 돈 생각
에 후딱 팔어치울까 걱정이야·· 사람이 미더운 데가 있어야지····(차

타려다가 문득)부산 가까..

황　아이구 부산은 무슨 부산이에요 그냥 서울로 가요..

홍　회 먹으러 가자..

준표　그냥 서울 가 드시죠 아버지..부산까지는 무립니다..

홍　에미는 서울이 좋으냐 부산이 좋으냐. 니가 결정해.

준표　(지수 직신거리는데)

지수　저는 아버님 따라 가요..어디든 좋아요.

홍　치… 영리하기는…서울 가자.

안기사　예 회장님.(태우는데)

홍　경민아 너 이리 타..할아버지 옆에 타..당신 앞으로 가.

지수　아니에요 아버님…경민이 앞에 태우세요..어머님 아버님 과일
　도 드리고 그래야 잖아요…

홍　그래 그럼..

지수　경민아 앞에 타…어머님?

황　오냐..고맙다…..후우우우(맞은편으로/ 차기사가 열어주는 문으로
　타고/ 문 닫히고)

　　[지수 가족 다른 차로..]

S# 화영의 주방

화영　(절인 배추 물 뺀 것/비닐장갑끼고 양념 버무리고 있는데..영 어설프
　다/ 좋아서 하는 일도 아니고/ 배춧속 한 입 떼어 씹어보다가 너무 짜서
　뱉어버리고 짜증이 화악/매워서 물 한 컵 따라 마시면서 배추를 원수 보
　듯)……(양면이 아직 양념에 안 닿은 배춧속 하나 떼어 씹다가 /역시 소태
　처럼 짜다/ 뱉어버리고 큰 쓰레기 봉지 꺼내 거칠게 쏟아붓는데)……

　　E 전화벨

화영 (전화기 집어서 보고………그래 받아주자)안 받으면 받기 싫다는 건
데 피곤하게 왜 자꾸 걸어요………맞아요…사실이에요……(듣다가)
엄마 정말 우스워·· 못사는 집 딸이라구 놀지 말랬던 애에요····개 얼
굴도 기억 못할 거면서 왜 갑자기 열렬한 팬이 됐어요? ………(발끈)
그것들 입방아 조금도 안 무서워요·····맞아요··친구 남편 뺏어 살면
서 너무 행복해서 자지러지겠어요 그만하고 끊어요/ 절대 안 받을
테니까 다시는 전화하지 말아요·····엄마가 나한테 해준 게 뭐 있는
데에···엄마 나 평생 이용만 해 먹었잖아요!!··· (퍽 끊어버린 전화에
대고)그만 좀 하라구!! 진절머리 난다구우우!!! (전화 소파로 던지
고 주방으로 비닐봉지에 쏟아붓던 배추 하나씩 집어 처박듯 넣으며)·····

S# 서울로 달리는 두 대의 자동차··

S# 홍회장 차 안

  [모두 자고 있고]

S# 준표의 차 안

지수 (창밖 보며)······

준표 (자지는 않고 시선 내리고)·······

  E 지수 전화 메시지 신호음

지수 (꺼내서 본다)

준표 (시선 전화로)

석준 E 무소식이 희소식인가요··석준.

준표 ??(아내 보는)

지수 ??(준표 보는/ 뭘 봐)

준표 ····(아닌 척)

지수 (남편 잠깐 보다가 통화 버튼 누른다)

S# 슈퍼 장 보는 중인 석준

    E 전화 오는‥

석준 (손에 들고 있던 전화 보고/ 펴는)아 선배 통화할 수 있어요?

지수 F 오랜만이에요

석준 문자 보내기도 조심스러워요‥ 괜찮은 거죠? 별일 없죠?

지수 F 있다면 있어요‥

석준 김선배

지수 F (오버랩의 기분)무소식이 꼭 희소식이기만 한 건 아닌 경우도
있어요.

석준 (진지해지면서)아직 불편한 상태군요

지수 F 나중에 얘기해요‥연락할께요‥

석준 선배

지수 F 안녕히 계세요‥(끊어지는)

석준 ‥‥

S# 차 안

지수 (핸드폰 가방 안에)‥‥

준표 ‥‥‥‥(보며)‥

지수 ‥‥(창으로 고개)

준표 ‥‥누구야‥

지수 ‥‥‥‥(그대로)

준표 ‥‥‥(보는)누구냐구

지수 ‥‥‥‥(돌아본다)

준표 누구 대학 동창?

지수 상관없잖아‥(창으로 고개)

522

준표 ……(보며)

  E 준표 핸드폰 울리고

준표 (받는다)….네에…알았어요‥(끊고)차 기사 앞차 놓치지 말고 잘 따라가요. 집으로 안 가실 거 같으니까.

차 예 알겠습니다.

S# 홍회장 집 골목으로 들어와 집 안으로 들어가는 두 대의 자동차

S# 마당

  [두 대의 차에서 내리는 가족들]

홍 (내리면서)생선회 왔어?

정원관리 예 회장님 방금 도착했습니다.

홍 잘했어‥집이 편해‥(잡아주려는 안기사 밀어내며)저리 가‥

황 (얼른 자기가 붙는데)

홍 당신두 저리 가‥(고개 돌려)에미 와‥

지수 네 아버님.(얼른 움직여 한 팔 내주고)

홍 (지수의 팔뚝 손목 가까운 곳을 잡고 지팡이 삼아 현관으로)

준표 ……(아내와 아버지 보면서)….

S# 주방 거실

  [자리 잡고 앉아서/호텔에서 배달시킨 음식들]

홍 (며느리가 냅킨 둘러주는 중)와인 좀 하지‥

황 그러세요…

홍 뻘건 거 말구 허연 거‥생선에는 뻘건 거 안 먹는 거야‥

준표 네‥

홍 여기가 부산이다 하구 먹으면 되는 거야‥

황 예에 부산 자알 왔어요‥

홍　　　허허

가정부　(냉장고에서 화이트 와인 한 병과 따개)

준표　　주세요‥(받아서 마개 여는)

홍　　　인석두 뭐 마실 거 줘‥ 사이다 없어?

황　　　사이다 먹는 사람이 있어야지요‥ 매실 주스 마셔라‥

지수　　(일어나며)제가 하께요 아주머니‥

홍　　　인생일장 춘몽이야…아무 것도 아니야(아무도 안 보면서)하루
　　　　살이 하루 일생이나 인간 육칠십년이나 일생이기는 마찬가지구….
　　　　하루 나팔꽃이나….백일 백일홍이나 그게 그거구….그저 죽을 때까
　　　　지 육신 안아프구 살다 가는 게 장땡이지….

황　　　…(보며)

준표　　……(마개 열려다 보는)….

지수　　(얼음 넣은 컵에 매실액 기울이다 돌아보는)…….

홍　　　건강할 때는 돈버는 재미밖에는 아아무 재미가 없더니…건강
　　　　부서지니까 돈이고 뭐고 /그게 왜 그렇게 재미있었는지 모르겠어…

준표　　맛 보시겠어요?(와인 병 들고 옆에 와서)

홍　　　그냥 따러‥

준표　　(따르고)…..

지수　　(매실 주스 경민에게 놓아주고)….

준표　　(어머니에게 따르는)

황　　　시늉만 해‥

준표　　(조금 따라주고)당신

지수　　??(왜 물어) 줘요‥

준표　　(따르고 제 잔에도 따르고 앉는다)…(와인 잔 들고)아버지‥

524

홍　　(자기 생각에 빠져 있다가)?? (잔 들고)건강들해라‥

지수　아버님두요‥

　　　[다 같이 조금씩 마시고]

홍　　(젓가락으로 생선회 집으면서)이거 먹고 늬들한테 할 얘기가 있어…

준표　(보고)‥‥

지수　(보는)‥‥

홍　　(말없이 씹는)‥‥‥생선 좋다…쓸만해‥‥‥

S# 거실

　　　[지수 찻잔 내는 중이다‥‥]

지수　(다 놓고)아버님 뭐 더 필요하신 거 없으세요/

홍　　앉어‥

지수　네‥(앉는다)‥‥

홍　　(뿌우우우)‥‥‥(탁자 내려다보며)

준표　말씀하세요‥‥‥하실 말씀 있으시다면서요…

홍　　(오버랩의 기분)(둘 보며)늬들 들어와 살어‥

지수　??

준표　??‥아니 아버지

홍　　들어와 살어…

준표　그렇지만 아버지

홍　　적적하구 심심해. 이렇게 살다 죽기 싫어

준표　어머니

황　　(오버랩의 기분)나는 모른다…부자가 알아서 해‥

준표　여기로 들어오면 경민이도 저도 학교 다니는데 문제가 있어요
　　　아버지. 지금은 삼십분이면 되는데 여기로 오면 한시간 넘게 걸려

요‥거리 상 무리에요.

홍 뭐 말이 많어.

준표 아버지

홍 들어오라면 들어오는 거지 뭐 잘났다구 토를 달어.

준표 여기는 막히면 두시간도 좋아요 아버지‥

준표 E (남편 보는 지수 위에)경민이 걸핏하면 편도선 부어서 학교 못가고 그러는데 애도 힘들고 또 저도 오며가며 거리에서 진 빠지고

준표 바람직하지 않다는 말씀 드리는 거에요.

홍 치!!

준표 이러실 거면 애저녁에 집 짓지 말고 들어오라 그러셨음 좋았 잖아요‥어수선하다고 들어오지 말라셨어요‥그래노시고 이제와 이러시면

홍 (들고 있던 포크 팽개치며)싫으면 말어!!

준표 (준표 쪽으로 날아오고/ 피하고)……

홍 너는 으때……

지수 네 아버님…아버님께서 그러시면

경민 (오버랩의 기분)저는 좋아요 할아버지‥

준표 ??

지수 ??

경민 E (둘 위에)아침에 조금 더 일찍 일어나면 돼요‥

경민 문제 없어요.

준표 경민아.

홍 (오버랩의 기분)그럼 둘만 들어와. 너는 필요없어‥

준표 ‥‥(난감)어떻게 그래요 아버지‥

526

홍   (가정부가 새로 갖다준 젓가락으로 회 집으며/중얼거리는)쓸모없
　　는 자식··

준표   (지수에게)가만있지 말고 말씀 좀 드려··

지수   ??·····무슨 말씀을··

준표   (인상 벅벅 그으며)····(보는)

S# 집 전경(어두워진)

S# 집 모퉁이에서 전화하고 있는 준표

준표   어떻게 빠져나갈까 했는데 어렵겠어···아버지 심기가 불편하
　　셔··· 잘 그러셔···편찮으시고부터 감정 변화가 심해지셔서···

S# 화영의 거실

준표   F (연결)지금 빠져나간다 그럼 호적에서 파낸다 그러실 거 같아··

화영   그럼 안되지··(웃으며)서울로 온다 그래서 기대했는데 실망이
　　네·· 그런데··지수랑 한방에서 자나?

준표   F 딴 방 있어··

화영   딴 방에서 잔 적 있어?

준표   F 아니··

화영   눈치채시면 어떡해··

준표   F 걱정 마 이층에 안 올라오셔··알아서 해··

화영   그래 믿을게··

S# 마당 모퉁이

준표   잘 자·····응····그래···(끊어 주머니에 넣고 현관으로)

S# 거실··

준표   (들어와 소파에 앉아 티브이 켜는데)

지수   (찻잔 하나 들고 주방에서 나와 현관으로 나간다)

준표 ….(보며 좀 있다가 티브이 끄며 일어선다)

S# 현관 밖··

지수 ……(나와서 적당한 데까지 움직여 서서 차 마시는)···

준표 (나온다)········

지수 (문소리에 잠깐 돌아봤다 되돌아 의자 있는 곳으로 /걸터앉으며 마
     시는)

준표 …..(보다가 그쪽으로 가 옆에 앉으며)누구야…

지수 ??

준표 아까 통화한 사람…..

지수 …(돌아보는)

준표 남자 이름이던데··

지수 남자야········왜 궁금해…

준표 집안 식구 말고는 통화하는 남자 없잖아··

지수 박석준··

준표 그게 누군데··

지수 왜 꼭 알아야 해··

준표 같이 잔 남자야?

지수 그래 맞췄어…

준표 대학 동창?

지수 머리 정말 나쁘다··그래 갖고 무슨 대학 선생이야.

준표 나 아는 사람인가?

지수 본 적도 있어··

준표 …..(보며)

지수 호텔 근무할 때 일년 늦게 입사했던 박석준/ 기억 안나?

528

준표   ……그 동갑이면서 깍듯이 선배선배

지수   (오버랩의 기분)맞어

준표   그림 공부하러 나갔다 그러지 않았나?

지수   돌아왔어…

준표   ….언제‥

지수   최근에…어떻게 알았는지 경수 찾아서 연락했더라구…만나서
         밥먹고 술마시고……아뜨리에에 가서 …잤어…

준표   (픽 웃으며)타이밍 기막히다

지수   글쎄 말야‥

준표   당신 거짓말 서툴어‥자아?

지수   여자라더라‥너무너무 여자라더라.

준표   (비죽 웃는)밥 먹고 술까지는 알겠다‥그런데 뭐? 그건 당신이
         할 수 있는 짓이 아냐.

지수   (일어나며)왜 마음대로 생각해‥ 그러지 마‥나 내 마음대로 생각
         하다 홍준표라는 인간한테 당하는 거 보고도 그래?

준표   (앉은 채 올려다보는)……그래서 애 두고 아무 짓이나 하고 살겠다
         는 거야?

지수   애는 나만 있었나? 누구는 되고 누구는 안돼? 누구는 사랑이고
         누구는 아무 짓이야?

준표   (일어나며)물론 믿지도 않지만 남자 생기면 경민이 그날로 데려
         올테니까 그렇게 알어.

지수   ‥‥‥‥(보는)

준표   왜‥

지수   내가 두 인간들한테 내 자식 보낼 거 같어?

준표   그거 안할려면 행실 똑바로 하고 살라구.

지수   ??무슨 이런 파렴치가 있어.

준표   뭐?

지수   너는 해도 되는 게 왜 나는 안 되니.

준표   너어?

지수   그래.. 너는 자식 여편네 팽개치고 미친 짓 했으면서 왜 나는 안
        돼..나는 지금 혼자야. 남편 친구한테 뺏기구 혼자야아...박석준 마
        누라 없어 독신남이야. 뭐? 행실? 정말 소가 웃다가 토하겠다..(일
        어나 다른 쪽으로 가 서는)

준표   .....(보며)....(있다가 일어나 옆으로)

지수   왜 쫓아다녀?

준표   사람이 왜 그래..

지수   ??(내가 뭘)

준표   내 말보다 당신 말에 더 기울어지시는 거 뻔히 알면서…

지수   .....(그래서/마시는)

준표   자기 일이기도 한데 꼭 강 건너 불구경하는 거처럼…

지수   하고 싶은 말이 뭐야..

준표   곤란하잖아아…

지수   나는 누구만큼 곤란한 일 없어....어쩌면 그것도 괜찮겠다 싶
        네? 그 기집애랑 당신 초치는 일 나는 재미있지 뭐.

준표   ....(보며)

지수   꼭 들어와라 그러시면 들어와야지 어쩌겠어..아니면 깨놓고 말
        씀드리든지

준표   미쳤군.

지수   누가/ 내가?

준표   정상 아냐..

지수   누가 이렇게 만들어 놨는데…

준표   ….(뿌우)

지수   (마시는)

준표   그러지 말고 잘 좀 말씀드려 철회하시게 해…

지수   적적하시다는 말씀 알아듣겠어…하루 종일 집에만 계시는데
        …겨우 드라이브 밖에는 나가시는 일 없는데….어쩌다 출근하신다
        고 우기고 나가셔도….나가셔서 아버님도 뭔가 이상한 거 아시지
        왜 모르시겠어……그렇게 짱짱하시던 분이…..

준표   집에 딴 사람 왔다갔다하는 거 좋아하시지도 않아. 괜히 저러시
        는 거야..

지수   무심해서 모르는 거야.. 옛날하구 다르셔…말씀은 안하셔도
        반가와하시는 거 보여..

준표   그래서 어쩌자구..

지수   (돌아서며)나는 헤어진 남자랑 같이 들어와 살고 싶겠어?

준표   초치고 싶다며/하겠다는 거야 안 하겠다는 거야.

지수   당신 능력이야…잘 말씀 드려 빠져나가…나는 몰라..(현관으로)

S# 거실

지수   (들어와 주방으로)

S# 주방

황   (차 만들고 있다/대추차 정도)밖에 있었니?

지수   네…(찻잔 싱크대에)

황   애비는

지수　밖에요..들어올 거에요..

황　(차 쟁반 들고 움직이려)

지수　어머니..

황　(돌아보고)

지수　즈이들 정말 들어와야 해요?

황　있어봐라....심심하면 한번 씩 해보시는 말씀이 오늘은 좀 작정하
　　신 것 같은데 모르겠다..

지수　애비랑 경민이한테 무리기는 무리에요..

황　그게 당신하구 상관있는 양반이냐 어디..

지수　즈이들이 더 자주....애비랑 제가 더 자주 찾아뵈는 걸로...어떻
　　게 안될까요?

황　글쎄 두고 보자구 어디..

지수　네에..

황　(나가고)

지수　(찻잔 씻는다)……

준표　E 어머니(지수 돌아보고)

황　E 에미하구 얘기해..아버지 기다리신다..

지수　(씻은 컵 엎어놓고 주방 나서는데)

준표　(나타나며 보고)

지수　(스쳐 나가며)다른 방에서 자(나직이)

준표　야 들어오래도 안 들어간다..

지수　(돌아보는)….

S# 이 층 침실
　　[지수 잠옷 단추 채우며 침대로]

532

[욕실에서 물소리 간간이 들리고]

지수 (핸드폰 집어 들고 단축)‥‥

　　　　E 벨 가는 소리

진주 F 네에…

지수 엄마 안계셔?

S# 진주네 거실

진주 계셔요 이모‥ 잠깐만요/ 엄마(모녀 팝콘 먹는 중이다/티브이 틀
　　　어놓고)

은수 으으응?(왜애애?)

지수 F 뭐해?

은수 모녀가 팝콘 먹으면서 티비 보는 중이야‥(연신 채널 바꿔가며)어
　　　떻게 멈추고 싶은 채널이 없니이‥환장하겠다…너는‥

지수 F 자려구 올라왔어‥

은수 벌써 자아?

지수 F 아버님 일찍 쉬시잖어‥할일없으니까 여기 오면 그래‥

은수 홍서방인지 청서방인지는

S# 홍회장 지수 침실

지수 홍서방인지 청서방인지 바싹 얼어서 안절부절이야.

은수 F 들통나게 생겼니?

지수 아니이‥아버님이 우리더러 들어와 살라 그러셔(경민 욕실에서
　　　잠옷차림으로 나와 엄마 한 번 안고)잠깐만/ 머리 충분히 헹궜어?

경민 네‥

지수 엄마 이모랑 통화 중이야‥

경민 안녕히 주무세요‥

지수　잘자아‥(경민 나가고)됐어 언니.

S# 은수의 거실

은수　얘 지수야 그거 잘됐다‥

지수　F 잘되긴 뭐가.

은수　잘됐지 얘 너 아뭇소리 말고 그렇게 해‥ 하늘이 무심치 않어 사
　　　둔어른 대신 내세워 그것들 돌아버리게 만들라나부다. 우하하하
　　　홍가 똥끝 타겠다‥안절부절이야? 아하하하하 사둔어른 캡이다 지
　　　수야.

지수　F 뭐가 그렇게 신이 나아아

은수　길게 말구 너 한 반년만 해봐… 그럼 그 안에 그년 보따리 싼다
　　　내가 장담해 아니면 내 손에 장을 지진다 너.

지수　F 그럴까?

은수　그래애애‥

S# 지수의 방

지수　그럼 그 기집애 보따리 싸게 들어와 살어 볼까? (얘기하면서도
　　　공허하다)응…으응…그래 그 기집애 없어지고 나면 도로 기어들자
　　　구 들겠지…지가 갈데가 어딨어 만만한 게 나니까 그러겠지…‥응‥
　　　그래 그럼 그 때 내가 한번 더 발길로 뻥차주까? 그럼 속이 시원하
　　　겠다.

S# 은수 거실

은수　차기는 왜 차아. 그때부터 개목걸이 채워 니 손에 쥐고 앉아 중
　　　간중간 쥐어 박아가며 데리구 사는 거지‥

지수　F 싫증난다아아 그만 끊어 언니‥(끊는다)

은수　(끊으며)노인네 절묘하다‥

진주   무슨 얘기야아?

은수   사둔어른이 이모네 식구 들어와 살라 그러신단다.

진주   엄마는 그걸 하라 그런 거야 지금?

은수   그래. 이모부 몸달아 죽는대‥쌤통이다. 화영이년 용코루 걸렸다‥

진주   ??

은수   ??(아차)

진주   ?? 엄마

은수   아냐 아냐아냐.

진주   그 아줌마였어어???

은수   아니라니까아아

진주   오마이 갓/

은수   하느님 맙소사

진주   오마이오마이 갓/ 어른들두 그런 짓 하는 거야?

은수   준구랑 경민이한테 입두 뻥끗마.

진주   엇쩌면/ 친구 애인 들치기 하는 것들은 있는 줄 알지만

은수   (오버랩의 기분)알었어?

진주   뭐어.

은수   아 입 꼬매라구. ‥이모 바보돼 애‥

진주   피할 수 없는 바보네 뭐. 우와아아아아아/ 어쩐지이 그 아줌마 독
      버섯같은 데가 있었어어어어

은수   ???

진주   화려한 버섯이 독버섯이거든. 엄마 몰랐어?

은수   사람으로 봤지 버섯으로는 안 봤지이‥넌 어떻게 버섯으로 봤어?

진주   몰라 그런 생각이 들었었어‥

E   전자 키 누르는 소리‥

은수   전석 땡땡이 치구 오나부다‥ 야아 (하고 일어나는데)

달삼   (들어오며) 그게 환영인사냐?

은수   웬일야 술먹으러 나간 사람이‥

달삼   (오버랩의 기분) 야 말마라‥ 나 죽일라구 독 탔냐? 집에서 먹은
       뭔가가 잘못 꼬였는지 설사가 물총이다 물총‥ 얼마나 쏟았는지 나
       탈순가봐 아으으으으으 (침실로)

은수   (따라붙으며) 집에서 먹은 게 탈날 게 뭐 있어‥ 우리 다 멀쩡한데
       에에

S# 침실

달삼   (상의 벗으며) 칼치 조림 그거 상한 거 아냐?

은수   말도 안되는 소리 마아‥ 언제 상한 거 먹인 적 있어?

달삼   아니면 독을 탄 거구‥ 아으으으으

은수   (달려 붙으며) 벨트 풀어 엉? 약은 먹었어?

달삼   주사 한방 맞구 오는 길이야아아…

은수   탈순 거 같으면 링거까지 놔달라 그러지이‥

달삼   (벨트 빼며) 죽어두 사랑하는 마누라 앞에서 죽을라구 그냥 왔
       지이이

은수   (바지 발목에서 당겨 벗기며) 그래그래 고마워‥ 링거 부르게 불러
       주께‥

달삼   그거 필요없고 보리차 따끈하게

은수   알았어 알았어‥

달삼   뽀뽀오오오

은수   응 응…(얼른 달려들어 쪽 해주고) 잠깐 있어어어? (나가다 문득) 여

보 홍회장님이 지수네 들어와 살라 그러신대··

달삼 ？？(벌떡 일어나며)뭐어어?

은수 엄살이 반이지.

달삼 이리 와봐 이리 와봐··

은수 ····(오는)

달삼 그럼 어떻게 되는 거야·· 처제 홍서방 같이 들어가 살아야 하는 거야?

은수 그 어른이 그러라면 그래야지 어쩔 거야··

달삼 그럼 그 여자는 어떡하구

은수 그깐 년 알게 뭐야.(돌아서는)

달삼 야아아 홍서방 돌겠다··처제는 들어간대? 들어가 준대?

은수 홍서방 안절부절이래·· 고소해 죽겠어.(나간다)

달삼 ········(있다가 벌떡)

S# 주방

달삼 (들어오며)여보 홍서방 그거 구뎅이 파지는 않겠지···그 여자 때문에 안 들어간다 그러다가 회장님한테 까이면 그거 크은 손해야···

은수 (보리차 데우려 냄비에 부으면서)아이구 참 돈 좋아해··

달삼 소문난 괴팍 영감님이시잖어어어 승질 나서 유언장 고치면 어떡해. 전재산 사회에 환원 그러면 그게 결국 경민이 손해로까지 연결된단 말야·· 그건 처제 손해기도 하고 /그러니까 당신 처제/홍서방한테 협조하라 그래··다른 거 다 그만두고 경민이 재산 지킨다 생각하고

은수 아 진작에 반은 사회환원으루 못 박아 노셨대··

달삼 나머지 반도 날라가면

은수　이 참에 한번 봅시다. 즈들 하는 게 진짜 그렇게 피 토하는 사
　　　랑이면 재산이고 뭐고 소용없달 거고 두고 보자고요.(고개 돌리고
　　　입 뾰족하게)

달삼　(자동으로 쪽 해주고)야아아 홍서방 딜레마네 딜레마야 음··

S#　이 층 침실 창에서 내다보고 있는 지수 시각으로 홍회장의 대문을 빠져
　　　나가고 있는 준표의 자동차····

S#　침실

지수　·······(머엉하니······· 내다보며)····돌기는····확실히 돌았구나(중얼거
　　　리는)···

S#　골목을 빠져나가는 준표의 자동차·····

S#　지수 침실

지수　(침대에 걸터앉아서)·······(훼앵한 마음)········

S#　빌라 주차장으로 들어오는 준표 자동차

S#　화영의 거실

준표　(들어와 침실로 향하는데)

화영　(얼굴에 마스크 시트 붙인 것 떼어내면서 나온다)?? (반가와 달려
　　　들 듯)어떻게 된 거야?

준표　아버지 주무실 시간 기다려 빠져 나왔어.

화영　(꽉 껴안고 붙으며)얼마나 있을 수 있어.

준표　세시까지 들어감 돼 아버지 네시에 일어나서

화영　(다시 안으며)됐어 고마워··좋아 죽겠다···

준표　(떼어내며)화영이

화영　지수는/ 걔는 어떡하고 왔어··

준표　몰라 정원사 아저씨 밖에 아무도 몰라.

538

화영　우리 뭐하까..(시트 붙였던 얼굴 손으로 두드리면서)자지 말고 얘
　　　기해. 얘기하면서 밤새 응?(손잡고 소파로/란제리에 가운)이렇게 의
　　　미 있는 시간을 잠자는 걸로 써버릴 순 없어..

준표　(끌려가며)문제가 생겼어.(들뜰 필요는 없음)

화영　??(돌아보는)

준표　(잡아 앉히며)아버지가 살림을 합치자셔..

화영　??

준표　내일 다시 그 말씀 꺼내시면 확실한 대답을 해야 해.

화영　세 식구 같이?

준표　그래..

화영　.......(보며)피할 길은....

준표　아버지 말씀은 법이야.... 지수랑 결혼할 때 유언장 바꾸셨었
　　　어....결혼하고 나서 지수 팔년 관찰하시다가 오년 전에 다시 바꾸
　　　셨어..

화영　알아 아버지 돌아가실 때까지 유언 바뀌는 일 있어서는 안된
　　　다는 거. 그래서 정식 이혼도 미룬 거잖아....경민이는 핑계고 당신
　　　아버지 건강도 핑계. 제일 큰 건 상속이잖아....

준표　내가 지수한테 부탁했다 그랬잖아.

화영　지수도 거래한 거야.. 지 아들 생각해서..

준표　어쨌든

화영　어쨌든 돈.....중요한 거지...지수 반응은?

준표　아버지 지수 말 제일 귀담아 들으셔.. 이상하지 지수를 그렇게 싫
　　　어하셨었는데…

화영　어른이 좋아할 애야..그래서

준표 도와달라고 부탁했는데 엇나가.. 어쩔 수 없잖냐는 식

화영 지 자식 재산 날리기 싫어설까 아니면 나 엿먹어랄까…두 가지 다겠지.

준표 그거보다는….아버지가 원하시는 거니까…

화영 (오버랩의 기분)이거 보세요

준표 (오버랩의 기분)그런 계산 못해. 마음이 여려.. 우리 부모님께 잘 해..결국 아버지께서

화영 그래 알어. 지수를 좋아하시게 만들었다구. 당신 전처 천사 브 랜든 거 나두 알어. 가만 있어 생각 좀 해 보게..(고개 옆으로 틀고)

준표 ……..(보며)

화영 ……

준표 ……

화영 돈….나도 중요해……

준표 …..

화영 (돌아보며)꼭 그래야 한다면 어쩔 수 없네..

준표 ….(보는)

화영 당신만 확실하다면….다시 원위치 안 한다는 약속만 해..

준표 무슨 그런 말도 안 되는….

화영 말도 안되는 짓 한 전과자를 어떻게 믿어?

준표 (목 당겨 붙이는)정말 멋지다 당신…

화영 으후후후후 나도 내 잇속 챙기는 거야아.. 당신이 가난뱅인 거 보 다 좀 있는 사람인 게 좋잖아?

준표 마지막까지 노력할게.. 만에 하나 위해서…..당신하고 의논해 둬 야 할 거 같아서

화영 의논해야할 일이지…해줘야 할 거 같은 게 아니라…(준표 얼굴 두
손으로 싸 떼어 마주 보며)…사랑해…내 꺼야….

준표 아아아아(벌렁 화영 다리 베고 눕는)……

화영 ………(머리 만지면서)당황했구나…

준표 기가 막혔어….정말 기가 막혔어…

화영 겁쟁이….소년 같애……귀여워 죽겠어…(머리 마구 흐트러트리며)

준표 (배 쪽으로 돌아누우며 허리 껴안는다)

화영 (간지럽히는 장난 걸고)

준표 (피하다가 자신도 간질이기 반격)……

   [애들처럼 좀 놀아보세요‥마지막은 거실 바닥에 널부러지고 /]

                                                    F.O

S# 이튿날 오후 홍회장 전경

S# 거실

   [지수 세 가족 기다리고 서 있다…]

황 (안방에서 나오면서)어이들 가거라‥

준표 주무세요?

황 아침부터 컨디션이 별루시잖든….

지수 점심도 안 드셨는데…

황 어이 가라들…

지수 ….(방문 앞으로)아버님 즈이들 가요……(대꾸 없고 그냥 물러나며)
경민아.

경민 할아버지 안녕히 계세요‥ 할머니 안녕히 계세요

황 가거라‥

경민 지수   (앞서 현관으로)

준표   저기..

황   (돌아서다 되돌아서 보는)

준표   다른 말씀 없으세요?

황   그래

준표   어머니 뭐라구....하셨어요?

황   그렇게 들어오기가 싫으냐?

준표   아니 싫어서가 아니라

황   .....(주방으로)아줌마아아....

준표   .....

S# 마당

지수   (경민 손잡고 서서)생각하고 있는 중이야...

경민   (엄마 올려다보며)...

지수   그러고싶지 않지만.....(아들 보며)그럴 상황이 아니잖어...그렇지만 (다른 데 보며)할아버지께서 정말 원하시는 일이면 따라 드려야하는 거 아닌가.....안되셨어어.......아직 한참 더 건강하셔두 되는 연센데에에.....

경민   저는 괜찮아요....대신 저녁에 더 일찍 자면 되거든요..

지수   왜 그러는지 알어...

경민   엄마 마음만 살짝 바꾸면

지수   (오버랩의 기분)아빠 뭐하느라 안 나오시니.(하는데)

준표   (나온다)

지수   (경민 보며)일초만 참을걸

경민   네..

S# 달리는 자동차

542

준표   E 아빠 오피스텔 보러갈래?

지수   E 나중에 가‥숙제 남았잖아‥엄마도 피곤해‥

경민   E 나중에 보께요‥

S# 차 안

준표   E (힐끗 지수 보는)좀 도와주면 안되냐?

지수   E (앞 보며)속 너무 보인다.

준표   ‥‥‥아버지‥‥잊어버리신 거 같지‥

지수   다시 생각 안나시기 기도해‥

준표   실망스럽겠다…

지수   글쎄 말야

준표   그런 심술이 어디 있었니‥

지수   글쎄 나두 놀랠 일이야

준표   서로 협조하자.

지수   염치라는 단어가 있는 줄은 알어?

준표   원수 될 건 없잖아‥

지수   미친 사람을 뭘 원수까지 삼아‥

경민   (뒤에서 창밖 보며 안 듣는 척 듣고 있는)

준표   E 경민이 오피스텔 잠깐 보여주자

지수   E 운전이나 제대로 해‥신호 위반 했어‥

S# 지수네 대문 앞

   [들어와 멎는 자동차]

   [셋 다 내린다.]

준표   아빠 간다‥

경민   (대꾸 없이 대문 안으로)

준표   저기 말야

지수   (그냥 안으로)

   E 보는 준표 위에

   [경비가 해제되었습니다.]

   [준표 시각으로 뛰어 들어가는 경민과 걸어 들어가는 지수 뒷모습]

   [경민과 지수는 잠옷과 속옷 정도 챙긴 작은 가방 들고 있어야 하고 경민은 책가방도요]

준표   ……

S# 거실

지수   (들어오는)

경민   (주스 꺼내서 마시면서 한편 책가방 다른 손으로 집어 들어 늘어뜨리고 움직이는)올라가요.

지수   잠깐 쉬었다 뭐해야 하지?

경민   네에에에에…(느른하게)

지수   책가방 제대로 들어줘…기분나쁘다 그런다..

경민   (가방 제대로 들어주고)

지수   어 참 너 만화책 갖다 줘야한다면서

경민   나중에요

지수   갖고 내려와. 엄마가 갖다 주께..

경민   딴 거 빌려와야 하는데…

지수   그래 그럼 니가 해..(냉장고 앞.)

경민   (사라지고)

지수   (물 꺼내 따라서 벌컥벌컥 마시고 컵 싱크대에 넣고 소지품 들고 침실로)

544

S# 침실

지수 (들어와 소지품 놓고 옷 벗기 시작하다가)....(집전화 단축)....언니 나 왔어..

S# 거실

[찻잔 놓고]

은수 ??(에서)

지수 (제 찻잔 놓고 앉으면서)참 기가 막히대....그 밤중에 빠져나가는 거 보니까....뭐 저런 미친 인간이 있나 하면서도 한편으로는 넌들 어쩌겠니 그렇게 좋은 걸... 딱하기두 하구...

은수 사내 기집한테 환장하면 뭔 짓은 못해...여자 남자한테 환장해도 마찬가지구..

지수 더 떨어질 정도 없는 거 같은데 진짜 정나미 떨어지대.....

은수 환장한 거야....환장하면 미친 거나 같은 거구.그래서 언제 들어오디?

지수 몰라...잤나봐....아버님 일어나시구 조금 있다 내려오더라.. 네 시 반 쯤?..천연덕스런 얼굴로...그런 인간인줄 진짜 몰랐어.

은수 아 그 짓하고 다니면서 계속 천연덕스러웠는데 오죽 훈련이 됐을까 그쯤이야 뭐..

지수 그때는 몰랐는데 지금 생각하면 표가 나기는 했었어...눈 잘 안 마주칠려 그러구 피곤하다 소리 잘 하구

은수 피곤이야 하셨겠지. 그렇게 기운을 쓰구 다니는데

지수 뻔뻔스러워..

은수 그 문젠 어떻게 됐어...사돈 어른

지수 어제 그러시구는 오늘은 아무 말씀도 안하셨어...어제는 좋으

셨는데 오늘은 툭 떨어지셨더라구…

은수   그래서

지수   그냥 왔지 뭐…경민 애비는 잔뜩 쫄았다가 한숨 돌렸다구..

은수   니 형부랑 얘기했는데

지수   (오버랩의 기분)뻔뻔한 게 어느 정도냐믄 말야 언니 나더러 자기
         한테 협조 안한다구 그런 심술이 어디 있었냐 그런다..

은수   ….(보며)

지수   아버님이 내 말 잘 들으시는데 자기 안 도와준다구..

은수   뻰돌이 진짜…그 놈 미워서라도 머리끄딩이 끌고 들어가 살아야
         겠다..

지수   날마다 놀래 날마다…

은수   니 형부 그러는데 사둔어른 그러시면 니 마음이 어떻거나 그건
         들어가는 거래..

지수   ….(보는)

은수   재산 보호는 해야하는 거 아니냐구..경민이 위해서도

지수   그거보다는 나는……아버님이 가여워서……가여우시잖어.

은수   아 가여울 것도 없어..사람 취급두 안하구 얼마나 무시하셨니.
         우리가 잊어버리고 사는 동물이기 망정이지 니 시집두 너한테 잘 한
         거 없어…

지수   나 부자 됐어…통장 주더라

은수   ??주대? 챙겼어?

지수   챙겼어..

은수   그나마 다행이다 축하한다…이혼하기 전에 지 재산 남의 명의로
         돌려 놓는 인간들 숱하다는데

지수　그나마 다행이지..(쓸쓸)공갈쳐서 받아낸 거야..즈 아버지 무서우니까

은수　저두 밑지는 장사 아니지 뭘 그러니 그거 몇십 배 챙기는 장사잖아..

지수　뭐해 먹구 살어...

은수　천천히 생각해..

지수　살 궁리 해야잖어..

은수　천천히 하자구..

지수　불안해..까먹으면서 살 순 없잖아.

은수　생활비 받잖어어

지수　그래두우... 바보같어...그냥 호텔 그만두지 말고 있을 걸.

은수　아 입덧 심해서 더 다닐 수도 없었어 너..호텔에서도 별로 안 반가와하고

지수　글쎄 말야..

은수　처지지 마. 처질 거 없어..우선 시집에서 들어와라 명령 결정적으로 떨어지면 좋다 들어간다 그거나 결정해 놔. (일어난다)

지수　가려구?

은수　니 형부 기다려..어떻게 됐는지 궁금해 죽는다...우리 저녁 먹으러 나가는데 안 나갈래? 준구도 오늘 펑크라 그러구 베트남 식당 가자 그랬는데..

지수　적당히 때우고 치울래..

은수　아 기운 내애애..신경질 나..

지수　(일어나며)알았어..미안해...

은수　(현관으로)

지수 언니 잘가…

은수 ??(돌아본다)

지수 (비죽비죽)

은수 아 왜 속상하게 그래애애애‥!!!

지수 (돌아서며 고개 완전히 꺾고)미안해애애애

은수 ……(보다가)그러게 내가 뭐랬어 남자 오십보 백보랬지? 예방 주살 그으렇게 찔러댔는데두 아아무 효과없이

지수 (반항/돌아보며)지금 그런 말이 무슨 소용있어!!

은수 답답하니까 하는 말이지

지수 답답하면 오지 마‥나야 죽든살든 모른 척하구 혼자 잘먹구 잘 살어 그럼 되겠네.

은수 쟤가?‥너 그걸 말이라구 해?(발끈)

지수 요새 내가 하는 말/ 말인 게 어딨어. 뭘 따져‥

은수 어이구/어이구우우 기막혀‥ 자알하다간 의상하겠다.

지수 언니두 못봐줌 어떡해. 아직두 내 마음이 마음이 아닌데에/ 감기도 나을라면 아플만큼 아프구 낫는데 언니는 내가 당한 일이 어떤 일인데 어느 새 발딱 안 일어난다구 구박이잖아아!!

은수 그래!! 등신중에도 상등신인 게 꼴보기 싫어 죽겠다!!

지수 글쎄 그러니까 오지 말라구우!!(쭈그리고 앉는다)

은수 ……(보다가 도로 올라와 마주 쭈그리고 앉으며 안아준다)

지수 (껴안으며)웅웅웅웅‥‥

은수 ……

경민 (계단에 내려와 서서 보며/)……(있다가 올라간다)…

 　　[지수와 은수……]

S# 대문 안과 밖

은수 (나오는데)

　　[택시가 와서 멎는다]

은수 ??

화영 (택시에서 내리며)수고 하세요…

은수 (서둘러 대문 밖으로)

S# 대문 밖··

은수 (나와서 화영 보는)

화영 언니……안녕하세요?(약 올리듯 하지 말고 담백하게)

은수 너 또 무슨 분탕질할려구 온 거야··

화영 볼일 있어서요··

은수 무슨 볼일./

화영 지수한데요··언니가 아니구요.

은수 (화영 팔 왁살스레 잡아 조금 떨어진 데로 끌고 간다)

화영 아 아파요·· 이거 놔요.

은수 (놓으며 허리에 손)너 또 눈팅이 밤팅이 되구 싶어?

화영 언니

은수 누가 니 언니야 이기집애야 너 언니 소리 소름끼쳐. 언니 빼애.

화영 김은수씨.

은수 ???(입 벌리고)

화영 이제 그만 개입하세요.그만하면 언니로서 역할 할만큼 하셨고 유감도 없어요··언니같은 언니가 나도 있었으면 할 정도로 언니 대단해요··존경스럽고 감탄스러워요.

은수 너 나 꿀퍼멕이냐?

화영 나도 언니 있어요‥ 우리 언니는 언니같지 않아요‥ 늘 나를‥·질
　　　투하죠‥

은수 왜 왔는데‥ 또 무슨 짓을 할려구 왔는데‥

화영 ……(보며)

은수 너 애 생겼니? 애 뱄어?

화영 아니에요‥잘 안되네요‥

은수 그럼 뭐야‥

화영 ….(보며)

S# 지수 거실

지수 (탁자 걸레질하는데)

　　　[차임벨과 함께]

은수 지수야 문 열어‥

지수 ??(현관으로 가 문 연다)

은수 (들어오며)잘난 년 너한테 볼일있단다‥

화영 (들어오며)언니 가시라고 해 지수야‥

은수 니가 뭔데 가라마라야.

화영 (안으로 들어가며)우리 둘이 얘기하자‥

은수 (움직이려 하며)증인으로 있을랜다

지수 (그러는 언니 잡으며)언니 가.

은수 …(보는)

지수 가‥괜찮아‥ 나두 언니 없는 게 더 나…

은수 사고 안 치게.

지수 보내 놓고 전화하께…(언니 밀어내듯)…

은수 (별수 없이 현관으로 밀리면서)허튼 수작하면 너 내 손에 죽어

　　　　어어..

화영　(포트에 찻물 붓고 있다)

은수　여기가 니 집이야? 왜 니 마음대로 남에 살림 건드려

지수　가아아아아(현관 밖으로 밀어내는)......

은수　E (현관 밖에서)전화해

지수　알아아........(밖이 조용해지고 돌아서 화영 보며 자신을 다잡는)...

　　　　....(소파 쪽으로/ 탁자에 놓아두었던 걸레 집어 싱크대 쪽으로/ 싱크대

　　　　안에 넣으며 화영 보면)

화영　(찻잔 두 개에 티백 집어넣고 있는).....

지수　너 보고 싶지 않다는 말....무시하니?

화영　(찻잔 내려다보며)부탁할 게 있어 지수야..

지수　니가 나한테 뭐..무슨....니한테서 더 가져갈 게 뭐가 있는데...

화영　......

지수　안 들어갔든?

화영　학교간다드라...

　　　　　E 오버랩 거실 창 두드리는

　　　　[두 여자 돌아보면]

은수　(거실 창 밖에서 들여다보며)너 나 좀 봐.. 이거 열어..

지수　(싫증 나서 창문 열고)왜애..

은수　경민이 내려오면 어쩔 거야.

지수　(어머/ 뒤돌아본다)

S# 근처 찻집

　　　　[마주 앉아 있는 두 여자..]

화영　(찻잔 들며)니 말 잘 들으신다며

지수   (가만히 보고 있는 지수 위에)

화영   E 니가 좀 수습해 줘··

지수   ·····(보며)

화영   그이한테는···피할 수 없는 경우에는 어쩌겠냐 그러기는 했어·· 그렇지만 그건 좀 우습잖니? 헤어진 부부가 한 집에서 시부모 모시고 사는 거··

지수   ·····(그저 보며)

화영   혹시····상황이 도와서 그 사람····되찾을 수 있기를 바라는 건 아니니?

지수   ········

화영   그렇게 될 가능성은 전혀 없어···

지수   얘···그 인간 내친 거 나야··

화영   제스츄어일 수 있잖어.

지수   나는 그런 거 몰라···

화영   분김에 해 놓고 후회할 수도 있고··

지수   그래··정말 잘한 짓인가 그런 생각은 했었어. 지금은 아냐·· 너무 잘한 짓이야.

화영   미련 없어?

지수   있어도 없어도······싫어···우스워 보여··

화영   그럼 더구나 시댁으로 들어갈 이유가 없구나··도와줘·

지수   ·····(보며)

화영   고통스럽기는 너도 마찬가질 거 아냐./

지수   나는···그럴 거 없거든? 내 생각해주는 척 하지 마··가소롭다···그냥 사람 형상을 한 불쌍한 짐승 한 마리 왔다갔다 하는 걸로 보고 지

내면 돼··

화영 말이 지독하구나··

지수 천사 탈 벗었잖아

화영 그래 그 짐승 이 짐승하고 같이 있게 해 줘···내 꼴 우습잖아···
그이 그 집으로 들여보내고 나 혼자 여전히 애터지게 기다리며 사
는 거··

지수 니가 나라면 이런 부탁 들어주겠니?

화영 너잖아···김지수잖아··

지수 그래 니가 생각하는 김지수/ 바보와 동의어··· 화영아·····나··· 더
이상 이용하지 마····그쯤 했으면 되지 않았니?

화영 나 너·····사이사이 보고 싶다···

지수 ······

화영 니 목소리 듣고 싶고····

지수 (쓰게 웃으며)안 속을래···· 그만 하자.(일어나 찻값 계산하고 나간다)

화영 ·····(지수 뒤 지켜보면서)·····

S# 찻집 앞

지수 (나오는)······(씩씩하게 걸어서 집 쪽으로)······

F.O

S# 어느 유아원에서 아이들 목욕시키고 있는 지수···

S# 움직이는 지수 차 안

지수 (통화 중)정말정말 미안해 혜정아··그러면 안되는데 내가 집안
에 좀 일이 있었어··

혜정 F 괜찮아··너 바쁜 거 아는데 뭘··

지수 그런데 너 목소리 많이 좋아졌네? 기운 좀 나?

혜정 F 응 좋아졌어. 기분도 좋아지고 훨씬 나아졌어.

지수 축하해 혜정아 그럼 그래야지··내 마음이 너무 좋다··

S# 달리는 지수의 자동차

혜정 F 화영이는 잘 있니?

지수 E 어 응. 잘 있지 그럼··잘 있어··

혜정 F 언제 니 집에서 밥 한 번 먹여줘 화영이 좀 보게··

지수 E 그래 그러자···

　　　[····]

S# 어느 레스토랑

　　　[마주 앉아 샴페인 글라스 들고]

지수 생일 ···축하해요··(너무 좋아하지 말 것)

석준 메루치 볶고

지수 ??

석준 메르씨보꾸

지수 (웃는다)

　　　[글라스 부딪치는 두 사람]

〈2권에서 계속〉

김수현 드라마 전집 10
내 남자의 여자 1

1판 1쇄 인쇄   2021년 2월 1일
1판 1쇄 발행   2021년 2월 22일

지은이   김수현
펴낸이   임양묵
펴낸곳   솔출판사

책임편집   임우기
편집장   윤진희
편집   최찬미, 윤정빈
디자인   오주희
마케팅   이원지
제작관리   박정윤

주소   서울시 마포구 와우산로29가길 80(서교동)
전화   02-332-1526
팩시밀리   02-332-1529
홈페이지   www.solbook.co.kr
이메일   solbook@solbook.co.kr
출판등록   1990년 9월 15일 제10-420호

ⓒ 김수현, 2021

ISBN   979-11-6020-130-7   04680
            979-11-6020-120-8   세트